Schriften zum Weltanschauungsrecht

herausgegeben vom
Institut für Weltanschauungsrecht (ifw), vertreten durch
Dr. Jacqueline Neumann
Dr. Gerhard Czermak
Prof. Dr. Reinhard Merkel
Prof. Dr. Holm Putzke
in Verbindung mit der Giordano-Bruno-Stiftung (gbs),
vertreten durch
Herbert Steffen und Dr. Michael Schmidt-Salomon

Band 1

Jacqueline Neumann | Gerhard Czermak
Reinhard Merkel | Holm Putzke (Hrsg.)

Aktuelle Entwicklungen im Weltanschauungsrecht

Nomos

Die Deutsche Nationalbibliothek verzeichnet diese Publikation in der Deutschen Nationalbibliografie; detaillierte bibliografische Daten sind im Internet über http://dnb.d-nb.de abrufbar.

ISBN 978-3-8487-5907-1 (Print)
ISBN 978-3-7489-0034-4 (ePDF)

1. Auflage 2019

Vorwort

Mit diesem Sammelband legen wir für das Institut für Weltanschauungsrecht (ifw) den Band 1 der „Schriften zum Weltanschauungsrecht" vor. Er befasst sich mit ausgewählten Grundsatzfragen und aktuellen Entwicklungen in diesem – vielleicht im ersten Moment etwas ungewöhnlich klingenden – Rechtsgebiet des Weltanschauungsrechts.

Mit der Heraus- und Alleinstellung dieses Fachbegriffs im Titel soll dieser Band wie auch die gesamte Schriftenreihe dazu beitragen, dass die inhaltliche Verengung aufgebrochen wird, die durch die bisher gebräuchlichen Begriffe „Staatskirchenrecht", „Religionsrecht" oder „Religionsverfassungsrecht" entstanden ist. Denn letztere benennen die nichtreligiösen Sinnsysteme trotz ihrer Bedeutung in der heutigen Zeit nicht – oder nur in der Negation beispielsweise als „negative Religionsfreiheit" – und räumen den religiösen Weltanschauungen bereits auf der terminologischen, rechtspolitischen und rechtsanalytischen Ebene eine Sonderstellung im Rechtssystem ein.

Unter Weltanschauungsrecht verstehen wir die Gesamtheit aller staatlichen Normen, Einrichtungen und Maßnahmen, die das Recht auf Weltanschauungsfreiheit betreffen. Religionsfreiheit ist ein Unterbegriff der Weltanschauungsfreiheit. Gewissermaßen als Spiegelbild zu all den Normen und Forderungen, welche die weltanschauliche Neutralität des Staates angreifen, erstreckt sich das Weltanschauungsrecht im weiteren Sinne auf alle einschlägigen Rechtsbereiche und auf durchaus heterogene Materien, wie sie dieser Band zum Öffentlichen Recht, Steuerrecht, Arbeitsrecht und Strafrecht behandelt.

Ganz in der Ausrichtung des ifw versammelt der Band ungeachtet der unterschiedlichen religiösen oder nichtreligiösen Vorverständnisse und in politisch unabhängiger und überparteilicher Weise die Perspektiven einer vielfältigen Autorenschaft. Alle Beiträge eint, dass deren Autorinnen und Autoren für rational begründete, evidenzbasierte, gerechte und weltanschaulich neutrale Rechtsnormen eintreten.

Dieser Band enthält im Wesentlichen Originalbeiträge, jedoch auch Inhalte aus Publikationen nicht-juristischer Provenienz sowie Gutachten und Stellungnahmen, die beim Bundestag, Ministerien und Gerichten vorgelegt wurden und bei denen es uns angesichts ihrer Themen angeraten scheint, sie auf längere Sicht einer breiteren juristischen Fachöffentlichkeit zugänglich zu machen. Nach reiflicher Diskussion im ifw-Beirat präsentieren wir bewusst auch Thesen und Argumente, die in diesem Band in einem Spannungsverhältnis zueinander stehen. Genannt seien hier die beiden Beiträge zu der Frage der Kopftuchverbote an Schulen. Sie sind als Diskussionsimpulse gedacht.

In der Schriftenreihe werden zukünftig weitere Sammelbände oder Monographien erscheinen. Unser Herausgeberkollegium entwickelt die Schriftenreihe in Orientierung am Leitbild (https://weltanschauungsrecht.de/leitbild) und an den Schwerpunkten (https://weltanschauungsrecht.de/schwerpunkte) des Instituts für Weltanschauungsrecht (ifw).

Dem Vorstand der Giordano-Bruno-Stiftung (gbs), Herbert Steffen und Michael Schmidt-Salomon, danken wir herzlich für die Unterstützung bei der Herstellung dieses Bandes.

Oberwesel, April 2019

Die Herausgeber
Jacqueline Neumann, Gerhard Czermak, Reinhard Merkel, Holm Putzke

Inhalt

I. Grundfragen

Was ist „Weltanschauungsrecht"?

Jacqueline Neumann / Michael Schmidt-Salomon

Was ist „Weltanschauungsrecht"? Anhand einer Begriffsdefinition, der Bestimmung der verfassungsrechtlichen Grundlagen und einer Skizze des Rechtsgebietes im engeren und weiteren Sinne zeichnet dieser Beitrag den Bedarf für ein „Neutralitäts-Mainstreaming" des Rechts und umreißt das rechtswissenschaftliche Forschungsfeld.

I. Definition

Der Begriff „Weltanschauungsrecht" kennzeichnet die Gesamtheit aller staatlichen Rechtsnormen, Einrichtungen und Handlungen, die das Recht auf Weltanschauungsfreiheit betreffen und die das Verhältnis des Staates zu religiösen und nichtreligiösen Weltanschauungsgemeinschaften regeln.

II. Überblick und Abgrenzung

Das im Weltanschauungsrecht konstitutive Recht auf Weltanschauungsfreiheit umfasst gemäß Grundgesetz nicht nur das Recht, sich zu einer religiösen oder nichtreligiösen Weltanschauung zu bekennen, sondern auch die Freiheit, das eigene Leben nach diesen weltanschaulichen Überzeugungen zu gestalten, sofern dadurch keine Rechte Dritter verletzt werden. Ebenfalls umfasst es das Recht, einer religiösen oder nichtreligiösen weltanschaulichen Gemeinschaft beizutreten.[1] Jeder ist aber auch frei, das ohne Diskriminierung nicht zu tun, aus einer Weltanschauungsgemeinschaft auszutreten oder in eine andere überzuwechseln.[2]

Dabei geht es nicht um eine auch in der rechtlichen Wertung positive oder negative Freiheit, sondern lediglich um Aspekte ein und derselben Freiheit. Beispielsweise muss der Staat in der Frage der Gestaltung des Lebensendes einerseits einem religiösen Menschen katholischer Ausrichtung

---

1 In überkommener Weise auch als positive Religionsfreiheit bezeichnet.

2 In überkommener Weise auch als negative Religionsfreiheit bezeichnet.

ermöglichen, nach seiner Weltanschauung das Leiden und das „Kreuz Christi“ auf sich zu nehmen und nicht durch eine wie auch immer geartete menschliche Handlung das Leben, ein „Geschenk Gottes“, zu beenden. Andererseits muss er einem nichtreligiösen Menschen in der Orientierung auf die Philosophie Friedrich Nietzsches erlauben, nach dessen Weltanschauung „frei zum Tode und frei im Tode“ zu sein. Dies mag als einleitendes Beispiel zunächst genügen, bevor hierauf gegen Ende des Beitrages noch einmal bezüglich § 217 StGB zurückzukommen sein wird.

Klar und eindeutig kann folgende Abgrenzung vorgenommen werden: Da der Begriff des Weltanschauungsrechts definitorisch nur in Verbindung mit dem Recht auf Weltanschauungsfreiheit des Individuums zu denken ist, kann daraus niemals eine Pflicht zu einer bestimmten Weltanschauung abgeleitet oder begründet werden, wie es in diktatorischen[3] oder theokratischen[4] Staats- und Regierungsformen gegeben ist. Damit ist das Recht auf Weltanschauungsfreiheit eng mit dem Prinzip des Säkularismus[5] verbunden.

III. Verfassungsrechtliche Grundlagen der Weltanschauungsfreiheit

Verankert ist die für die freiheitlich-demokratische Grundordnung fundamental bedeutsame Weltanschauungsfreiheit bereits im ersten Gebot der Verfassung, nämlich der Achtung der unantastbaren Menschenwürde (Art. 1 Abs. 1 GG). Denn die Würde des Einzelnen ist maßgeblich dadurch bestimmt, dass er selbst – und niemand anderes – derjenige ist, der seine Würde bestimmt. Nur das mündige Individuum allein kann entscheiden, welche Lebensumstände es für sich selbst als mit seiner Würde vereinbar erachtet und welche nicht. Daher darf das Individuum keinen Würdedefinitionen unterworfen werden, die nicht seine eigenen sind, denn eben dies wäre unweigerlich mit einer Verletzung seiner Menschenwürde verbunden.

Wie das Bundesverfassungsgericht festgestellt hat, muss ein Staat, der die Menschenwürde zum obersten Verfassungswert erklärt und Weltanschauungsfreiheit in besonderer Weise und unverwirkbar garantiert, die ungestörte Persönlichkeitsentfaltung gemäß den subjektiven Überzeugun-

---

3 Z. B. Nationalsozialismus, Maoismus, Marxismus-Leninismus.

4 Z. B. Islamische Republik Iran, katholische absolute Monarchie des Staates Vatikanstadt.

5 Vgl. *Schmidt-Salomon*, Die Grenzen der Toleranz: Warum wir die offene Gesellschaft verteidigen müssen, 2016, S. 121.

gen gestatten, solange sie nicht in Widerspruch zu anderen Wertentscheidungen der Verfassung gerät oder aus ihrem Verhalten fühlbare Beeinträchtigungen für das Gemeinwesen oder die Grundrechte anderer erwachsen.[6]

Aus den dem Art. 1 GG nachfolgenden Grundrechten leiten sich weitere Bestimmungen der Weltanschauungsfreiheit ab, vor allem die freie Entfaltung der Persönlichkeit (Art. 2 Abs. 1 GG), die Gleichheit aller Menschen vor dem Gesetz und das damit verbundene Diskriminierungsverbot (Art. 3 Abs. 1, 3, Art. 33 Abs. 3 GG), die Freiheit des religiösen und nichtreligiösen weltanschaulichen Bekenntnisses (Art. 4 Abs. 1, 2 GG) sowie die in Art. 140 GG aufgenommenen institutionellen Bestimmungen der Weimarer Reichsverfassung (WRV), die u.a. das Ende einer Staatskirche und die Gleichstellung von religiösen und nichtreligiösen Weltanschauungsgemeinschaften betreffen.

IV. Weltanschauungsrecht im engeren Sinne

Im Hinblick auf das Weltanschauungsrecht lassen sich zwei Bereiche unterscheiden: Weltanschauungsrecht im engeren Sinne und Weltanschauungsrecht im weiteren Sinne. Im engeren Sinne meint Weltanschauungsrecht die Gesamtheit aller staatlichen Rechtsnormen, die das Verhältnis des Staates zu Individuen in religiös-weltanschaulicher Hinsicht sowie zu religiösen und zu nichtreligiösen Weltanschauungsgemeinschaften[7] regeln. Diese Normen finden sich auf allen Ebenen der Normenpyramide und in vielen Teilgebieten des Rechts, vom Arbeitsrecht über das Datenschutzrecht, das Schulrecht, das Steuerrecht, das Strafrecht bis hin zum Versammlungsrecht.

Traditionellerweise wird das hier in Rede stehende Rechtsgebiet, welches im 16. und 17. Jahrhundert entstand, seit Ende des 19. Jahrhunderts mit dem Begriff „Staatskirchenrecht“[8] umschrieben. Seit dem Jahr 2000 finden vermehrt und überwiegend auch die Begriffe „Religionsrecht“[9] und

---

6 BVerfG 11.4.1972 – 2 BvR 75/71, BVerfGE 33, 23.

7 Zur Frage „Was ist eine Weltanschauungsgemeinschaft?“ siehe den Beitrag von *Rath* in diesem Band.

8 *Korioth* in Maunz/Dürig, GG, 85. EL 2018, Art. 140 Rn. 2.

9 Auch in der Zeit des Nationalsozialismus gelangte vorübergehend der Begriff des Religionsrechts zur Anwendung. In der Adenauer-Ära sprach man aber wieder so gut wie nur von Staatskirchenrecht. *Czermak* NVwZ 1999, 743.

(enger) „Religionsverfassungsrecht" Anklang.[10] Die terminologische Diskussion um die richtige Bezeichnung des Rechtsgebiets ist nicht neu. Bisher wurde sie jedoch oft lediglich einseitig hinsichtlich der Frage geführt, ob der Begriff „Religionsrecht" bzw. „Religionsverfassungsrecht" oder aber der Begriff „Staatskirchenrecht" vorzugswürdig sei. Als Bezugspunkt war damit Religion oder die institutionalisierte Religion mit der (Staats-)Kirche gesetzt. Doch bereits bei dieser Auseinandersetzung handelt es sich nicht nur um einen Streit um Worte. Damit einher gehen symbolische sowie programmatische Implikationen[11]:

Mit dem Begriff des Staatskirchenrechts ist ein Konzept verbunden, welches den Schwerpunkt auf institutionelle Aspekte des Verhältnisses von Staat und Religion und weniger auf die individuelle Religionsfreiheit legt. Begründet wird dies von den Fachvertretern insbesondere damit, dass die Ausübung der individuellen Religionsfreiheit nur durch eine starke kirchliche Institution ermöglicht werden könne. Der Begriff des Staatskirchenrechts ist jedoch insofern überholt, als dass er erstens aus einer Zeit stammt, in der es noch eine Staatskirche gab und sich zweitens semantisch, historisch und theologisch nur auf die christlichen Kirchen bezieht, nicht aber auf alle Religionsgemeinschaften und ihre Beziehungen zum Staat.[12] Ferner impliziert er eine – verfassungswidrige – Bevorzugung der christlichen Kirchen gegenüber anderen Religions- und Weltanschauungsgemeinschaften[13] und legt irrigerweise nahe, dass Gegenstand dieser Materie kirchliches Recht und nicht säkulares staatliches Recht sei[14]. Vorstehendes hindert viele Vertreter dieser Zunft indes nicht daran, auch heute noch den Begriff Staatskirchenrecht bei aktuellen Rechtsfragen zu nutzen.[15]

---

10 *Czermak/Hilgendorf*, Religions- und Weltanschauungsrecht, 2. A. 2018, S. 15.

11 Zum Nachfolgenden: *Unruh*, Religionsverfassungsrecht, 4. A. 2018, S. 23 f. m. w. N.; *Korioth* in Maunz/Dürig, GG, 85. EL 2018, Art. 140 Rn. 3; *Czermak* NVwZ 1999, 743, 744. Eine vermittelnde Position nimmt *Neureither* in Grzeszick, Aktuelle Entwicklungen des Kirchen- und Staatskirchenrechts, 2014, S. 63, ein, denn seiner Auffassung nach enthalten die Weimarer Kirchenartikel sowohl institutionelle, objektive als auch grundrechtsähnliche, subjektive Regelungen, so dass jeder der Begriffe Staatskirchenrecht und Religionsverfassungsrecht einen Teilaspekt erfasst und beide gleichberechtigt nebeneinander verwandt werden sollten.

12 *Waldhoff* in Heinig/Munsonius, 100 Begriffe aus dem Staatskirchenrecht, 2012, S. 204; *Classen*, Religionsrecht, 2006, S. 1 f.

13 *Muckel* in de Wall/Muckel, Kirchenrecht, 5. A. 2017, S. 63.

14 *Waldhoff* in Heinig/Munsonius, 100 Begriffe aus dem Staatskirchenrecht, 2012, S. 203.

15 So z. B. *Hillgruber* KuR 24 (2018), 1–20. Auch nach *von Campenhausen/de Wall*, Staatskirchenrecht, 4. A. 2006, S. 39 hat der Begriff eine bleibende Berechtigung.

Der Begriff des „Religionsrechts“ oder „Religionsverfassungsrechts“ verfolgt demgegenüber einen grundrechtszentrierten Ansatz, welcher alle Religionsgemeinschaften mit einbezieht und die fortschreitende Individualisierung, Pluralisierung und Säkularisierung der Religion mit in den Blick nimmt.[16] Dieser Ansatz begreift die institutionellen Regelungen der in das Grundgesetz inkorporierten Kirchenartikel der Weimarer Reichsverfassung dogmatisch als Ausprägungen der Religionsfreiheit und kann sich dabei auch auf die Rechtsprechung des Bundesverfassungsgerichts stützen.[17] Insofern wird auch von einer „Vergrundrechtlichung“ des Staatskirchenrechts im Religionsverfassungsrecht gesprochen.[18] Der Wandel der Begrifflichkeiten hat dementsprechend auch Eingang in die Rechtsprechung gefunden. Das Bundesverfassungsgericht verwendet, in Abkehr von der früher selbstverständlichen Begrifflichkeit, neben der Bezeichnung Staatskirchenrecht nunmehr auch die Begriffe „Religions- und Staatskirchenrecht“ und „Religionsverfassungsrecht“.[19]

So begrüßenswert diese Entwicklung im Ansatz ist, so inhaltlich unvollständig und unzulässig tendenziös sind die Begrifflichkeiten jedoch, da sie die nichtreligiösen Sinnsysteme nicht benennen und religiösen Weltanschauungen und Religionsgruppen (z. B. Kirchen, Islamverbänden) bereits auf der sprachlichen Ebene eine Sonderstellung einräumen. Diese religionszentrierte Begriffswahl ist Ausdruck eines verengten Blicks eines ganzen Rechtsgebiets zugunsten religiöser Weltanschauungen.[20] In der historischen Betrachtung ist dies verständlich: Lange Zeit war Deutschland ein statistisch christliches Land, in dem deutlich mehr als 90 Prozent der Bevölkerung der katholischen oder evangelischen Kirche angehörten (1871:

---

16 *Unruh*, Religionsverfassungsrecht, 4. A. 2018, S. 24 f. m. w. N.

17 *Waldhoff* in Heinig/Munsonius, 100 Begriffe aus dem Staatskirchenrecht, 2012, S. 205 und *von Campenhausen/de Wall*, Staatskirchenrecht, 4. A. 2006, S. 77 unter Verweis auf BVerfG 19.12.2000 – 2 BvR 1500/97, BVerfGE 102, 370, 387 Zeugen Jehovas: „Körperschaftsstatus als Mittel zur Entfaltung der Religionsfreiheit“. Für eine instruktive Analyse dieser Rechtsprechung des BVerfG siehe *Neureither* in Grzeszick, Aktuelle Entwicklungen des Kirchen- und Staatskirchenrechts, 2014, S. 47–64.

18 *Walter*, Religionsverfassungsrecht, 2006, S. 607; ebenso *Hillgruber* KuR 24 (2018), 1, 5.

19 *Korioth* in Maunz/Dürig, GG, 85. EL 2018, Art. 140 Rn. 3 mit Verweis auf BVerfG 19.12.2000 – 2 BvR 1500/97, BVerfGE 102, 370, 387, 393.

20 Autoren begnügen sich dann beispielsweise am Rande mit dem Hinweis, dass Weltanschauungsgemeinschaften den Religionsgemeinschaften nach Art. 137 Abs. 7 WRV gleichgestellt sind und das Verhältnis von Staat und Weltanschauungsgemeinschaften noch zum Religionsrecht gehört. Vgl. z. B. *Ehlers* in Sachs, GG, 8. A. 2018, Art. 140 Rn. 7.

98,6 Prozent, 1939: 95 Prozent, 1970: 93,6 Prozent)[21]. Die Säkularisierung der letzten Jahrzehnte in Verbindung mit der Einwanderung islamischer Menschen hat zu einer weltanschaulich pluralen Gesellschaft geführt. Der gesellschaftliche Großtrend ist die Säkularisierung – vereinzelt auch mit ersten Anzeichen einer Islamisierung[22]. Die Entkirchlichung und Entchristlichung zeigt sich in dem Mitgliederschwund der beiden Großkirchen und selbst bei den verbliebenen Mitgliedern ist der Anteil der „praktizierenden Christen" bei den Protestanten inzwischen auf 12 Prozent und bei den Katholiken auf 24 Prozent[23] zurückgegangen. In vielen Großstädten sind heute über 50 Prozent der Bevölkerung konfessionsfrei, und die statistischen Trends deuten darauf hin, dass im nächsten Jahrzehnt die Mehrheit der Bevölkerung in ganz Deutschland nicht mehr einer Kirche angehören wird.

Die Bevorzugung des Begriffs des „Religionsverfassungsrechts" wird bisweilen auch mit dem Verfassungsgebot des weltanschaulich-religiös neutralen Staates begründet.[24] Konsequent weitergedacht führt diese Begründung jedoch zu dem Ergebnis, dass sie gerade kein Argument zugunsten der Verwendung des Begriffs des „Religionsverfassungsrechts" bildet, da hiermit die nichtreligiösen Weltanschauungen und Weltanschauungsgemeinschaften in Gänze außen vor bleiben. Gerade weil sich das Staatskirchenrecht aus dem Heiligen Römischen Reich Deutscher Nation von der Legitimierung der Obrigkeit im christlichen Sinne zu einem säkularen Rahmenrecht des freiheitlich-demokratischen Staates entwickelt hat[25], erscheint es geboten, den Begriff des „Weltanschauungsrechts" als Oberbegriff zu verwenden, der religiöse wie nichtreligiöse Sinnstiftungssysteme gleichermaßen erfasst.

Misslich ist die überkommene Terminologie ferner deshalb, weil Religionen zwar unter den Begriff der Weltanschauungen zu subsumieren sind, umgekehrt Weltanschauungen aber nicht zwingend Religionen sind. Im Gegenteil: Die Weltanschauung des evolutionären Humanismus bei-

21 Die nachfolgenden und weitere statistische Daten zu Religionszugehörigkeiten finden sich auf der Internetseite der Forschungsgruppe Weltanschauungen in Deutschland (fowid): https://fowid.de.

22 Verbreitung von Scharia-Rechtsnormen, die nicht mit den staatlichen Rechtsnormen vereinbar sind, u.a. Strafrecht, Gleichberechtigung der Geschlechter, sexuelle Selbstbestimmung. Vgl. *Wagner*, Richter ohne Gesetz: Islamische Paralleljustiz gefährdet unseren Rechtsstaat, 2011.

23 Vgl. https://fowid.de/meldung/kirchganghaeufigkeit-deutschland-1980-2016.

24 *Unruh*, Religionsverfassungsrecht, 4. A. 2018, S. 25.

25 *Heckel* in Heckel, Gesammelte Schriften. Staat – Kirche – Recht – Geschichte, Bd. V, 2004, S. 306.

spielsweise ist gerade nicht an „heiligen“, d.h. unantastbaren Wertsetzungen orientiert, sondern am fortschreitenden wissenschaftlichen Forschungsprozess.[26] Insgesamt haben säkularistische Bewegungen einen stark weltanschaulichen Charakter, der Säkularismus selbst lässt sich mit Blick auf sein objektives Erscheinungsbild unter den Begriff der Weltanschauung subsumieren.[27]

Hinzu kommt, dass das Religionsrecht der Religion selbst dienen soll[28], und mit Blick auf das Christentum entstanden[29] und organisationsrechtlich dementsprechend auch auf die besonderen Eigenschaften der christlichen Kirchen zugeschnitten ist. Deutlich wird dies z. B. an den Bestimmungen zu den jeweiligen Mitgliedschaften: Als Kirchenmitglied gilt, wer als Säugling getauft wurde, als Mitglied einer humanistischen Organisation hingegen gilt nur, wer im mündigen Alter einen entsprechenden Mitgliedsantrag unterschrieben hat. Dies hat weitreichende Folgen, denn die gesellschaftliche Bedeutung der Kirchen beruht auf der Behauptung, dass sie die Interessen all jener Menschen vertreten, die als Säuglinge getauft wurden und den Kirchenaustritt (noch) nicht vollzogen haben. Diese Behauptung trifft in der heutigen Rechtswirklichkeit jedoch nicht zu, was sich mit empirischen Daten und Rechtsauslegungen nachweisen lässt.[30]

Im allgemeinen und philosophischen[31] Sprachgebrauch dient der Begriff der Weltanschauung als Oberbegriff für alle umfassenden Sinnsysteme religiöser oder nichtreligiöser Natur. Im Grundgesetz entspricht die Verwendung der Begriffe „Religion“ und „Weltanschauung“ jedoch nicht deren allgemeinem und philosophischem Bedeutungsgehalt:[32] Das Grundgesetz verwendet die Begriffe „religiös“ und „weltanschaulich“ uneinheitlich. An manchen Stellen wird einer der beiden Begriffe isoliert (Art. 3 Abs. 3 S. 1 GG, Art. 7 Abs. 3 GG), an anderen Stellen nebeneinander (Art. 4 Abs. 1 GG, Art. 7 Abs. 5 GG, Art. 33 Abs. 3 S. 2 GG) bzw. als Wort-

---

26 Vgl. *Schmidt-Salomon*, Manifest des evolutionären Humanismus, 2. A. 2006 und *Schmidt-Salomon,* Hoffnung Mensch – Eine bessere Welt ist möglich, 2014.

27 *Heinig* in Häberle/Hattler, Islam – Säkularismus – Religionsrecht, 2012, S. 82.

28 *Häberle* in Häberle/Hattler, Islam – Säkularismus – Religionsrecht, 2012, S. 5.

29 *Muckel* in Häberle/Hattler, Islam – Säkularismus – Religionsrecht, 2012, S. 77.

30 S. a. *Neumann/Frerk*, Staatliches Kirchensteuerrecht an die Rechtswirklichkeit anpassen, in diesem Band.

31 *Heinrichs*, Religion und Weltanschauung im Recht, 2017, S. 52 weist darauf hin, dass in der deutschen Philosophie des 19. und 20. Jhd. unter Weltanschauung ein subjektiv geprägtes, einheitliches Modell von Welterkenntnis und Weltdeutung verstanden wird – egal ob dieses religiös oder nicht religiös bestimmt ist.

32 Zum Nachfolgenden *Czermak*, Religionsrecht oder Weltanschauungsrecht, https://weltanschauungsrecht.de/religionsrecht-oder-weltanschauungsrecht.

zusammensetzung verwendet. Entsprechendes gilt für die über Art. 140 GG inkorporierten Art. 136, 137, 138 und 141 WRV, was vielfach zu Diskriminierungen führt(e).[33] So wurde bzw. wird beispielsweise die Forderung, an Schulen analog zum Religionsunterricht einen Weltanschauungsunterricht anzubieten, teilweise mit dem Argument zurückgewiesen, verfassungsrechtlich bestehe darauf kein Anspruch, weil im Rahmen von Art. 7 Abs. 3 GG Weltanschauungsgemeinschaften nicht erwähnt und damit nicht generell gleichgestellt seien.[34]

Trotz der vom allgemeinen Sprachgebrauch abweichenden Verwendung der Begriffe „Religion“ und „Weltanschauung“ durch das Grundgesetz, vertreten Verfassungsrechtler vereinzelt die Ansicht, dass der Begriff der Weltanschauung als Oberbegriff aufgefasst werden sollte, der die Religion mit umfasst. Begründet wird dies mit der von Art. 137 Abs. 7 WRV intendierten Gleichstellung von Religions- und Weltanschauungsgesellschaften.[35] Einige Autoren verwenden unter Rückgriff auf die Begrifflichkeiten des Grundgesetzes für das in Rede stehende Rechtsgebiet die Bezeichnung „Religions- und Weltanschauungsrecht“, welche die nichtreligiösen Sinnsysteme wenigstens gleichberechtigt neben den religiösen Sinnsystemen erwähnt.[36]

Aus Gründen der wissenschaftlichen Eleganz sowie zur Vermeidung weiterer Diskriminierungen nicht religiöser gegenüber religiösen Weltanschauungen, scheint es angezeigt, den Begriff „Weltanschauungsrecht“ alleinstehend zu verwenden. Das Religionsrecht im engeren Sinne ist dabei automatisch inbegriffen (Art. 4 Abs. 1 GG, Art. 137 Abs. 7 WRV i. V. m. Art. 140 GG). „Weltanschauung“ sollte also als – weltanschaulich neutraler – Oberbegriff verwendet werden, „Religion“ hingegen als Unterbegriff. Damit ist der in den Rechtswissenschaften schon etablierte Begriff durchaus anzuwenden, jedoch weiterzuentwickeln. Letztlich ist mit dem Begriff des Weltanschauungsrechts die inhaltliche Verengung aufzubrechen, die durch die bisher gebräuchlichen Begriffe „Staatskirchenrecht“, „Religionsrecht“ oder „Religionsverfassungsrecht“ entstanden ist. Bei dieser Korrek-

33 *Czermak/Hilgendorf*, Religions- und Weltanschauungsrecht, 2. A. 2018, S. 16 m. w. N.

34 *Häberle* in Häberle/Hattler, Islam – Säkularismus – Religionsrecht, 2012, S. 24 mit Verweis auf *Waldhoff*, Neue Religionskonflikte und staatliche Neutralität, Gutachten 2010, S. 107.

35 *Unruh* in von Mangoldt/Klein/Starck, GG, 7. A. 2018, Art. 137 WRV Rn. 272 m. w. N.; *Morlok* in Dreier, GG, 3. A. 2018, Art. 137 WRV Rn. 126 m. w. N.

36 S. z. B. *Czermak/Hilgendorf*, Religions- und Weltanschauungsrecht, 2. A. 2018. Ähnlich auch *Heinrichs*, Religion und Weltanschauung im Recht, 2017.

tur der Terminologie geht es nicht um linguistische Liebhabereien oder das Walten einer „Sprachpolizei“. Jedoch bestimmt auch in den Rechtswissenschaften die Sprache das Denken – sowohl beim Gesetzgeber als auch in Gerichten. Dass diese Anregung zur Orientierung der Terminologie an obersten Verfassungsprinzipien wie der weltanschaulichen Neutralität des Staates nicht von der Motivation getragen ist, eine „antichristliche Ideologie zu stützen“[37], wie manche Kirchenrechtler behaupten, sei noch einmal ausdrücklich betont.

V. Weltanschauungsrecht im weiteren Sinne

Im weiteren Sinne bezeichnet „Weltanschauungsrecht“ eine sehr viel umfangreichere Rechtsmaterie, die bislang in der rechtswissenschaftlichen Forschung noch nicht die gebotene Aufmerksamkeit erfahren hat. Dazu gehört die Frage, ob Rechtspolitik und Rechtsprechung[38] die im Grundgesetz verankerte Freiheit des Individuums, gemäß seinen eigenen weltanschaulichen Überzeugungen zu leben, in hinreichender Weise berücksichtigen. Tatsächlich zeigt sich unter Beachtung dieser erweiterten weltanschauungsrechtlichen Perspektive, dass die Freiheiten der Bürgerinnen und Bürger in vielen Rechtsgebieten in illegitimer Weise beschnitten werden – und zwar von der Wiege bis zur Bahre, ja sogar darüber hinaus, nämlich vom Embryonenschutz bis hin zum Friedhofszwang.[39] Bei genauerer Betrachtung wird deutlich, dass viele Rechtsnormen und staatliche Einrichtungen nicht weltanschaulich neutral gehalten sind, sondern auf spezifischen weltanschaulichen (vornehmlich christlichen) Prämissen beruhen, was gegen oberste Verfassungsprinzipien verstößt.

Insbesondere ist ein Verstoß gegen das Gebot der weltanschaulichen Neutralität des Staates zu konstatieren.[40] Das Neutralitätsgebot ist wohl die

---

37 So die Befürchtung von *Muckel* in de Wall/Muckel, Kirchenrecht, 5. A. 2017, S. 61.

38 *Heckel* in Heckel, Gesammelte Schriften. Staat – Kirche – Recht – Geschichte, Bd. V, 2004, S. 303 weist zu Recht auf die „Führungsrolle“ des Bundesverfassungsgerichts im Staatskirchenrecht im Vergleich zur staatskirchenrechtlichen Theorie hin.

39 Siehe diesbezüglich die umfassende Analyse von *Schmidt-Salomon*, Der blinde Fleck des deutschen Rechtssystems – Über die Missachtung des Gebots der weltanschaulichen Neutralität, in diesem Band.

40 Grundlegend *Huster*, Die ethische Neutralität des Staates, 2. A. 2017; aktuell auch *Dreier*, Staat ohne Gott, 2018, Kapitel III.

am stärksten missachtete Forderung der Verfassung.[41] Zwar wurde mit der Weimarer Reichsverfassung im Jahr 1919 formal das Staatskirchentum beendet und der Trennungsbefehl von Staat und Religion erhielt Verfassungsrang. Vielfach wird heute jedoch noch immer von Politik, Gesetzgebung, Rechtsprechung und Verwaltung gegen das Neutralitätsgebot des Staates verstoßen.

Das Neutralitätsgebot beinhaltet nach ständiger Rechtsprechung des Bundesverfassungsgerichts ein Identifikations-, Privilegierungs- und Diskriminierungsverbot: Dem Staat ist es verwehrt, sich durch von ihm ausgehende oder ihm zuzurechnende Maßnahmen mit einer bestimmten Weltanschauung zu identifizieren und dadurch den religiösen Frieden in einer Gesellschaft von sich aus zu gefährden.[42] Die Privilegierung bestimmter Bekenntnisse ist ebenso untersagt wie die Ausgrenzung oder Schlechterstellung Nichtgläubiger und Andersgläubiger. Die Einführung staatskirchlicher Rechtsformen ist unzulässig. Auch eine inhaltliche Orientierung am kulturgeschichtlichen Erbe des Christentums oder anderer religiöser und nichtreligiöser Weltanschauungen ist nach dem Grundgesetz nicht zulässig.[43]

Der Rechtsstaat muss zwar die Freiheit der Religionsausübung garantieren (als Teil der allgemeineren Weltanschauungsfreiheit), bedarf selbst aber keinerlei religiöser Legitimation. Derartige Legitimationen stehen sogar im Widerspruch zu der für den Rechtsstaat zentralen Idee des Gesellschaftsvertrags, die klarstellt, dass die Werte des Zusammenlebens nicht durch „höhere" (religiöse) Instanzen vorgegeben sind, sondern unter den Gesellschaftsmitgliedern rational, fair und demokratisch ausgehandelt werden. Der moderne freiheitliche Verfassungsstaat ist säkular und legitimiert sich und sein Recht nicht mehr religiös.[44] Keine Religionsgemeinschaft darf sich des Sinnes der Verfassung bemächtigen, denn der Staat des Grundgesetzes hat weder eine Staatsreligion noch eine Staatsideologie.[45] Dennoch ist Weltanschauungsneutralität nicht gleichzusetzen mit Wertneutralität. Selbstverständlich verkörpert das Grundgesetz eine wertegebundene Ordnung. Die einzigen Werte und Prinzipien, welche sich der Staat in legaler und legitimer Weise zu eigen machen und aktiv fördern

41 *Czermak/Hilgendorf*, Religions- und Weltanschauungsrecht, 2. A. 2018, S. 93.

42 Statt aller BVerfG 18.10.2016 – 1 BvR 354/11, BVerfG NJW 2017, 381 (st. Rspr.).

43 *Germann* in Epping/Hillgruber, GG, Stand: 1.3.2016, Art. 4 Rn. 16.

44 *Muckel* in Häberle/Hattler, Islam – Säkularismus – Religionsrecht, 2012, S. 62.

45 *Heckel* in Heckel, Gesammelte Schriften. Staat – Kirche – Recht – Geschichte, Bd. V, 2004, S. 307.

darf, sind die Grundrechte und sonstigen Verfassungsgebote des freiheitlich-demokratischen Rechtsstaats.[46]

Die Neutralitätsnorm ist fundamental. Sie ist eine der zentralen Voraussetzungen für gesellschaftlichen Frieden in einer pluralen Gesellschaft. Denn in einem demokratischen Staat, in dem Anhänger unterschiedlicher weltanschaulicher Überzeugungen zusammenleben, kann die friedliche Koexistenz nur gelingen, wenn der Staat selbst in Weltanschauungsfragen Neutralität bewahrt.[47]

Heute wird der weltanschaulich neutrale Staat vor allem von zwei Seiten unter Druck gesetzt: Erstens durch die evangelische und katholische Kirche mit dem Beharren auf überkommenen Formen des Staatskirchentums sowie dem demokratietheoretisch problematischen Vorgehen bei der Verankerung von kirchlichen Normen und (finanziellen) Forderungen[48] bei Bund, Ländern und Kommunen. Zweitens durch den legalistischen Islamismus zur Durchsetzung der Scharia und die Forderungen von Islamverbänden nach „religiösen Sonderrechten", die sich an den Privilegien der christlichen Kirchen orientieren.[49]

Gewissermaßen als Spiegelbild zu den Normen und Forderungen, welche die weltanschauliche Neutralität des Staates angreifen, erstreckt sich das Weltanschauungsrecht im weiteren Sinne auf alle Rechtsbereiche –

46 S. hierzu *Czermak*, Ethische Rechtsfragen und das Verbot der Staatsideologie, https://weltanschauungsrecht.de/meldung/verbot-staatsideologie; *Neumann*, Strategien ideologischer Begriffsbildung im Recht, https://weltanschauungsrecht.de/ulfrid-neumann-moral-recht.

47 BVerfG 26.6.2002 – 1 BvR 670/91, BVerfGE 105, 279.

48 Vgl. hierzu *Frerk*, Kirchenrepublik Deutschland. Christlicher Lobbyismus, 2015.

49 Vgl. hierzu *Bundesamt für Verfassungsschutz*, Islamismus: Entstehung und Erscheinungsformen, 2013, S. 22: „Um ihre Vorstellungen umzusetzen, betreiben Funktionäre und Unterstützer dieser Organisationen Lobbyarbeit. Sie nutzen dabei intensiv die Möglichkeiten des deutschen Rechtsstaates („Gang durch die Instanzen"). Nach innen sollen für die Mitglieder umfassende und dauerhafte Freiräume für ein schariakonformes Leben geschaffen werden. Dadurch können sich jedoch islamistisch geprägte Parallelgesellschaften entwickeln..." und http://www.verfassungsschutz.bayern.de/islamismus/definition/erscheinungsformen/legalistischer_islamismus/index.html: „Die meisten Islamisten in Deutschland lehnen es ab, Gewalt zur Durchsetzung ihrer Ziele anzuwenden. Nicht-gewaltorientierte, sogenannte legalistische islamistische Gruppen verfolgen ihre extremistischen Ziele mit politischen Mitteln innerhalb der bestehenden Rechtsordnung. Sie bestehen auf einer strengen Lesart des Korans, der unabhängig von Zeit und Ort für alle Menschen gültig ist. Richtschnur sind die Weisungen, die im islamischen Recht der Scharia enthalten sind. Die Vorschriften der Scharia dürfen ihrer Ansicht nach nicht relativiert werden."

hinsichtlich ganz unterschiedlicher Materien vom Strafrecht bis zum Schulrecht. Im Weltanschauungsrecht im weiteren Sinne kann ein rechtsanalytischer Rahmen entwickelt werden, die in Frage stehenden Normen und deren Umsetzung hinsichtlich des Gebots der weltanschaulichen Neutralität sowie der organisatorischen Trennung von Staat und Weltanschauung auf den Prüfstand zu stellen.

Zwar sind im Prinzip eine verfassungskonforme Gesetzgebung und Rechtsumsetzung ausreichend – wie vom Parlamentarischen Rat 1949 vorgesehen – durch das Bundesverfassungsgericht als erstem und wichtigstem „Hüter der Verfassung" abzusichern. Angesichts des historisch gewachsenen und nicht vollständig gelösten Staatskirchentums und des enormen Ausmaßes der Durchdringung des Staates durch verfassungswidrige weltanschauliche Normen, teilweise verstärkt durch die Rechtsprechung des Bundesverfassungsgerichts, scheint jedoch ein „Neutralitäts-Mainstreaming" des Rechts geboten – vergleichbar zum Ansatz des „Gender-Mainstreaming", wie es angesichts der Herausforderung der Gleichstellung zwischen Frauen und Männern entwickelt wurde.

Für die Notwendigkeit eines umfassenden „Neutralitäts-Mainstreamings" gibt es viele Beispiele[50], *pars pro toto* sei dieses hier herausgegriffen: 2015 hat der Gesetzgeber die Freiheit der Bürgerinnen und Bürger, ihr Leben nach den eigenen Überzeugungen beenden zu können, durch die Verabschiedung des § 217 StGB (Geschäftsmäßige Förderung der Selbsttötung) stark beschnitten. Mit diesem „Sterbehilfeverhinderungsgesetz" machte der Bundestag den Staat zum strafrechtsbewehrten Durchsetzer einer religiösen Weltanschauung. Der Gesetzgeber folgte ausweislich der öffentlichen Stellungnahmen maßgeblicher Politikerinnen und Politiker der christlichen Sittenlehre und erhob deren Werte zur allgemeinverbindlichen Norm – noch dazu gegen den erklärten Willen von 80 Prozent der Bürgerinnen und Bürger.[51] Rationale, evidenzbasierte und allgemein akzeptierbare Gründe wurden vom Gesetzgeber für die neue Strafnorm nicht vorgelegt. Nachfolgend missachtete die Bundesregierung sogar zusätzlich noch das Urteil des Bundesverwaltungsgerichtes, mit dem ein Teil der Frei-

50 Vgl. im Überblick https://weltanschauungsrecht.de/schwerpunkte. Im Detail u.a.: *Haupt* in Ortner/Sabin, Politik ohne Gott: Wie viel Religion verträgt unsere Demokratie?, 2014, S. 145–161.

51 Zum Hintergrund *Schmidt-Salomon*, Freitodhilfe im liberalen Rechtsstaat – Stellungnahme zu den Verfassungsbeschwerden gegen § 217 StGB, 27.9.2016.

heit von Betroffenen zwischenzeitlich auf dem Rechtsweg wiederhergestellt worden war.[52]

VI. Fazit

Auf dem Boden des Grundgesetzes dürfen Freiheitsbeschränkungen durch den Staat nur zur Aufrechterhaltung solcher Rechtsgüter erfolgen, deren Vorrang der Gesetzgeber und die Verwaltung unter dem Gesichtspunkt der Gerechtigkeit neutral (weltanschauungsübergreifend) und rational (evidenzbasiert sowie logisch konsistent) begründen kann. Dasselbe gilt für Fördermaßnahmen zur Stärkung eben jener Rechtsgüter. Weltanschauliche Neutralität ist somit ein objektives Verfassungsgebot und ein Qualitätskriterium der Rechtsstaatlichkeit, das dem staatlichen Handeln von Bund und Ländern klare Grenzen setzt.[53]

Mit dem Begriff des „Weltanschauungsrechts“ könnte die inhaltliche Verengung aufgebrochen werden, die durch die bisher gebräuchlichen Begriffe „Staatskirchenrecht“, „Religionsrecht“ oder „Religionsverfassungsrecht“ entstanden ist. Es scheint letztlich ein systematisches Mainstreaming des Neutralitätsgebots erforderlich zu sein. Eine entsprechende politische Strategie würde dazu beitragen, dass in allen Entscheidungsprozessen in Rechtspolitik und Rechtsprechung die im Grundgesetz verankerte Freiheit des Individuums, nach seinen eigenen weltanschaulichen Überzeugungen zu leben, ausreichend berücksichtigt wird.

---

52 Vgl. *Ulfrid Neumann*, Rechtstheoretische und -methodologische Aspekte der Diskussion zum Natriumpentobarbital-Urteil des Bundesverwaltungsgerichts, in diesem Band.

53 Zu dieser Forderung der Liberalen Rechtstheorie *Czermak/Hilgendorf*, Religions- und Weltanschauungsrecht, 2. A. 2018, S. 99 ff.; s. auch https://weltanschauungsrecht.de/Liberale-rechtstheorie.

Das System des Weltanschauungsrechts im Grundgesetz[1]

Gerhard Czermak

I. Vorbemerkungen

1. Trotz der weit überdurchschnittlichen Aussagekraft der Texte der Religionsverfassung im Vergleich mit anderen, oft hochabstrakten, verfassungsrechtlichen Gewährleistungen des GG weist kaum ein anderes Teilgebiet des Verfassungsrechts der Bundesrepublik bei seiner Entwicklung in Praxis und Literatur solche Brüche und Dissonanzen auf wie das traditionell „Staatskirchenrecht" und seit etwa 2000 überwiegend Religions(verfassungs)recht genannte.[2] 1983 hat Hermann Weber „Gelöste und ungelöste Probleme des Staatskirchenrechts" in einer größeren Abhandlung zusammenfassend dargestellt.[3] Nach Ausführungen zum gesicherten Bestand in Grundsatzfragen – hier ist bezeichnenderweise von den „bisher betrachteten Schlachtfeldern" die Rede – werden darin neue Problemstellungen erörtert, darunter die bei öffentlicher Förderung kirchlicher Einrichtungen bestehende Gefahr, dass der Einzelne für seine Daseinsvorsorge gegen seinen Willen auf die Inanspruchnahme einer religiös geprägten Einrichtung verwiesen wird. Als regelrecht „offene Flanken" werden bezeichnet die Problematik des kirchlichen Dienst- und Arbeitsrechts[4] und die Schranken

---

1 Dieser Text ist die völlige Neubearbeitung und Erweiterung des unter dem Titel „Das System der Religionsverfassung des Grundgesetzes", KJ 33 (2000), 229–247 erschienenen Aufsatzes.

2 Zur Terminologie: Nach hier vertretener Ansicht wäre es an sich richtiger, statt von Religionsverfassungsrecht von Weltanschauungsverfassungsrecht zu sprechen. Siehe dazu den Beitrag von *Neumann/Schmidt-Salomon*, Was ist „Weltanschauungsrecht"?, in diesem Band. Aus Gründen der Sprachästhetik wird in diesem Beitrag der geläufige Begriff Religionsverfassungsrecht verwendet. Im Übrigen: *Czermak* NVwZ 1999, 743 f. und *Hense*, Staatskirchenrecht oder Religionsverfassungsrecht: mehr als ein Streit um Begriffe? in Haratsch/Janz/Rademacher/Schmahl/Weiß (Hg.), Religion und Weltanschauung im säkularen Staat, 2001, S. 9–47.

3 *Weber* NJW 1983, 2541–2554.

4 Siehe hierzu die Beiträge von *Matthäus-Maier*, Über die lange Geschichte der Grundrechtsverletzungen durch das kirchliche Arbeitsrecht – Ein Plädoyer für rechtspolitische Reformen, und *Müller-Heidelberg*, EuGH sorgt für Zeitenwende im kirchlichen Arbeitsrecht, in diesem Band.

des kirchlichen Selbstbestimmungsrechts[5], ferner das Problem der neuen Religionsgemeinschaften. Diese Fragen sind überwiegend noch heute kontrovers. Das für die Religionsfreiheit wichtige und über 20 Jahre lang akute Thema der *Benachteiligung und sogar Verfolgung von „Sekten"* hat sich freilich mit dem Erscheinen des Abschlussberichts der Enquête-Kommission des Bundestags (1998) im Wesentlichen als großer Irrtum erwiesen und ist heute nur noch von geringer Bedeutung.

2. Eine ganze Reihe weiterer Problemkreise ist hinzugekommen, ohne dass in dieser Systemübersicht ihre Erörterung oder auch nur eingehende literarische Nachweise möglich wären. Grundrechtsdogmatisch werden heute immer noch Fragen des *Schutzbereichs*, des *Grundrechtseingriffs* und der *Schranken* der Religionsfreiheit mit ihren Einzelaspekten in verschiedenen Zusammenhängen viel diskutiert. Verstärkt erörtert werden Fragen der Zulässigkeit staatlicher *Religionsförderung*, der *Gleichheit* und des *Kirchenvertragsrechts*, aber auch der Gesamtthematik des *Körperschaftsstatus*, des *Selbstverwaltungsrechts* (üblich, aber unzutreffend: Selbstbestimmungsrechts) und *Selbstverständnisses* der Religionsgemeinschaften und der kirchlichen *Sozialeinrichtungen.* Immer noch in der Kritik stehen Fragen des *Kirchensteuerrechts* (neuere Themen: Besonderes Kirchgeld[6], Berliner Rasterfahndung) und der *historischen Staatsleistungen*[7].

3. Ein großer und zudem besonders emotionsgeladener Bereich ist nach wie vor *Schule und Religion.* Hier ist die Problematik des islamischen Religionsunterrichts, insbesondere der Bestellung der Universitäts- und Schullehrer, besonders aktuell. Immer noch irritiert das Kopftuch islamischer Lehrerinnen mit seinen erneut aufgeworfenen Grundsatzfragen. Ein Kapitel für sich ist der noch nach fast 70 Jahren GG in weiten Teilen von Nordrhein-Westfalen und einem Teil Niedersachsens bestehende zumindest faktische Zwang zum Besuch von Konfessionsschulen: eine Groteske. Nach wie vor wird der Ethikunterricht[8] benachteiligt. Christliche Tendenzen in der Schulpraxis einiger Bundesländer führen immer noch nicht selten zu Rechtsstreitigkeiten.

---

5 Siehe hierzu den Beitrag von *Czermak*, Grundfragen des sogenannten Selbstbestimmungsrechts der Religionsgemeinschaften. Eine kritische Skizze, in diesem Band.

6 Siehe hierzu den Beitrag von *Korndörfer/Neumann*, Das besondere Kirchgeld oder die Wiederbelebung der Haushaltsbesteuerung, in diesem Band.

7 Siehe hierzu den Beitrag von *Haupt*, Kirchensteuer und Historische Staatsleistungen im Konflikt mit dem Grundgesetz, in diesem Band.

8 Siehe zum Thema Ethikunterricht den Beitrag von *Kreß*, Das Dilemma des konfessionellen Religionsunterrichts. Revisionsbedarf zugunsten des Faches Ethik, in diesem Sammelband.

Um eine Ausgangsbasis für eine nähere Erörterung der Gesamtmaterie[9] zu gewinnen, bietet sich eine Sichtung des grundgesetzlichen Normenkomplexes und eine Analyse seiner Struktur im Wege der Zusammenschau der formal etwas uneinheitlichen Vorschriften an.

II. Grundlagen: Freiheit, Gleichheit, Trennung

1. Art. 4 und Art. 140 GG als Grundpfeiler des Religionsverfassungsrechts[10]

a) Das Religionsverfassungsrecht der Bundesrepublik besteht aus einem *grundrechtlichen*, im Wesentlichen in Art. 4 GG garantierten, Teil und einem *organisationsrechtlichen* Abschnitt, der – neben einzelnen grundrechtlichen bzw. grundrechtsähnlichen Aspekten – in Art. 140 GG i. V. m. den sogenannten Weimarer Kirchenartikeln inkorporiert ist. Diese beiden Grundpfeiler des Systems sind ungeachtet der Platzierung des Art. 140 im Abschnitt XI „Übergangs- und Schlussbestimmungen" im Kontext ein- und derselben Verfassung gleichermaßen „vollgültiges Verfassungsrecht"[11]. Wegen ihres engen und sich überschneidenden Sachzusammenhangs sind Art. 4 und Art. 140 GG – nebst einigen anderen GG-Artikeln mit weltanschaulichem Einschlag – immer zusammenzulesen. Dabei ist zwischen *individueller* und *korporativer* (auch: kollektiver) Glaubens- und Weltanschauungsfreiheit zu unterscheiden. Denn das Grundrecht aus Art. 4 Abs. 1, 2 GG wird allgemein auch den „Religionsgesellschaften" (Art. 137 Abs. 2 bis 7 WRV) bzw. „Religionsgemeinschaften" (Art. 7 Abs. 3 GG) zugestanden.[12]

---

9 Ausführliche Bibliographie z. B. bei *Czermak/Hilgendorf*, Religions- und Weltanschauungsrecht, 2. A. 2018, S. 333–390.

10 Zur Terminologie: *Neumann/Schmidt-Salomon*, Was ist „Weltanschauungsrecht"?, in diesem Band sowie die in Fn. 2 Genannten.

11 BVerfGE 19, 206, 219 und öfters; unstreitig.

12 BVerfGE 19, 129, 132 und E 42, 312, 322; das gilt gem. E 24, 236 LS 1 ausdrücklich auch für Weltanschauungsgemeinschaften und – besonders bemerkenswert – für Vereinigungen, die sich nicht die allseitige, sondern nur partielle Pflege des religiös-weltanschaulichen Lebens ihrer Mitglieder zum Ziel setzen. Das betrifft karitative Vereinigungen. So auch E 32, 98, 106; E 93, 1, 15; 108, 282, 297 und andere. Letzteres ist aber höchst zweifelhaft. Die dabei erfolgte starke Betonung des religiösen Selbstverständnisses wird im Hinblick auf die Frage der staatlichen Kompetenz-Kompetenz häufig kritisiert; vgl. zur Kritik schon *Herzog* in Maunz/Dürig, GG, Art. 4 Rn. 102 ff.; *Ehlers* in Sachs, GG, 2. A. 1999, Anm. zu Art. 140/

Das Grundrecht der Glaubens- und Weltanschauungsfreiheit (Religionsfreiheit) wird einschließlich der Religionsausübungsfreiheit (Art. 4 Abs. 1, 2 GG) in Anlehnung an die st. Rspr. des BVerfG im Allgemeinen als Einheit verstanden.[13] Auf die daran häufig geübte substantielle Kritik sei hier nicht näher eingegangen.[14] Unterstrichen wird die Bedeutung des Grundrechts durch den Begriff „unverletzlich" und das Fehlen einer ausdrücklich vorgesehenen Grundrechtsschranke bei Art. 4 Abs. 1, 2.[15] Damit hängt das rechtsdogmatisch wichtige Sonderproblem der in Art. 136 Abs. 1 WRV[16] enthaltenen normativen Schranke zusammen.[17]

Art. 137 Abs. 3 WRV. Grdl. die Kritik von *Wieland* Der Staat 1986, 323, 332 f., 342 ff.

13 BVerfGE 24, 236, 245 f.

14 Sehr streitig ist, ob Art. 4 Abs. 1, 2 mehrere Grundrechte enthält oder nur unterschiedliche Aspekte eines einheitlichen Grundrechts. Eine differenzierte Betrachtung der einzelnen Gewährleistungen erscheint bei grundsätzlich weitem Schutzbereich (so das BVerfG und die ihm folgende h. M.) jedenfalls in der Schrankenfrage erforderlich. Ablehnend zur These vom Einheitsgrundrecht z. B. *Muckel*, Religiöse Freiheit und staatliche Letztentscheidung, 1997, S. 126 ff.; *Huster*, Die ethische Neutralität des Staates, 2002/2017, jeweils S. 376–380; *Kästner* JZ 1998, 974, 979 f. und viele andere. S. zur religionsrechtlichen Gesamtthematik die umfassende Dokumentation der Rspr. des BVerfG bei *Hassemer/Hömig* EuGRZ 1999, 525 und den materialreichen Rspr.-Bericht von *Kästner* AöR 1998, 408.

15 Das BVerfG vertritt in st. Rspr. die These vom fehlenden Gesetzesvorbehalt „des" Grundrechts aus Art. 4 Abs. 1, 2 und erklärt den Gesetzesvorbehalt des inkorporierten Art. 136 Abs. 1 WRV für bedeutungslos, so E 32, 98, 107, E 93, 1, 21. Zur Schrankenproblematik der Religionsfreiheit etwa *Müller-Volbehr* DÖV 1995, 301–310; speziell bei Art. 4 Abs. 2 *Fehlau* JuS 1993, 441–447; s. im Übrigen die in der übernächsten Fn. genannten Arbeiten.

16 Art. 136 Abs. 1 WRV lautet: „Die bürgerlichen und staatsbürgerlichen Rechte und Pflichten werden durch die Ausübung der Religionsfreiheit weder bedingt noch beschränkt." Das entspricht einem Vorbehalt der allgemeinen Gesetze, s. *Jarass/Pieroth*, GG, 13. A. 2014, Art. 136 WRV Rn. 28; näher *Muckel*, Religiöse Freiheit und staatliche Letztentscheidung, 1997, S. 120 ff. sowie in: Religionsfreiheit gestern, heute, morgen, 2017, S. 23–26 und viele andere.

17 Wegen der gerade bei banalen Fallgestaltungen oft gegebenen Notwendigkeit der Einschränkung, etwa durch straßen(verkehrs)rechtliche Vorschriften, und der sich dabei ergebenden dogmatischen Schwierigkeiten, das Bestehen verfassungsunmittelbarer Schranken ordnungsgemäß zu begründen, wird häufig die richtigere Auffassung vertreten, bei Art. 4 Abs. 1, 2 sei die Schranke des Art. 136 Abs. 1 WRV anzuwenden. So mit eingehender Begründung *Bock* AöR 1998, 444, 462 ff.; *Heckel*, Religionsfreiheit in ders., Gesammelte Schriften IV, 1997, S. 647, 748 ff.; *Muckel*, Religiöse Freiheit und staatliche Letztentscheidung, 1997, S. 224 ff.; *Jarass/Pieroth*, GG, 13. A. 2014, Art. 4 Rn. 28; *Kästner* JZ 1998, 974, 982.

b) Der Begriff *Glaubensfreiheit* (Art. 4 Abs. 1 GG) wird unterschiedlich gebraucht. Teilweise wird er als Gesamtbegriff wie Religionsfreiheit verwendet. In Anlehnung an den Wortlaut des GG liegt es aber näher, Glaubensfreiheit nur auf das *forum internum* zu beziehen (freie Wahl und freier Wechsel der religiös-weltanschaulichen Überzeugung, freie Glaubensbildung, Abwehr staatlicher Einflussnahmen), während Bekennen und Ausüben einer religiös-weltanschaulichen Überzeugung als forum externum zu bezeichnen sind. Das ist von Bedeutung für die Schrankenfrage. Denn die Glaubensfreiheit im engeren Sinn verbietet es dem Staat, direkt oder indirekt auf die verschiedenen Überzeugungsrichtungen Einfluss zu nehmen (*Beeinflussungsfreiheit*). Das dürfte auch weitgehend die Meinung der Literatur sein.[18] Der Grundrechtsträger wird dabei nicht nach außen tätig, so dass keine legitimen Gründe für eine grundrechtliche Einschränkung in Form staatlicher Einflussnahme ersichtlich sind. Da sich dieser Umstand von allen anderen Berufungen auf Grundrechte unterscheidet, liegt es auch nahe, die auf das forum internum beschränkte Glaubensfreiheit ebenso wie die Gewissensfreiheit als eigenständiges Grundrecht anzuerkennen.

c) Die ebenfalls garantierte *Gewissensfreiheit*, die früher meist synonym mit den anderen Begriffen als Bestandteil der Religionsfreiheit (als Sammelbegriff verstanden) gesehen wurde, hat nach heute allgemeinem Verständnis einen *ganz eigenständigen Charakter*.[19] Sie knüpft nicht an die Text- und Begriffsgeschichte an, sondern im Anschluss an Niklas Luhmann an eine ganz spezielle Funktion. Sie stellt ein Abwehrrecht gegenüber aufgezwungenen Konflikten dar und garantiert ggf. gewissensneutrale normative Handlungsalternativen (Freistellung von unzumutbarem Rechtszwang zur Wahrung der Selbstidentität). Man könnte von einem *Auffangtatbestand für individuelle Sonderüberzeugungen* sprechen. Die Gewissensfreiheit hängt zwar mit der Freiheit von Religion und Weltanschauung eng zusammen und ist davon nicht immer zu trennen. Sie ist aber gegenständlich völlig unbegrenzt, geht also über eine religiös-weltanschauliche Fundierung hinaus, betrifft forum internum und forum externum und behandelt schon strukturnotwendig alle Überzeugungen gleich. Im Verhältnis zur „Religionsfreiheit“ ist sie speziell.

---

18 *Näher Czermak/Hilgendorf*, Religions- und Weltanschauungsrecht, 2. A. 2018, Rn. 125–127 mit zahlreichen Nachweisen.

19 S. statt aller *Bethge*, HStR Bd. 6, 1989, S. 435–469; *Herdegen*, HdbStKirchR Bd. 1, 2. A. 1994, S. 481–512; *Muckel*, Religiöse Freiheit und staatliche Letztentscheidung, 1997, S. 154–163; zu den Schutzbereichsgrenzen und GG-immanenten Schranken *Muckel* NJW 2000, 689 ff.

2. *Gleichberechtigung von Religion und Weltanschauung*

a) Art. 4 Abs. 1 GG garantiert ohne Ansatzpunkte für Differenzierungen *die gleiche Freiheit des „religiösen und weltanschaulichen" Bekenntnisses*[20] und diese Gleichberechtigung bezieht sich zwangsläufig auch auf die *Glaubensfreiheit*, wie immer man diesen Begriff verstehen mag. Art. 4 Abs. 2 bezieht – an sich wohl unnötig und überdies textlich unvollständig im Hinblick auf die (gleichgestellten) nichtreligiösen Weltanschauungen – ausdrücklich auch die Freiheit der „Religionsausübung" mit ein. Die Gleichberechtigung religiöser und nichtreligiöser Weltanschauungen ist, wie es in Art. 4 Abs. 1 heißt, ebenfalls „unverletzlich". Auf die unklare Begrifflichkeit der Absätze 1 und 2 soll hier nicht weiter eingegangen werden.[21] Es herrscht jedenfalls weithin immer noch Begriffsverwirrung, so dass sich im Zweifelsfall jeweils eine kurze Erläuterung empfiehlt.

b) *Die Gleichstellung von religiösen und nichtreligiösen Weltanschauungen in Art. 4 Abs. 1 GG findet eine Entsprechung vor allem in dem über Art. 140 GG inkorporierten Art. 137 Abs. 7 WRV*. Dieser stellt den „Religionsgesellschaften" ohne Einschränkung alle „Vereinigungen" gleich, „die sich die gemeinschaftliche Pflege einer Weltanschauung zur Aufgabe machen". Eine ausdrückliche Gleichstellung enthalten – anders als andere Artikel bzw. einzelne Absätze davon – auch Art. 7 Ab. 5 und Art. 33 Abs. 3 S. 2 GG.[22]

c) Unter der Geltung des Grundgesetzes erhält die formale Gleichstellung von Religion und nichtreligiöser Weltanschauung in der individuellen und kollektiven religiös-weltanschaulichen Freiheit eine *im Vergleich zu Weimar unvergleichlich stärkere Bedeutung*. Denn erst unter dem GG entfal-

---

20 Religiöse und nichtreligiöse Weltanschauungen sind nur im Grundsatz unterscheidbar. Nach übereinstimmender Auffassung der Religionswissenschaftler ist aber „Religion" nicht eindeutig zu definieren, so dass fließende Übergänge zwischen „Religion" und (nichtreligiöser) „Weltanschauung" bestehen, s. den instruktiven Artikel "Weltanschauungsgemeinschaften" von *Reimer*, EvStL, 3. A. 1987, Sp. 3963–3966. Verfassungsrechtlich spielt das aber wegen der Gleichstellung (s. o.) letztlich keine Rolle. So auch z. B. BVerfGE 90, 1, 4; *v. Campenhausen*, HStR Bd. 6, 1989, S. 397; *Classen*, Religionsrecht, 2. A. 2015, S. 42; *Morlok* in Dreier, GG, Bd. 1, 3. A. 2013 zu Art. 4 und Bd. 3, 2. A. 2008 zu Art. 137 Abs. 7 WRV, Rn. 126 sowie zahlreiche andere Autoren.

21 Vgl. hierzu insb. *Muckel*, Religiöse Freiheit und staatliche Letztentscheidung, 1997, S. 125 ff.

22 Christine Mertesdorf hat das grundlegend untersucht: *Mertesdorf*, Weltanschauungsgemeinschaften im deutschen Verfassungsrecht, in Groschopp, Konfessionsfreie und Grundgesetz, 2010, S. 81–128 (kürzere Fassung des juristischen Teils von *Mertesdorf*, Weltanschauungsgemeinschaften, 2008).

ten die *Grundrechte wegen Art. 1 Abs. 3 GG unmittelbare Geltung* für alle Organe der öffentlichen Gewalt, während zur Weimarer Zeit die Grundrechtsbindung schwach und überdies umstritten war.

d) Deutlich unterstrichen wird das Prinzip der religiös-weltanschaulichen Gleichheit ferner durch die Art. 3 Abs. 3 (keine Bevorzugung oder Benachteiligung „wegen“ religiöser Überzeugungen) und 33 Abs. 3 GG (bürgerliche und staatsbürgerliche Rechte, Zulassung zu öffentlichen Ämtern). Art. 3 Abs. 3 GG statuiert das zumindest grundsätzliche Verbot, religiös-weltanschauliche Aspekte als differenzierendes Kriterium zu benutzen[23] und Art. 33 Abs. 3 S. 2 stellt wie schon Art. 4 Abs. 1 ausdrücklich religiöse Bekenntnisse und Weltanschauungen gleich. Die umfassende „Religionsfreiheit“ kann für „Gläubige“ und „Nichtgläubige“[24] daher formal stets nur gleiche Bedeutung haben. So ist etwa heute anerkannt, dass Art. 7 Abs. 3 GG nicht nur religiösen, sondern auch säkularen weltanschaulichen Unterricht gewährleistet[25] und dass die Körperschaftsrechte des Art. 137 Abs. 5 WRV und Art. 137 Abs. 6 WRV („Kirchensteuer“) i. V. m. Art. 140 GG auch nichtreligiösen weltanschaulichen Vereinigungen zustehen. Letzteres gebietet schon der unmittelbare räumliche Zusammenhang mit Art. 137 Abs. 7 WRV.

---

23 Streitig ist, ob Art. 3 Abs. 3 und 33 Abs. 3 bereits ein generelles religiöses Anknüpfungsverbot enthält (so eingehend *Sachs* ZBR 1994, 133, 135 ff. und *ders.* in HdbStR VIII, 3. A. 2010, § 182), oder ob das religiöse Gleichbehandlungsgebot nur eine ungleichwertige Differenzierung untersagt, so *Heckel*, HdbStKirchR Bd. 1, 2. A. 1994, S. 623, 635 ff. Bisher wenig registriert wurde BVerfGE 85, 191, 206 – Nachtarbeitsverbot –, wo das BVerfG ein grundsätzliches Anknüpfungsverbot statuiert und ausdrücklich von E 75, 40, 71 abrückt. Dort war selbst eine extrem ungleiche staatliche Förderung kirchlicher und nichtkirchlicher Privatschulen mit reichlich fadenscheinigen Gründen für nicht diskriminierend gehalten worden. Ein grundsätzliches Anknüpfungsverbot bzw. Differenzierungsverbot bietet m. E. mehr Sicherungen gegen Missbrauch und ist auch nicht weltfremd, vorausgesetzt, man fordert die Vergleichbarkeit der Lebenssachverhalte als strukturelle Voraussetzung. Wie hier auch etwa *Droege*, Staatsleistungen an Religionsgemeinschaften im säkularen Kultur- und Sozialstaat, 2004, S. 391 ff. und *Jarass/Pieroth*, GG, 13. A. 2014, Art. 3 Rn. 130 f.

24 „Nichtgläubige“, d. h. Menschen, die nach ihrem Selbstverständnis keine religiöse Grundeinstellung haben, d. h. Agnostiker, säkulare Humanisten bzw. – oft pejorativ – Atheisten („Konfessionslose“) sind regelmäßig natürlich auch „gläubig“ in dem Sinn, dass sie Grundüberzeugungen haben. So gesehen gibt es nur Gläubige und Andersgläubige.

25 Vgl. *Jarass/Pieroth*, GG, 13. A. 2014, Art. 7 Rn. 16; ausdrücklich schon *Link* in HdbStKirchR Bd. 2, 2. A. 1995, S. 439, 500.

e) Bei diesem heute so gut wie unbestrittenen Verständnis ergeben sich keine prinzipiellen Statusunterschiede[26], insbesondere ist das Selbstverwaltungsrecht (Art. 137 Abs. 3 WRV) nicht vom Körperschaftsstatus abhängig. Wohl aber ergeben sich erhebliche Unterschiede in der praktischen Auswirkung. Denn die religiöse Gleichheit hat wie jede andere janusköpfigen, ja paradoxen Charakter: Gleichheit differenziert ja wegen der unterschiedlichen sozialen Bedeutung und Mitgliederzahl der religiös-weltanschaulichen Vereinigungen[27].

f) Die auch grundrechtliche Gleichstellung von religiöser und nichtreligiöser Weltanschauung hat zur Folge, dass im Konfliktfall Ausgleichsregelungen nach dem Grundsatz des geringstmöglichen Eingriffs und der „praktischen Konkordanz" nur im Fall von *echten* Grundrechtskollisionen erforderlich sind. Das ist nur dann der Fall, wenn gegenläufige grundrechtliche einklagbare Ansprüche im staatlich-öffentlichen Bereich aufeinanderstoßen. Da aber der *säkulare Staat unstreitig keinen religiösen Selbstzweck und keine Konfession hat* und *insofern* religiös blind ist, erscheint es nicht leicht möglich, dass solche echten Kollisionsfälle im staatlichen Bereich auftreten. Das ist gerade im Bereich Schule von großer Bedeutung.[28]

---

26 Vorausgesetzt ist dabei selbstverständlich die Erfüllung der (im Einzelnen umstrittenen) Mindestvoraussetzungen des Art. 137 Abs. 5 WRV. S. aber die traditionelle Rede von der zwei- oder gar dreigestuften Parität. Die durch den Normtext begründete Unterscheidung zwischen öffentlich- bzw. privatrechtlich organisierten religiös-weltanschaulichen Vereinigungen ändert nichts am prinzipiell gleichen Verfassungsstatus und ist insoweit nur terminologischer Natur. Anders die Meinung in der Adenauer-Ära, wonach den Großkirchen ein besonders privilegierter Rechtsstatus zukam, so z. B. die (aus heutiger Sicht eigenartig berührende) Auffassung des jungen *Hesse* ZevKR 3 (1953/54), 188 ff.

27 *Heckel*, HdbStKirchR Bd. 1, 2. A. 1994, §§ 20, 21 und *ders.*, Gleichheit oder Privilegien? 1993, S. 49; *Czermak/Hilgendorf*, Religions- und Weltanschauungsrecht, 2. A. 2018, Rn. 81.

28 Zu Unrecht wird dabei gern zugunsten der (wann je nach ihren Wünschen befragten?) oft nur behaupteten tatsächlichen Mehrheit mit den Grundsätzen der Toleranz und praktischen Konkordanz bereits im Vorfeld der Grundrechtskollision operiert. Ziel ist dabei eine gewisse Verchristlichung der Schule. Vgl. zur dezidiert christlichen Schulpolitik in Bayern *Czermak* KJ 1992, 46 ff., *Renck* NVwZ 1991, 116 ff. und *ders.* KJ 1994, 488 ff. Zum Fehlen echter Grundrechtskollisionen beim *staatlich* veranlassten Schulkreuz (Kruzifix) *Czermak* in Brugger/Huster, Der Streit um das Kreuz in der Schule, 1998, S. 13, 33 f.; *Renck* ZRP 1996, 205 und *ders.* NJW 1999, 994, 997.

3. *Neutralitätsgebot*

a) Neutrales staatliches Verhalten ist eine Voraussetzung voller staatlicher Freiheitsgewährleistungen. Nicht nur im Alltag, sondern auch im Recht ist Grundforderung jeden neutralen Verhaltens anerkanntermaßen die *Unparteilichkeit*. Das bedeutet, dass die religiös-weltanschaulichen Gleichheitsforderungen des GG zumindest weitgehend deckungsgleich mit dem religiös-weltanschaulichen Neutralitätsgebot sind. Die Begriffe werden daher oft synonym verwendet. „Neutralität" wird überwiegend institutionell und als *objektivrechtliches Verhaltensgebot* (so das BVerfG) gebraucht: Der Staat muss sich immer religiös-weltanschaulich neutral verhalten, d. h. Äquidistanz wahren, mag das im Einzelfall auch noch kein Grundrecht verletzen.

Das BVerfG leitet in ständiger Rechtsprechung die religiös-weltanschauliche Neutralität aus verschiedenen Gleichheitssätzen und damit in Zusammenhang stehenden Normen ab. Seine eindringliche und vielzitierte Kurzfassung des Gebots stammt aus dem Jahr 1965 und lautet:

„Das GG legt durch Art. 4 Abs. 1, Art. 3 Abs. 3, Art. 33 Abs. 3 GG sowie durch Art. 136 Abs. 1 und 4 und Art. 137 Abs. 1 WRV i. V. m. Art. 140 GG dem Staat als Heimstatt aller Bürger ohne Ansehen der Person weltanschaulich-religiöse Neutralität auf. Es verwehrt die Einführung staatskirchlicher Rechtsformen und untersagt auch die Privilegierung bestimmter Bekenntnisse."[29]

Auffälligerweise hat das BVerfG bis heute aber nie darüber hinaus präzise formuliert, was Neutralität im jeweiligen Regelungsbereich konkret bedeutet oder bedeuten kann. Schon bei seiner Entscheidung zum Kruzifix im Gerichtssaal von 1973 drückte es sich um eine konkrete Aussage zum Neutralitätsgebot herum.[30] Man kann vermuten, dass die auch von der Literatur geschürte Behauptung, der Neutralitätsbegriff sei allzu schillernd und unbestimmt, aufgestellt wurde, um den kirchenfreundlichen Status quo möglichst lange aufrecht zu erhalten. So wurden jahrzehntelang immer neue Rechtsstreitigkeiten religiöser Art unnötig provoziert.

Entgegen den in den letzten Jahren wieder verstärkt auftretenden Tendenzen einer Minderheit, das Neutralitätsgebot generell infrage zu stellen,

---

29 BVerfGE 19, 206, 216 – „Badische Kirchenbausteuer".

30 BVerfGE 35, 366. Damals begehrte ein jüdischer Kläger Wiedergutmachung, und das Gericht gab ihm angesichts des Einzelfalls im Hinblick auf Art. 4 GG Recht. Auf eine objektivrechtliche Begründung mit dem Neutralitätsgebot, das ja nach BVerfG bei zulässiger Verfassungsbeschwerde ebenfalls Prüfungsgegenstand war, verzichtete es, da das angeblich zu schwierig sei. Siehe näher Institut für Weltanschauungsrecht, https://weltanschauungsrecht.de/1-BvR-308-69.

ist zu betonen: Bereits der Kern der religiös-weltanschaulich Neutralität, die Unparteilichkeit, ist durchaus aussagekräftig. Beim Allgemeinen Gleichheitssatz (Art. 3 Abs. 1 GG), der wesentlichen Grundnorm der Neutralitätsforderung, bezweifelt trotz der zahllosen Einzelprobleme auch niemand, dass er als Rechtssatz legitimiert ist. Trotzdem wird immer wieder die Gefahr beschworen, der Neutralitätsbegriff werde für eine Oberkategorie eingesetzt, aus der dann Rechtssätze ohne Fundierung in der Verfassung abgeleitet würden. Diese Gefahr besteht aber nicht. Der Neutralitätsbegriff ist aus den o. g. Normen des GG, hauptsächlich Gleichheitssätzen, abgeleitet und bündelt die Kernaussage als objektives Gebot der Gleichheit. Martin Morlok hat daher treffend formuliert: „Die Freiheit der religiösen Betätigung, die staatliche Neutralität gegenüber Religionen und Weltanschauungen und die Gleichberechtigung aller Religionen und Weltanschauungen mitsamt ihren Organisationen und Anhängern sind verfassungsrechtlich so dicht normiert, dass die Verknappung in Gestalt eines Prinzips selbst als Satz des Verfassungsrechts genommen werden kann."[31] Ob es ein darüber hinaus gehendes selbständiges Neutralitätsgebot geben kann, wird zwar kontrovers diskutiert, dürfte aber kaum praktische Konsequenzen haben. Denn jedenfalls müsste es rückgebunden sein an die Normen, aus denen es abgeleitet wird.[32] Die Gleichheitsforderungen des GG bezüglich Religion und Weltanschauung, kombiniert mit den entsprechenden Freiheitsrechten, sind kein Mythos, sondern normative Realität. Daher erstaunen die teilweise sehr eigenartigen Versuche, es auszuhöhlen oder gar zu ignorieren.[33] Unter anderen hat sich Horst Dreier näher mit Einwänden gegen das Neutralitätsgebot auseinandergesetzt. Er vertritt die

---

31 *Morlok* in Dreier, GG III, 2. A. 2008, Art. 140 Rn. 33.

32 Zu diesen diffizilen Abschichtungen *Huster*, Die ethische Neutralität des Staates, 2002/2017, jeweils S. 39 ff.

33 Literaturhinweise zur Neutralitätsdebatte: Aus der neueren Lit.: *Czermak/Hilgendorf*, Religions- und Weltanschauungsrecht, 2. A. 2018, Rn. 166–189; *Dreier*, Die religiös-weltanschauliche Neutralität des Staates – Konzeption, Kritik, Kontroversen in ders., Staat ohne Gott, 2018, S. 95–139; *Heckel*, Religionsfreiheit in ders., Gesammelte Schriften IV, 1997, S. 773 ff.; *Heinig* JZ 2009, 1136–1140; *Huster* in Brugger/Huster, Der Streit um das Kreuz in der Schule, 1998, S. 69, 74 ff.; *ders.*, Die ethische Neutralität des Staates, 2002. In der 2. A. 2017 dieser Fundamentaluntersuchung ist die bis dahin angefallene umfangreiche Lit. und Rspr. in der Einleitung S. XXV–LXV umfassend dokumentiert und erörtert; hingewiesen sei auch auf *Huster* JZ 2010, 354–357 (zu Heinig); *Muckel*, Religionsfreiheit und staatliche Letztentscheidung, 1997, S. 71–81; *Schlaich* in ders., Gesammelte Aufsätze, 1997, S. 448–479 (Erstveröff. Essener Gespräche 1970, 9). – *Gegner des Neutralitätsbegriffs:* z. B. *Hillgruber* KuR 2010, 8, 15 ff.; *Ladeur/Augsberg* JZ 2007, 12–18; *Möllers* ZevKR 59 (2014), 115–140.

auch hier zugrunde gelegte Ansicht, da der Staat keine religiöse Kompetenz habe, müssten seine Gesetze unabhängig von bestimmten religiösen, nichtreligiösen oder philosophischen Überzeugungen rational und generell begründbar sein.[34]

b) Das *Hauptproblem* ist die oft sehr schwierige Untersuchung der *rechtlichen Vergleichbarkeit von Sachverhalten* und der möglichen Rechtfertigung differenzierender Behandlung im Einzelfall. Ein beliebtes Differenzierungskriterium, insbesondere bei der Gewährung von Subventionen, ist das der *Gemeinwohldienlichkeit* einer Religionsgemeinschaft. Dieses Kriterium scheitert aber an seiner Unbestimmbarkeit. Die Ausgangspunkte und Bewertungskriterien sind unterschiedlich. Unter Gemeinwohl werden daher sehr unterschiedliche Dinge verstanden. Dem Staat stehen keine justiziablen Bewertungskriterien zur Verfügung. Daher ist die Gemeinwohlerwartung nach BVerfG auch kein Kriterium der Zulassung als Körperschaft i. S. des Art. 137 Abs. 5 WRV / 140 GG.[35]

c) Gleichheit/Neutralität kann auf verschiedene Weise hergestellt werden, vor allem in Form der *offenen Neutralität* (positive Berücksichtigung der unterschiedlichen Richtungen) und der *distanzierenden Neutralität* (keine religiösen Symbole in öffentlichen Einrichtungen). Auch treten die Neutralitätsprobleme in unterschiedlichen Lebensbereichen verschieden auf. Mit diesen Bemerkungen zur Neutralitätsfrage soll es in dieser Übersicht sein Bewenden haben.[36]

4. *Trennung von Staat und Religion*

Die grundsätzliche Trennung von Staat und Religion, und zwar in formaler und schließlich auch inhaltlicher Hinsicht, ist eine für das „Abendland" typische Entwicklung[37], die freilich historisch mit sehr schweren Opfern verbunden war. Die Menschenrechte entwickelten sich, zwangsläufig im christlichen Umfeld, erst mit der Aufklärungsphilosophie.[38] Religionsfrei-

---

34 *Dreier*, Staat ohne Gott, 2018, S. 112 ff.

35 Vgl. *Czermak/Hilgendorf*, Religions- und Weltanschauungsrecht, 2. A. 2018, Rn. 211, 217, 219, 419 ff.

36 Nähere, aber kompakte Darstellung in *Czermak/Hilgendorf*, Religions- und Weltanschauungsrecht, 2. A. 2018, S. 91–104.

37 Allgemein: *Zippelius*, Staat und Kirche. Eine Geschichte von der Antike bis zur Gegenwart, 2. A. 2009; *Heckel* ZevKR 2000, 173–200.

38 Zur Problematik „Christentum und Menschenrechte" s. aus der unüberschaubaren Literatur: *Collinson* Religion und Menschenrechte: Die Rolle des Protestantis-

heit und Trennung von Staat und Religion sind geradezu Kehrseiten einer Medaille. Ausnahmen vom Trennungsgebot in Randbereichen beeinträchtigen nicht notwendig die Religionsfreiheit der Begünstigten (z. B. der Kirchen im Zusammenhang mit dem staatlichen Religionsunterricht), wohl aber Ausnahmen vom Privilegierungsverbot bzw. vom Gleichstellungsanspruch Nichtbegünstigter. Normativ hat das Trennungsprinzip in der Zentralnorm des Art. 137 Abs. 1 WRV i. V. m. Art. 140 GG („Es besteht keine Staatskirche") zwar einen vom Wortlaut und der Entstehungsgeschichte her nur unsicheren Ausdruck gefunden (s. anschließend). Das grundsätzliche Trennungsgebot wird bekräftigt durch die *religiös-weltanschauliche Abstinenz des Staats*, die in den Art. 3 Abs. 3, 33 Abs. 3 GG und Art. 136 Abs. 1 bis 4 WRV sowie im *korporativen Selbstverwaltungsrecht* des Art. 137 Abs. 3 WRV (der „lex regia" der „Kirchenfreiheit")[39] verankert ist. Auch die flankierende Anordnung der *vermögensrechtlichen Trennung* in dem nach wie vor gültigen, aber uneingelösten und ins Gegenteil verkehrten Ablösungsgebot (insoweit streitig) bestehender Staatsleistungen (Art. 138 Abs. 1 WRV) ist Ausdruck des Trennungsgebots. Weitere Hinweise finden sich im folgenden Abschnitt.

III. Der Religionskompromiss der WRV und des Grundgesetzes: grundsätzliche Trennung bei Anerkennung kooperativer Elemente

1. Trennende Aspekte

Der voranstehende Abschnitt wird im Folgenden ergänzt. Was der Satz „Es besteht keine Staatskirche", die organisatorische Hauptnorm des Verhältnisses des Staats zu den religiös-weltanschaulichen Gemeinschaften (Art. 137 Abs. 1 WRV) im Einzelnen in der Situation von 1919 und der von 1949 und heute bedeutet, ist wie gesagt unklar und erläuterungsbedürftig. Nach heutiger, weithin übereinstimmender Auffassung versteht man darunter in

---

mus, in Hufton, Menschenrechte in der Geschichte, 1998, S. 27–65 mit dem ergebnisoffenen Versuch einer kritischen Gesamtbilanz; *Hofmann* JuS 1988, 841–848; *Höffe*, Christentum und Menschenrechte in ders., Vernunft und Recht, 1996, S. 83–105; *Isensee* ZRG Kan. Abt. 73 (1987), 296–336 (zur kath. Menschenrechtskritik); *Maier*, Wie universal sind die Menschenrechte? 1997, S. 82–91; *Pfahl-Traughber* Humanismus aktuell H. 5 (1999), 66–77, http://www.kellmann-stiftung.de.

39 Statt aller *Hesse*, HdbStKirchR, Bd. 1, 2. A. 1994, S. 521–559; *Bock*, Das für alle geltende Gesetz und die kirchliche Selbstbestimmung, Tübingen 1996.

erster Linie das *grundsätzliche Verbot einer organisatorisch-institutionellen Verbindung von Staat, Religions- und Weltanschauungsgemeinschaften.*[40] Dieses Trennungsgebot ist eine Absage an das Wiedererstehen des historischen Landeskirchentums, wie es bis 1918 bestand, und eine Absage an den Glaubensstaat.[41] *Durchbrechungen (genauer: Bereichsausnahmen) dieses Gebots bedürfen jeweils einer besonderen bundesverfassungsrechtlichen Begründung.* Das Trennungsgebot, das die Scheidung des staatlichen und des weltanschaulichen Bereichs bezweckt, hat eine solide Basis im Grundgesetz. Es ist aber *nur verbal* allgemein anerkannt. Welche Ausnahmen die Verfassung, soweit diese sie nicht ausdrücklich regelt, darüber hinaus zulässt oder nicht, ist Gegenstand von Kontroversen. Die – keineswegs immer einheitliche – traditionelle und dominierende Auffassung betont die normierten sowie die ungeschriebenen Traditionen der zum Teil recht gewichtigen Zusammenarbeit von Staat und speziell christlichen Großkirchen. Sie leitet daraus ein *Prinzip der Kooperation* ab[42], das mit seiner zwangsläufigen Unschärfe jeweils interessengerecht einsetzbar ist. Das seit 1949 bestehende kleine, aber insgesamt beachtliche Lager derer, die zwar die im GG ausdrücklich festgelegte Kooperation voll berücksichtigen, eine darüber hinausgehende Zusammenarbeit aber bei fehlender spezieller verfassungsrechtlicher Rechtfertigung als Verstoß gegen das Gebot prinzipieller Trennung ablehnen – so die hier vertretene Auffassung – ist heute wesentlich stärker. Die gegenseitigen Vorwürfe bestehen jeweils in der Behauptung, der Gegner verwechsle Verfassungsrecht mit Verfassungspolitik.[43]

---

40 Vgl. allgemein *Jeand'Heur* Der Staat 1991, 442–467 (besonders intensiv aus der Sicht von 1919) und *Heckel* ZevKR 12 (1966/67), 1–39 (zum Staatskirchenrecht von der Reformation bis Weimar; dort S. 31: Trennung als „reife Frucht eines Jahrhunderts"). Im Übrigen s. *Classen*, Religionsrecht, 2. A. 2015, Rn. 111; *Czermak/Hilgendorf*, Religions- und Weltanschauungsrecht, 2. A. 2018, Rn. 148 ff. (mit Abgrenzung zu anderen GG-Prinzipien); *Ehlers* in Sachs, GG, 8. A. 2018 zu Art. 137 WRV (instit. *und* inhaltliche Trennung); *Fischer*, Trennung von Staat und Kirche, 3. A. 1984, S. 49 ff. und 162 ff.; *Jarass/Pieroth*, GG, 13. A. 2014, Art. 137 WRV Rn. 2; *Link* BayVBl 1966, 297 ff., insb. Teile I, II; *ders.*, Ein Dreivierteljahrhundert Trennung von Kirche und Staat in Deutschland in FS für Werner Thieme, 1993, S. 95–122; *Renck* BayVBl 1988, 225–231; *Rothenbücher*, Die Trennung von Staat und Kirche, 1908 (große Monographie); *Weber*, Grundprobleme des Staatskirchenrechts, 1970, S. 68 ff.

41 Zur Überwindung desselben vgl. *Pawlowski* Rechtstheorie 1988, 409–441.

42 Fast repräsentativ immer noch *Maunz* BayVBl 1988, 231 in Auseinanders. mit *Renck* BayVBl 1988, 225.

43 Aufschlussreich die wechselseitige Polemik von *v. Campenhausen* BayVBl 1999, 65, 68 und *Renck* BayVBl 1999, 70, 72.

Zwischen beiden Lagern bestehen fließende Übergänge. Eine neue Generation von Religionsrechtlern beurteilt vielfach Einzelaspekte wie Grundfragen anders, als das lange üblich war. Die Gewichte sind aber immer noch ungleich verteilt, zumal die traditionellen Spezialisten des „Staatskirchenrechts“ (zunehmend und richtiger: Religionsverfassungsrecht, Religionsrecht, Religions- und Weltanschauungsrecht) die Vertreter eines konsequenteren Neutralitäts- und Trennungsgebots manchmal irreführend zitieren.

2. *Verbindende Aspekte*

a) Die WRV und damit auch das GG enthalten expressis verbis einige Bestimmungen, die nicht Ausdruck der Trennung, sondern im Gegenteil der Verbindung von Staat und „Religionsgemeinschaften“ (so der Terminus in Art. 7 Abs. 3 GG im Gegensatz zur WRV: Religionsgesellschaften) sind. Rein tatsächlich (nicht auch rechtlich) waren damit freilich so gut wie nur die Kirchen gemeint. Es handelt sich um das *Steuererhebungsrecht* gem. Art. 137 Abs. 6 WRV, die *Anstalts- und Militärseelsorge* (Art. 141 WRV) sowie – wenn man das so sehen möchte – den *Schutz der Sonn- und Feiertage* (Art. 139 WRV). Wesentliche verbindende Elemente enthält das GG auch außerhalb des Art. 140, nämlich die Gewährleistung des (staatlichen) *Religionsunterrichts* als ordentliches Lehrfach „in Übereinstimmung mit den Grundsätzen der Religionsgemeinschaften“ (Art. 7 Abs. 3 GG; konträres Prinzip: Art. 141 GG) sowie im Grundsatz die Zulässigkeit der Errichtung auch *öffentlicher Schulen mit spezieller weltanschaulicher Ausrichtung* (Argument aus Art. 7 Abs. 5 GG). Eine Bestimmung über Theologische Fakultäten enthält das GG nicht. Nach Art. 149 Abs. 3 WRV waren diese Einrichtungen erhalten geblieben, und gerade diese Bestimmung wurde nicht in das GG übernommen.[44] Dabei trifft das GG zu anderen Angelegenheiten, die im Wesentlichen ebenfalls nur die Länder betreffen, durchaus Regelungen (insb. Art. 7 GG). Nur *mittelbar* lässt sich aus dem GG eine *eingeschränkte Institutsgarantie für staatliche Universitätstheologie* herleiten, da der Staat für eine dem jeweiligen Schulstandard angemessene Ausbildung der Religionslehrer (vgl. Art. 7 Abs. 3 GG) sorgen muss. Nur für den hierfür *erforderlichen* Umfang ist dem GG eine Garantie der Universitätstheologie mittelbar, aber doch eindeutig zu entnehmen. Von dieser Frage ist die weitere zu unterscheiden, ob nicht das GG darüber hinaus staatliche Fakultä-

44 Die Entstehungsgeschichte gibt hierzu keinen Aufschluss.

ten zumindest zulässt oder gar landes(verfassungs)rechtliche und vertragsrechtliche Regelungen GG-konforme Garantien enthalten. Die h. M. sieht hier keinerlei Probleme. Eine vertragliche Fixierung staatlich-kirchlicher Positionen in einem umfangreichen Vertragsrechtssystem („Vertragsstaatskirchenrecht“ o. ä.) gilt Vielen als spezifisches und unverzichtbares Merkmal des deutschen Religionsverfassungsrechts.[45]

b) Eine *kritische Bewertung dieser Gesichtspunkte* ergibt aber:

aa) Der *Schutz der Sonn- und Feiertage* diente früher, abgesehen von einer (bei damals nur geringem Urlaubsanspruch) immer schon erheblichen sozialstaatlichen Komponente, einer sehr weitgehend christlichen Bevölkerung. Heute tritt die sozialstaatliche Komponente mehr und mehr in den Vordergrund. Der Gesetzgeber hat unstreitig einen weiten Ermessensspielraum bezüglich der Zahl der traditionell-christlichen Feiertage. Insgesamt fällt Art. 139 WRV als nennenswerter Gesichtspunkt für eine Bewertung des religionsrechtlichen Systems aus. Er unterstreicht lediglich den der Religion und Weltanschauung ohnehin freundlich gegenüberstehenden Gesamtcharakter. Ähnlich ist es mit der *Anstalts- und Militärseelsorge*, denn Art. 141 WRV garantiert den Religionsgesellschaften und (wegen Art. 137 Abs. 7 WRV i. V. m. Art. 140 GG) weltanschaulichen Gemeinschaften lediglich, sie seien „zur Vornahme religiöser Handlungen zuzulassen“. Von einer damit verbundenen Schaffung institutioneller Verbindungen wie der staatlich-kirchlichen Etablierung spezieller Geistlicher, gar auf Kosten der öffentlichen Hand, ist keineswegs die Rede; die staatskirchlichen Momente der Militärseelsorge sind nicht grundlos sehr umstritten[46]. Nach dem Verfassungstext handelt es sich jedenfalls um einen für eine Systembeurteilung in Richtung Verbindung von Staat und Kirche nur nebensächlichen Gesichtspunkt, der zudem bei richtigem Verständnis religiös-weltanschaulich neutral ist.

bb) Nun sind zwar alle nur erdenklichen Gesichtspunkte der Zusammenarbeit in (Evangelischen) *Kirchenverträgen bzw. Konkordaten zwischen Staat und Kirchen*, zunehmend auch mit anderen Vereinigungen, geregelt,

45 Näheres zur Gesamtproblematik der Theologischen Fakultäten in *Czermak/Hilgendorf*, Religions- und Weltanschauungsrecht, 2. A. 2018, Rn. 447–473 einschließlich der verfassungsrechtlichen Verstöße gegen das Trennungsgebot, das Neutralitätsgebot und den Wissenschaftsbegriff des Art. 5 Abs. 3 S. 1 GG.

46 S. dazu *Czermak/Hilgendorf*, Religions- und Weltanschauungsrecht, 2018, Rn. 474–483.

und zwar im Wesentlichen immer zu ihren Gunsten.[47] Allerdings enthält das *GG keinerlei textliche Aussage* zum Abschluss und zum möglichen Inhalt von Verträgen zwischen Staat und Religions- bzw. Weltanschauungsgemeinschaften. Auch dieser Punkt unterverfassungsrechtlicher Regelungen, der freilich vielfach als besonderes Kennzeichen des bundesrepublikanischen Religionsverfassungsrechts bezeichnet wird, ist daher für eine verfassungsgerechte Interpretation ohne Bedeutung. Verfassungsrechtlich ist das Vertragsrecht nicht systemprägend.

cc) Gelegentlich wird auch auf den in Art. 56 und 64 Abs. 2 GG (Amtseid des Bundespräsidenten und der Mitglieder der Bundesregierung) enthaltenen textlichen Vorrang (Regel-Ausnahme-Formulierung) der religiösen vor der nichtreligiösen *Eidesleistung* verwiesen. Daraus kann man aber keine Modifizierung des in einer Reihe von Vorschriften unmissverständlich festgelegten Prinzips der formalen und inhaltlichen Gleichberechtigung ableiten.

c) *Was an echten, wichtigen Elementen der Verbindung bleibt, ist*

- der vom Staat bei Gewährleistung der elterlichen Bestimmung über die Teilnahme (nicht der, regelmäßig aber gesetzlich vorgeschriebenen, Freiheit der Abmeldung) eingerichtete „Religionsunterricht in Übereinstimmung mit den Grundsätzen der Religionsgemeinschaften" (Art. 7 Abs. 3 GG) mit reduzierter Universitätstheologie als Annex; Abschwächung durch Art. 141 GG;
- die Möglichkeit, dass der Staat auch religiös gebundene Schulen – neben anderen Formen öffentlicher Schulen (sog. „bekenntnisfreie Schulen"[48]) – anbietet. Damit ist zur verfassungsrechtlichen Zulässigkeit

---

47 S. zu dieser umfangreichen, von der h. M. nicht hinterfragten, Sondermaterie *Czermak/Hilgendorf*, Religions- und Weltanschauungsrecht, 2. A. 2018, Rn. 316–350. Generell zur Rechtsnatur und Legitimation des Vertragsrechts krit. *Czermak* Der Staat, 2000, 69–85 und *Renck* DÖV 1997, 929–938.

48 Das können rein weltliche, aber auch Weltanschauungsschulen, z.B. humanistische, sein. Das GG setzt, so auch BVerfGE 41, 29, 46, verschiedene Typen der öffentlichen Schule in religiös-weltanschaulicher Hinsicht voraus, wobei der Landesgesetzgeber im Grundsatz frei ist. Es kann sich allerdings, so BVerfGE 41, 29, 48, „je nach der konfessionellen oder weltanschaulichen Haltung der beteiligten Elternschaft ... ergeben, daß die Länder einzelne der nach Art. 7 Abs. 3 bis 5 GG zulässigen Schulformen nicht oder nur bei Sicherstellung ausreichender Ausweichmöglichkeiten zur öffentlichen Regelschule erklären dürfen." Die Religionsfreiheit solle „gerade auch das Bekenntnis (die Weltanschauung) der Minderheit vor Beeinträchtigung durch die Mehrheit schützen". Das wird in NRW und Teilen von Niedersachsen in großem Umfang wegen faktischen Bekenntnisschulzwangs

und inhaltlichen Ausgestaltung allgemeiner Pflicht- oder Regelschulen freilich nichts gesagt. Derzeit vielleicht am wichtigsten ist

- die im Grundsatz allen korporierten Religions- und Weltanschauungsgemeinschaften offenstehende Möglichkeit, ihre Mitgliedsbeiträge mit staatlicher Mithilfe, nämlich Vollstreckungsgewalt auf der Basis staatlicher Daten, in Form von Steuern (Art. 137 Abs. 6 WRV / 140 GG) einzuziehen. Zur Zulässigkeit der (von der ganz h. M. und Rspr. für möglich gehaltenen) staatlichen Kirchensteuerverwaltung durch die Finanzämter sagt der Verfassungstext nichts.[49] Auch eine Ausnahme dieses Regelungsbereichs vom Trennungsgebot kennt das GG nicht.

3. *Möglichkeit vertraglicher Kooperation*

Nur soweit sich staatliche bzw. öffentliche Aufgaben und „kirchliche" Aufgaben überschneiden, können bzw. müssen sich Staat und religiös-weltanschauliche Vereinigungen verständigen. Das kann in Form von paktierten Gesetzen, aber auch ggf. von Verwaltungsverträgen und Verwaltungsabkommen geschehen. Deren Inhalt bedarf freilich in jedem Punkt einer *bundes*verfassungsrechtlichen Rechtfertigung. Auf das gewichtige Sonderproblem der keineswegs selbstverständlichen Rechtsnatur der Staat-Kirche-Verträge kann hier nur hingewiesen werden.[50] Dabei wäre auch zu beachten, dass ein nur zugunsten weniger Religionsgesellschaften geschaffenes Vertragsrecht Probleme der formellen Gleichberechtigung aufwirft. Auch ist die demokratische Legitimation der staatlichen Vertragsgesetze entgegen gängigen Auffassungen wegen der speziellen Form ihres Zustandekommens mehr als fragwürdig. Das Vertragsrecht selbst bundesverfassungsrechtlich kritisch zu durchforsten, wäre eine Pioniertat. Hierher gehören Themen wie Militärseelsorge, Staatsleistungen, Theologische Fakultäten, bischöflicher Treueid, weltanschaulicher Charakter der Schulen,

---

missachtet, s. *Czermak/Hilgendorf*, Religions- und Weltanschauungsrecht, 2. A, 2018, Rn. 289. Ebenda Rn. 314–317 zu den „bekenntnisfreien Schulen" und zur Regelschulproblematik.

49 Eingehende Kritik bei *Czermak/Hilgendorf*, Religions- und Weltanschauungsrecht, 2. A, 2018, Rn. 277 (insbesondere: Verstoß gegen das Trennungsgebot).

50 S. zum Ganzen eingehend *Czermak* Der Staat 2000, 69–85 und *Czermak/Hilgendorf*, Religions- und Weltanschauungsrecht, 2. A, 2018, Rn. 362–397. Zur rechtsdogmatischen Kritik des Kirchenvertragsrechts schon *Renck* ThürVBl 1995, 31 und DÖV 1997, 929; *Weber*, Grundprobleme des Staatskirchenrechts, 1970, S. 49 f. kritisch zur Legitimation des Vertragsrechts unter demokratiestaatlichem Aspekt.

Konkordatsprofessuren und vieles andere. Hermann Weber meinte hierzu schon vor fast 50 Jahren: „Jedenfalls finden sich kaum irgendwo anders so viele verfassungsrechtlich anfechtbare Bestimmungen wie in den Kirchenverträgen."[51] Eine breitere Diskussion steht immer noch aus. Die h. M. äußert sich kaum kritisch zum Vertragssystem.[52]

4. *Zwischenergebnis*

a) Der Text des GG enthält Regelungen, die auf konträren Grundsätzen beruhen, nämlich denen der Trennung einerseits und der Kooperation und gemeinsamen Zuständigkeit andererseits. Das beruht im Kern auf dem Verfassungskompromiss von Weimar (Interessenlage SPD / Zentrum). Betrachtet man die Normen des GG insgesamt, unter besonderer Berücksichtigung des Selbstverwaltungsrechts und der vermögensrechtlichen Trennung (oben II 3 und III 1), so *überwiegen an Gewicht bei weitem die Elemente der Trennung*. Die Trennung ist der auch der historischen Entwicklung entsprechende Hauptgrundsatz.[53] Er zielt jedenfalls in den Kernbereichen auf „Scheidung des staatlichen und des kirchlichen Bereichs in der Wurzel"[54]. Er erfährt *nur in zwei wichtigen Bereichen ausdrückliche Einschränkungen*: bei der *Steuererhebung* und beim *Religionsunterricht*. Nicht zufällig sind gerade diese beiden historisch begründeten[55] *Ausnahmen* – wenngleich verfassungsrechtlich vollgültig – aus kirchensoziologischen, theologisch-inner-

---

51 *Weber*, Grundprobleme des Staatskirchenrechts, 1970, S. 31.

52 Bedauerlich affirmativ etwa *Classen*, Religionsrecht, 2. A. 2015, Rn. 60–77; wenig problematisierend auch *Korioth* in seiner ansonsten diffizilen Standardkommentierung zu Art. 140 GG, Rn. 22–28 (Stand 2015).

53 *Heckel* resümiert in einer rechtshistorischen Abhandlung, es sei „nicht zu verkennen, daß die Trennung von Staat und Kirche in einem tieferen, geistigen Sinn trotz aller äußeren Verklammerungen ein Leitmotiv des deutschen Staatskirchenrechts im 19. Jh. gewesen ist ... bis sich dann im Jahre 1919 die äußere Trennung gleichsam als reife Frucht eines Jahrhunderts vom Baume der Geschichte löst." In ZevKR 12 (1966/67), 1, 31.

54 So z. B. *Mikat*, HdbVerfR Bd. 2, 2. A. 1994, § 29 Rn 21; insoweit unstreitig.

55 Die Einführung der Kirchensteuer war wegen Wegfalls des Landeskirchentums mit seinen staatlichen Kirchenbehörden für die evangelischen Landeskirchen 1919 existenznotwendig. Was die nach der WRV erstmals zulässige elterliche Entscheidung gegen den Religionsunterricht anbelangt – eine logische Folge der Religionsfreiheit –, wurde sie vor allem von der katholischen Kirche unerhört scharf attackiert. Vgl. die bemerkenswerten Entgleisungen von Kardinal *Faulhaber* im Hirtenbrief vom 29.1.1919 anlässlich einer Verordnung der Regierung Eisner: Der Religionsunterricht werde „als Wahlfach der Willkür der Eltern und Vormünder

kirchlichen und gesellschaftlichen Gründen in Legitimationszwänge geraten. Längst haben säkulare Gesellschaft und säkularer Staat Abschied genommen von der historischen Vorstellung, der Staat müsse sich zur Legitimierung seiner Herrschaft der Religion bedienen[56], z.B. die Kirche in die Schule holen.[57] Gerade diese Absage macht die Säkularität des Staats aus.

Ungeachtet dessen betrachten viele Theologen, ein Teil der Juristen und besonders viele Politiker Religion als für den Staat immer noch unverzichtbaren Integrationsfaktor. Daher dürfe Religion, insbesondere die christliche, in *besonderer* Weise kulturstaatlich gefördert werden – ein heikler und wenig untersuchter Bereich. Vereinzelt versuchen Autoren sogar ausdrücklich, aus dem GG einen zivilreligiösen Charakter der Verfassung herzuleiten, so vor allem der Kulturphilosoph Hermann Lübbe.[58] Dieser sieht im staatlichen Schulkreuz eine „zivilreligiöse Expression faktisch herrschender religiöser Kultur" und die „Torheit" des Kruzifix-Beschlusses von 1995 bestehe gerade darin, diese „religionskulturelle Allgegenwart von Kreuzen" nicht anerkannt zu haben.[59] Juristisch hat sich an die Spitze solcher Auffassungen der Bayerische Verfassungsgerichtshof gesetzt, der mit seinem das „Kruzifix-Gesetz" betreffenden Popularklageurteil vom 1.8.1997 das Neutralitätsprinzip zu einer unverbindlichen Redewendung degradiert und die zahlreichen Betonungen der religiös-weltanschaulichen Gleichberechtigung in der bayerischen Landesverfassung mit systematischer Missachtung

ausgeliefert..." Es handele sich um eine „Kampfansage gegen Religion und Kirche", die eine „zunehmende sittliche Verwilderung der Jugend" notwendig zur Folge habe (vgl. *Huber/Huber*, Staat und Kirche im 19. und 20. Jahrhundert, Bd. IV, 1988, S. 59 ff., Dokumente 76 und 77).

56 Zur säkularen Natur des Staats des GG neuerdings *Dreier*, Staat ohne Gott, 2018; *Czermak* https://weltanschauungsrecht.de/lexikon (2017), Art. Säkularität; *Kreß*, Ethik der Rechtsordnung, 2012, S. 19–24; *Kästner* ZevKR 34 (1989), 260 ff.; besonders prägnant *Böckenförde*, Universitas 1996, S. 990 ff.; zur cura religionis *Heckel*, EvStL, 3. A. 1987, Bd. 1 Sp. 425 f.

57 Jahrhundertelang war das Schulwesen im wesentlichen Sache der Kirche(n), und selbst die staatliche Schule kannte bis 1918 die berüchtigte, übrigens gerade in Bayern von der Lehrerschaft in der 2. Hälfte des 19. Jh. stark bekämpfte geistliche Schulaufsicht. Daraus resultiert die scharfe Reaktion der Catholica auf die Umwälzung von Weimar. Die kulturkampfartigen Auseinandersetzungen zum Kruzifix-Beschluss des BVerfG von 1995 sind als Spätwirkungen des fortschreitenden Verlustes kirchlich-religiöser Dominanz im öffentlichen Bereich zu sehen: ein großes Kapitel für sich. Vgl. zum Schulkreuz die umfangreiche Bibliographie bei *Czermak*, Staat und Weltanschauung Bd. 2, S. 78–88.

58 *Lübbe* in Brugger/Huster, Der Streit um das Kreuz in der Schule, 1998, S. 237–254.

59 *Lübbe* in Brugger/Huster, Der Streit um das Kreuz in der Schule, 1998, S. 251.

gestraft hat.[60] Immerhin eine Teilkorrektur hierzu stellt das Urteil des BVerwG vom 21.4.1999 dar.[61]

Soweit sich im Übrigen, nämlich hinsichtlich der Ausübung des Selbstverwaltungsrechts (Art. 137 Abs. 3 WRV), der Anstalts- und Militärseelsorge und ggf. des Bestattungsrechts und anderer Bereiche notwendig Überschneidungen ergeben, mag das eine *Kooperation bzw. Rücksichtnahme auf die religiös-weltanschaulichen Belange durch den Staat* erforderlich machen. Das ist aber *nicht als Ausdruck eines Kooperationsgrundsatzes im Sinn eines generellen Auslegungsprinzips zu sehen, sondern als schlichte praktische Notwendigkeit* bei der Handhabung eines für Religion und Weltanschauung aufgeschlossenen Rechts, das gerade Ausdruck grundsätzlicher Trennung staatlicher und weltanschaulicher Bereiche ist. Nicht wenige Autoren freilich bekämpfen die text- und strukturabgeleitete nüchterne Rede vom grundsätzlichen Trennungsgebot und den Ausnahmen hiervon heftig, um alle (nicht abzustreitenden) religionsfreundlichen Momente des GG zu bündeln, zum Kooperationsprinzip zu erheben und womöglich den z. T. schwierig zu handhabenden Neutralitäts- bzw. Trennungsgrundsatz jeweils mit dem Beiwort „positiv" zu versehen, weil das die Begründung erwünschter Ergebnisse erleichtert.

Die gegensätzlichen Betrachtungsweisen kann man studieren an den Paralleldarstellungen von Renck[62] und Maunz[63] im Jahr 1988 sowie von Renck[64] und v. Campenhausen[65] im Jahr 1999. Aufschlussreich sind auch zwanzig Jahre später noch die 1997 in der Zeitschrift für evangelisches Kirchenrecht abgedruckten konträren Positionen von Simon und v. Campenhausen und andere.[66]

b) Insgesamt kann man insoweit mit der allgemeinen Auffassung – feststellen, dass es bei der Anwendung der religionsrechtlichen Verfas-

---

60 Hierzu *Czermak* DÖV 1998, 107, 112 und *ders.* pointiert in KJ 1997, 489–495; *Renck* NJW 1999, 994–999.

61 BVerwG 21.4.1999 – 6 C 18.98 (mit dogmatischen Schwächen).

62 *Renck* BayVBl 1988, 225–231.

63 *Maunz* BayVBl 1988, 231–234.

64 *Renck* BayVBl 1999, 70–77.

65 *V. Campenhausen* BayVBl 1999, 65–70.

66 *Simon* ZevKR 42 (1997), 155 und *v. Campenhausen* ZevKR 42 (1997), 169. S. ergänzend *Renck* ZRP 1999, 323 einerseits, *Hillgruber* DVBl 1999, 1155, 1171 ff. und *Müller-Volbehr* ZevKR 44 (1999), 385 andererseits. Wichtig auch *Heckel* ZevKR 1999, 340–384. Zu ergänzen sind ferner die religionsrechtlichen Referate der Staatsrechtslehrertagung von 1999, insb. von *Brenner* VVDStRL 59 (2000), 264–300 zu „Staat und Religion" sowie *Sacksofsky* VVDStRL 68 (2009), 8–46 und zum selben Thema *Möllers* ebenda 47–87.

sungsartikel *nicht um die Durchführung abstrakter, reiner Prinzipien in jedem Einzelfall geht.* Aber man kommt doch nicht um folgende Feststellung herum: *Die klar verankerte institutionell-organisatorische und vermögensrechtliche Trennung ist der Ausgangspunkt und Hauptgrundsatz*, während Verbindungen je nach Materie gesondert in der Verfassung textlich verankert sind oder sich aus Gesichtspunkten der Sachgerechtigkeit ausnahmsweise trotz des Trennungsgrundsatzes ergeben.

Auch der von Religionsverfassungsrechtlern herausgestellte und bisher nicht erörterte *Körperschaftsstatus* von Religionsgemeinschaften (Art. 137 Abs. 5 WRV) ist nicht geeignet, an diesem Befund etwas zu ändern. Erstens handelt es sich unbestritten um einen Status sui generis, der keine Integrierung in die staatliche Gewalt zur Folge hat, und zweitens ist er – neben einer gewissen psychologischen Hervorhebung – zwar Grundlage für die Steuererhebung, im Übrigen aber weitgehend ungeklärt.[67] Jedenfalls ist der Status der Religionskörperschaft *keine Einschränkung des Trennungsgrundsatzes.* Verfassungsrechtlich dient er der Selbständigkeit der Religions- und Weltanschauungsgemeinschaften. Mit dem sogenannten Privilegienbündel hat er nichts zu tun.

IV. Zur Frage einer religiösen Grundorientierung des Grundgesetzes und der Landesverfassungen

1. Allgemeines zum Thema

Die Lektüre der einschlägigen Bestimmungen des GG ergibt, dass zwar die Religionsgemeinschaften gewisse Vergünstigungen genießen. Aus statistischen Gründen kommen sie immer noch den Großkirchen zugute. Das GG ergibt aber auch, dass diese Vergünstigungen nicht nur christlichen und nichtchristlichen religiösen, sondern auch allen nichtreligiösen weltanschaulichen Vereinigungen zustehen (Art. 4 GG, Art. 137 Abs. 7 WRV / 140 GG). All diese Gemeinschaften haben (wenn sie nicht bereits, wie insbesondere die Großkirchen, gem. Art. 137 Abs. 5 S. 1 WRV alt-korporiert

67 Nachgewiesen hat das neuerdings *Achim Janssen* in seinem kritischen Grundlagenwerk: Aspekte des Status von Religionsgemeinschaften als Körperschaften des öffentlichen Rechts, 2017 (dazu *Czermak* https://weltanschauungsrecht.de/aspekte-religionsgemeinschaften-kdor-janssen). *Muckel* hat dem in seiner Schrift zur Verteidigung des Art. 7 Abs. 5 WRV in ZevKR 63 (2018), 30–56 m. E. nichts entgegenzusetzen. Im Gegenteil spricht seine Darstellung eher für die Abschaffung des Körperschaftsstatus.

sind) gem. Art. 137 Abs. 5 S. 2 WRV die formal gleichberechtigte Chance, als Körperschaft des öffentlichen Rechts besonderer Art anerkannt zu werden, wenn sie nur die dort festgelegten Voraussetzungen erfüllen.[68] Sie können dann z. B. auch „Kirchensteuer“ erheben, wenn sie die organisatorischen Mindestvoraussetzungen (landesrechtlich festgelegte Mindestmitgliederzahl) erfüllen. Auch besteht ein Anspruch auf Zulassung zur „Anstaltsseelsorge“ (Art. 141 i. V. m. 137 Abs. 7 WRV). Entsprechendes gilt für den „Religionsunterricht“, etwa in Form eines humanistischen „Lebenskundeunterrichts“, wie er in Berlin seit langem auf breiter Ebene durchgeführt wird.[69]

Den Begriff „Kirche“ verwendet das gesamte GG einschließlich WRV nur ein einziges Mal, nämlich im Zusammenhang des Verbots der „Staatskirche“ (Art. 137 Abs. 1 WRV). Daneben kennt es noch, ebenfalls nur ein einziges Mal, das Wort „kirchlich“, aber auch nur im negativen Kontext des Verbots, jemanden zu einer „kirchlichen Handlung oder Feierlichkeit ...“ zu zwingen (Art. 136 Abs. 4 WRV). Im Ergebnis sind demnach religiöse und (andere) weltanschauliche Vereinigungen durch das GG besonders geschützt und gefördert, wobei Art und Umfang dieser „Privilegierung“ verfassungsrechtlich nur abhängig sind von für alle gleichen formellen Voraussetzungen. So betrachtet genießen – bundesverfassungsrechtlich – die kleinen Religionsgemeinschaften wie die Israelitischen Kultusgemeinden, die Altkatholische Kirche usw. die gleiche Rechtsstellung wie der Bund für Geistesfreiheit Bayern und die Landesverbände des Humanistischen Verbands Deutschlands (HVD). Sie alle haben die gleiche Rechtsposition wie die evangelischen Landeskirchen und die katholische Amtskirche: rein rechtlich und theoretisch und bei Außerachtlassung der teilweisen Rechtserheblichkeit der Mitgliederstatistik.

68 Kompakt *Czermak/Hilgendorf*, Religions- und Weltanschauungsrecht, 2. A. 2018, Rn. 219–223. Grundlegend und materialreich schon *Weber* in ZevKR 34 (1989), 337–382 einschließlich einem dokumentarischen Anhang und Ausführungen zum Islam und den neueren religiösen Bewegungen. Sehr problematisch BVerwGE 105, 117 (Zeugen Jehovas) mit seiner extremen (ungeschriebenen) Loyalitätsforderung noch über bestehende Rechtspflichten hinaus; dagegen überzeugend *Huster* JuS 1998, 117 und schon *Weber* ZevKR 41 (1996), 172, 200 ff. und in ZevKR 57 (2012), 347 ff. Das BVerfG hat das BVerwG in seinem bahnbrechenden Grundsatzurteil BVerfGE 102, 370 einstimmig korrigiert.

69 Organisiert vom Humanistischen Verband Deutschlands (HVD), Landesverband Berlin-Brandenburg. Derzeit besuchen diesen Weltanschauungsunterricht über 65.000 Schüler an 321 Schulen in Berlin (ca. 20 %) auf freiwilliger Basis nach Berliner Recht.

Das Grundgesetz ist nach dem Bisherigen nicht einmal im Ansatz kirchlich oder auch nur in irgendeiner Hinsicht christlich zu nennen. Der Religionsrechtshistoriker Martin Heckel hat daher erklärt[70]: „Von der christlichen Tradition ‚des Abendlandes' ... findet sich in der Staatsverfassung keine Spur" – eine dennoch oft bestrittene Position. Der katholische Philosoph Robert Spaemann hat noch 1995 sogar vor dem prominenten juristischen Forum der „Essener Gespräche" vorgetragen, nach der Verfassung sei Gott Legitimationsgrund allen Rechts. Sein Leitsatz 7 lautete: „Aus der unbedingten sittlichen Pflicht der Gottesverehrung folgt die Pflicht des Staates, die Gottesverehrung – bei gleichzeitiger Toleranz gegenüber dem Atheismus – als Normalität zu privilegieren."[71] Und noch im Jahr 2019 gebrauchen meist Nichtjuristen Gott als Argument, um die Verfassung irgendwie zu verchristlichen. Es erscheint daher sinnvoll, die juristisch längst überholte Nennung „Gottes" in der Präambel des GG zu erörtern, ebenso wie die zahlreichen religiösen Formulierungen in einigen deutschen Landesverfassungen.

2. *„Gott" im Grundgesetz*[72]

a) Im Gegensatz zur Präambel des GG kannten weder die Paulskirchenverfassung von 1949, noch die Reichsverfassung von 1871, noch die Präambel der WRV, noch die damals 17 Länder einen Gottesbezug. Die *Nachkriegszeit* (Adenauer-Ära) war eine Phase der „staatskirchenrechtlichen Euphorie" (A. Hollerbach), des katholischen Naturrechtsdenkens[73] und des politischen Klerikalismus.[74] In dieser Epoche dominierten die Konfessionsschulen als „Schule für alle", in der die individuelle Glaubensfreiheit für Minderheiten im öffentlichen Bereich so gut wie keine Bedeutung hatte.[75] In dieser historischen Phase – sie endete auch juristisch in der Mitte der

70 *Heckel*, Gleichheit oder Privilegien?, 1993, S. 40.

71 *Spaemann* Essener Gespräche 30 (1996), 5, 16 f.

72 Eingehender *Czermak* NJW 1999, 1300–1303. Neuerdings *Dreier*, Staat ohne Gott, 2018, S. 171–188.

73 Eindrucksvoll und mit zahlreichen Beispielen aus Gesetzgebung und Rspr. *Simon*, Katholisierung des Rechts?, 1962 (Bensheimer Hefte 16).

74 *Ellwein*, Klerikalismus in der deutschen Politik, 1955; *Gauly*, Katholiken. Machtanspruch und Machtverlust, 1991, S. 127–178.

75 Kompakt *Czermak* KJ 1992, 46, 48.

60er Jahre[76] – wurde die Gottesnennung in der Präambel des GG, etwa unter dem Begriff „theonome Spitze“, von manchem gern als *Vehikel für ein Verständnis des GG als einer christlichen oder doch religiösen Verfassung*, zumindest in abgemilderter Form, benutzt.[77] *Heute* leiten auch kirchlich orientierte Juristen aus der Präambel im Allgemeinen keine eigentliche normative, sondern allenfalls juristische Restbedeutung ab, die sie mit der auch von ihnen betonten religiös-weltanschaulichen Neutralität durch *verfassungskonforme Auslegung* zu vereinbaren trachten. Wie sehr die Frage der Nennung Gottes in Präambeln aber auch lange danach noch emotional aufgeladen war und ist, haben die Vorgänge anlässlich der Verabschiedung der niedersächsischen Verfassung von 1993 und die einschlägigen Beratungen der Gemeinsamen Verfassungskommission (Streichungsantrag Dr. Ullmann vom 13.1.1993) gezeigt. In Schleswig-Holstein scheiterte 2016 eine Verfassungsänderung zugunsten einer Gottesklausel an nur einer Stimme.[78]

Die praktisch-politische Bedeutung der Gottesnennung hat sich besonders bei den kulturkampfartigen Auseinandersetzungen um die Kruzifix-Entscheidung des BVerfG von 1995 gezeigt, da sich „Gott“ in der Verfassung bei einem rechtlich uninformierten Publikum besonders gut instrumentalisieren lässt.

b) Das GG enthält das Wort „Gott“ an zwei bzw. drei Stellen. Zunächst in der alten und neuen Präambel mit dem einleitenden Satz: „Im Bewusstsein seiner Verantwortung vor Gott und den Menschen“ habe sich das deutsche Volk dieses Grundgesetz gegeben. „Gott“ ist daneben noch genannt in der – fakultativen – Schlussformel des Bundespräsidenteneids „So wahr mir Gott helfe“ in Art. 56 GG, auf den Art. 64 Abs. 2 bezüglich des Amtseids der Mitglieder der Bundesregierung verweist. Schließlich enthält der die Anstalts- und Militärseelsorge betreffende Art. 141 WRV i. V. m. Art. 140 GG das Wort „Gottesdienst“. Die Nennung Gottes in der Präambel ist keine „Invocatio Dei“ (Anrufung), wie meist nicht korrekt gesagt

76 1965 fielen die insgesamt bahnbrechenden Kirchensteuerentscheidungen des BVerfG. In den Jahren davor und danach erschienen gewichtige Abhandlungen, die der damaligen Koordinationslehre mit ihrem die staatliche Souveränität aushöhlenden favor ecclesiae den Garaus machten (an erster Stelle: *Quaritsch*, *Fischer*, *Hesse*, *Obermayer*, *Weber* und andere).

77 Paradigmatisch *Wertenbruch*, Grundgesetz und Menschenwürde, 1958, S. 160 ff. (Habil.-Schrift).

78 Siehe hierzu die auf der Webseite des ifw abrufbaren Stellungnahmen für den Landtag im Rahmen der schriftlichen Anhörung zum Entwurf eines Gesetzes zur Änderung der Verfassung des Landes Schleswig-Holstein (Drs. 18/4107), https://weltanschauungsrecht.de/gutachten-gottesbezug-landesverfassung-2016.

wird[79], sondern eine bloße *Nominatio.*[80] Zur Verdeutlichung sei auf die demgegenüber förmliche Anrufung Gottes in den aktuellen Verfassungen der Schweiz, Irlands und Griechenlands verwiesen, wobei es sich allerdings um absolute Ausnahmen handelt.

c) Die Aufnahme Gottes in das GG und manche Landesverfassungen nach 1945 erklärt sich zweifellos aus der Erfahrung mit dem „gottlosen" totalitären NS-Staat (in dem freilich nahezu alle Bürger Mitglied einer der großen Kirchen waren). Zwar waren beide großen Kirchen tief in die abgründigen Verirrungen des NS-Regimes verstrickt gewesen, doch nach 1945 waren sie dennoch als einzige ordnende und Halt gebende Institutionen übriggeblieben. In diesem Kontext und bei ansonsten heftigen weltanschaulichen Auseinandersetzungen im Parlamentarischen Rat wurde „Gott" in abgeschwächter Form als Kompromiss in die Präambel des GG aufgenommen. Seit langem sind sich Juristen aber weitgehend darin einig, dass der Gottesbezug im GG angesichts des Zusammenbruchs einer Gewaltherrschaft nur die *Relativität aller staatlichen Macht betonen* soll, die niemals absolut sein darf. „Gott" ist dabei in einer pluralistischen Welt und Verfassung ein äußerst unterschiedlich verstehbarer Begriff, der weit über den persönlich-christlichen oder monotheistischen Gott hinausgeht. „Gott" in Form der christlichen Gottesvorstellung mag ein *Motiv* der meisten Mitglieder des Parlamentarischen Rats gewesen sein; die Verwendung eines solchen Wortes allein vermag aber nicht den pluralistisch-säkularen Gesamtcharakter des Normenkomplexes des GG in religiösem Sinn zu verändern, wie das freilich immer wieder versucht wurde.[81] Solche Versuche sind in der jüngeren Geschichte der Bundesrepublik – außer bei einem Teil der Theologen – selten geblieben. Auch christliche Autoren wie A. Hollerbach[82] und C. Starck[83] betonen, dass mit der GG-Präambel *kein christlicher Staat konstituiert* werde. Sofern dem Gottesbezug der Präambel überhaupt eine normative Bedeutung beigemessen wird, sieht man sie le-

79 Richtig aber die *Gemeinsame Verfassungskommission*, Bericht vom 5.11.1993, BT-Drs. 12/6000, 108 ff.

80 Zu diesen Begriffen *Dreier*, Staat ohne Gott, 2018, S. 180 ff.

81 *Behrendt* sprach gar davon, unsere Rechtsordnung sei „durch die ersten sechs Worte religiös festgemacht" und sprach dem eine juristische Direktionskraft zu, in dies., Rechtsstaat und Christentum Bd. 1, 1982, S. 163.

82 *Hollerbach*, HdbStR VI, 1989, § 138 Rn. 85.

83 *Starck* in v. Mangoldt/Klein/Starck, GG, 4. A. Bd. 1, 1999, Rn. 36 ff. zur Präambel; vgl. auch ebenda *Robbers* in Art. 7 Rn. 43.

diglich in einer Absage an den Atheismus als Staatsreligion[84] und einen staatlichen Laizismus, der religiöse Momente ignoriert.[85]

d) Eine solche *juristische Minimalisierung* eines an sich religiösen Begriffs steigert nicht gerade seine rechtliche Legitimation. Seine Funktion ist dann nur noch psychologischer Art, und auch das nach den neueren detaillierten Statistiken nur für deutlich weniger als die Hälfte der deutschen Gesamtbevölkerung.[86] Rechtlich trägt ein denaturierter Präambel-Gott ohnehin nichts ein, denn ein atheistischer Staat etwa wäre kein Staat der Glaubensfreiheit und eine verfassungsrechtlich erzwungene strikte Nichtberücksichtigung des Faktors Religion bzw. Weltanschauung im Rechtssystem stünde im Widerspruch zu seiner starken Berücksichtigung im oben beschriebenen System des GG. Auch das BVerfG lehnt eine rechtliche Ignorierung des Faktors Religion / Weltanschauung in ständiger Rechtsprechung strikt ab.[87] *Der Gottesbezug ermangelt daher eines eigenständigen rechtlichen Gehalts.*

e) Darüber hinaus *sprechen noch mehrere Gründe gegen die Aufrechterhaltung der Nominatio Dei* im GG.[88] Eine Bezugnahme auf Theologie würde einen Wertungswiderspruch zu fundamentalen ausdrücklichen Bestimmungen des GG bedeuten. Um eine *Abgrenzung von einer vorangegangenen Diktatur* vorzunehmen, bedarf es keines Gottesbezugs. *Ein Verweis auf überpositive Rechtsprinzipien* ist so problematisch wie alle naturrechtlichen Ableitungen.[89] Zudem enthält Art. 2 Abs. 2 GG ohnehin ein Bekenntnis zu „unverletzlichen und unveräußerlichen Menschenrechten als Grundlage

84 *Dreier* in ders., GG, 1996, Rn. 16 ff. zur Präambel; *Huber* in Sachs, GG, 2. A. 1999, Rn. 35 ff. zur Präambel.

85 *Hollerbach*, HdbStR VI, 1989, § 138 Rn. 84.

86 Die ev. Wochenzeitung *Das Sonntagsblatt* veranlasste eine bundesweite Umfrage, der zufolge nur 56,7 % irgendeine Gottesvorstellung hatten, die Mehrzahl hiervon aber nur von naturreligiöser Art; ganze 17,3 % glaubten an den christlich-biblisch-persönlichen Gott, und selbst in Bayern waren es nur 31 % (s. KNA vom 18.6.1997). Nach einer für ganz Europa repräsentativen umfassenden Untersuchung (Stand 2017) antworteten auf die Frage: „Könntest du ohne Glauben an (einen) Gott glücklich sein" in den elf ausgewählten Ländern 85 Prozent der 18-34-Jährigen mit „Ja". In Deutschland waren es vier Fünftel (79 Prozent) der 18-24-Jährigen. Siehe näher https://fowid.de/meldung/generation-what-gluecklich-ohne-gott.

87 Ausdrücklich z. B. in der umstrittenen Kruzifix-Entscheidung BVerfGE 93, 1.

88 Wohl am kompaktesten *Müller* ThürVBl 1994, 176 ff.

89 Zu nennen ist insb. die fehlende allgemeine intersubjektive Begründbarkeit und der Zirkelschlusscharakter, vgl. *Zippelius*, Art. Rechtsphilosophie, EvStL 3. A. 1987, III B 4. Zur Verfehltheit der traditionellen und jeweils überholten Alternative Naturrecht contra Rechtspositivismus *Kaufmann*, Rechtsphilosophie, 2. A.

jeder menschlichen Gemeinschaft, des Friedens und der Gerechtigkeit in der Welt", weitaus präziser, als es ein Teilverständnis des beliebig auffüllbaren Gottesbegriffs sein könnte.[90] Überdies ist gem. Art. 20 Abs. 2 S. 1 GG nicht „Gott", sondern das *Volk der Verfassungssouverän.* Die Beliebigkeit des Gottesbegriffs denaturiert Gott zu einem bloßen Wort, sein religiöser Grundcharakter wirkt aber angesichts der religionssoziologischen Entwicklung regelrecht *legitimationshemmend.* Ihm eignet trotz aller gegenteiligen Erklärungen ein Element der *Diskriminierung Andersdenkender*, das nicht einfach wegdefiniert werden kann. Auf einen so problematischen Begriff, der einer *verfassungskonformen Auslegung* bedarf, die dem üblichen Sprachsinn widerspricht, sollte man besser verzichten. Das wäre auch deswegen ein Akt der Rechtskultur, weil „Gott" in der Verfassung immer noch gern und erfolgreich *für ideologische Zwecke missbraucht* wird.

3. *Religiös grundierte Rechts- und Staatsphilosophie?*

Oben (III 4) wurde schon erwähnt, dass Vielen die Religion, insbesondere die christliche, immer noch als unverzichtbarer Integrationsfaktor gilt, was auch im Rechtssystem Ausdruck finden müsse und finde: eine Position, der auch christliche Theologen in Deutschland z. T. heftig widersprechen. Solche die Tradition betonenden Auffassungen sind mit Begriffen wie Kommunitarismus und Zivilreligion verbunden und rekurrieren meist auf eine vornehmlich christlich begründete Entwicklung der Menschenrechte und Grundprinzipien unseres Staats. Eine nähere Auseinandersetzung mit solchen Theorien würde den Rahmen dieser Einführung sprengen. Sie erscheint angesichts des hier vorgestellten *normativen* Befundes auch nicht erforderlich.

Der Staat des GG hat seine eigene „Ideologie", und sie ist unabhängig davon, wieviel Anteil an seiner geistesgeschichtlich-historischen Entwicklung das Ideengut der Aufklärung und des Christentums haben. Sie besteht wesentlich aus dem Pluralismus und der Garantie von Grundrechten, insbesondere der Religions- und Weltanschauungsfreiheit mit formaler Gleichberechtigung aller religiös-weltanschaulichen Richtungen. Zum

---

1997, 3. Kap.; krit. auch etwa *Höffe* Art. Naturrecht III in Bd. 5 des StL-GG (1987) und *Hoerster*, Was ist Recht?, 2006, S. 92–105; kompakt: *Czermak* https://weltanschauungsrecht.de/Naturrecht.

90 Ausführlich wie hier *Obermayer* in Bonner Kommentar, Art. 140 GG Rn. 74 (Zweitbearbeitung 1971; „unverbindliche Deklaration"; s. auch die dort angeführten Theologen: „Gott" fehle „ein rational bestimmbarer Bewusstseinsinhalt").

Kern des GG gehört der Respekt vor den unterschiedlichen religiös-weltanschaulichen Überzeugungen der Bürger, nicht aber eine Präferenz für eine bestimmte religiöse oder nichtreligiöse weltanschauliche Richtung. Das GG hat den Glaubensstaat normativ überwunden.[91] Der Interessent sei, notwendig etwas willkürlich, auf einige – immer noch aktuelle – Autoren hingewiesen: E.-W. Böckenförde[92], H. Dreier[93], R. Hummel[94], S. Huster[95], W. Jaeschke[96], W. Kerber[97], H.-M. Pawlowski[98], J. Rawls[99], S. Smid[100], R. Zippelius[101].

4. *Religiöse Aspekte deutscher Landesverfassungen*

Die nach 1945 entstandenen Landesverfassungen enthielten und enthalten z. T. Regelungen, die im Hinblick auf die religiös-weltanschauliche Neutralität und den Grundsatz „Bundesrecht bricht Landesrecht" (Art. 31 GG) bedenklich sind. Sie bedürfen im günstigsten Fall einer verfassungskonformen Anwendung. Wegen der zahlreichen Verfassungsänderungen können hier nur einige Hinweise gegeben werden. Alexander Hollerbach hat die

91 *Czermak*, https://weltanschauungsrecht.de/menschenrechte (2017).

92 *Böckenförde*, Erfolge und Grenzen der Aufklärung, 1995, S. 720–726; *ders.*, Religion im säkularen Staat, 1996, S. 990–998; *ders.* in KuR 1999, 206 f. zur oft konservativ missverstandenen Bedeutung seines geflügelten Wortes von den Existenzvoraussetzungen des Staates, die dieser nicht selbst garantieren könne, in Bestätigung von *U. Neumann* KuR 1999, 205 f.

93 *Dreier*, Säkularisierung und Sakralität. Zum Selbstverständnis des modernen Verfassungsstaates, 2013.

94 *Hummel*, Christliche Orientierung im religiösen Pluralismus in ders., Religiöser Pluralismus oder christliches Abendland? 1994, S. 171 (Verf. war lange Jahre Leiter der Ev. Zentralstelle für Weltanschauungsfragen und sprach sich gegen das Konzept eines interreligiös angereicherten Kulturchristentums aus).

95 *Huster* ARSP-Beiheft 66 (1997), 9, 15 ff.; *ders.*, Die religiös-weltanschauliche Neutralität des Staates in Brugger/Huster, Der Streit um das Kreuz in der Schule, 1998, S. 69–108.

96 *Jaeschke* Evangelische Theologie 1994, 105 (gegen Legitimation des Staates von außen, insb. durch Religion oder Zivilreligion).

97 *Kerber*, Religion: Grundlage oder Hindernis des Friedens?, 1995.

98 *Pawlowski* Rechtstheorie 19 (1988), 409; *ders.* ARSP 1996, 26.

99 *Rawls*, Gerechtigkeit als Fairneß: politisch und nicht metaphysisch, in ders., Die Idee des politischen Liberalismus, 1992, S. 255–292 (etwas gekürzt in *Honneth*, Kommunitarismus, 3. A. 1995, S. 36).

100 *Smid*, Recht als Wertordnung? in ders., Einführung in die Philosophie des Rechts, 1991, S. 43 ff.

101 *Zippelius* JuS 1993, 889–894.

westdeutschen Regelungen 1974 zusammenfassend dargestellt und ist für einen wesentlichen Teilaspekt zu folgendem Resultat gelangt: „Der ganze Bereich des Erziehungs- und Unterrichtswesens ist mithin nach dem Gesamtbild, das sich aus den Landesverfassungen ergibt, durch eine Reihe von Faktoren enger institutioneller Verbindung zwischen staatlich-weltlichem und religiös-kirchlichem Bereich gekennzeichnet. Dieser Befund hat teilweise eine Entsprechung in inhaltlichen Grundsatzaussagen über Erziehungs- und Bildungsziele, in denen das religiös-christliche Element einen festen und herausgehobenen, indes durchweg keinen ausschließlichen Ort hat."[102] Das sei anhand der wichtigsten aktuellen Vorschriften aufgezeigt.

(1) Nach Art. 1 Abs. 1 Ba-WüVerf ist der Mensch berufen, „seine Gaben in Freiheit und in der Erfüllung des christlichen Sittengesetzes ... zu entfalten", und nach Abs. 2 hat der Staat den Menschen hierbei zu dienen. Art. 12 Abs. 1 Ba-WüVerf lautet: „Die Jugend ist in der Ehrfurcht vor Gott, im Geiste der christlichen Nächstenliebe, zur Brüderlichkeit aller Menschen ... zu erziehen." Art. 16 Abs. 1 S. 1 formuliert: „In christlichen Gemeinschaftsschulen werden die Kinder auf der Grundlage christlicher und abendländischer Bildungs- und Kulturwerte erzogen."

(2) Die Präambel der BayVerf beklagt – insgesamt unhistorisch[103] – das Trümmerfeld, „zu dem eine Staats- und Gesellschaftsordnung ohne Gott, ohne Gewissen und ohne Achtung vor der Würde des Menschen ... geführt hat". Art. 127 räumt Religions- und Weltanschauungsgemeinschaften einen eigenständigen Erziehungsanspruch ein und erstes der schulischen Obersten Bildungsziele ist gem. Art. 131 Abs. 2 die „Ehrfurcht vor Gott". In den Gemeinschaftsschulen werden gem. Art. 135 S. 2 (Fassung 1968) „die Schüler nach den Grundsätzen der christlichen Bekenntnisse unterrichtet und erzogen".[104] Zuvor hatte es bis zum Volksentscheid von 1968 fast nur Bekenntnisschulen gegeben. Hierzu hatte Art. 135 a. F. verfügt: „An den Bekenntnisschulen werden nur solche Lehrer verwendet, die geeignet und

---

102 *Hollerbach*, HdbStKirchR, Bd. 1, 1. A. 1974, S. 215, 239 f.

103 Zahlreiche Staats- und Gesellschaftsordnungen „mit Gott" haben ebenfalls Trümmerfelder hinterlassen, und die tiefe Verstrickung der Kirchen in das NS-System bis zuletzt ist bestens erforscht.

104 Art. 135 S. 2 BayVerf wurde zwar in BVerfGE 41, 65 (Christliche Gemeinschaftsschule) formal aufrechterhalten, aber inhaltlich vollkommen denaturiert, indem es die Christlichkeit der Schule – textwidrig – auf ein reines Kulturchristentum ohne religiösen Charakter reduzierte bzw. umbog (unzulässiger favor legis; s. *Czermak* KJ 1992, 46, 49 ff.; *Obermayer*, Staat und Religion, 1977, S. 15 f.; *Renck* NVwZ 1991, 116–120.

bereit sind, die Schüler nach den Grundsätzen des betreffenden Bekenntnisses zu unterrichten und zu erziehen."

(3) Art. 7 Abs. 1 der NRWVerf erklärt „Ehrfurcht vor Gott" an erster Stelle als „vornehmstes Ziel der Erziehung". Nach Art. 12 Abs. 6 werden in den Gemeinschaftsschulen die Kinder „auf der Grundlage christlicher Bildungs- und Kulturwerte" unterrichtet und erzogen.

(4) Die Rh-PfVerf ist laut Präambel beschlossen „im Bewusstsein der Verantwortung vor Gott, dem Urgrund des Rechts und Schöpfer aller menschlichen Gemeinschaft". Erstes der genannten schulischen Erziehungsziele ist laut Art. 33 die Erziehung „zur Gottesfurcht". Art. 41 Abs. 1 S. 1 benennt dezidiert nur die Kirchen, nicht aber sonstige Religions- oder gar Weltanschauungsgemeinschaften als „anerkannte Einrichtungen für die Wahrung und Festigung der religiösen und sittlichen Grundlagen des menschlichen Lebens".

(5) Obwohl nach Art. 4 SaarlVerf Glaubensfreiheit besteht, sind nach dem Text des Art. 26 Abs. 1 S. 2 alle Eltern verpflichtet, ihre Kinder „auf der Grundlage des natürlichen und christlichen Sittengesetzes" zu erziehen. Nach Art. 27 Abs. 4 SaarlVerf werden an sämtlichen öffentlichen Schulen die Schüler „auf der Grundlage christlicher Bildungs- und Kulturwerte unterrichtet und erzogen".

(6) In Sachsen wird gem. Art. 109 Abs. 1 SächsVerf speziell die „Bedeutung der Kirchen und Religionsgemeinschaften für die Bewahrung und Festigung der religiösen und sittlichen Grundlagen des menschlichen Lebens" anerkannt, und nach Abs. 3 wird ausdrücklich „die diakonische und karitative Arbeit der Kirchen und Religionsgemeinschaften" gewährleistet, nicht auch die anderer Vereinigungen.

Es erscheint weder möglich noch erforderlich, hier auf all die Versuche einzugehen, das Verständnis solcher Regelungen GG-konform abzumildern. Jedenfalls ist verfassungsrechtlich stets das bundesrechtliche Verständnis von Neutralität und formaler Gleichberechtigung maßgebend, und *Versuche, die Geltung des GG länderspezifisch abzustufen, sind zum Scheitern verurteilt*. Das gilt insbesondere für das Verhältnis zwischen der kompetenzbindenden Norm des Art. 4 Abs. 1 GG und der bloßen kompetenzbegründenden, d. h. organisatorischen Norm des Art. 7 Abs. 1 GG, wie an anderer Stelle – gegen Versuche der landesrechtlichen Aufweichung eines zentralen Grundrechts – dargelegt wurde.[105] Der Staat hat gerade *kein*

105 *Czermak* in Brugger/Huster, Der Streit um das Kreuz in der Schule, 1998, S. 13, 35 ff. m. z. N. aus Lit. und Rspr. Auch in https://weltanschauungsrecht.de/unzulaessigkeit-kreuz.

Mandat zur religiös-weltanschaulichen Erziehung[106], ausgenommen beim Religionsunterricht und beim immerhin formal-paritätischen Art. 7 Abs. 5 GG. Hinzuweisen ist in diesem Zusammenhang auf den noch 2018 vielfachen faktischen Zwang zum grundrechtsverletzenden Besuch staatlicher Konfessionsschulen in großen Teilen Nordrhein-Westfalens und einem Teil von Niedersachsen.[107]

Propagieren darf der Staat ausschließlich die sich aus dem GG selbst ergebenden unverzichtbaren zentralen Werte wie Rechtsstaat, Grundrechte, Demokratie, freier geistiger Prozess, Sozialstaat, Säkularität, Völkerfriede, religiös-weltanschauliche Neutralität. Das GG stellt lediglich diesen durch die Bürger auszufüllenden Prinzipienrahmen zur Verfügung. Jenseits der Essentialia des GG darf der Staat nach gefestigter ober- und höchstrichterlicher Rechtsprechung weder eine politische, noch religiös-weltanschauliche Ideologie verbreiten.[108] Die hier vertretene Auffassung, landesrechtliche Bestimmungen wie die oben zitierten seien obsolet, hat das BVerwG mit seinem Urteil zum baden-württembergischen Ethikunterricht vom 17.6.1998 indirekt bestätigt.[109]

V. Zusammenfassende Beschreibung des religionsrechtlichen Systems des Grundgesetzes

Von allen vorgeschlagenen Kurzformeln für das Verhältnis des Staats zu den Religions- und Weltanschauungsgemeinschaften (korporative Religionsfreiheit) erscheint nach wie vor die alte v. Stutz'sche Formel von der „hinkenden Trennung“ als treffend. Aber sie ist ergänzungsbedürftig. Noch gewichtiger als das Gebot formaler Trennung ist nämlich das nicht immer einfach zu handhabende Gebot inhaltlicher Neutralität. Dieses objektive Rechtsgebot bedeutet die Gleichbehandlung aller religiös-weltanschaulichen Richtungen durch die öffentliche Hand. Dabei geht es nach richtiger Ansicht um Äquidistanz und nicht um wertende Differenzierung,

---

106 S. insb. BVerfGE 41, 65, 84; sehr klar *Jestaedt* in HdbStKirchR, Bd. 2, 2. A. 1995, S. 371, 412.

107 Näher dazu *Czermak* https://weltanschauungsrecht.de/bekenntnisschulen.

108 BVerfGE 41, 29 (Christliche Gemeinschaftsschule BW); BVerfG NVwZ 1990, 54 (Schulbuchzulassung). Nachweise bei *Czermak* NJW 1995, 3348, 3351 zum Kruzifix-Beschluss und KJ 1992, 46 zur schulischen Zwangsmission in Bayern 61 f.; aktuell https://weltanschauungsrecht.de/meldung/verbot-staatsideologie (2018) und https://weltanschauungsrecht.de/Leitprinzipien (2017).

109 BVerwGE 107, 75 (Ethikunterricht in BW, Gründe III 2.1.2).

die jeweils nach Gusto als sachgerecht oder nicht vorgenommen wird. Eine nähere Erörterung ist nur anhand konkreter Fallgruppen möglich und birgt ein großes Konfliktpotential.

Abschließend sei folgender Versuch einer Systembeschreibung gewagt:

1. Das GG zeichnet sich durch eine gut gesicherte, thematisch *umfassende individuelle und korporative Religionsfreiheit* (Sammelbegriff) aus. Ihre Einschränkung bedarf ungeachtet dogmatischer Streitfragen jeweils triftiger Gründe im Einzelfall.

2. Freiheit der Religionen meint stets auch in gleichem Umfang *Freiheit nichtreligiöser Weltanschauungen*, also deren *Statusgleichheit.*

3. Die volle Religionsfreiheit bedingt notwendig das *Trennungsgebot* im Sinn der grundsätzlichen organisatorischen Trennung von Staat und Religion einschließlich der vermögensrechtlich-finanziellen Trennung. Sie erfordert auch die Beachtung des *Neutralitätsgebots* im Sinn der inhaltlichen Distanzierung des Staats von jedweder religiös-weltanschaulicher Überzeugung (Nichtidentifikation). Beides ist im GG deutlich verankert.

4. Das Trennungsgebot wird im GG nicht konsequent durchgeführt, sondern lässt einzelne, auch gewichtige *institutionelle Verbindungen* zu. Diese sind vom Geltungsbereich des strikten Trennungsgebots ausgenommen. Soweit sich diese Verbindungen aus dem GG ergeben, kommen sie allen religiös-weltanschaulichen Vereinigungen in gleicher Weise zugute. *Zu einem dem Trennungsgebot gleich- oder übergeordneten Verfassungsprinzip der Kooperation lassen sich die wenigen zulässigen Verbindungen nicht verdichten.* Sie sind aber Ausdruck einer besonderen Offenheit der Verfassung für religiös-weltanschauliche Aktivitäten und Einstellungen.

5. Das *Neutralitätsgebot* bedeutet jedenfalls, dass die Verfassung weder als christlich, noch auch nur als religiös oder zivilreligiös verstanden werden kann. Selbstverständlich bevorzugt sie auch keine nichtreligiösen Auffassungen. *Das GG identifiziert sich ausschließlich mit seinen eigenen zentralen Existenzbedingungen.* Das bedeutet insbesondere Grundrechtsgarantien für alle in gleicher Weise, Garantie eines freien geistigen und politischen Prozesses, Schutz vor Eingriffen, Völkerfriede usw. Jenseits dieser Verfassungsessentialia gilt das Verbot jedweder Staatsideologie. Gesetze müssen daher, ggf. auch nach Erörterung religiöser Fragestellungen, so beschaffen sein, dass sie unabhängig von religiös-weltanschaulichen Motiven allgemein, rational und neutral begründet werden können. Dabei ist zu beachten, dass allen Bürgern im Rahmen des GG die Verwirklichung persönlicher Moralvorstellungen möglich sein soll. Niemandem darf eine religiöse Moral ohne rationale säkulare Begründung aufgenötigt werden.

6. Religiös-weltanschauliche Neutralität bedeutet *nicht Indifferenz und Laizismus im Sinn von Ignorierung* aller religiösen Sachverhalte in der

Rechtsordnung.[110] Der Staat darf religiös-weltanschauliche Tatsachen im Recht berücksichtigen und die religiös-weltanschauliche Entfaltung von Bürgern und Vereinigungen auf der Basis strikter Gleichbehandlung fördern.[111] Er muss es aber nicht. Im Einzelnen bedarf es hierzu der genauen Prüfung anhand konkreter Fälle. Was Gleichbehandlung dabei erfordert oder zulässt, unterliegt dem oft schwierigen Regime des Art. 3 Abs. 1 GG.

VI. Missachtung des Grundgesetzes

Die häufige Missachtung dieser Forderungen, insbesondere des Neutralitätsgebots, in der Rechts- und Staatspraxis kann auf vielen Ebenen mit zahllosen Beispielen belegt werden. Dies im Einzelnen zu erörtern, ist aber ein anderes und umfangreiches Thema.[112]

---

110 Der Indifferenz- und Laizismusvorwurf wird gern, aber unzutreffend gegenüber Kritikern der traditionellen Handhabung des Religionsverfassungsrechts erhoben. *Renck*, einer der wenigen Hauptkritiker des traditionellen Staatskirchenrechts, hebt z. B. in BayVBl 1999, 70, 77 deutlich hervor, es sei „ein fataler Irrtum, staatliche Bekenntnisneutralität mit laizistischer Trennung und Indifferenz zu verwechseln". Er propagiert nicht Laizismus, sondern Laizität. Das nicht wahrhaben zu wollen, bedeutet die Verweigerung eines fairen Diskurses.

111 Das wird freilich häufig nicht möglich sein. Näher zur selten problematisierten Förderungsproblematik *Czermak/Hilgendorf*, Religions- und Weltanschauungsrecht, 2. A. 2018, Rn. 411–423.

112 S. hierzu schon die Zusammenstellung von Rechtstatsachen in Konfrontation mit dem GG bei *Czermak* in ZRP 2001, 565–570; *Czermak/Hilgendorf*, Religions- und Weltanschauungsrecht, 2. A. 2018, Rn. 50 ff. zu den Rechtstatsachen und Rn. 411–423 zur Problematik der Religionsförderung. Sehr informativ ist die faktenreiche Untersuchung von *Frerk*, Violettbuch Kirchenfinanzen, 2010 und die Zusammenstellung von *Haupt* in Will, Die Privilegien der Kirchen und das Grundgesetz, 2011, S. 103–123. Ergänzend können die einschlägigen Artikel des Lexikons des Instituts für Weltanschauungsrecht herangezogen werden: https://weltanschauungsrecht.de/lexikon (insb.: Privilegien). In diesem Band sei auf den Beitrag von *Schmidt-Salomon*, Der blinde Fleck des deutschen Rechtssystems, verwiesen.

Der blinde Fleck des deutschen Rechtssystems – Über die Missachtung des Gebots der weltanschaulichen Neutralität[1]

Michael Schmidt-Salomon

„Nichts ist beständiger als der Wandel."[2] Darwins berühmtes Wort trifft, soweit wir wissen, auf alle Phänomene im Universum zu, es gilt sowohl für lebende als auch für tote Materie, für den Aufstieg und Untergang biologischer Arten wie menschlicher Zivilisationen – und es gilt nicht zuletzt auch für die weltanschauliche Verfasstheit moderner Gesellschaften.

In Deutschland sind wir in den letzten Jahrzehnten Zeugen eines historisch einmaligen Säkularisierungs- und Pluralisierungsprozesses geworden. Die empirischen Daten, die die *Forschungsgruppe Weltanschauungen in Deutschland (fowid)* vorgelegt hat,[3] sprechen in diesem Zusammenhang eine deutliche Sprache: Von 1870 bis 1970 war Deutschland noch eine weitgehend homogene christliche Gesellschaft, in der über 90 Prozent der Bevölkerung entweder der katholischen oder der evangelischen Kirche angehörten. Tatsächlich ging der Anteil der Kirchenmitglieder auf dem Gebiet der Bundesrepublik innerhalb von 100 Jahren nur um magere 6 Prozentpunkte zurück, von 98,6 Prozent im Jahr 1871 über 95 Prozent im Jahr 1939 (also in der Hochphase des Nationalsozialismus!) auf 93,6 Prozent im Mai 1970.

---

1 Der vorliegende Text beruht auf einem Vortrag, den der Verfasser am 16. Februar 2018 auf dem Symposium „Strafrecht und Weltanschauung" anlässlich des 80. Geburtstags des emeritierten Strafrechtslehrers Prof. Dr. Rolf Dietrich Herzberg gehalten hat. Weitere Referenten auf dem Symposium an der *EBS Law School Wiesbaden* waren u.a. die Juristen Prof. Dr. Reinhard Merkel, Prof. Dr. Holm Putzke, Prof. Dr. Jörg Scheinfeld sowie die wissenschaftliche Koordinatorin des *Instituts für Weltanschauungsrecht* (ifw), Dr. Jacqueline Neumann. Die Erstveröffentlichung des Aufsatzes erfolgte in der Zeitschrift *Aufklärung und Kritik* (AuK) 4/2018, 7–27. Das ifw dankt den Herausgebern und dem Autor für das Recht zur Zweitveröffentlichung.

2 Charles Darwin: *„Nichts ist beständiger als der Wandel": Briefe 1822-1859.* Herausgegeben von Frederick Burkhardt. Frankfurt a. M. 2008.

3 Die von dem Sozialwissenschaftler Carsten Frerk geleitete Forschungsgruppe bietet auf ihrer Website umfangreiche Statistiken zur weltanschaulichen Verfasstheit der Gesellschaft. Zum nachfolgenden geschichtlichen Überblick siehe vor allem Carsten Frerk: *Deutschland. Die Konfessionen* (www.fowid.de, 15.1.2018).

Danach aber, in den letzten knapp 50 Jahren, sind die weltanschaulichen Verhältnisse gewaltig ins Wanken geraten: Der Anteil der Katholiken und Protestanten ist seither um fast 40 Prozentpunkte geschrumpft – von 93,6 Prozent im Jahr 1970 auf 55 Prozent im Jahr 2016. Gleichzeitig hat sich der Bevölkerungsanteil der konfessionsfreien Menschen nahezu verzehnfacht, nämlich von 3,9 Prozent im Jahr 1970 auf 36,2 Prozent Ende 2016[4] – und dieser Effekt ist keineswegs maßgeblich auf die Wiedervereinigung mit dem „gottlosen Osten" zurückzuführen, der den Anteil der Konfessionsfreien in Gesamtdeutschland gerade einmal um etwa 10 Prozentpunkte erhöht hat.

Mit einem Bevölkerungsanteil von über 36 Prozent leben heute deutlich mehr konfessionsfreie Menschen in Deutschland als Katholiken (28,5 Prozent) oder Protestanten (26,5 Prozent).[5] Hinzu kommen noch rund 4,9 Prozent konfessionsgebundene Muslime sowie 3,9 Prozent Mitglieder sonstiger Religionsgemeinschaften (u.a. der orthodoxen Kirchen, der Freikirchen, des Judentums, des Hinduismus und Buddhismus). Man sieht: Die Zivilgesellschaft ist im historischen Vergleich sehr viel heterogener geworden – doch im deutschen Rechtssystem ist der gewaltige weltanschauliche Wandel, der in den letzten Jahrzehnten stattgefunden hat, bislang kaum angekommen.

Gewiss: Es hat die „Große Strafrechtsreform" gegeben, in deren Zuge einige christliche Sittlichkeitsvorstellungen aus dem Strafgesetzbuch entfernt wurden, etwa der alte *Kuppelei-Paragraph 180 StGB*. Später wurde auch der christlich inspirierte *Anti-Schwulenparagraph 175 StGB* gestrichen und seit Oktober 2017 dürfen homosexuelle Menschen in Deutschland endlich auch offiziell heiraten (*Gesetz zur Einführung des Rechts auf Eheschließung für Personen gleichen Geschlechts* vom 20.7.2017).

Doch so erfreulich diese Entwicklungen sind, sie überdecken keineswegs die Tatsache, dass sich das deutsche Rechtssystem noch immer in einer bedenklichen weltanschaulichen Schieflage befindet. Je genauer man hinschaut, desto klarer zeigt sich nämlich, dass viele Gesetze des Staates noch immer auf christlichen Überzeugungen beruhen. Noch immer bestimmen sie das Leben der Bürgerinnen und Bürger *von der Wiege bis zur Bahre*, ja sogar darüber hinaus, nämlich vom *Embryonenschutz* bis zum *Friedhofszwang*.

4 Vgl. fowid: *Religionszugehörigkeiten in Deutschland 2016* (www.fowid.de, 4.9.2017).

5 Ebenda. In diesem Zusammenhang muss allerdings berücksichtigt werden, dass die nominelle Mitgliedschaft in einer Religionsgemeinschaft nichts darüber aussagt, ob die betreffende Person ihren Glauben wirklich praktiziert.

In der historischen Betrachtung ist dieser *christliche Bias* verständlich. Denn viele Rechtsnormen sind in einer Zeit entstanden, in der die überwältigende Mehrheit der Deutschen noch christlichen Vorstellungen anhing. Vor dem homogenen Hintergrund einer christlich geprägten Gesellschaft fiel den meisten Rechtsexpertinnen und -experten offenbar gar nicht auf, dass weder die Gesetze des Staates noch ihre juristische Auslegung dem Gebot der weltanschaulichen Neutralität genügten. Daher spreche ich in diesem Zusammenhang auch von einem *„blinden Fleck des deutschen Rechtssystems"*, der wohl erst jetzt im Kontrast zu einer weitgehend *säkularisierten, entchristlichten, weltanschaulich pluralen Gesellschaft* als solcher erkannt – und, wie ich hoffe, auch korrigiert – werden kann.

Hierzu ist es allerdings notwendig, das deutsche Rechtssystem unter dem Blickwinkel des Neutralitätsgebots auf den Prüfstand zu stellen – was eine wahre Herkulesaufgabe ist, die viele unterschiedliche Rechtsgebiete betrifft. Schon allein die Nennung der unzähligen Gesetze und Verordnungen, die gegen das Gebot der weltanschaulichen Neutralität verstoßen, würde den Rahmen dieses Beitrags sprengen. Im nachfolgenden Überblick konzentriere ich mich daher auf einige wenige Beispiele, die anhand des Lebenszyklus eines Menschen strukturiert sind.[6] Auf diese Weise möchte ich illustrieren, dass wir buchstäblich *lebenslänglich* von Rechtsnormen begleitet werden, die weltanschaulich nicht neutral gehalten sind.

Bevor wir mit unserer kleinen „Rechts-Expedition von der Wiege bis zur Bahre" beginnen, noch eine kurze rechtsphilosophische Anmerkung, die mir wichtig zu sein scheint, um die Problematik der nachfolgend behandelten gesetzlichen Bestimmungen korrekt einzuschätzen. Hierzu sollte man wissen:

1. Im liberalen Rechtsstaat ist nicht die *Freiheit* der Bürgerinnen und Bürger *begründungsbedürftig*, sondern jegliche *Einschränkung ihrer Freiheit*. 2. Der Gesetzgeber darf nur dann in bürgerliche Freiheiten eingreifen, wenn er hierfür eine *rationale, evidenzbasierte, weltanschaulich neutrale Begründung* vorlegen kann.[7]

---

6 Viele Aspekte des Lebens lasse ich dabei unberücksichtigt, etwa jene, die man dem Bereich der *Freizeitgestaltung* zuordnen könnte. Allerdings wäre es mühelos möglich, nachzuweisen, dass beispielswiese auch die deutschen Mediengesetze, die Feiertagsgesetze oder gesetzlichen Bestimmungen zum „Drogenschutz" nicht rational, evidenzbasiert und weltanschaulich neutral gehalten sind, sondern auf religiösen Prämissen gründen, die ein moderner Rechtsstaat nicht zur Grundlage seiner Gesetzgebung machen darf.

7 Dies sind gewissermaßen die Kernprinzipien der „Liberalen Rechtstheorie", vgl. den entsprechenden Eintrag in Gerhard Czermak: *Religion und Weltanschauung in*

„Rational" heißt dabei, dass die Einzelnorm rechtsdogmatisch widerspruchsfrei aus der Verfassung abgeleitet werden kann, „evidenzbasiert" meint, dass der Gesetzgeber die empirischen Fakten berücksichtigt hat, die einem juristischen Sachverhalt zugrunde liegen, und „weltanschaulich neutral" bedeutet, dass der Staat keine religiösen oder weltanschaulichen Positionen privilegieren oder diskriminieren darf, da dies nicht nur gegen das *Diskriminierungsverbot* der Verfassung (Art. 3 Abs. 3 GG), sondern sogar gegen das oberste Verfassungsgebot, nämlich den *Schutz der Menschenwürde* (Art. 1 Abs. 1 GG), verstoßen würde. Denn: *Die Würde des Einzelnen ist dadurch bestimmt, dass der Einzelne über seine Würde bestimmt* – nicht etwa der Staat oder eine wie auch immer geartete Religions- oder Weltanschauungsgemeinschaft.

Teil 1: Von der Wiege bis zur Bahre (und darüber hinaus) – Lebenspraktische Folgen der Missachtung des Neutralitätsgebotes

1. Vor der Geburt

Wenn wir die fundamentalen Kriterien einer rationalen, evidenzbasierten und weltanschaulich neutralen Begründung an die deutschen Bestimmungen zum *Embryonenschutz (ESchG)* und *Schwangerschaftsabbruch (§§ 218-219b StGB)* anlegen, zeigt sich schnell, dass diese einer kritischen Prüfung nicht standhalten können. Denn sie verstoßen *erstens* gegen fundamentale Grundrechte, ignorieren *zweitens* die empirische Faktenlage und verpflichten *drittens* alle Bürgerinnen und Bürger auf die Werthaltungen einer religiösen Minderheit, was dem weltanschaulich neutralen Staat zwingend verboten ist.

Diese dreifache Verfehlung der deutschen Gesetze zum Embryonenschutz und Schwangerschaftsabbruch zeigt sich besonders deutlich an der Formulierung von *§ 219 StGB (Beratung der Schwangeren in einer Not- und Konfliktlage)*. Denn dieser Paragraph offenbart wie kaum ein anderer die weltanschaulich-religiösen Grundlagen, auf denen die jeweiligen Strafbestimmungen beruhen. So heißt es in § 219 Abs. 1 StGB zum Ziel der

---

Gesellschaft und Recht: Ein Lexikon für Praxis und Wissenschaft (Onlineversion auf www.weltanschauungsrecht.de) sowie das Grundlagenwerk von Stefan Huster: *Die ethische Neutralität des Staates. Eine liberale Interpretation der Verfassung*. Tübingen 2017. Zur Notwendigkeit einer rationalen, evidenzbasierten und weltanschaulich neutralen Rechtsbegründung siehe auch Michael Schmidt-Salomon: *Die Grenzen der Toleranz. Warum wir die offene Gesellschaft verteidigen müssen*. München 2016.

„Schwangerschaftskonfliktberatung", es müsse der Frau bewusst sein, „dass das Ungeborene in jedem Stadium der Schwangerschaft auch ihr gegenüber ein eigenes Recht auf Leben hat und dass deshalb nach der Rechtsordnung ein Schwangerschaftsabbruch nur in Ausnahmesituationen in Betracht kommen kann, wenn der Frau durch das Austragen des Kindes eine Belastung erwächst, die so schwer und außergewöhnlich ist, dass sie die zumutbare Opfergrenze übersteigt."

Diese Formulierung, die, wie gesagt, den Kerngedanken der deutschen Gesetzgebung zum Embryonenschutz und Schwangerschaftsabbruch offenbart, enthält einige schwerwiegende Defizite. Denn der Staat maßt sich hier an, die „zumutbare Opfergrenze" für die betroffenen Frauen festzulegen, wobei er als Anwalt des „ungeborenen Lebens" keinerlei Differenzierungen zwischen *empfindungsunfähigen Embryonen* und *potenziell leidensfähigen Föten* vornimmt, sondern unzulässig generalisierend von einem „Kind" spricht, das angeblich „in jedem Stadium der Schwangerschaft", also ab der Einnistung der befruchteten Eizelle, „ein eigenes Recht auf Leben hat", welches gegen das Selbstbestimmungsrecht der Frau ins Feld geführt wird.

Was ist dazu aus einer rationalen, evidenzbasierten, weltanschaulich neutralen Perspektive zu sagen, sprich: aus jener Perspektive, die der Gesetzgeber eigentlich einnehmen müsste? Zunächst einmal ist klar, dass das *menschliche Leben* biologisch mit der Verschmelzung von Samen- und Eizelle beginnt. Ebenso klar ist aber auch, dass wir es zu diesem Zeitpunkt keineswegs mit *menschlichen Personen* im empirischen Sinne zu tun haben. Denn unter „Personen" verstehen wir „Lebewesen mit Ich-Bewusstsein" und einer zumindest rudimentären Fähigkeit zur „Antizipation der Zukunft", woraus sich ihr „personales Lebensinteresse" speist, worauf juristisch wiederum ihr „Recht auf Leben" gründet.

Über solche *personalen Eigenschaften* verfügen Embryonen selbstverständlich nicht.[8] Embryonen sind nicht einmal *leidensfähig*, sie haben da-

8 Zwar kann man einen Embryo als „potentielle Person" verstehen, aber auf dieser „Potentialität" lassen sich keine Rechte begründen. Der logische Fehlschluss liegt auf der Hand: Aus der Annahme, dass ein *X* ein *potentielles Y* ist, ergibt sich keineswegs, dass X bereits die *Rechte von Y* besitzt. So sind Jura-Studenten „potentielle Richter" und Medizinstudentinnen „potentielle Ärztinnen", doch das heißt keineswegs, dass sie bereits das Recht haben, den Beruf des Richters bzw. der Ärztin auszuüben. Auch ist jeder, der Lotto spielt, ein „potentieller Lottogewinner", und jeder, der eine Waffe besitzt, ein „potentieller Mörder" – doch ist dies kein hinreichender Grund dafür, einer Person den Jackpot auszuzahlen oder sie hinter Gitter zu bringen.

her auch keinerlei „Interessen“, die in einem Konflikt ethisch oder gar juristisch berücksichtigt werden könnten. Erst mit der 20. Schwangerschaftswoche beginnt die Entwicklung der Großhirnrinde, so dass wir es ab einer bestimmten Entwicklungsstufe des *Fötus* (nicht des *Embryos*!) mit einem *empfindungsfähigen Lebewesen* zu tun haben, dessen „Interessen“ zu beachten sind.

Allerdings sind auch Föten weder *empirische Personen* mit Ich-Bewusstsein noch *Rechtspersonen* mit eigenen Rechtsinteressen. Allgemein akzeptiert ist die Regelung, Individuen *ab ihrer Geburt* als Rechtspersonen zu betrachten. Zwar ist auch der Säugling noch keine Person mit Ich-Bewusstsein, aber die Geburt bildet eine sinnvolle „natürliche Grenze“, um dem Individuum personale Rechte einzuräumen. Dies entspricht auch *Artikel 1 der UN-Menschenrechtserklärung*, in der es heißt, dass alle Menschen „frei und gleich an Würde und Rechten geboren“ sind. Aus gutem Grund steht hier nicht, dass sie mit Würde und Rechten *„gezeugt“* sind! Die Behauptung einiger „Lebensschützer“, die Menschenrechte würden bereits für Embryonen gelten, ist also widersinnig.

Der Gesetzgeber kann zwar mit rationalen, evidenzbasierten, weltanschaulich neutralen Gründen verfügen, dass *Spätabtreibungen* nur in *Ausnahmefällen* zulässig sind, um *entwickelten Föten* Leid zu ersparen. Derartige Gründe liegen jedoch nicht vor, wenn der Staat *bewusstseins- und empfindungsunfähigen Embryonen* „ein eigenes Recht auf Leben“ einräumt und dieses vermeintliche „Recht“ gegen die *Selbstbestimmungsrechte der Frauen* ausspielt. Der zugrundeliegende empirische, ethische und rechtsphilosophische Sachverhalt ist in dieser Hinsicht klar und eindeutig zu fassen. Gegenteilige Auffassungen beruhen auf spezifischen religiös-weltanschaulichen Vorannahmen, etwa auf dem erst 1869 (!) verkündeten Dogma der „Simultanbeseelung“. Solche „Beseelungskonzepte“ sind zwar denk*möglich*, aber sie sind weder *rational* noch *evidenzbasiert* noch *weltanschaulich neutral* – weshalb sie vom Gesetzgeber unter gar keinen Umständen herangezogen werden dürfen, um bürgerliche Freiheiten einzuschränken!

Damit ist selbstverständlich auch *§ 219a StGB (Werbung für den Abbruch der Schwangerschaft)* obsolet, der derzeit wieder in der Debatte ist, weil die Gießener Ärztin Kristina Hänel auf Basis dieses Paragraphen erstinstanzlich verurteilt wurde, nachdem sie auf ihrer Website Informationen zum Schwangerschaftsabbruch bereitgestellt hatte.[9] Mit welcher Begründung auch sollte ein liberaler Rechtsstaat frei zugängliche, öffentliche Informa-

9 Amtsgericht Gießen, Urteil vom 24.11.2017 (Az.: 507 Ds 501 Js 15031/15). Das Landgericht Gießen hat das Urteil des Amtsgerichts am 12.10.2018 bestätigt (Az.: 3

tionen über entsprechende ärztliche Angebote unter Strafe stellen?! Tatsächlich ist dieser alte „Lebensborn-Paragraph“ 219a StGB aus der Zeit des Nationalsozialismus nur ein weiterer Beleg für die *juristisch unbegründete und somit verfassungswidrige Schikane des Staates* gegenüber Frauen, die eine freie, selbstbestimmte Entscheidung treffen wollen.[10] Zudem verlangt § 219a StGB nichts anderes als einen bewussten Verstoß gegen die *ärztliche Informationspflicht (§ 630c, § 630e BGB)*, mit der eigentlich die Selbstbestimmungsrechte der Patientinnen und Patienten gestärkt werden sollen.

Bei genauerer Betrachtung zeigt sich, dass Kristina Hänel zwar mutmaßlich gegen eine juristische Einzelnorm verstoßen hat, aber beim besten Willen nichts getan hat, wofür man sie in einem liberalen Verfassungsstaat rechtmäßig bestrafen könnte. Im Gegenteil: Sie ist ihrem beruflichen Ethos gefolgt, das nun einmal verlangt, Patientinnen vollumfänglich aufzuklären.[11] Genau dies, und nichts anderes, sollte man von einer verantwortungsbewussten Ärztin erwarten!

Um den Skandal der geltenden Gesetzgebung richtig einschätzen zu können, ist es hilfreich, sich zwei weitere Aspekte des Themas ins Bewusstsein zu rufen, die in der öffentlichen Debatte meist unter den Tisch fallen.

Punkt eins: Etwa die Hälfte der befruchteten Eizellen geht spontan wieder ab, was nur in knapp 20 Prozent der Fälle überhaupt bemerkt wird. Was, so muss man sich doch fragen, ist angesichts dieser Häufigkeit des *natürlichen Aborts* von einem Gesetzgeber zu halten, der die Folgen des *künstlichen Aborts*, also des Schwangerschaftsabbruchs, derart dramatisiert, dass er den betroffenen Frauen eine „zumutbare Opfergrenze“ abverlangt?! (Christliche „Lebensschützer“, die sich für die Ausdehnung dieser „Opfergrenze“ einsetzen, sollten in diesem Zusammenhang vielleicht einmal die religiösen Konzepte überdenken, auf die sie sich berufen. Denn kann man wirklich ernsthaft an einen „Gott“ glauben, der jeder befruchteten Eizelle zunächst eine „ewige Seele“ einhaucht, um sie gleich darauf bei der Hälfte

Ns – 406 Js 15031/15). Derzeit steht die Revisionsentscheidung des Oberlandesgerichts Frankfurt aus. Aktuelle Entwicklungen können auf der Webseite des Instituts unter der Rubrik „Rechtsfälle“ abgerufen werden (https://weltanschauungsrecht.de/meldung/strafverfahren-219a-kristina-haenel).

10 Vgl. hierzu auch Jacqueline Neumann: *Strafprozess wegen Informationsrecht zum Schwangerschaftsabbruch in Gießen – ifw: § 219a StGB verfassungswidrig* (www.weltanschauungsrecht.de, 23.11.2017).

11 Zu dieser gesetzlich geforderten Aufklärungspflicht gehört neben einer verständlichen Erörterung der medizinischen Aspekte einer Behandlung auch die klare Beschreibung des Leistungsspektrums der jeweiligen Ärztinnen und Ärzte – was gegebenenfalls einen Hinweis auf ihre Kompetenz zur Durchführung eines Schwangerschaftsabbruchs einschließen sollte.

der Embryonen wieder „auszuhauchen“? Immerhin müsste man einem solchen „Gott“ nicht nur ein erstaunliches Maß an Unentschlossenheit zuschreiben, er wäre auch der mit Abstand „größte Abtreibungsarzt aller Zeiten“!)

Punkt zwei: Es lohnt sich, die obskure Begründung anzuschauen, die im 19. Jahrhundert zur Dogmatisierung des christlichen Konzepts der „Simultanbeseelung“, also des „Eingießens des Geistes“ im Moment der Befruchtung, geführt hat. Zuvor waren Theologen, Bischöfe und Päpste über Jahrhunderte hinweg von der alternativen Konzeption der „Sukzessivbeseelung“ ausgegangen, wonach die „Seele“ des Menschen erst am Ende des dritten Schwangerschaftsmonats voll ausgebildet ist, so dass Abtreibungen bis zu diesem Zeitpunkt religiös legitimiert werden konnten.

1854 jedoch verkündete Papst Pius IX. das *Dogma der „Unbefleckten Empfängnis Mariens“*, woraufhin er offenkundig sehr unter dem Gedanken litt, dass die angeblich „sündenfrei“ empfangene Gottesmutter jemals „vernunft- und seelenlose Materie“ gewesen sein könnte. Also erhob Pius IX. im Jahre 1869 zu Ehren der „Heiligen Jungfrau Maria“ die „Simultanbeseelung“ zur verbindlichen „Glaubens-Wahrheit“ – eine Entscheidung, über die man schmunzeln könnte, würde sie nicht noch heute die Gesetze des säkularen Staates bestimmen!

Dies wurde im Jahr 2011 deutlich, als der Deutsche Bundestag über die Zulässigkeit der *Präimplantationsdiagnostik (PID)* beriet. Hierzu hatte die *Ethikkommission der Giordano-Bruno-Stiftung* ein umfassendes Gutachten erstellt, das für eine weitreichende Zulassung der PID plädierte.[12] Auf das Gutachten, das an sämtliche Bundestagsabgeordneten verschickt wurde, erhielten wir zahlreiche Reaktionen, die zeigten, dass viele Parlamentarier die PID aus rein religiösen Gründen, nämlich unter Berufung auf das sogenannte „christliche Menschenbild“ ablehnten. Offenkundig war diesen hochrangigen Vertreterinnen und Vertretern der deutschen Politik überhaupt nicht bewusst, dass ihr privater Glaube an „beseelte Embryonen im Reagenzglas“ beim besten Willen kein Grund sein kann, um andersdenkenden Menschen das Recht zu verwehren, mithilfe von PID die Chancen auf ein gesundes Kind zu erhöhen.

Fakt ist: Das deutsche Embryonenschutzgesetz, in das 2011 die Bestimmungen zur PID aufgenommen wurden (§ 3a ESchG), ist in seiner heutigen Fassung alles andere als weltanschaulich neutral. Es verstößt aus religiösen, d.h. nicht verallgemeinerungsfähigen und somit verfassungswidri-

---

12 Ethikkommission der Giordano-Bruno-Stiftung: *Für eine Zulassung der Präimplantationsdiagnostik in erweiterten Grenzen* (www.giordano-bruno-stiftung, 16.2.2011).

gen Gründen gegen die Interessen vieler Bürgerinnen und Bürger – vor allem gegen die Interessen von Frauen, die auf künstliche Befruchtung angewiesen sind und ohne die Möglichkeit der PID einer sehr viel höheren Gefahr ausgesetzt sind, Fehlgeburten zu erleiden oder ein krankes Kind auszutragen. Es verstößt aber auch gegen die Interessen schwerstkranker Menschen, die durch das im ESchG verankerte *Verbot der Verwendung embryonaler Stammzellen zu therapeutischen Zwecken* deutlich geringere Chancen auf Heilung haben.

Überhaupt nicht betroffen sind kurioserweise diejenigen, die angeblich im Zentrum des Embryonenschutzgesetzes stehen, nämlich die *Embryonen* selbst, da sie keinerlei Interessen haben, die in irgendeiner Weise geschädigt werden könnten. (Die beliebte Argumentationsweise, von seinem *erwachsenen Ich* aus darauf zu schließen, dass man *als Embryo* ein Interesse am eigenen Überleben gehabt hätte, beruht auf einem Denkfehler. Denn es ist klar: Hätte meine Mutter „mich" als Embryo abgetrieben, wäre dies für „mich" kein Problem gewesen, da dieses „Ich", das Probleme hätte haben *können*, gar nicht erst entstanden wäre.)

An dieser Stelle ließe sich allenfalls (aber auch das ist keineswegs unproblematisch!) eine „indirekte Interessenverletzung" konstruieren, nämlich für den Fall, dass aus einem *genetisch geschädigten Embryo* ein Individuum hervorgegangen ist, welches seine *eigene Nichtexistenz* einem Leben mit extremen Schmerzen und Behinderungen vorziehen würde. Tatsächlich gab es in der Vergangenheit bereits einige solcher *„Wrongful-life"-Prozesse*, bei denen die Betroffenen Schadensersatz dafür einklagten, mit ihren schweren Behinderungen und Krankheiten überhaupt das Licht der Welt erblickt zu haben.[13] Wie man solche Klagen ethisch und juristisch beurteilen sollte, ist eine äußerst komplexe Frage, deren Beantwortung den Rahmen dieser Abhandlung sprengen würde.

2. *Nach der Geburt*

„Lasset die Kinder zu mir kommen!", heißt es im Neuen Testament.[14] Aber nicht nur das Christentum legt allergrößten Wert darauf, den Nachwuchs frühzeitig zu beeinflussen, in den allermeisten Religionen ist es üblich, die Kinder kurz nach ihrer Geburt durch ein entsprechendes Initiationsritual in die Glaubensgemeinschaft aufzunehmen. Diese Initiationsrituale kön-

---

13 Vgl. u.a. Iris Herzog-Zwitter: *Kind als Schaden*. In: *Pflegerecht* 3/2012.
14 Mt. 19:14.

nen auf den ersten Blick harmlos sein wie die christliche Säuglingstaufe, sie können aber auch den Tatbestand der *Körperverletzung (§ 223 StGB)* erfüllen wie die im Judentum und Islam verbreitete, sowohl schmerzvolle als auch folgenreiche Amputation der Penisvorhaut.

Bekanntlich hat der Deutsche Bundestag diese besondere Form der religiös bedingten Körperverletzung und nachhaltigen Kindesschädigung mithilfe des *§ 1631d BGB (Beschneidung des männlichen Kindes)* ausdrücklich legalisiert. Von seinem Wortlaut her ist dieser Paragraph zwar weltanschaulich neutral gehalten, sein Inhalt ist aber religiöser Natur – und er wäre ohne den massiven Druck der Religionsgemeinschaften wohl auch niemals zustande gekommen. Das zeigt der Blick auf seine Entstehungsgeschichte im Nachgang zum *Urteil des Kölner Landgerichts* vom 7.5.2012 (Az. 151 Ns 169/11).

In der Konsequenz haben wir nun einen Paragraphen in der deutschen Rechtsordnung, der schon auf den ersten Blick gegen fundamentale Grundrechte verstößt – und zwar nicht nur gegen das *Recht auf körperliche Unversehrtheit (Art. 2 GG)*, sondern auch gegen die *Gleichberechtigung von Mann und Frau (Art. 3 GG)*, ist doch die Genitalverstümmelung bei *Mädchen* nach *§ 226a StGB (Verstümmelung weiblicher Genitalien)* strengstens verboten, bei *Jungen* jedoch nach *§ 1631d BGB* ausdrücklich erlaubt! Da zu diesem Thema bereits viel Substanzielles geschrieben wurde,[15] kann ich an dieser Stelle auf eine ausführlichere Erörterung verzichten.

Beschäftigen wir uns stattdessen mit den indirekten, nicht-körperlichen Folgen religiöser Initiationsrituale. Wie gesagt: Das Ritual der Säuglingstaufe ist vergleichsweise harmlos (schließlich laufen die Getauften nicht ein Leben lang mit nassen Haaren herum), aber das bedeutet keineswegs, dass die Taufe nicht doch bemerkenswerte Langzeitfolgen nach sich ziehen würde. Denn kaum ist das Weihwasser auf dem Kopf des Säuglings gelan-

---

15 Auf die juristischen Probleme der Knabenbeschneidung haben die Strafrechtler Holm Putzke und Rolf Dietrich Herzberg schon lange vor der „Beschneidungsdebatte" hingewiesen, vgl. u.a. Holm Putzke: *Die strafrechtliche Relevanz der Beschneidung von Knaben.* In: Holm Putzke/Bernhard Hardtung/Tatjana Hörnle/Reinhard Merkel et al. (Hrsg.): *Strafrecht zwischen System und Telos. Festschrift für Rolf Dietrich Herzberg zum siebzigsten Geburtstag.* Tübingen 2008; Rolf Dietrich Herzberg: *Religionsfreiheit und Kindeswohl. Wann ist die Körperverletzung durch Zirkumzision gerechtfertigt?* Zeitschrift für Internationale Strafrechtsdogmatik, 7-8/2010. Nach der Verabschiedung des Gesetzes wurden die rechtlichen, medizinischen, sozialen und politischen Probleme, die mit der Entscheidung des Deutschen Bundestags einhergehen, in verschiedenen Publikationen aufgearbeitet. Besonders empfehlenswert ist der knapp 450 Seiten starke Sammelband von Matthias Franz (Hg.): *Die Beschneidung von Jungen. Ein trauriges Vermächtnis.* Göttingen 2014.

det, schon ist er oder sie Mitglied nicht bloß einer *Glaubens-*, sondern auch einer *Steuergemeinschaft* – und zwar selbst dann, wenn die betreffende Person nach der Taufe niemals wieder eine Kirche betritt, ja sogar, wenn ihr persönlich überhaupt nicht bekannt ist, dass sie jemals getauft wurde.

Welch absonderliche Blüten dies treiben kann, zeigt ein Fall, den das *Institut für Weltanschauungsrecht (ifw)* derzeit betreut.[16]

> Frau X wurde 1953 kurz nach ihrer Geburt in der DDR getauft. Ihre Eltern traten wenige Jahre später aus der Kirche aus, worüber aber zuhause offenkundig nicht gesprochen wurde, sodass Frau X keinerlei Kenntnis von ihrer Taufe hatte. Sie verstand sich selbst als konfessionslos und wurde so auch über Jahrzehnte in den amtlichen Unterlagen geführt. 2011 jedoch übersandte ihr die Kirchensteuerstelle beim Finanzamt Prenzlauer Berg (Berlin) einen Fragebogen zur Feststellung der Zugehörigkeit zu einer öffentlich-rechtlichen Religionsgemeinschaft.
>
> Die Kirchensteuerstelle berief sich dabei auf die §§ 88, 90 AO, wonach die „Finanzbehörde" den Sachverhalt „von Amts wegen ermitteln" muss und die Steuerzahler „zur Mitwirkung bei der Ermittlung verpflichtet" sind. Nachdem Frau X den Fragebogen ausgefüllt und damit auch ihren Geburtsort verraten hatte, entdeckte die Kirchensteuerstelle im dortigen Taufregister, was Frau X nicht für möglich gehalten hatte, nämlich dass sie seit ihren Säuglingstagen Mitglied der Evangelischen Kirche ist. Folglich wurde sie trotz ihrer Kirchenferne von Amts wegen zur Zahlung der Kirchensteuer herangezogen.

Der Fall von Frau X zeigt sehr deutlich, wie weit die Verquickung von Staat und Kirche trotz des in der Verfassung verankerten Trennungsgebotes gehen kann. Bei genauerer Betrachtung ist der Staat hier nämlich in die Rolle eines Erfüllungsgehilfen zur Durchsetzung eines letztlich *sittenwidrigen Vertrages* geschlüpft. Weshalb „sittenwidrig"? Ganz einfach: Weil die Taufe eines Säuglings beim besten Willen kein wirksames Rechtsgeschäft begründen kann, aus dem Jahrzehnte später finanzielle Verbindlichkeiten entstehen.

Als Mindestvoraussetzung für eine *rechtswirksame Heranziehung zur Kirchensteuer* (solange eine solche überhaupt erhoben wird) sollte die soge-

16 Das *Institut für Weltanschauungsrecht (ifw)* setzt sich für eine weltanschaulich neutrale Rechtspolitik und Rechtsprechung ein und wird von renommierten Juristinnen und Juristen unterstützt. Zum nachfolgenden Fall siehe ifw: *Untergang der Kirchensteuerpflichtigkeit mit dem Untergang der DDR? Der Fall Frau X gegen die Evangelische Kirche Berlin-Brandenburg* (www.weltanschauungsrecht.de, 3.8.2015).

nannte „Vollendung des Taufvertrags" im Zuge der Firmung oder Konfirmation gelten. Der Vorteil einer solchen Regelung wäre, dass die Betroffenen in diesem Alter bereits *religionsmündig (§ 5 KErzG)* und zumindest *beschränkt geschäftsfähig (§ 106 BGB)* sind. Würden die Firmlinge und Konfirmanden in diesem Zusammenhang nicht bloß über die vermeintliche „Auferstehung" des Gekreuzigten, sondern auch über die steuerlichen Verpflichtungen aufgeklärt werden, die aus der Vollendung des religiösen Initiationsrituals erwachsen, stünde der *Entstehung eines rechtswirksamen Vertrages* prinzipiell nichts im Wege.

Umgekehrt hieße dies aber auch: Unterbleibt die Firmung oder Konfirmation, also die individuelle Bestätigung und Vollendung des Taufvertrags im religionsmündigen Alter, so sollte der Staat von einer *Störung der Geschäftsgrundlage (§ 313 BGB)* und der *Hinfälligkeit* der nicht autonom beschlossenen, allein durch den Willen der Eltern bestimmten Kirchenmitgliedschaft ausgehen. Würde der Staat diese am gängigen Vertragsrecht orientierten Regelungen berücksichtigen, so wäre Frau X niemals zur Kirchensteuer herangezogen worden.[17]

Allerdings hätte eine solche Rechtspraxis zur Folge, dass die Kirchen (aus staatlicher Sicht) viele ihrer Mitglieder verlieren würden. Im Erzbistum Köln beispielsweise wird nur noch die Hälfte der Getauften später gefirmt.[18] Von daher ist es verständlich, dass die Kirchen kein sonderliches Interesse verspüren, die bestehenden Kirchensteuerbestimmungen zu verändern. Für den deutschen Staat allerdings ist es ein Armutszeugnis, dass er die sonst gültigen Vertragsregeln außer Kraft setzt, sobald es um die finanziellen Belange der Kirchen geht.

3. *In der Schule*

Aus rechtsstaatlicher Sicht gibt es katholische, protestantische, sunnitische oder schiitische Kinder ebenso wenig wie christdemokratische, sozialdemokratische, grüne oder liberale Kinder. Es gibt nur Kinder, deren *Eltern* entsprechende weltanschauliche oder politische Präferenzen aufweisen.[19] Zwar haben die Eltern das Recht, ihre jeweiligen religiösen und politischen Überzeugungen in der Erziehung ihrer Kinder zum Ausdruck zu

---

17 Vgl. Jacqueline Neumann: *Staatliches Kirchensteuerrecht an die Rechtswirklichkeit anpassen* (www.weltanschauungsrecht.de, 27.9.2017).

18 Vgl. Carsten Frerk: *Wer ist Kirchenmitglied?* (www.fowid.de, 26.9.2017).

19 Vgl. hierzu und zum Folgenden Michael Schmidt-Salomon, *Die Grenzen der Toleranz*, S. 149ff.

bringen, das heißt jedoch nicht, dass der weltanschaulich neutrale Staat derartige Perspektivverengungen aktiv unterstützen sollte. Im Gegenteil: Wie das Bundesverwaltungsgericht in einem Urteil aus dem Jahr 2013 darlegte, wird das elterliche Erziehungsrecht „durch die Eigenständigkeit der staatlichen Wirkungsbefugnisse im Schulbereich relativiert", was sich aus der „Bedeutung der Schule für die Entfaltung der Lebenschancen der nachwachsenden Generation und für den Zusammenhalt der Gesellschaft" erklärt *(BVerwG 6 C 12.12, 21)*.

Dies verlangt, dass der Staat den Heranwachsenden Zugang zu Wissensquellen ermöglicht, die ihnen in ihrem familiären Umfeld möglicherweise verschlossen sind. Denn Kinder haben ein Anrecht darauf, ihre *eigene Sicht der Dinge* entwickeln zu können, ohne dabei von vornherein ideologisch in eine bestimmte Richtung gedrängt zu werden. Auf politischem Gebiet wird dies kaum angezweifelt. So käme wohl niemand auf den Gedanken, den Kindern von CDU-Wählern einen speziellen CDU-Unterricht und den Kindern von SPD-Wählern einen speziellen SPD-Unterricht anzubieten. Auf religiösem Gebiet werden derartige Manipulationen jedoch weithin akzeptiert, so dass die Schülerinnen und Schüler ausgerechnet bei der Behandlung der „großen Fragen des Lebens" in einer *künstlichen Filterblase* gehalten werden und mit rationalen, evidenzbasierten, weltanschaulich neutralen Argumenten kaum in Berührung kommen.

Die Verteidiger des konfessionellen Bekenntnisunterrichts berufen sich in diesem Zusammenhang gerne auf *Art. 7 GG*, wo es heißt, dass der Religionsunterricht in den öffentlichen Schulen „ordentliches Lehrfach" ist. Dabei ignorieren sie jedoch den bemerkenswerten Einschub des Verfassungstextes „mit Ausnahme der bekenntnisfreien Schulen". Fakt ist: „Bekenntnisfreie" öffentliche Schulen müssten laut Verfassung keinen Religionsunterricht anbieten und könnten all die wichtigen Fragen über Gott und die Welt, die Entstehung des Universums und den Sinn des Lebens so behandeln, wie man es von einer öffentlichen Schule eigentlich erwarten sollte, nämlich *weltanschaulich neutral, rational und evidenzbasiert*.

Aber leider gibt es in ganz Deutschland keine einzige Schule dieser Art. Schaut man sich die Schulgesetze der Länder an, so fällt auf, dass diese (mit Ausnahme von Bremen, Berlin und Brandenburg, die sich auf die sogenannte „Bremer Klausel" berufen) den Religionsunterricht als „ordentliches Lehrfach" definieren und die Verantwortung für diesen Unterricht den Religionsgemeinschaften überlassen. Die im Grundgesetz verankerte Möglichkeit der Schaffung „bekenntnisfreier, öffentlicher Schulen" wird in den Regelwerken der Länder nicht erwähnt – was allerdings auch nicht verwunderlich ist, wenn man sich die Präambeln der jeweiligen Schulgesetze anschaut.

So wird etwa im Schulgesetz von NRW die „Ehrfurcht vor Gott" als staatliches Lernziel festgeschrieben *(§ 2 SchulG)*, in Baden-Württemberg soll der staatliche Bildungsauftrag „in Verantwortung vor Gott, im Geiste christlicher Nächstenliebe" *(§ 2 SchG)* erfolgen, und im bayerischen Schulgesetz lauten die erstgenannten Bildungsziele nicht ohne Grund „Ehrfurcht vor Gott" und „Achtung vor religiöser Überzeugung" *(Art. 1 BayEUG)*. Dass Bund und Länder für ein seriöses, nicht-manipulatives, d.h. *weltanschaulich neutrales, rationales und evidenzbasiertes Bildungssystem* sorgen müssten, haben die Bildungspolitiker/innen dieses Staates offenkundig noch immer nicht begriffen.

4. *Im Berufsleben*

Die größten nicht-staatlichen Arbeitgeber Deutschlands sind nicht *Volkswagen* oder *Siemens*, sondern die beiden christlichen Amtskirchen mit ihren mächtigen Sozialinstitutionen *Caritas* und *Diakonie*, die etwa 1,3 Millionen Arbeitnehmer beschäftigen und dabei einen deutlich höheren Inlandsumsatz erzielen als die meisten deutschen Großkonzerne.[20] Obgleich die Kirchen für viele ihrer Einrichtungen, etwa für ihre Krankenhäuser oder Altenheime, keinen einzigen Cent selbst aufbringen müssen,[21] haben sie die volle Kontrolle über diese Institutionen – und zwar in einem Ausmaß, das auf deutschem Boden einmalig ist.[22]

Denn dank *§ 118 Abs. 2 BetrVG* sind die Religionsgemeinschaften von den Bestimmungen des *Betriebsverfassungsgesetzes* befreit, welche eine verfassungskonforme Behandlung der Mitarbeiter/innen garantieren sollen. Dies hat zur Folge, dass die Kirchen in öffentlich finanzierten Einrichtungen fundamentale Grundrechte ihrer Beschäftigten straflos missachten dürfen, u.a. die *freie Entfaltung der Persönlichkeit (Art. 2 Abs. 1 GG)*, die *Religionsfreiheit (Art 4 Abs. 1 GG)*, das *Recht auf freie Meinungsäußerung (Art. 5 Abs. 1 GG)* sowie das *Streikrecht und das Recht auf die Bildung von Gewerkschaften (Art. 9 Abs. 3 GG)*.

Tatsächlich können die Kirchen ihre Angestellten noch immer in einem erstaunlichem Maß weltanschaulich diskriminieren, obgleich dies sowohl

---

20 Vgl. hierzu Carsten Frerk: *Caritas und Diakonie in Deutschland*. Aschaffenburg 2012.

21 Diese werden bekanntlich ausschließlich durch Versicherungsbeiträge, öffentliche Zuschüsse und private Kostenerstattungen getragen.

22 Vgl. u.a. Ingrid Matthäus-Maier: *Katholisch operieren – evangelisch Fenster putzen? Das kirchliche Arbeitsrecht auf dem Prüfstand*. Idar-Oberstein 2013.

gegen *Art. 3 GG* als auch gegen *Art. 21 der Charta der Grundrechte der Europäischen Union* verstößt. Für einen homosexuellen, wiederverheirateten, konfessionsfreien oder nichtchristlichen Menschen, der auf dem Gebiet der Medizin, der Pflege, der Therapie oder der Erziehung tätig ist, bedeutet dies eine beträchtliche Einbuße seiner Karrierechancen, obgleich der Bereich der Wohlfahrtspflege wie kaum ein anderer Wirtschaftssektor öffentlich finanziert wird und daher eigentlich auch in besonderem Maße öffentlich kontrolliert und staatlich geschützt werden sollte.

Dass diese staatliche Schutzfunktion bislang kaum ernstgenommen wird, erkennt man schon an der Missachtung fundamentaler Datenschutzbestimmungen im religiösen Bereich. So verstößt die gängige Regelung, die Kirchensteuer vom Arbeitgeber einziehen zu lassen, diametral gegen *Art. 140 GG i. V. m. Art. 136 der Weimarer Verfassung*, wonach *niemand verpflichtet ist, seine religiöse Überzeugung zu offenbaren*. Aus diesem Grund wäre wohl keine demokratische Regierung je auf den Gedanken gekommen, die Konfessionszugehörigkeit auf der Lohnsteuerkarte einzutragen. Kein Wunder also, dass es sich hierbei um eine Regelung der Nationalsozialisten aus dem Jahr 1933 handelt, die nach dem 2. Weltkrieg mit Segen der Kirchen von der Bundesrepublik Deutschland übernommen wurde und die tragischerweise bis zum heutigen Tage gilt, was meines Erachtens kein besonders vorteilhaftes Licht auf die Verfassungstreue der staatlichen Organe wirft.

Ohnehin werden die in *Art. 140 GG* aufgenommenen Bestimmungen der Weimarer Verfassung gerne zugunsten der Kirchen ignoriert. So wurden die *Staatsleistungen* an die Kirchen 99 Jahre nach dem expliziten Auftrag in *Artikel 138 der Weimarer Verfassung* noch immer nicht abgelöst (wir „feiern" 2019 also 100 Jahre Verfassungsbruch!), was zur Folge hat, dass homosexuelle, wiederverheiratete, konfessionsfreie oder nichtchristliche Menschen mit ihren Steuergeldern ausgerechnet jene Institutionen mitfinanzieren müssen, die homosexuelle, wiederverheiratete, konfessionsfreie oder nichtchristliche Menschen diskriminieren.

Und damit nicht genug: Die *Monopolkommission der Bundesregierung* hat bereits vor 20 Jahren in ihrem *Zwölften Hauptgutachten* eine entschiedene Neustrukturierung der Wohlfahrtspflege gefordert, da es in diesem Bereich kartellartige Absprachen zwischen dem Staat und den Wohlfahrtsverbänden gibt, die für die Leistungsempfänger mit schwerwiegenden Nachteilen verbunden sind.[23] Das Gutachten verschwand damals bemerkenswert

23 Siehe Deutscher Bundestag (13. Wahlperiode): *Zwölftes Hauptgutachten der Monopolkommission 1996/1997*. Drucksache 13/11291 (17.07.98).

schnell im Giftschrank der Politik, obgleich die Monopolkommission die fundamentale Schieflage des milliardenschweren Wohlfahrtsmarktes zu Recht angeprangert hatte.[24]

Dies wird besonders deutlich, wenn man die Marktmacht der konfessionellen Verbände in den Blick nimmt: Innerhalb der freien Wohlfahrtspflege sind nämlich 88 Prozent aller Krankenhausbetten, 74,3 Prozent der Jugendhilfe-, 58,3 Prozent der Altenhilfe- und 68,7 Prozent der Behindertenplätze in konfessioneller Hand.[25] In vielen ländlichen Regionen gibt es keinerlei Alternativen zu *Caritas* und *Diakonie*, was dazu führt, dass religionsfreie Menschen ausgerechnet in den besonders schwierigen Phasen ihres Lebens auf die Unterstützung von Institutionen angewiesen sind, denen sie möglicherweise zutiefst misstrauen. Man denke nur an die vielen Tausend Heimkinder, die in konfessionellen Einrichtungen missbraucht oder misshandelt wurden – und nun befürchten müssen, ihre letzten Jahre in einem konfessionellen Altersheim zu verbringen (Frage am Rande: Wäre ein anderer, nicht-konfessioneller Träger, der sich derart kolossaler Verbrechen schuldig gemacht hätte, heute noch auf dem Gebiet der Jugendhilfe tätig?!).

Schwierig ist unter derartigen Bedingungen auch die durch *Art. 12 GG* garantierte freie Berufswahl, denn in der sogenannten „freien Wohlfahrtspflege“ stellen *Caritas* und *Diakonie* sage und schreibe 97,1 Prozent aller Ausbildungs- und Fortbildungsplätze![26] Konfessionsfreie Menschen, beispielsweise angehende Hebammen, haben hier schlechte Karten, weshalb viele von ihnen in die Kirche eintreten, um einen Ausbildungsplatz oder Job zu ergattern. Die Zahl der Menschen, die in dieser Weise *zwangskonfessionalisiert* sind, d.h. nicht aus religiöser Überzeugung, sondern aus sozioökonomischen Zwängen Kirchenmitglieder geworden oder geblieben sind, dürfte in Deutschland in die Hunderttausende gehen.[27] Allein dies zeigt schon, wie weit wir noch immer von einem weltanschaulich neutralen Staat entfernt sind. Denn ein Staat, der sich tatsächlich als „Heimstatt aller Bürger“ begreift (BVerfGE 19, 206), dürfte niemanden in die Notsi-

24 Vgl. hierzu und zum Folgenden auch Michael Schmidt-Salomon: *Wa(h)re Nächstenliebe? Warum eine Gleichstellung der Träger der Kinder- und Jugendhilfe überfällig ist.* In: *Blickpunkt Jugendhilfe* 3/4 2013.

25 Vgl. Frerk, *Caritas und Diakonie*, S. 35.

26 Ebenda.

27 Ich habe dieses Problem bereits vor 20 Jahren beschrieben, siehe: Michael Schmidt-Salomon: *Von der Negation zur Position: Über die Notwendigkeit säkularer sozialer Dienstleistungen*. In: *humanismus aktuell* 3/98.

tuation bringen, zwischen dem Grundrecht auf Weltanschauungsfreiheit und dem Grundrecht auf freie Berufswahl entscheiden zu müssen.

5. Im Sterben

In Art. 1 des deutschen Grundgesetzes heißt es: „Die Würde des Menschen ist unantastbar. Sie zu achten und zu schützen ist Verpflichtung aller staatlichen Gewalt." In den nachfolgenden Artikeln des Grundgesetzes tauchen zwar einige Elemente auf, die den Begriff der Menschenwürde inhaltlich aufladen, dennoch bleibt dieser für das Staatswesen zentrale Begriff merkwürdig unbestimmt. Dies hat allerdings einen guten Grund, denn der Begriff der Menschenwürde kann nicht für alle Bürgerinnen und Bürger verbindlich definiert werden, da er im höchsten Maße mit dem Selbstbestimmungsrecht des Individuums verknüpft ist. Ich habe den entscheidenden Satz dazu bereits in der Einleitung formuliert: *Die Würde des Einzelnen ist dadurch bestimmt, dass der Einzelne über seine Würde bestimmt* – nicht etwa der Staat oder eine wie auch immer geartete Religions- oder Weltanschauungsgemeinschaft.

Vor diesem Hintergrund muss der liberale Rechtsstaat peinlich genau darauf achten, dass seine Gesetze die Pluralität der Würdedefinitionen seiner Bürgerinnen und Bürger hinreichend berücksichtigen. Und dies gilt selbstverständlich auch für die letzte Phase des menschlichen Lebens, den Prozess des Sterbens. Hier muss der Staat es einem strenggläubigen Katholiken ermöglichen, den Überzeugungen von Papst Johannes Paul II. zu folgen, der meinte, dass „Selbstmord" ebenso „unannehmbar" sei wie „Mord". Er muss es aber auch einem Anhänger der Philosophie Friedrich Nietzsches erlauben, „frei zum Tode und frei im Tode" zu sein.[28]

Zwischen der Ächtung des Suizids bei Johannes Paul II. und der Ächtung des natürlichen Todes bei Nietzsche gibt es ein breites Spektrum an unterschiedlichen weltanschaulich geprägten Wertehaltungen, über die seit Jahrhunderten gestritten wird. An diesem Streit darf sich selbstverständlich jedes Mitglied der Zivilgesellschaft beteiligen, der liberale Rechtsstaat muss sich dabei jedoch zurückhalten. Auf gar keinen Fall darf er sich – wie dies 2015 bei der Verabschiedung des *„Sterbehilfeverhinderungsgesetzes" § 217 StGB* (*Geschäftsmäßige Förderung der Selbsttötung*) geschehen ist – zum Anwalt einer spezifischen, nämlich christlichen Weltan-

---

28 Vgl. hierzu auch Uwe-Christian Arnold / Michael Schmidt-Salomon: *Letzte Hilfe. Plädoyer für das selbstbestimmte Sterben*. Reinbek 2014, S. 149ff.

schauung machen und deren Werte zur allgemeinverbindlichen Norm erheben.

Ich bin auf die vielschichtige Problematik von § 217 StGB in einer ausführlichen Stellungnahme eingegangen, die im Namen der Giordano-Bruno-Stiftung zum aktuellen Verfassungsgerichtsverfahren in Karlsruhe eingereicht wurde. Daher mag es hier genügen, das abschließende Fazit der Stellungnahme zu zitieren: „Ein Gesetz, das fundamentale Grundrechte der Bürgerinnen und Bürger zugunsten eines staatlichen Paternalismus aushebelt, das schwerstkranken Menschen ihre Würde raubt, sie katastrophalen Risiken ausliefert und ihnen die letzte Chance auf Selbstbestimmung nimmt, das den Erfordernissen einer rationalen Rechtsbegründung zuwiderläuft und in drastischer Weise gegen das Prinzip der weltanschaulichen Neutralität des Staates verstößt, das Ärzten mit empfindlichen Strafen droht, wenn sie ihren Patienten in deren schwersten Stunden zur Seite stehen, das nicht zuletzt auch gegen das klare Votum einer überwältigenden Bevölkerungsmehrheit gerichtet ist und stattdessen den Partikularinteressen einer kleinen, jedoch einflussreichen Lobbygruppe folgt, kann und darf in einem modernen, liberalen Rechtsstaat keinen Bestand haben!“[29] Man darf gespannt sein, ob die Richterinnen und Richter in Karlsruhe für derartige Argumente bereits aufgeschlossen sind…

6. *Nach dem Tod*

Ich möchte unsere kleine Reise durch die verschiedenen Lebensstadien mit einer Kuriosität beenden, die zeigt, dass man sich den religiös gefärbten Gesetzen in Deutschland nicht einmal durch den eigenen Tod entziehen kann. Denn in Deutschland herrscht *Friedhofszwang*. In keinem Bundesland dürfen die Angehörigen über die Asche ihrer Verstorbenen frei verfügen, wie dies in vielen nichteuropäischen Ländern, aber auch in der Schweiz, in den Niederlanden oder in Tschechien möglich ist. Immerhin: In Bremen existiert seit dem 1. Januar 2015 eine Ausnahmeregelung, die es erlaubt, die Asche eines Verstorbenen auf einem Privatgrundstück zu ver-

29 Michael Schmidt-Salomon / Giordano-Bruno-Stiftung: *Freitodhilfe im liberalen Rechtsstaat. Stellungnahme zu den Verfassungsbeschwerden gegen § 217 StGB*. Oberwesel 2016, S. 22. Die Stellungnahme wurde am 27.9.2016 beim Bundesverfassungsgericht eingereicht und am 4.10.2016 auf der Website der Giordano-Bruno-Stiftung veröffentlicht. Eine Printversion des Textes erschien zudem in der Zeitschrift *Aufklärung und Kritik* 1/2017.

streuen, sofern der Verstorbene dies schriftlich verfügt hat und der Besitzer des Grundstücks damit einverstanden ist.[30]

Dass die gesetzliche Verordnung des Friedhofszwangs nicht weltanschaulich neutral ist, sondern auf christlichen Glaubensvorstellungen beruht, zeigt ein kurzer Blick in die Geschichte. In der römischen Antike waren Feuerbestattungen üblich, wobei die wohlhabenderen Familien die Asche ihrer Verstorbenen auf dem eigenen Grundstück bewahrten. Dies änderte sich erst mit der Machtübernahme des Christentums, das die Feuerbestattung vehement ablehnte. Grundlage dafür war der christliche Glaube an die „leibliche Auferstehung der Toten", die bis zum Tag des „Jüngsten Gerichts" in „geweihter Erde" ruhen sollten.

Die Ablehnung der Feuerbestattung wurde von beiden Kirchen bis weit ins 20. Jahrhundert hinein aufrechterhalten, letztlich aber waren sie machtlos gegenüber dem zunehmenden Trend der Säkularisierung, der auch die Bestattungskultur in Deutschland revolutionierte. So ist der Anteil der Feuerbestattungen seit 1960 von 10 Prozent auf 64 Prozent gestiegen.[31] Man erkennt hieran deutlich, dass sich die genuin christliche Bestattungskultur auf dem absteigenden Ast befindet. Geblieben ist jedoch der christlich inspirierte *Friedhofszwang*, der für Feuerbestattungen, bei denen nun wahrlich kein Friedhof erforderlich wäre, im gleichen Jahr eingeführt wurde wie der Eintrag der Konfessionszugehörigkeit auf der Lohnsteuerkarte.

Das 1934 von Hitler und Frick unterzeichnete *Gesetz zur Feuerbestattung* wurde nach dem Krieg zur Grundlage der Bestattungsgesetze der Bundesländer, die den Friedhofszwang bis zum heutigen Tag aufrechterhalten. Rationale, evidenzbasierte, weltanschaulich neutrale Gründe gibt es dafür nicht.[32] Verfechter des Friedhofzwangs behaupten zwar, dass er der „Menschenwürde des Verstorbenen" geschuldet sei, aber dies stimmt nur unter der Voraussetzung eines christlich-essentiellen Würdebegriffs, den der Rechtsstaat nicht zur Grundlage seiner Gesetze machen darf. Deshalb ist es auch keineswegs *würdevoll*, sondern vielmehr eine *Anmaßung des Staates*,

30 Gesetz über das Friedhofs- und Bestattungswesen in der Freien Hansestadt Bremen § 4 Abs. 1a.

31 Vgl. Aeternitas e.V.: *Feuerbestattung. Geschichte und Zahlen* (www.aeternitas.de, abgerufen am 10.2.2018). Dieser Anstieg der Feuerbestattungen ist natürlich auch darauf zurückzuführen, dass sie deutlich günstiger als Erdbestattungen sind. Allerdings: Dass die Bürgerinnen und Bürger diesen Preisvorteil zunehmend nutzen, ist wiederum ein Effekt der Säkularisierung.

32 Hierauf hat Tade Matthias Spranger bereits vor vielen Jahren hingewiesen, siehe Tade Matthias Spranger: *Plädoyer für die Aufhebung des Friedhofszwangs bei Feuerbestattungen. Verwaltungsrundschau* 5/2000.

wenn er aus rechtlich nichtigen Gründen den letzten Willen einer Person missachtet. Fazit: Wie so viele andere rechtliche Normen unseres Staates beruhen auch die bestehenden Bestattungsgesetze letztlich auf einem weltanschaulich parteiischen, vordemokratischen Rechtsverständnis, das dringend einer Korrektur bedarf.

Teil 2: Möglichkeiten der Rechtsreform – Vom weltanschaulich neutralen Staat und dem falsch verstandenen „Gewissen" der Parlamentarier

Unsere kleine Expedition von der Wiege bis zur Bahre (und darüber hinaus) hat gezeigt, dass unser Leben noch immer in erstaunlichem Maße von Gesetzen bestimmt wird, die dem Gebot der weltanschaulichen Neutralität des Staates widersprechen. Um diesen Missstand zu beheben, bedarf es dreier wesentlicher Schritte: *Erstens* sollte der „blinde Fleck des deutschen Rechtssystems" als solcher erkannt und wissenschaftlich analysiert werden, *zweitens* müsste das Gebot der Neutralität in der *Rechtsprechung* größere Beachtung finden und *drittens* (und das ist wohl die härteste Nuss, die zu knacken ist) müsste sich die Rechtspolitik dahingehend ändern, dass keine neuen Gesetze mehr verabschiedet werden, die gegen das Gebot der weltanschaulichen Neutralität verstoßen, und dass bestehende Gesetze, die mit diesem Makel behaftet sind, entsprechend revidiert werden. Ich möchte auf diese drei Punkte nachfolgend kurz eingehen.

1. Die rechtswissenschaftliche Analyse des „blinden Flecks"

Eine an weltanschaulicher Neutralität ausgerichtete Rechtswissenschaft verlangt eine neutrale Begriffsbildung. Bedauerlicherweise hat die inhaltliche Fixierung auf die beiden christlichen Großkirchen zu einer religionsfixierten Terminologie geführt, was sich in Begriffen wie „Religionsrecht", „Staatskirchenrecht" oder „Religionsverfassungsrecht" äußert, die religiösen Weltanschauungen schon *sprachlich* eine Sonderstellung einräumen – *inhaltlich* ist dies ohnehin oft der Fall, wie Gerhard Czermak in seinen zahlreichen Veröffentlichungen aufgezeigt hat.[33]

---

33 Vgl. u.a. Gerhard Czermak / Eric Hilgendorf: *Religions- und Weltanschauungsrecht. Eine Einführung.* Berlin 2018. In jüngster Zeit haben sich auch andere Juristen mit dieser lange verdrängten Thematik beschäftigt, siehe u.a. Horst Dreier: *Staat ohne Gott. Religion in der säkularen Moderne*. München 2018.

Immerhin: Für das terminologische Problem gibt es eine einfache Lösung. Denn das Wort „Weltanschauung" umfasst als Oberbegriff sowohl religiöse wie nicht religiöse Sinndeutungssysteme. Es wäre bereits ein erster Schritt in Richtung einer neutraleren Rechtswissenschaft, wenn künftig nicht mehr von „Religionsrecht", sondern von „Weltanschauungsrecht" gesprochen würde. Doch was genau ist mit diesem Begriff gemeint? Das *Institut für Weltanschauungsrecht (ifw)* definiert ihn wie folgt:

> Der juristische Fachbegriff „Weltanschauungsrecht" kennzeichnet die Gesamtheit aller staatlichen Normen, Einrichtungen und Handlungen, die das Recht auf Weltanschauungsfreiheit betreffen. Das Recht auf Weltanschauungsfreiheit umfasst dabei nicht nur das Recht, sich zu einer religiösen oder nichtreligiösen Weltanschauung zu bekennen, sondern auch die Freiheit, das eigene Leben nach diesen weltanschaulichen Überzeugungen zu gestalten, sofern dadurch keine Rechte Dritter verletzt werden.[34]

Von dieser Prämisse ausgehend sollte, wie ich meine, eine der vornehmsten Aufgaben der Rechtswissenschaft darin bestehen, die deutsche Rechtsordnung systematisch dahingehend zu untersuchen, ob die *Weltanschauungsfreiheit aller Bürgerinnen und Bürger* im Rahmen der staatlichen Normen, Einrichtungen und Verfahrensweisen in angemessener Weise berücksichtigt wird oder nicht. Dies könnte in der Tat ein wunderbarer Stoff für unzählige Facharbeiten und Dissertationen auf nahezu allen juristischen Fachgebieten sein, vom Straf-, Verfassungs- und Verwaltungsrecht über das Zivilrecht bis hin zum Arbeits- und Steuerrecht und natürlich auch auf den Gebieten der Rechtsphilosophie, Rechtsgeschichte und Rechtssoziologie.

In diesem Zusammenhang wäre es vielleicht auch lohnend, das viel zitierte und häufig fehlinterpretierte *Böckenförde-Diktum* („Der freiheitliche, säkularisierte Staat lebt von Voraussetzungen, die er selbst nicht garantieren kann")[35] kritisch gegen den Strich zu bürsten. Denkbar wäre zum Beispiel dieses „alternative Diktum": *„Der freiheitliche, säkularisierte Staat darf sich nicht auf Voraussetzungen berufen, die er nicht selbst geschaffen hat, sofern*

---

34 Jacqueline Neumann / Michael Schmidt-Salomon: *Was bedeutet der Begriff „Weltanschauungsrecht"?* (www.weltanschauungsrecht.de, 4.9.2017).

35 Ernst-Wolfgang Böckenförde: *Der säkularisierte Staat. Sein Charakter, seine Rechtfertigung und seine Probleme im 21. Jahrhundert.* München 2007. Siehe hierzu auch Gerhard Czermak: *Das Böckenförde-Dilemma. Bedeutung, Missbrauch und Kritik eines geflügelten Worts.* In: Gerhard Czermak: *Weltanschauung in Grundgesetz und Verfassungswirklichkeit.* Aschaffenburg 2016.

dies zur illegitimen Einschränkung bürgerlicher Freiheiten führt." Mir scheint, dass ein solches Diktum den Vorteil hätte, die Idee des *Gesellschaftsvertrages* stärker zur Geltung zu bringen, die dem modernen Rechtsstaat zugrunde liegt. Denn dieser setzt nun einmal zwingend voraus, dass die normativen Werte des Zusammenlebens nicht durch „höhere" (religiöse) Instanzen *vorgegeben* sind, sondern unter den Gesellschaftsmitgliedern rational, fair und demokratisch *ausgehandelt* werden.[36]

2. *Die Verbesserung der Rechtsprechung*

Bemerkenswert viele Gerichtsurteile, die ich in den letzten Jahren lesen musste, haben mich einigermaßen erschüttert. Denn allzu häufig orientierten sich die Urteilsbegründungen eng am konkreten Text der betroffenen Einzelnormen sowie an vorangegangenen, oft weit in der Vergangenheit angesiedelten Urteilen anderer Gerichte, *ohne dass diese Einzelnormen und Entscheidungen in Beziehung zu den höherrangigen Rechtsordnungen, etwa der Verfassung oder der Europäischen Menschenrechts-Konvention (EMRK) gesetzt wurden*. Eine solche Arbeitsweise ist nicht nur rechtsphilosophisch problematisch, sie verstärkt den Trend, überkommene (d.h. weltanschaulich parteiische) Wertvorstellungen unreflektiert von einer Richtergeneration zur nächsten zu übertragen.

Hiergegen sind selbst höhere und höchste Gerichte nicht gefeit. Man denke nur an die Verteidigung des *§ 175 StGB* durch das Bundesverfassungsgericht im Jahr 1957. Das oberste deutsche Gericht, das acht Jahre später verdienstvollerweise aufzeigte, dass der Staat als „Heimstatt aller Bürger" zu „weltanschaulicher Neutralität" verpflichtet ist (BVerfGE 19, 206), rechtfertigte damals noch die staatliche Schwulenverfolgung mit dem Argument, dass sie die „sittlichen Anschauungen des Volkes" schütze, wobei das Gericht ausdrücklich auf die Lehren der „beiden großen christlichen Konfessionen" verwies (BVerfGE 6, 389).

Heute gehen die meisten deutschen Rechtsexpertinnen und Rechtsexperten davon aus, dass diese höchstrichterliche Verurteilung der sogenannten „gleichgeschlechtlichen Unzucht" schon zum damaligen Zeitpunkt verfassungswidrig war. Aber das heißt nicht, dass ähnliche Fehler nicht auch heute passieren würden. Sie entstehen nämlich immer dann, wenn das *Recht auf Weltanschauungsfreiheit*, also das Recht des Menschen, sein Leben den *eigenen Vorstellungen gemäß zu gestalten*, von staatlicher Seite in il-

36 Vgl. Schmidt-Salomon, *Die Grenzen der Toleranz*, S. 153ff.

legitimer Weise beschnitten wird, d.h. ohne dass für eine solche Freiheitsbeschränkung rationale, evidenzbasierte und weltanschaulich neutrale Gründe vorliegen.

Es ist zu hoffen, dass eine stärkere Fokussierung dieser Aspekte in der universitären Lehre zu einer Reduzierung der Fehlleistungen in der Praxis beitragen wird. Im Idealfall sollten sich Richterinnen und Richter schon in den unteren Instanzen weit stärker als bisher um eine *verfassungskonforme*, und das heißt nicht zuletzt auch: um eine *weltanschaulich neutrale Auslegung* der juristischen Einzelnormen bemühen – und für den Fall, dass eine solche Auslegung nicht möglich erscheint, mithilfe einer sogenannten „Richtervorlage“ ein *konkretes Normenkontrollverfahren (nach Art. 100 GG)* einleiten, um die Verfassungskonformität einer Rechtsnorm überprüfen zu lassen.

Auf diese Weise wie auch durch entsprechende Musterprozesse, wie sie derzeit vom *Institut für Weltanschauungsrecht (ifw)* geführt werden, könnte das Rechtssystem durchaus in Richtung größerer Neutralität reformiert werden. Letztlich aber bleibt die Rechtsprechung natürlich an die parlamentarisch verabschiedeten Gesetze gebunden, womit wir zum dritten und wahrscheinlich heikelsten Punkt der Agenda kommen, nämlich dem Gebiet der *Rechtspolitik*.

3. *Eine Rechtspolitik auf dem Boden der Verfassung*

Wenn Politikerinnen und Politiker merken, dass ihnen die Sachargumente ausgehen, wenn sie keine Möglichkeit mehr sehen, ihre Positionen rational zu begründen, dann greifen sie gerne auf eine Rechtfertigungsstrategie zurück, mit deren Hilfe sie sich jeder weiteren Diskussion entziehen können. Die hierbei zum Einsatz kommende „Argumentation zur Beendigung aller Argumentation“ ist erstaunlich effektiv. Sie kann u.a. die folgende Gestalt annehmen: „Was Sie da vortragen, Herr X oder Frau Y, ist sicherlich gut durchdacht. Aber wie Sie ja wissen, bin ich als Parlamentarier/in von der Verfassung her *allein* meinem *Gewissen* verpflichtet – und ich bin nun einmal Katholik/in. Deshalb haben Sie bitte Verständnis dafür, dass ich Ihren Argumenten, so vernünftig sie auch klingen mögen, aus Gewissensgründen nicht folgen kann!“

Mir ist diese Rechtfertigungsstrategie, die gerne auch in deutlich unhöflicherer Form vorgetragen wird („Was fällt Ihnen ein? Ich bin Christ/in – und lasse mir von Ihnen doch nicht in meine freie Gewissensentscheidung hineinreden!"), in den letzten Jahren immer wieder begegnet.[37] Sie ist die letzte Bastion, hinter der sich diejenigen verschanzen können, die sich mit rationalen Argumenten nicht weiter auseinandersetzen möchten. Sie ist zugleich auch die große, schier unüberwindliche Hürde, an der all diejenigen immer wieder scheitern, die meinen, dass rationale Argumente in der Politik eine bedeutendere Rolle spielen sollten. Es lohnt sich also, die entsprechenden Bestimmungen der Verfassung etwas genauer zu betrachten.

Nach *Art. 38 Abs. 1 GG* sind die Abgeordneten des Deutschen Bundestages „Vertreter des ganzen Volkes, an Aufträge und Weisungen nicht gebunden und nur ihrem Gewissen unterworfen". Besonders bei ethisch umstrittenen Gesetzgebungsverfahren, etwa der Frage nach der Zulässigkeit der Präimplantationsdiagnostik oder des ärztlich assistierten Suizids, wird dieser Aspekt der *Gewissensentscheidung* gerne in den Vordergrund gerückt und die im Bundestag vorherrschende Fraktionsdisziplin aufgegeben.[38]

So sehr eine solche Lockerung der Fraktionsdisziplin zu begrüßen ist, so konsterniert ist man, wenn man erfährt, was viele MdBs unter einer „Gewissensentscheidung" verstehen. Wohl aufgrund der religiösen Konnotation des Wortes „Gewissen" meinen sie, dass sie ihre politische Entscheidung auf der Basis ihres *persönlichen Glaubens* treffen müssten. Damit jedoch verfehlen sie ihren verfassungsgemäßen Auftrag in fataler Weise. Denn *Art. 38 Abs. 1 GG* zielt keineswegs auf das *private*, womöglich gar religiös aufgeladene *Gewissen* des Abgeordneten ab, sondern auf das *professionelle Gewissen eines Berufspolitikers*, der seine Entscheidungen „nach bestem Wissen und Gewissen" treffen sollte.

---

37 Besonders häufig erlebte ich diese Rechtfertigungsstrategie im Rahmen der Debatten um die Präimplantationsdiagnostik, den Schwangerschaftsabbruch, die Knabenbeschneidung, die Suizidhilfe sowie in den Auseinandersetzungen um eine faire Entschädigung der in konfessionellen Heimen missbrauchten Heim- und Internatskinder.

38 Mitunter wird diese Fraktionsdisziplin allerdings nur in halbgarer Weise aufgehoben, so etwa im Zuge der Verabschiedung des „Sterbehilfeverhinderungsgesetzes" § 217 StGB. Damals verfassten die Fraktionsvorsitzenden von CDU/CSU, SPD und Bündnis90/Grüne im Vorfeld der Entscheidung ein gemeinsames Schreiben an alle Bundestagsabgeordneten, in dem sie ihre Fraktionskolleginnen und -kollegen dazu aufforderten, *für* das Gesetz zu stimmen. Da die Abstimmung im Parlament namentlich erfolgte, konnten sie später überprüfen, wer aus den eigenen Reihen ihrem Vorschlag gefolgt war und wer nicht – zu den Hintergründen siehe auch Giordano-Bruno-Stiftung: *„Diese Politiker sind verantwortlich dafür, dass Sie möglicherweise qualvoll sterben müssen!" – Warum die Kriminalisierung professioneller Freitodbegleitungen ein Erfolg kirchlicher Lobbyisten ist* (www.giordano-bruno-stiftung.de, 9.12.2015).

Die Verfassung fordert hier, so die einhellige Meinung aller Grundgesetz-Kommentatoren, nichts anderes als ein „gewissenhaftes Erledigen der Pflichten", die aus der besonderen *Verantwortung eines gewählten Volksvertreters* entstehen. Dabei geht es eben nicht um eine *religiöse „Verantwortung vor Gott"*, sondern um die *politische Verantwortung gegenüber den Menschen*, deren Interessen im Parlament vertreten werden, sowie um die *rechtsstaatliche Verantwortung gegenüber den Vorgaben der Verfassung*, die in jeder parlamentarischen Entscheidung zu berücksichtigen sind. Bezogen auf unser Thema heißt dies: Die Berufung auf das „Gewissen" in *Art. 38 Abs. 1 GG* hat mitnichten die Funktion, die Abgeordneten von dem Gebot der weltanschaulichen Neutralität zu *befreien*, sondern will sie vielmehr an ebendieses Gebot *erinnern* – und zwar gegebenenfalls in deutlicher Abgrenzung gegenüber weltanschaulich parteiischen Vorgaben der eigenen Fraktion.

Dass die Rechtfertigungsstrategie, auf die christliche Parlamentarierinnen und Parlamentarier zur Verteidigung einer weltanschaulich parteiischen Politik zurückgreifen, noch immer funktioniert, liegt daran, dass in der Öffentlichkeit kaum jemals darüber gesprochen wurde, was die Berufung auf das „Gewissen" in der Verfassung bedeutet – und was eben nicht. Wer weiß denn schon, dass die „Gewissensformel" im Grundgesetz (bzw. in der Weimarer Verfassung) nicht auf einen Kirchenfunktionär, sondern auf den Vorschlag des Sozialisten Oskar Cohn (Mitglied der USPD-Fraktion in der Weimarer Nationalversammlung) zurückgeht? Selbstverständlich beabsichtigte Cohn damit keineswegs eine religiöse Fundierung der Politik, er wollte vielmehr die Verpflichtung der Parlamentarier auf das *Gemeinwohl* und die *Verfassung* etwas „kerniger" und „volkstümlicher" formulieren.[39] Hätte Cohn geahnt, dass ausgerechnet seine „Gewissensformel" ein Jahrhundert später von Abgeordneten missbraucht würde, um ihre privaten Glaubensüberzeugungen *über* das Gemeinwohl und die Verfassung zu stellen, hätte er seinen Vorschlag vermutlich sofort wieder zurückgezogen.

Zugegeben: Wahrscheinlich sind sich die meisten Politikerinnen und Politiker in diesem Zusammenhang keinerlei Schuld bewusst. Schließlich ist der Beruf des Politikers kein klassischer Ausbildungsberuf, dessen Ausübung ein geregeltes Maß an professionellem Know-how voraussetzen würde. Umso wichtiger ist es daher, dass nicht nur die *Dritte Gewalt*, die

39 Vgl. Peter Badura: *Die Stellung des Abgeordneten nach dem Grundgesetz und den Abgeordnetengesetzen in Bund und Ländern*. In: Hans-Peter Schneider / Wolfgang Zeh (Hg.): *Parlamentsrecht und Parlamentspraxis in der Bundesrepublik Deutschland*. Berlin 1989, S. 493.

Judikative, rechtsstaatlich fehlerhafte Gesetze zurückweist, sondern dass auch die sogenannte „*Vierte Gewalt*", die „*Publikative*", die Einhaltung des Gebots der weltanschaulichen Neutralität einfordert und sich durch irrige Gewissensbezeugungen nicht weiter vorführen lässt.[40]

Ich bin mir sicher: Wenn politische Journalistinnen und Journalisten ihren Job mit größerer Sachkenntnis und Entschiedenheit erledigen würden, wäre das Bundesverfassungsgericht heute sehr viel seltener damit beschäftigt, über missglückte Gesetze zu entscheiden. Zum aktuellen Verfahren über die Verfassungsmäßigkeit des „Sterbehilfeverhinderungsgesetzes" § 217 StGB wäre es unter dieser Voraussetzung wohl gar nicht erst gekommen. Denn ein derart irrationales, kontrafaktisches und weltanschaulich parteiisches Gesetz hätte im Zuge einer halbwegs seriösen und informierten öffentlichen Debatte niemals eine parlamentarische Mehrheit gefunden.

Aktuell bewegt sich die „politische Klasse", von der Helmut Schmidt so häufig sprach, leider noch in einer *künstlichen Filterblase*. Der starke Lobbyismus christlicher (und mittlerweile auch islamischer) Verbände hat dazu geführt, dass Politikerinnen und Politiker religiösen, also weltanschaulich parteiischen Positionen weit größere Bedeutung zumessen, als dies in der Zivilgesellschaft zu beobachten ist. Sie agieren weiterhin so, als würden wir noch immer in einer „Kirchenrepublik Deutschland" leben.[41]

Inzwischen aber ist der Bevölkerungsanteil der „praktizierenden Gläubigen", also derjenigen, die mindestens einmal im Monat eine Kirche, Synagoge oder Moschee besuchen, auf magere 12 Prozent zurückgegangen.[42] Und angesichts der stabilen weltanschaulichen Trends der letzten Jahrzehnte ist davon auszugehen, dass die Deutschen schon innerhalb der nächsten zehn bis zwanzig Jahre mehrheitlich keiner Religionsgemein-

40 In diesem Zusammenhang sollte allerdings nicht übersehen werden, dass zwei der renommiertesten deutschen Journalistenschulen in konfessioneller Hand sind, nämlich das katholische *Institut zur Förderung des publizistischen Nachwuchses (ifp)* in München und die *Evangelische Journalistenschule (EJS)* in Berlin. Zudem bietet auch die *Katholische Universität Eichstätt* einen Journalistik-Studiengang an. Zwar behaupten alle drei Institutionen, dass die konfessionelle Trägerschaft die Qualität der Ausbildung nicht beeinträchtige, aber man darf sehr wohl anzweifeln, ob diese Behauptung wirklich zutreffend ist. Ohnehin wäre der offenkundige *christliche Bias* der medialen Berichterstattung in Presse, Funk und Fernsehen eine kritische Untersuchung wert, die an dieser Stelle jedoch nicht erfolgen kann.

41 Vgl. Carsten Frerk: *Kirchenrepublik Deutschland. Christlicher Lobbyismus. Eine Annäherung*. Aschaffenburg 2015.

42 Vgl. Carsten Frerk: *Kirchganghäufigkeit in Deutschland 1980-2016* (www.fowid.de, 5.6.2018).

schaft mehr angehören werden. In absehbarer Zeit werden politische Mehrheiten also nur noch *im Einklang mit den Interessen der konfessionsfreien Bürgerinnen und Bürger* gebildet werden können – nicht mehr *gegen* ihre Interessen. Die Partei, die dies als erste erkennt und in politische Programmatik übersetzt, hat beste Karten für die Zukunft.

Spätestens dann wird der „blinde Fleck des deutschen Rechtssystems" nicht mehr zu ignorieren sein, spätestens dann werden all die Gesetze fallen, die gegen die Anforderung einer rationalen, evidenzbasierten und weltanschaulich neutralen Begründung verstoßen. Bis dahin aber werden tragischerweise viele Bürgerinnen und Bürger unter dem bestehenden Unrecht zu leiden haben – etwa weil sie auf dem Arbeitsmarkt diskriminiert werden oder weil sie am Ende ihres Lebens keine Ärztinnen oder Ärzte finden, die ihnen in ihrem Wunsch nach einem friedlichen, selbstbestimmten Tod beiseite stehen könnten.

Ich hatte an den Anfang dieses Textes ein Zitat von Charles Darwin gestellt, der meinte, nichts sei beständiger als der Wandel. Dieses Wort trifft selbstverständlich auch auf das deutsche Rechtssystem zu. Das zeigt sich u.a. darin, dass die staatliche Schwulenverfolgung nach dem 2. Weltkrieg, welche von führenden Juristen lange Zeit verteidigt wurde, heute von nahezu allen Rechtsexpertinnen und Rechtsexperten als Unrecht gewertet wird. Allerdings kommt diese Erkenntnis für die Betroffenen um Jahrzehnte zu spät! Hinter ihren *subjektiven Tragödien* verbirgt sich ein *objektives Staatsversagen*, das nicht verdrängt werden sollte. Denn ein Rechtsstaat, der diesen Namen verdient, kann es sich nicht leisten, Unrechtsbestimmungen erst ein halbes Jahrhundert später zu beseitigen!

Deshalb gilt es heute, den Wandel des Rechtssystems zu beschleunigen – nicht nur, aber eben *auch* im Hinblick auf eine stärkere Berücksichtigung des Gebots der weltanschaulichen Neutralität. Dieses für den liberalen Rechtsstaat zentrale Thema wurde viel zu lange ignoriert. Es ist an der Zeit, dies zu korrigieren.

Grundfragen des sogenannten Selbstbestimmungsrechts der Religionsgemeinschaften. Eine kritische Skizze[1]

Gerhard Czermak

I. Einführung

Art. 137 Abs. 3 WRV lautet schlicht: „Jede Religionsgesellschaft ordnet und verwaltet ihre Angelegenheiten selbständig innerhalb der Schranken des für alle geltenden Gesetzes. Sie verleiht ihre Ämter ohne Mitwirkung des Staates oder der bürgerlichen Gemeinde." Von Selbstbestimmungsrecht, wie man auch heute noch üblicherweise sagt, ist keine Rede. Der Begriff Selbstbestimmungsrecht wurde geprägt, um die Gewichte der Selbstverwaltung und ihrer Begrenzung durch die allgemeinen Gesetze zugunsten insbesondere der christlichen Großkirchen zu verschieben.[2]

Wenn man versucht, die textlich schon auf die Paulskirchenverfassung von 1849 zurückgehende Verfassungsbestimmung unbefangen zu betrachten, sollte man es nicht für möglich halten, was für eine ausufernde Interpretation sie nach 1919 und besonders nach 1949 zur Folge hatte. Einen extremen Gipfelpunkt erreichte sie in einer Entscheidung des BGH von 1956. Er erkannte als für die kirchliche Autonomie schrankensetzend nur diejenigen Normen an, die sich als Regelungen *rechtsstaatlich unabdingbarer* Postulate darstellten, nämlich solche, die staatliches und kirchliches Recht notwendig enthalten und solche, die vom kirchlichen Recht ausdrücklich oder stillschweigend bejaht werden.[3] Zu der sich daraus ergebenden Teilparalyse der Rechtsordnung ist es glücklicherweise, trotz einer

---

1 Dieser Text basiert auf einer Problemskizze, die anlässlich der Tagung des Karlsruher Foyers am 9.2.2009 vor Bundesrichtern vorgetragen wurde. – Das Foyer Kirche und Recht (Karlsruher Foyer) ist eine 2007 etablierte Einrichtung der Erzdiözese Freiburg und der Badischen Landeskirche. Es bietet bei Mitarbeit einer Gruppe von Bundesrichtern ein Forum, in dem mehrfach jährlich mit Richtern des BVerfG und des BGH sowie der Bundesanwaltschaften vorzugsweise weltanschauliche Themen diskutiert werden.

2 Bahnbrechend in diese fatale Richtung BVerfG 25.3.1980 – 2 BvR 208/76, BVerfGE 53, 366 (St. Marien-Krankenhaus). Bemerkenswert das vernichtende Sondervotum von *Rottmann*.

3 BGH 17.12.1956 – III ZR 89/55, BGHZ 22, 383, 387 f.

späteren erheblichen Aufweichung der Schrankenformel durch das BVerfG, nicht gekommen. Schon hieraus ergibt sich andeutungsweise die große theoretische Problematik und praktische Bedeutung der Rechtsfragen des Selbstverwaltungsrechts. Im Folgenden sollen die Grundfragen des Art. 137 Abs. 3 WRV in das System des Religionsverfassungsrechts eingeordnet und Wege zu einer dogmatisch stimmigen und im Ergebnis allseits akzeptablen Lösung aufgezeigt werden.

II. Allgemeine Bedeutung und verfassungssystematische Einordnung

1. Selbstverwaltungsrecht als Bestandteil eines Trennungsregimes

In Art. 137 Abs. 3 WRV/140 GG ist sowohl der Gedanke der Freiheit der Religionsgesellschaften wie der der Trennung von Staat und Religion gebündelt. Das grundgesetzliche Gebot der religiös-weltanschaulichen Neutralität ist, nebenbei bemerkt, entgegen häufiger Vermengung mit der Trennungsregel, trotz der sachlichen Nähe etwas grundsätzlich Anderes.[4] Das Regime des freiheitlichen korporativen Religionsverfassungsrechts ist notwendig das einer hauptsächlichen Trennung. Das theoretisch allgemein anerkannte Grundgebot der institutionellen Trennung von Staat und Religion ergibt sich aber nicht nur aus Art. 137 Abs. 1 WRV. Gerade Art. 137 Abs. 3 WRV unterstreicht das Trennungsgebot nachhaltig. Die korporative Religionsausübung bzw. das Leben nach Grundsätzen einer nichtreligiösen Weltanschauung gehen den Staat zunächst einmal nichts an (s. die Gleichheitsgebote in Art. 4 Abs. 1 GG und 137 Abs. 7 WRV), obwohl er natürlich gewisse Grenzen setzen kann und muss. Diese Trennung wird ausdrücklich auch auf die religiösen Ämter erstreckt (Art. 137 Abs. 3 S. 2 WRV). Konsequenterweise muss auch das Vermögen der Religionsgemeinschaften gem. Art. 138 WRV vom staatlich-öffentlichen Vermögen vollständig getrennt sein. Altrechtliche Staatsleistungen, die ja aus einer Zeit der staatlich-kirchlichen Verflechtung stammen, müssten aufgrund der Vorgabe aus dem Jahr 1919 längst beendet sein.

---

4 Das Gebot staatlicher Neutralität bedeutet Gleichbehandlung von Religions- und Weltanschauungsgemeinschaften in Äquidistanz, die das BVerfG in BVerfG 14.12.1965 – 1 BvR 413/60, 1 BvR 416/60, BVerfGE 19, 206, 216 aus den Art. 3 Abs. 3, 4 Abs. 1, 33 Abs. 3 GG und 136 Abs. 1 und 4 sowie 137 Abs. 1 WRV abgeleitet und in ständiger Rspr. als objektiv-rechtliches Gebot behandelt hat. Dazu statt aller *Czermak/Hilgendorf*, Religions- und Weltanschauungsrecht, 2. A. 2018, S. 91–104.

2. *Das Selbstverwaltungsrecht als Freiheitsrecht*

Das korporative Selbstverwaltungsrecht umfasst traditionell insbesondere Lehre und Kultus sowie die interne Organisation. Da aber das subjektive Grundrecht aus Art. 4 Abs. 1, 2 GG[5] nach der st. Rspr. des BVerfG auch für die Religionsgemeinschaften selbst gilt, wird der Tatbestand des Art. 137 Abs. 3 WRV als von Art. 4 GG zumindest *grundsätzlich* mitgarantiert angesehen. Daraus ergibt sich das schwierige und noch immer ungeklärte Problem des Verhältnisses beider Bestimmungen. Tatbestandlich werden sie überwiegend mit dem BVerfG als weitgehend deckungsgleich angesehen. Das BVerfG hat 1980 nämlich die Ansicht vertreten, eine rechtlich selbständige Freiheitsgewährleistung bezüglich Organisation, Normsetzung und Verwaltung sei zwar „notwendig", aber nicht durch Art. 4 GG erfasst.[6] Allerdings müsste sich daraus konsequenterweise wenigstens insoweit der Grundrechtscharakter des Art. 137 Abs. 3 WRV ergeben. Gerade dieser wird aber bisher mehrheitlich abgelehnt. Schon diese Ungereimtheit erfordert eine dogmatische Überprüfung.

Das Verhältnis von Art. 137 Abs. 3 WRV zu Art. 4 Abs. 1, 2 GG ist, wie gesagt, nach wie vor ungeklärt. Eine erstarkende Mindermeinung vertritt die Auffassung, der Regelungsbereich von Art. 4 Abs. 1, 2 GG erfasse deckungsgleich auch Art. 137 Abs. 3 WRV. Demnach liegt eine vollständige Schutzbereichsüberdeckung (Identität) vor. Diese von Joseph Listl 1971 begründete Ansicht von der rein deklaratorischen Bedeutung des Art. 137 Abs. 3 WRV[7] wurde seinerzeit vollständig und heute immer noch weitgehend abgelehnt. Sie ist aber von einiger dogmatischer und verfassungsprozessualer Bedeutung. Die auch heute im Anschluss an das BVerfG vertretene herrschende Meinung, dem Art. 137 Abs. 3 WRV komme neben Art. 4 GG eine eigenständige, nämlich erweiterte Bedeutung zu, ist keineswegs zwingend. Das BVerfG und die mehrheitliche Meinung vertreten die Ansicht, dass Organisation, Normsetzung und Verwaltung der eigenen Angelegenheiten, Tätigkeiten wie Grundstücksverwaltung und Buchhaltung, durch Art. 4 Abs. 1, 2 GG (insbesondere die Religionsausübungsfreiheit) nicht erfasst würden. Das kann man so sehen. Gäbe es aber Art. 137 Abs. 3

5 Die höchst kontroverse Frage, ob bei Art. 4 Abs. 1, 2 GG nicht neben der Gewissensfreiheit auch andere selbständige Grundrechte anerkannt werden sollten, wird an dieser Stelle ausgeklammert.

6 BVerfG 25.3.1980 – 2 BvR 208/76, BVerfGE 53, 366, 401 (St. Marien-Krankenhaus), st. Rspr.

7 *Listl*, Das Grundrecht der Religionsfreiheit in der Rechtsprechung der Gerichte der Bundesrepublik Deutschland, 1971, S. 369.

WRV nicht, so müsste man alle Schutzgüter als durch Art. 4 GG mitgeschützt ansehen. Denn sie sind existenznotwendige Inhalte der korporativen Religionsfreiheit und wären daher unmittelbar grundrechtlich geschützt.

Dieser Schutz kann nicht deshalb entfallen, weil diese wichtigen Elemente zusätzlich zu Art. 4 Abs. 1, 2 GG eigens normiert sind. Dennoch behauptet man regelmäßig, Art. 137 WRV einschließlich seines Abs. 3 statuiere keine Grundrechte. Es leuchtet nicht ein, dieses Manko dadurch ausgleichen zu können, dass man eine gleichzeitige Berufung auf Art. 4 GG zulässt, um Verfassungsbeschwerden zu ermöglichen. Mit einer solchen Berufung sollte jede konkret aus dem Selbstverwaltungsrecht hinreichend begründete Beschwerde zulässig sein und zu einer vollständigen Prüfung führen. Der rechtspraktische Automatismus der gleichzeitigen Verbalgeltendmachung einer Verletzung der Religionsfreiheit bedeutet, dass Art. 137 Abs. 3 WRV letztlich doch so behandelt wird, als handele es sich um ein subjektives Grundrecht der Religionsgemeinschaften, was es der Sache nach ja auch ist. Geht man aber davon aus, dass Art. 137 Abs. 3 WRV inhaltlich weiter ist als Art. 4 GG, so kann doch nicht ausgerechnet eine Berufung auf den engeren Art. 4 GG zur Überprüfbarkeit durch das BVerfG führen. Die Unklarheit des Verhältnisses von Religionsfreiheit und Selbstverwaltungsrecht wird noch dadurch gesteigert, dass man trotz Heranziehung des Art. 4 GG die Rechtsgrenzen des Art. 137 Abs. 3 WRV stets der Schrankenformel des Art. 137 Abs. 3 WRV entnimmt und nicht nach verfassungsunmittelbaren Schranken sucht wie bei einem „schrankenlosen" Grundrecht, auf das man sich ja gleichzeitig beruft. Die Begründung durch das Zauberwort „Schrankenspezialität" vermag den Grundwiderspruch nicht zu beseitigen. Normwidersprüche gefährden aber die Sicherheit und Glaubwürdigkeit des Rechts. Ausgangspunkt rechtsdogmatischer Untersuchungen sollte daher der bewährte Grundsatz sein, Rechtsnormen möglichst so auszulegen, dass sie eine eigenständige Bedeutung haben und im Gesamtgefüge möglichst widerspruchsfrei bestehen können.

Demnach liegt es nahe, dem wesentlich konkreter als Art. 4 Abs. 1, 2 GG gefassten Art. 137 Abs. 3 WRV endlich seine Eigenständigkeit mit subjektiv-grundrechtlichen Rechtspositionen wieder zu geben[8], zumal das Selbstverwaltungsrecht in der Weimarer Zeit wie die damalige Hauptnorm der Religionsfreiheit (Art. 135 WRV) im Grundrechtsteil der WRV angesie-

8 So *Ehlers* in Sachs, GG, 8. A. 2018, Art. 140 GG/Art. 137 WRV Rn. 4 und allgemein näher Art. 140 GG Rn. 3; *Magen* in Umbach/Clemens, GG, 2002, Art. 140 GG Rn. 21 f.; *Unruh*, Religionsverfassungsrecht, 4. A. 2018, Rn. 151 f.

delt war. Das *Selbstverwaltungsrecht als Grundrecht* würde endlich Klarheit schaffen. Da Art. 137 Abs. 3 WRV/140 GG alle Normen enthält, die die Wahrnehmung der *korporativen* Religionsfreiheit erfordert, wären diese Regelungen die spezielleren im Hinblick auf Art. 4 Abs. 1, 2 GG, so dass dieser entsprechend entlastet wäre.

Man hätte dann *zwei ganz getrennte Normbereiche:* Art. 4 Abs. 1, 2 GG betrifft nur die *individuelle* Religionsfreiheit und die Freiheit einer Mehrzahl von religiösen Bürgern (sofern diese keine Religionsgemeinschaft im Rechtssinn darstellen). Demgegenüber betrifft Art. 137 WRV die gesamte korporative Freiheit aller Religions- und Weltanschauungsgemeinschaften. Eine Rechtsschutzlücke würde nicht entstehen, das Rechtsverständnis erheblich vereinfacht und vor allem Ungereimtheiten würden beseitigt. Hilfreich wäre dabei eine Angleichung der Schrankenfrage bei Art. 4 Abs. 2 GG und 137 Abs. 3 WRV. Bei einer religiösen gemeinschaftlichen Betätigung ohne den Charakter einer Religionsgemeinschaft wäre nach der Ansicht des BVerfG nur eine Begrenzung durch verfassungsunmittelbare Schranken möglich, während konkret vergleichbare Religionsgemeinschaften den Schranken des Art. 137 Abs. 3 WRV unterlägen. Diese Ungereimtheit ist ein weiterer Gesichtspunkt, der für Art. 136 Abs. 1 WRV als Schranke des Art. 4 Abs. 1, 2 GG spricht. Angesichts der Zerstrittenheit der Meinungen in dieser Frage wird man schlecht behaupten können, Art. 136 Abs. 1 WRV sei kein juristisch gangbarer Weg, zumal er durch den Wortlaut der Norm gedeckt ist. Der Rechtsschutz würde nicht illegitim geschmälert, weil die verfassungsunmittelbaren entgegenstehenden Rechtsgüter in praxi pauschal und z. T. unehrlich eingesetzt werden, somit Art. 4 durch diese Ansicht nicht stärker geschützt wird.[9] Stefan Muckel hat die Diskussion vor kurzem erneut aufgegriffen und ein eindrucksvolles Plädoyer zugunsten von Art. 136 Abs. 1 WRV gehalten.[10]

Die ggf. schwierige Abgrenzung beider Teilbereiche wäre keine Besonderheit des Religionsverfassungsrechts und würde sich bei Anwendbarkeit des Art. 136 Abs. 1 WRV ohnehin erübrigen.

Auf das praktisch bedeutsame Problem der Rechtsträgerschaft wird noch gesondert eingegangen.

9 So sehr detailliert *Fehlau* JuS 1993, 441–447.

10 *Muckel*, Religionsfreiheit gestern, heute, morgen, 2017, S. 23–26.

III. Einzelfragen

1. Schranken des Selbstverwaltungsrechts

Die alte Frage nach der Bestimmung der Schranken des Selbstverwaltungsrechts ist im Grundsätzlichen reichlich abgegriffen. Es mögen die folgenden Hinweise genügen. Zu Recht hat sich die Lehre von der Erforderlichkeit einer je konkreten Abwägung der „für alle geltenden Gesetze" mit den rechtlichen Interessen der jeweiligen Religionsgemeinschaft durchgesetzt. Es gelten die allgemeinen Grundsätze der (von Art. 5 Abs. 2 GG bekannten) *Wechselwirkungslehre*. Im Grundsatz kann jedes förmliche Gesetz oder eine darauf zurückführbare hinreichend bestimmte Norm das Selbstverwaltungsrecht begrenzen. Dabei können aber religionsinterne Angelegenheiten *nicht generell* von staatlichen getrennt werden, weil das der Lebenswirklichkeit nicht entspricht. Beispiele: Auch Gottesdienste dürfen nicht in einsturzgefährdeten Kirchen abgehalten werden. Niemand bestreitet die allgemeine Anwendbarkeit des BGB, der Umweltschutzgesetze oder des Denkmalschutzrechts auch auf Religionsgemeinschaften. Sonderregelungen zugunsten derselben vermindern die Konfliktfälle zusätzlich. Je mehr die religiöse Betätigung, je nach dem Selbstverständnis der Gemeinschaft, rechtsunmittelbare Auswirkungen nach außen hat, umso eher kann sie eingeschränkt werden. Daher hat die Rechtsliteratur die sog. *Bereichsscheidungslehre*, die die rein internen (eigenen) von den kirchlich-staatlich gemischten und den staatlichen Angelegenheiten strikt trennen will, längst aufgegeben.[11] Wenn die Tätigkeit einer Religionsgemeinschaft im Einzelfall keinerlei Auswirkungen auf den weltlichen Bereich hat, so kommt eine Einschränkung von vorneherein nicht in Betracht.[12] Die Befürchtung einer unzulässigen Beeinträchtigung des Selbstverwaltungsrechts ist daher unbegründet. Eine Predigt ist natürlich eine Religionsausübung, die den Staat grundsätzlich nichts angeht. Wenn aber der Prediger beleidigt oder verleumdet, macht er sich strafbar. Präzise formuliert Stefan Magen: „Richtigerweise sind dem Staat nicht bestimmte Lebensbereiche unzugänglich, sondern bestimmte Aspekte derselben, nämlich alle religiösen Fragen und Maßstäbe".[13] Der Staat hat jedenfalls immer das *Letztentscheidungsrecht* darüber, wo das Selbstverwaltungsrecht endet.

---

11 Siehe z. B. *Ehlers* in Sachs, GG, 8. A. 2018, Art. 140 GG/Art. 137 WRV Rn. 12. Nur die Rspr., insb. des BVerfG, hat sich noch nicht davon lösen können, wie Ehlers m. w. N. zutreffend aufzeigt.

12 *Ehlers* in Sachs, GG, 8. A. 2018, Art. 140 GG/Art. 137 WRV Rn. 12.

13 Zitat *Magen* in Umbach/Clemens, GG, 2002, Art. 140 GG Rn. 77.

Die im Rahmen der Güterabwägung praktisch bedeutsamen Fragen der Einwirkung kirchlicher Normen auf das staatliche Recht, insbesondere *Arbeitsrecht*, sind ein ganz besonderes Kapitel. Hierzu sei an dieser Stelle (näher IV 2) nur kritisch angemerkt: Wenn Kirchen den Zivilrechtsweg statt interner Dienstverhältnisse im Rahmen des Art. 137 Abs. 3 WRV wählen, um als Arbeitgeber konkurrenzfähig zu sein, so müssen sie die staatlichen Normen des Arbeitsrechts einhalten, soweit für sie keine legitimen begünstigenden Sonderregelungen bestehen. Dabei ist die Begründung speziell kirchlicher Arbeitnehmerpflichten über den ohnehin gewährleisteten Tendenzschutz hinaus eine heikle Sache (sog. Dritter Weg; s. unten IV 2).

2. *Grundrechtsbindung*

Unstreitig gehört zum Selbstverwaltungsrecht die Befugnis zur internen Rechtsetzung. Eine schlichte Folge davon ist, dass Religionsgemeinschaften *intern* grundsätzlich keinerlei Bindung an staatliche Grundrechte unterliegen, soweit sich ihre Rechts- und Glaubensordnung nicht auf den staatlichen Bereich auswirkt.[14] Maßnahmen gegenüber Mitgliedern, die deren Status als Bürger betreffen, müssen natürlich die staatliche Rechtsordnung einhalten.

Etwas anderes gilt für körperschaftlich organisierte Religionsgemeinschaften (137 Abs. 5 WRV) hinsichtlich ggf. übertragener Rechte. So behandelt die ganz h. L. und Rspr. die *kirchlichen Friedhöfe* als gemeinsame staatlich-kirchliche hoheitliche Einrichtung. Zumindest bei kirchlichen Monopolfriedhöfen verlangt man die Einhaltung staatlicher Grundrechte. Verwaltungsgerichte haben deshalb wiederholt entschieden, dass solche Friedhöfe keine Gebührenzuschläge für Nichtgläubige erheben dürfen. Dieser rechtliche Ansatz wird aber von der bisherigen Sondermeinung Ludwig Rencks zu Recht als verfehlt angesehen. Denn Religionsgemeinschaften können auf Grund ihres Selbstverwaltungsrechts in Kultusangelegenheiten (Art. 137 Abs. 3 WRV/140 GG) eigene Friedhöfe *für ihre Mitglieder* errichten oder auch nicht. Dem Staat ist dabei wie bei der Gottesdienstgestaltung grundsätzlich jede Einmischung untersagt. Anders ist es beim Vorliegen von z. B. gesundheitspolizeilichen Vorschriften. Bei einer Öff-

---

14 *Czermak/Hilgendorf*, Religions- und Weltanschauungsrecht, 2. A. 2018, S. 113; *Unruh*, Religionsverfassungsrecht, 4. A. 2018, S. 117 f.; eingehend *Weber* ZevKR 1997, 282–318. Aus der neuesten Literatur: *Arning*, Grundrechtsbindung der kirchlichen Gerichtsbarkeit, 2017.

nung auch für Nichtmitglieder könnten selbstverständlich ungünstigere Konditionen verlangt werden. Voraussetzung wäre es freilich, dass die Gemeinden als Pflichtaufgabe zur *Grundversorgung* für alle Bürger öffentlich-rechtliche Friedhöfe neutral betreiben.[15]

3. *Rechtsschutzfragen*

Im Vordergrund der Diskussion stehen *Rechtsansprüche gegen die Kirchen* als K. d. ö. R. (andere Religionsgemeinschaften kommen praktisch kaum in Betracht). Sie werden von solchen Kirchenbediensteten erhoben, die nach kircheninternem Recht auf der Grundlage des religiösen Selbstverwaltungsrechts in einem kirchlichen Dienstverhältnis stehen: Pfarrer, Kirchenverwaltungsbeamte oder andere Kirchenbedienstete. Auf derselben Ebene liegen Ansprüche von ehemaligen Ordensangehörigen gegen ihren Orden nach dem CIC 1983. Die Bedeutung dieser Rechtsfragen für die Allgemeinheit ist vergleichsweise gering. Die Problematik ist aber wichtig für das Verständnis des Rechtsstaats. Kann er es zulassen, dass ein religiös engagierter Einwohner in existentiellen Fragen keinerlei Rechtsschutz durch *staatliche* Gerichte erhält, als ob der Betreffende nicht auch Staatsbürger wäre?

Rechtsdogmatisch geht es darum, ob und wie staatliche Rechtsnormen die Grenze zwischen Selbstverwaltungsrecht und religionsinternem Recht ziehen. Die Rspr. insbesondere des BVerwG und BVerfG haben das Problem der staatlichen *Justizgewährleistung* trotz jahrzehntelang selten einmütiger Opposition der Rechtswissenschaft nicht einmal als solches akzeptieren wollen. Nur der BGH hat vor einiger Zeit versucht, einzulenken. Im Ergebnis hat man Geistlichen und Kirchenbeamten den Rechtsschutz gegen die Kirche durch staatliche Gerichte nahezu vollständig verweigert. Das BVerwG hat stets und mit Billigung des BVerfG die Ansicht vertreten, Fragen des kirchendienstrechtlichen Status seien der staatlichen Gerichtsbarkeit mangels Zuständigkeit entzogen. Hoffnungen auf eine Tendenz-

---

15 Zum verfassungsrechtlichen Status kirchlicher Friedhöfe *Renck* DÖV 1993, 517–523; kompakt: *Czermak/Hilgendorf*, Religions- und Weltanschauungsrecht, 2. A. 2018, S. 251–253. Am eingehendsten heute im kritischen Standardwerk: *Janssen*, Aspekte des Status von Religionsgemeinschaften als Körperschaften des öffentlichen Rechts, 2. A. 2017, S. 320–356 (die Friedhofsträgerschaft bedürfe nicht des Körperschaftsstatus; kirchliche Friedhofsträger übten keine staatsabgeleiteten Hoheitsbefugnisse aus und seien keine Beliehenen; die öffentlich-rechtliche Handlungsform bedürfe staatsgesetzlicher Ermächtigung).

wende hatten sich vorerst auf Grund einer Entscheidung des BVerwG von 2002[16] zerschlagen. Der 2. Senat hat anlässlich der Klage eines Pfarrers wegen Ruhestandsversetzung nicht nur wiederum erklärt, die Entscheidungen der Kirchen und Kirchengerichte hierzu seien von den staatlichen Gerichten hinzunehmen. Er hat sich sogar zu der Ansicht verstiegen, die „Exemtion von der staatlichen Gerichtsbarkeit“ beziehe sich auch auf die Einhaltung der „fundamentalen Grundsätze der staatlichen Rechtsordnung“. Im Bereich der eigenen Angelegenheiten könne es keine Einschränkung des Selbstverwaltungsrechts geben. Nur für vermögensrechtliche Ansprüche aus einem Dienstverhältnis machte man teilweise Ausnahmen. Dabei setzt Art. 137 Abs. 3 WRV expressis verbis *gerade* den eigenen Angelegenheiten der Religionsgesellschaften Schranken durch allgemeine staatliche Gesetze. Immerhin bestand in neuerer Zeit ein offener Gegensatz zwischen dem BVerwG und dem BGH. Dessen 5. Zivilsenat erklärte 2003 auch Klagen, die den Status betreffen, für zulässig, beschränkte aber die Begründetheitsprüfung einleuchtend auf die Grundprinzipien der Rechtsordnung (ordre public).[17] Eine bestätigende Grundsatzentscheidung des BVerfG ist heute nicht mehr so dringlich, weil das BVerwG 2014 endgültig auf die Linie des BGH und der Literatur eingeschwenkt ist.[18] Geistliche können jetzt auch in dienstrechtlichen Angelegenheiten generell staatliche Gerichte in Anspruch nehmen, wenn sie (ausnahmsweise) die Verletzung staatlichen Rechts geltend machen können. Allerdings dürfe die vorangehende Ausschöpfung des kirchlichen Rechtswegs verlangt werden.[19]

Wie wenig überzeugend die jetzt überholte restriktive Rspr. schon immer war, zeigt sich auch in dem Umstand, dass die Gerichte bei *Klagen einer kirchlichen Körperschaft* gegen Kirchenangehörige nie Zuständigkeitsprobleme gesehen haben.[20] Die Frage der gerichtlichen Zuständigkeit in Kirchensachen kann aber nicht davon abhängen, wer Kläger und wer Beklagter ist.

---

16 BVerwG 30.10.2002 – 2 C 23.01, BVerwGE 117, 145.

17 BGH 11.2.2000 – V ZR 271/99, NJW 2000, 1555; ähnlich BGH 28.3.2003 – V ZR 261/02, BGHZ 154, 306 (Klage zulässig, Beschränkung der Prüfung auf den ordre public, § 6 EGBGB).

18 BVerwG 27.2.2014 – 2 C 19.12, BVerwGE 149, 139.

19 Zur Entwicklung des Kampfes um den Justizgewähranspruch z. B. *Unruh*, Religionsverfassungsrecht, 4. A. 2018, S. 142–152.

20 Dazu näher *Weber*, HStKirchR II, 2. A. 1995, S. 1047 ff.

4. *Ämterhoheit*

Laut Art. 137 Abs. 3 S. 2 WRV werden Ämter der Religionsgemeinschaften ohne staatliche oder gemeindliche Mitwirkung verliehen. Diese Selbstverständlichkeit wäre nicht erwähnenswert, wenn es nicht eine Reihe von Staat-Kirche-Verträgen gäbe[21], die genau dieses vorsehen (staatliche Mitwirkung an der Besetzung von Bischofsstühlen, Treueid katholischer Bischöfe, staatliche Anstellungsvoraussetzungen für Geistliche, staatliche Mitwirkung bei der Bestellung von Anstalts- und Militärseelsorgern). Dabei hat der Staat ja generell keine religiöse Kompetenz. Staatsämter werden gem. Art. 33 Abs. 3 GG unabhängig vom religiösen Bekenntnis vergeben. Umso mehr verbietet sich die Einflussnahme auf die innerkirchliche Ämterbesetzung, in welcher Form auch immer. Zwar werden die staatlichen Einflüsse mit dem jeweiligen kirchlichen Einverständnis begründet. Dagegen steht aber neben der strikten Anordnung in Art. 137 Abs. 3 S. 2 WRV das Gebot der Trennung von Staat und Religion (Art. 137 Abs. 1 WRV). Striktes Verfassungsrecht kann aber nicht durch Vereinbarung beseitigt werden.[22]

IV. *Spezielle Problembereiche*

1. *Träger des Selbstverwaltungsrechts und extensive Religionsausübung*

Rechtsträger sind unabhängig von der Frage des Körperschaftsstatus alle Religions- und Weltanschauungsgemeinschaften[23], die den anerkannten begrifflichen Grundanforderungen genügen.[24] Daneben sind nach ganz h. M., dem Lumpensammler-Beschluss des BVerfG[25] von 1968 folgend, auch solche Vereinigungen Rechtsträger, die sich nur die partielle Pflege des religiösen oder weltanschaulichen Lebens ihrer Mitglieder zum Ziel gesetzt haben (Beispiel: Kath. Landjugendbewegung), so dass sogar karitative Entrümpelungsaktionen zur schützenswerten Religionsausübung hochstili-

---

21 Zur Grundsatzproblematik des Vertragswesens kritisch *Czermak/Hilgendorf*, Religions- und Weltanschauungsrecht, 2. A. 2018, S. 191–205 (m. zahlr. Nachw.).

22 Zur Kritik der Missachtung des Art. 137 Abs. 3 S. 2 WRV *Renck* BayVBl. 1995, 682 ff. und 1997, 553; deutlich auch die Kritik von *Ehlers* in Sachs, GG, 8. A. 2018, Art. 140 GG/Art. 137 WRV Rn. 9.

23 Bzw. bei Körperschaften deren rechtlich selbständige Untergliederungen wie etwa Diözesen.

24 Dazu BVerfG 5.2.1991 – 2 BvR 263/86, BVerfGE 83, 341, 353 (Bahá'í).

25 BVerfG 16.10.1968 – 1 BvR 241/66, BVerfGE 24, 236.

siert wurden. Dabei achtet man ja sonst streng darauf, dass eine Religionsgemeinschaft im juristischen Vollsinn vorliegen muss. Die für die Ausweitung gegebene Begründung, die Religionsausübung habe für jeden Glauben zentrale Bedeutung und müsse daher begrifflich „gegenüber seinem historischen Inhalt extensiv ausgelegt werden", überzeugt schon deswegen nicht, weil entsprechend dem Umfang der Ausweitung auch die Einschränkbarkeit wachsen muss. Diese damals nicht auf Art. 137 Abs. 3 WRV, sondern die Religionsausübungsfreiheit des Art. 4 GG bezogene und nach Ansicht Vieler neuartige und ziemlich exzessive Überdehnung des Grundrechts wird von der h. M. auf Art. 137 Abs. 3 WRV übertragen. Dafür gilt somit dieselbe Grundsatzkritik wie für die Ausdehnung des Art. 4 Abs. 2 GG. Das BVerfG erklärte ja 1971 „das Recht des Einzelnen, sein *gesamtes Verhalten* an den Lehren seines Glaubens auszurichten und seiner inneren Glaubensüberzeugung gemäß zu handeln", zum Inhalt der Religionsfreiheit.[26] Das bedeutet, dass das Grundrecht nicht mehr auf bestimmte Lebensbereiche und Verhaltensweisen beschränkt ist, sondern jegliches *religiös motiviertes Verhalten* umfasst, das sich von einem ansonsten äußerlich identischen Verhalten nur durch die spezifische (oft nur schwer nachzuweisende) Motivation unterscheidet. Diese Entgrenzung der Religionsausübungsfreiheit ist unhistorisch, durch den Gesamtkontext des GG nicht veranlasst, sachlich überflüssig und nachteilig. Auch kirchenfreundliche und kirchennahe Autoren teilen die Kritik.[27] Diese wurde angesichts der zunehmenden religiösen Pluralisierung und des Erstarkens des Islam intensiver. Hinzu kommt, dass die Ausuferung auch die Grenze zur Gewissensfreiheit verwischt, wenn Art. 4 Abs. 2 GG im Einzelfall zur Befreiung vom Rechtszwang führt. Und was ist an einem kirchlichen Altersheim grundsätzlich schutzwürdiger als an einem Altersheim des Roten Kreuzes? Der normale gesetzliche Tendenzschutz ist ja ohnehin gegeben.

26 BVerfG 19.10.1971 – 1 BvR 387/65, BVerfGE 32, 98, 106 (Gesundbeterfall); diese Rspr. wurde bis heute aufrechterhalten, z. B. BVerfG 16.5.1995 – 1 BvR 1087/91, BVerfGE 93, 1, 15.

27 Vgl. nur *Hense*, Glockenläuten und Uhrenschlag, 1998, S. 205 ff.; *Muckel*, Religiöse Freiheit und staatliche Letztentscheidung, 1997, S. 128 f.; *Kästner* JZ 1998, 974, 980 neben vielen anderen. Aus der sonstigen Literatur ist *Wieland* Der Staat 1986, 321, 332 f., 342 ff. besonders hervorzuheben.

2. *Das Selbstverwaltungsrecht der kirchlichen Einrichtungen und seine Schranken*

Dieses besonders wichtige Sonderkapitel betrifft das kollektive und individuelle Arbeitsrecht. Im Mittelpunkt des gesellschaftlichen Interesses stehen dabei die Auswirkungen des durch das BVerfG übersteigerten Tendenzschutzes im Kündigungsschutzrecht. Sie betreffen bis zu ca. 1,4 Millionen Arbeitnehmer.[28] Die einschlägige grundstürzende Entscheidung des BVerfG von 1985[29] und die unter ihrem Einfluss stehende arbeitsgerichtliche Rspr. missachteten nach Überzeugung einer immer stärker werdenden Kritik den Zweck der verfassungsrechtlichen Schrankenregelung des Art. 137 Abs. 3 S. 1 WRV. Während die Verfassung dieses Recht nur „innerhalb der Schranken des für alle geltenden Gesetzes" gibt, hat das BVerfG im Ergebnis den religionsneutralen Kündigungsvorschriften ihrerseits Schranken durch übersteigerte und nicht einmal nach der Arbeitnehmerposition differenzierte amtskirchliche Loyalitätspflichten gesetzt, und zwar weit über den ohnehin gegebenen arbeitsrechtlichen Tendenzschutz hinaus (vgl. § 1 KSchG und § 626 BGB). Den *Grundrechten der Arbeitnehmer* hat es damals erkennbar nur eine sehr geringe Rolle beigemessen, wie der erstaunliche Fall der Kündigung des Buchhalters eines katholischen Jugendheims nach 29 Jahren zeigt.[30]

---

28 Nähere statistische Angaben zum kirchlichen Sozialwesen bei *Czermak/Hilgendorf*, Religions- und Weltanschauungsrecht, 2. A. 2018, S. 223 f.

29 BVerfG 4.6.1985 – 2 BvR 1703/83, 2 BvR 1718/83, 2 BvR 856/84, BVerfGE 70, 138 (Buchhalterfall).

30 BVerfG 4.6.1985 – 2 BvR 1703/83, 2 BvR 1718/83, 2 BvR 856/84, BVerfGE 70, 138. Der Buchhalter eines Ordens-Jugendheims hatte einen Kündigungsschutzprozess gewonnen und war dann heimlich aus der katholischen Kirche ausgetreten, was dem Arbeitgeber aber durch den verfassungsrechtlich etwas anrüchigen Vermerk auf der Lohnsteuerkarte (Verstoß gegen das Verschweigerecht, Art. 136 Abs. 3 WRV/140 GG; wie hier ausf. *Korioth* in Maunz/Dürig, GG, Stand 2003, Art. 136 WRV Rn. 122 und *Wasmuth/Schiller* NVwZ 2001, 852, 857 ff. gegen BVerfG 23.10.1978 – 1 BvR 439/75, BVerfG 49, 375 [Nichtannahmebeschluss], bestätigt durch BVerfG 25.5.2001 – 1 BvR 2253/00, BVerfG NVwZ 2001, 909: Einschränkung des Art. 4 GG aus Zweckmäßigkeitsgründen) bekannt wurde. Auch die erneuten Kündigungsschutzklagen hatte der nur mit internen Arbeiten befasste Buchhalter durch alle Instanzen gewonnen. Das alle arbeitsrechtlichen Standards einhaltende BAG berücksichtigte die Vorgeschichte des Falles, die rein interne Tätigkeit, die schwierige Arbeitsmarktsituation, das relativ hohe Alter, die Glaubwürdigkeitsfrage und hielt somit den Loyalitätsverstoß nach 29 Jahren insgesamt nicht für einen ausreichenden Kündigungsgrund. Es stellt sich jenseits des Verfassungsverständnisses die Frage nach dem Rechtsempfinden des BVerfG.

Selbstverständlich müssen die Arbeitsrichter im Kündigungsschutzverfahren alle Aspekte des Arbeitsverhältnisses, d. h. die berechtigten Interessen der Arbeitnehmer und Arbeitgeber berücksichtigen, gewichten und gegeneinander abwägen. Zu diesen Gesichtspunkten gehört auch das Selbstverständnis der jeweiligen Religionsgemeinschaft. Daraus resultiert aber eine einheitliche staatliche Entscheidung. Für eine zusätzliche *besondere* Berücksichtigung der aktuellen (örtlichen? diözesanen? landeskirchlichen?) kirchlichen Verhältnisse ist dabei, wie jedoch das BVerfG bisher ohne Begründung fordert[31], kein Raum. Die Struktur der Entscheidung ermöglicht das nicht, und es gibt auch keine verfassungsrechtlichen Kriterien für eine Sonderberücksichtigung. Zu der ganzen, hoffentlich dem Ende zugehenden Sonderentwicklung des Arbeitsrechts im kirchlichen Bereich hätte es u. a. nicht kommen können, wenn man den klaren Wortlaut des Art. 137 Abs. 3 S. 1 WRV beachtet hätte. Denn selbst wenn man das Arbeitsverhältnis als (primär) kirchliche Angelegenheit behandeln würde (was es nicht ist), müsste man erkennen: *Gerade* die eigenen Angelegenheiten der Religionsgesellschaften dürfen nur „innerhalb der Schranken des für alle geltenden Gesetzes“ ausgeführt werden. Es ist das Verdienst von Bernhard Schlink, auf diese Selbstverständlichkeit vor einigen Jahren nochmals eindringlich hingewiesen zu haben.[32]

Die Rspr. des BVerfG führte zu einer Paralyse des staatlichen Kündigungsschutzrechts. Dabei haben die Kirchen, wie schon gesagt, freiwillig den Weg gewählt, sich des freien Arbeitsmarkts und staatlichen Arbeitsrechts zu bedienen, statt kircheninternes Sonderrecht zu schaffen. Daher mag umso weniger einleuchten, dass das BVerfG den Sinn des Art. 137 Abs. 3 S. 1 WRV in sein Gegenteil verkehrt hat. Eine bedauerliche Folge dieses rigiden, Art. 4 GG nahezu missachtenden Urteils des BVerfG von 1985 war es, dass die staatlichen Arbeitsgerichte bei der nach BVerfG vorzunehmenden zweistufigen Prüfung allzu häufig in der Schlussabwägung den nach kirchlichen Maßstäben festzustellenden Loyalitätsverstoß höher gewichtet haben als die berechtigten Arbeitnehmerinteressen.

Umso befremdlicher erschien es vielen Beobachtern, dass das BVerfG 2014, nach fast 30 Jahren, die sowohl juristische wie gesellschaftspolitische Fehlentscheidung von 1985 noch befestigt hat, wenn auch mit stärkerer Betonung der Arbeitnehmergrundrechte.[33] Dabei hatten, wie kleinere,

31 BVerfG 4.6.1985 – 2 BvR 1703/83, 2 BvR 1718/83, 2 BvR 856/84, BVerfGE 70, 138 (Loyalitätspflicht).

32 *Schlink* JZ 2013, 209–219.

33 BVerfG 22.10.2014 – 2 BvR 661/12, BVerfGE 137, 273 (Chefarztfall).

schon ab 2015 folgende kircheninterne Rechtsänderungen zeigen, die großen Kirchen aufgrund des äußeren Drucks schon verstanden, dass die arbeitsrechtlichen Extrempositionen nicht mehr zu halten waren. Die sich rechtsdogmatisch aufdrängende Frage, nach welchen Rechtskriterien die immer noch geforderte *besondere* Gewichtung der kirchlichen Loyalitätsobliegenheiten erfolgen soll, hat das BVerfG einfach übergangen.

Die europarechtliche Entwicklung des Arbeitsrechts im kirchlichen Bereich ist noch nicht abgeschlossen und wird daher hier nicht erörtert. Ergänzend sei zur arbeitsrechtlichen deutschen Sonderentwicklung auf die *Beiträge von Ingrid Matthäus-Maier und Till Müller-Heidelberg* in diesem Band verwiesen.

Was ist eine Weltanschauungsgemeinschaft? Zum Fall der Kirche des Fliegenden Spaghettimonsters

Winfried Rath

A. *Einleitung*

Die Gleichbehandlung von Weltanschauungsgemeinschaften mit anerkannten Religionsgemeinschaften verlangen sowohl Art. 4 Abs. 1 i. V. m. Art. 3 GG und insbesondere Art. 137 Abs. 7 WRV i. V. m. Art. 140 GG als auch die Art. 9 und 14 EMRK. Schon auf den ersten Blick ergibt sich dann eine Auffälligkeit. Religion scheint ein Oberbegriff zu sein, von dem aus die Weltanschauung abgeleitet wird. Denn man findet das Recht der Weltanschauung regelmäßig unter den Oberbegriffen „Religionsrecht", „Religionsverfassungsrecht" oder sogar „Staatskirchenrecht"[1]. Dabei dürfte sprachlich unstrittig sein, dass Religionen Weltanschauungen darstellen, eine Weltanschauung aber nicht zwingend eine Religion sein muss. Es gibt also religiöse und nichtreligiöse Weltanschauungen. Die rechtliche Einsortierung an einem Oberbegriff der „Religion" stellt dann bereits eine Diskriminierung dar.

Einen anderen Ansatz verfolgt neben Stimmen in der Literatur das *Institut für Weltanschauungsrecht (ifw)*, wonach der juristische Fachbegriff „Weltanschauungsrecht"[2] als Oberbegriff die Gesamtheit der staatlichen Normen, Einrichtungen und Handlungen bezeichnet, die das Recht auf Weltanschauungsfreiheit betreffen.[3] Bei genauerer Betrachtung vieler Rechtsnormen wird nach Einschätzung des ifw nämlich deutlich, dass diese nicht weltanschaulich neutral gehalten sind, sondern auf spezifischen religiösen (vornehmlich christlichen) Vorstellungen beruhen. Diese christliche Prägung vieler Rechtsvorstellungen und Normen verleitet sodann dazu, die Grundlagen der Beurteilung, wann eine Gemeinschaft eine Weltanschau-

1 *Czermak/Hilgendorf*, Religions- und Weltanschauungsrecht, 2. A. 2018, Rn. 27: Bis etwa 2000 sprach man fast nur von Staatskirchenrecht.

2 Für nähere Ausführungen siehe auch den Beitrag von *Neumann/Schmidt-Salomon*, Was ist Weltanschauungsrecht?, in diesem Band.

3 *Neumann/Schmidt-Salomon*, Was bedeutet der Begriff Weltanschauungsrecht?, https: //weltanschauungsrecht.de/weltanschauungsrecht (abgerufen am 25.3.2019).

ungsgemeinschaft ist, denen der Religion zu entnehmen und auf Weltanschauungsgemeinschaften anzuwenden. Mit Blick auf die Begriffsdefinition der „Weltanschauungsgemeinschaft" entsteht oft der Eindruck, eine Weltanschauung könne nur dann als solche eine rechtliche Anerkennung finden, wenn sie die juristischen Voraussetzungen einer Religion erfüllt[4]. Das gilt auch für die Ermessenskriterien verwaltungsrechtlichen Handelns und die Beurteilungen durch die Rechtsprechung[5], ist aber nach hiesiger Auffassung diskriminierend und verfassungs- und konventionsrechtlich unzulässig.

B. Weltanschauungsgemeinschaft und diskriminierende Verfassungswirklichkeit

Die Kirche des Fliegenden Spaghettimonsters Deutschland e. V. (nachstehend KdFSM abgekürzt) hat den Unterschied zwischen der verfassungsrechtlich gebotenen Gleichbehandlung von Religions- und Weltanschauungsgemeinschaften und der Verfassungswirklichkeit in ihrem Kampf um die Aufstellung von Gottesdiensthinweistafeln für ihre weltanschauliche Veranstaltung einer „Nudelmesse" in vielen Variationen kennengelernt.[6] Insbesondere waren die Exekutive und die Judikatur zu keinem Zeitpunkt bereit, sie als Weltanschauungsgemeinschaft anzuerkennen oder sich auch nur ernsthaft mit der Frage auseinanderzusetzen. Regelmäßig wurden das Wirken und die Philosophie der KdFSM stark verkürzt dargestellt, es gab Einflussnahmen durch Amtskirchen und ihre politischen Kontakte und an Rechtsverweigerung grenzende gerichtliche Entscheidungen. All das war und ist geprägt von einer religiösen Einstellung, die wirkt wie „Du sollst keine anderen Religionen neben den anerkannten Gemeinschaften haben". Dabei verleitet das Wort „*Kirche*" im Vereinsnamen vielleicht zu der Annahme, es handele sich um eine Religion (vor der das Christentum geschützt werden müsse). Die Kirche des Fliegenden Spaghettimonsters Deutschland e. V. betrachtet sich aber als Weltanschauungsgemeinschaft.

Die mit dem Antrag an die Straßenbaubehörde eingeleitete rechtliche Auseinandersetzung dauert nun seit 2014 an. Vorläufiges Zwischenergebnis ist, dass das BVerfG eine Verfassungsbeschwerde nicht zur Entscheidung annahm, weil eine weltanschauliche Betätigung nicht plausibel ge-

---

4 *Herzog* in Maunz/Dürig, GG, Stand 2008, Art. 4 Rn. 67.

5 *Schmidt-Salomon* Aufklärung und Kritik 4 (2018), 8 ff.

6 Siehe ausführlich hierzu *Wakonigg/Rath*, Das Fliegende Spaghettimonster – Religion oder Religionsparodie, 2017.

macht worden sei.[7] Aktuell ist eine Beschwerde beim EGMR in Vorbereitung. Zuvor hatte die KdFSM beim Landgericht Frankfurt / Oder und beim Brandenburgischen Oberlandesgericht kein Recht bekommen, weil die Gerichte ihr absprachen, eine Weltanschauungsgemeinschaft zu sein.[8] Dabei wird immer wieder auf den Begriff der „*Religionsparodie*" zurückgegriffen, der praktisch ein Ausschlusskriterium darstellen soll. Abgesehen davon, dass damit eine Reduzierung der KdFSM auf ein Stilmittel erfolgt, bleibt offen, wie die Gerichte ihren Umgang mit der KdFSM damit in Einklang bringen wollen, dass der Staat die Inhalte, also Glaube und Lehre von Religions- und Weltanschauungsgemeinschaften nicht bewerten darf.[9]

Auch den Antrag des ehemaligen Vereinsvorsitzenden, auf seinem Foto im Personalausweis mit pastafarianischer (also weltanschaulich geprägter) Kopfbedeckung abgebildet zu werden, behandelten Verwaltung und Gerichte in gleicher Weise. Die Stadt Templin und das Verwaltungsgericht Potsdam lehnten den Antrag mit der Begründung ab, die Kirche des Fliegenden Spaghettimonsters sei keine Religion oder Weltanschauung, sondern lediglich eine Religionsparodie.[10]

Alle Entscheidungen, die die KdFSM betreffen, haben gemeinsam, dass jegliche tiefergehende Auseinandersetzung mit den Inhalten ihrer Weltanschauung, die auf dem evolutionären Humanismus gründet, fast ängstlich vermieden wird. Das ist eine Form der Diskriminierung, gegen die man sich schwerlich wehren kann, da gerichtliche Hilfe gerade verweigert wird. Dem Schutzgedanken für Weltanschauungsgemeinschaften wird das nicht gerecht. Im Ergebnis läuft das Grundrecht auf freie Ausübung einer Weltanschauung vollkommen leer.

C. *Was ist eine Weltanschauungsgemeinschaft?*

Das Grundgesetz und die EMRK schützen gleichermaßen die Weltanschauungsfreiheit (Art. 4 Abs. 1 GG, Art. 140 GG i. V. m. Art. 137 Abs. 7 WRV, Art. 9 EMRK). Alle Verfassungen sind sich einig, dass Religions- und Weltanschauungsgemeinschaften gleich behandelt werden müssen, also auch die gleichen Rechte haben.

---

7 BVerfG 11.10.2018 – 1 BvR 1984/17 (nicht veröffentlicht).

8 LG Frankfurt/Oder 13.4.2016 – 11 O 327/15; Bbg. OLG 2.8.2017 – 4 U 84/16.

9 BVerfG 16.10.1979 – 1 BvR 647/70, BVerfGE 52, 233; 16.5.1995 – 1 BvR 1087/91, BVerfGE 93, 1.

10 VG Potsdam 13.11.2015 – 8 K 4243/13.

I. Der Weltanschauungsbegriff im deutschen Verfassungsrecht

In der Literatur zum deutschen Verfassungsrecht wird die Weltanschauungsgemeinschaft im Sinne von Art. 137 Abs. 7 WRV als eine Vereinigung umschrieben, die durch ihre Lehre eine wertende Stellungnahme zum Ganzen der Welt bietet und damit eine Antwort auf Fragen nach Ursprung, Sinn und Ziel der Welt und des Lebens geben will.[11] Bis dahin kann man von einer Standardformel ausgehen.[12]

Nach dem BVerfG bestimmen Religion wie Weltanschauung die Ziele des Menschen, sprechen im Kern seine Persönlichkeit an und erklären auf umfassende Weise den Sinn der Welt und des menschlichen Lebens.[13] Das BVerwG definiert die Weltanschauung, indem es eine mit der Person des Menschen verbundene Gewissheit über bestimmte Aussagen zum Weltganzen sowie zur Herkunft und zum Ziel des menschlichen Lebens verlangt. Der Unterschied zur Religion bestehe darin, dass der Religion eine den Menschen überschreitende und umgreifende (transzendente) Wirklichkeit zugrunde liege, während sich die Weltanschauung auf innerweltliche (immanente) Bezüge beschränke.[14] Religion wie Weltanschauung haben gemeinsam, dass sie die Ziele des Menschen vorgeben, in ihrem Kern seine Persönlichkeit ansprechen und auf umfassende Weise den Sinn der Welt und des menschlichen Lebens bestimmen.[15]

Wegen des Gleichbehandlungsgrundsatzes von Religions- und Weltanschauungsgemeinschaften wird in der Literatur teilweise gefordert, dass eine Weltanschauung nur dann dem Schutzbereich des Art. 4 GG unterliege, wenn sie über eine ähnliche Geschlossenheit und Breite verfüge, wie die im abendländischen Kulturkreis bekannten Religionen.[16] Von einer Weltanschauung könne man nur sprechen, wenn sie im Hinblick auf Geschlossenheit und Sinngebungskraft Religionen vergleichbar sei.[17]

Neuere Definitionen geben diesen Vergleich zu Religionsgemeinschaften auf. Allein die Beschränkung auf den „abendländischen Kulturkreis"

---

11 *Korioth* in Maunz/Dürig, GG, Stand 2015, Art. 140 GG/137 WRV Rn. 103 m. w. N.; *Unruh* in von Mangoldt/Klein/Starck, GG, 7. A. 2018, Art. 137 WRV Rn. 273 m. w. N.

12 *Heinrichs*, Weltanschauung als Diskriminierungsgrund, 2016, S. 8.

13 BVerfG 26.6.2002 – 1 BvR 670/91, BVerfGE 105, 279, 293.

14 BVerwG 27.3.1992 – 7 C 21.90, BVerwGE 90, 112, 115; BVerwG 14.11.1980 – 8 C 12.79, NJW 1981, 1460.

15 BVerfG 26.6.2002 – 1 BvR 670/91, BVerfGE 105, 279.

16 *Herzog* in Maunz/Dürig, GG, Stand 2008, Art. 4 Rn. 67.

17 *Jarass/Pieroth*, GG, 15. A. 2018, Art. 4 Rn. 8.

ist schon zu eng. Diese Beschränkung beinhaltet ein Religionsverständnis, das darauf schließen lässt, dass allenfalls die abrahamitischen Religionen anerkannt werden sollen. Religionen mit anderen kulturellen Hintergründen scheinen danach schon nicht vergleichbar zu sein. Das widerspricht aber eindeutig dem Grundsatz der Religionsfreiheit, die bereits Gemeinschaften schützt, denen die Geschlossenheit abendländischer Religionen fehlt und die sich von diesen Religionen unterscheiden. Der entscheidende Maßstab zur Definition einer Weltanschauungsgemeinschaft können also nicht bestimmte – hier die abendländischen – Religionen sein. Vielmehr darf es keine Grenzen geben, wenn es um den Schutz von Überzeugungen geht.[18]

Was eine Weltanschauungsgemeinschaft ausmacht, ist in der Rechtsprechung bislang nicht weiter konkretisiert worden, u.a. weil das Bundesverfassungsgericht bislang in keiner Entscheidung festlegen musste, ob ein Beschwerdeführer eine Weltanschauungsgemeinschaft ist. Für Religionsgemeinschaften wird verlangt, dass ein religiöser Konsens sowie ein personeller Zusammenschluss vorliegt und dieser Zusammenschluss der umfassenden Überzeugung des religiösen Konsenses auf gemeinschaftsbezogener Handlungsebene dient.[19] Die ersten zwei Kriterien wird man auch von Weltanschauungsgemeinschaften verlangen müssen. Ohne Zweifel muss ein Konsens über die gemeinsam vertretene Weltanschauung vorhanden sein. Der Schutz weltanschaulicher Vereinigungen gebietet auch einen personellen Zusammenschluss. Letztlich gilt das auch für das Erfordernis, dass es um die Pflege und die praktische Umsetzung aller Aspekte einer Weltanschauung gehen muss.

Geprägt durch unser Bild von der Struktur der Religionsgemeinschaften wird von Weltanschauungsgemeinschaften häufig erwartet, dass auch sie auf unangreifbaren Dogmen beruhen – nur dass diese eben auf einer weltlich-immanenten statt einer transzendenten Begründung fußen, wie es bei Religionsgemeinschaften der Fall ist. Auch hier zeigt sich indes, dass der Begriff der Weltanschauung nicht an den Anforderungen an eine Religionsgemeinschaft gemessen werden kann. Die Ausrichtung an innerweltlichen Bezügen beinhaltet zwangsläufig, dass keine feste dogmatische Vorstellung verlangt werden kann. Innerweltliche Bezüge orientieren sich an wissenschaftlichen Erkenntnissen.

---

18 Zum Vorstehenden *Muckel*, Berliner Kommentar zum GG, 26. EL 2009, Art. 4 Rn. 9; *Heinrichs*, Religion und Weltanschauung im Recht, 2017, S. 56–60.

19 *Pieroth/Görisch* JuS 2002, 937 ff.

Das bedeutet eben auch, dass neue Entdeckungen dazu führen können, dass Sicht- und Handlungsweisen aufgrund neuer empirischer Daten grundlegend geändert werden müssen. Dies stellt keine Beliebigkeit des Denkens dar, sondern die permanente Aufforderung, das eigene Denksystem nicht aufgrund von Traditionen oder Gewöhnung für wahr zu halten, sondern die gefundenen Einstellungen und Festlegungen immer wieder anhand der sich ändernden Realität zu überprüfen und an diese anzupassen, wenn neue Erkenntnisse und Erfahrungen das erfordern.

Ein wichtiges Kriterium für Religionen und Weltanschauungen ist nämlich auch, dass sie eine Stellungnahme zum Ganzen der Welt enthalten. Bei Religionen verlangt man eine Art Schöpfungsgeschichte und Erklärungen zum Sinn des Lebens. Weltanschauungen müssen keine Schöpfungsgeschichte erfinden, sondern können sich auf wissenschaftliche Erkenntnisse berufen. Gerade humanistische Strömungen sind in der Lage, den Sinn des Lebens zu erklären.

II. Der Weltanschauungsbegriff in der EMRK

Mit einer Definition des Weltanschauungsbegriffs tut sich die EMRK schwer, weil der Begriff der „Weltanschauung" ein deutscher Begriff ist, für den es in anderen europäischen Sprachen keine Entsprechung gibt. So lautet der englische Begriff in der EMRK *„belief"* und der französische *„conviction"*. Überdies hängt eine Definition maßgeblich von subjektiven Vorstellungen ab und diesbezügliche Festlegungen können mit dem Neutralitätsgebot des Staates konfligieren. Ein zu enges Verständnis kann Minderheiten zudem aus dem Schutzbereich ausschließen.[20]

Die EMRK spricht in Art. 9 EMRK von Gedanken-, Gewissens- und Religionsfreiheit und erwähnt in der deutschen Übersetzung von da an im weiteren Text Religion und Weltanschauung gleichberechtigt nebeneinander. In Art. 14 EMRK, dem Diskriminierungsverbot, verbietet die EMRK Diskriminierungen aufgrund der Religion und der politischen oder sonstigen Anschauung. Zu den sonstigen Anschauungen werden die Weltanschauungen gezählt.

20 Zum Vorstehenden: *Ungern-Sternberg* in Karpenstein/Mayer, EMRK, 2. A. 2015, Art. 9 Rn. 13.

Der EGMR[21] definiert (bisher) die in Art. 9 Abs. 1 EMRK aufgeführten Freiheiten in seiner Rechtsprechung nicht. Er nimmt auch keine inhaltliche Abgrenzung vor. Die Gedankenfreiheit hat kaum eine eigenständige Bedeutung, vielmehr geht sie in der häufig benutzten umfassenderen Formulierung Religion und Weltanschauung auf. Unter den Schutz der Gedanken-, Gewissens- und Religionsfreiheit fallen die Freiheiten jedenfalls als Überzeugung dann, wenn sie die in der Rechtsprechung des EGMR herausgebildeten Kriterien einer gewissen Triftigkeit, Ernsthaftigkeit, Kohärenz und Bedeutung erfüllen[22] oder ihnen eine Theorie über philosophische oder ideologische universelle Werte zu Grunde liegt[23]. Bei genauerer Betrachtung der Rechtsprechung fällt indes auf, dass der EGMR eher selten Überzeugungen aus dem Anwendungsbereich des Art. 9 EMRK ausschließt, wenn die genannten Kriterien fehlen. Stattdessen lässt der Gerichtshof die Frage des Vorliegens einer Religion oder Weltanschauung offen[24] oder es findet eine Orientierung daran statt, ob eine Gemeinschaft als Religions- oder Weltanschauungsgemeinschaft in dem jeweiligen Mitgliedstaat behandelt wird[25].

Art. 9 EMRK hat zudem eine kollektive Komponente, die zusammen mit Art. 11 EMRK das Recht gewährleistet, sich frei und ohne willkürliche staatliche Eingriffe zusammenzuschließen und eine juristische Organisation zu gründen.[26] Soweit ein gesetzlicher Rahmen für die Verleihung der Rechtsfähigkeit an eine religiöse oder weltanschauliche Gruppierung besteht, muss der Staat allen, die das wünschen, eine faire Möglichkeit geben, diesen Status zu erwerben. Der Staat muss zudem garantieren, dass ein zügiges Verfahren vorhanden ist und durchgeführt wird.[27]

Mithin erscheint fraglich, welcher Maßstab anzulegen ist, wenn in einem Mitgliedstaat einer Weltanschauungsgemeinschaft die Anerkennung als eben solche verweigert wird. Muss dann – mit Blick auf den Subsidiaritätsgrundsatz und den den Staaten vom EGMR zugebilligten weiten Beurteilungsspielraum („margin of appreciation“) – auf nationale Begriffe zurückgegriffen werden, oder gilt dann die weite Definition der EMRK?

---

21 Zum Nachfolgenden: *Meyer-Ladewig/Schuster* in Meyer-Ladewig/Nettesheim/von Raumer, EMRK, 4. A. 2017, Art. 9 Rn. 3; *Grabenwarter/Pabel* in Grabenwarter/Pabel, EMRK, 6. A. 2016, Art. 9 Rn. 112, 118.

22 EGMR 25.2.1982 – 7511/76; 6.11.2008 – 58911/00; 1.7.2014 – 43835/11.

23 EKMR 29.3.1993 – 19459/92.

24 EGMR 10.2.1993 – 18187/91.

25 EGMR 5.4.2007 – 18147/02; 1.10.2009 – 76836/01.

26 EGMR 1.10.2009 – 76836/01.

27 EGMR 12.3.2009 – 42967/98; 21.7.2008 – 40825/98.

Zieht man die Entscheidung des EGMR vom 22.3.1983 zurate, genügt es für eine Verletzung weltanschaulicher Überzeugungen, dass ein Staat entgegen der Vorstellung der Beschwerdeführer Züchtigungen an Schulen erlaubt.[28] Das ist ein erfreulich weiter Maßstab für die Annahme einer Weltanschauung. Ungeklärt ist, ob sich der EGMR an dieser Entscheidung wird messen lassen.

Ebenfalls abzuwarten bleibt, ob sich die Straßburger Richter im zweiten Schritt, nach der Anerkennung der KdFSM als Weltanschauungsgemeinschaft, sodann an ihre Ausführungen aus 2014[29] zum staatlichen Neutralitätsgebot und zum Diskriminierungsverbot unterschiedlicher Religions- und Weltanschauungsgemeinschaften erinnern. Eine Ungleichbehandlung von Religionsgemeinschaften kann danach selbst in einem Staatskirchensystem konventionswidrig sein. Mit den Worten des Gerichtshofs:

> *„Privilegien religiöser Gesellschaften […] erleichtern ihre Verfolgung religiöser Ziele, weshalb Art. 9 EMRK die staatlichen Behörden dazu verpflichtet, bei der Verteilung dieser Ressourcen und der Gewährung dieser Privilegien neutral zu bleiben. Wenn sich ein Staat freiwillig entschieden hat, religiösen Organisationen ein Recht auf Subventionen und andere Vorteile zu gewähren, darf er bei der Gewährung dieser Vorteile nicht diskriminieren.“*[30]

Weiter heißt es:

> *„Der GH sieht keinen Hinweis darauf, dass die Bf. daran gehindert werden, ihre Religion als juristische Personen auszuüben, was ihre formale Autonomie gegenüber dem Staat sicherstellt. Allerdings sind bestimmte von Kirchen durchgeführte religiöse Aktivitäten den religiösen Gesellschaften nicht verfügbar, was sich auf deren Recht auf kollektive Religionsausübung auswirkt. […] Eine solche Differenzierung entspricht daher nach Ansicht des GH nicht den Anforderungen der staatlichen Neutralität und entbehrt objektiven Gründen.“*[31]

---

28 EGMR 22.3.1983, EGMR-E, S. 64.

29 EGMR 8.4.2014 – 70945/11.

30 http://hudoc.echr.coe.int/eng?i=001-169029 (dt. Übersetzung, abgerufen am 25.3.2019).

31 http://hudoc.echr.coe.int/eng?i=001-169029 (dt. Übersetzung, abgerufen am 25.3.2019).

D. Auswirkungen auf die Kirche des Fliegenden Spaghettimonsters

Die KdFSM hat auf dem bisherigen Weg zur Anerkennung als Weltanschauungsgemeinschaft wenig Gegenliebe durch staatliche Stellen erfahren. Abgesehen von der aufgrund des ersten Antrages ohne weitere Prüfung erfolgten Genehmigung zum Aufstellen ihrer Gottesdiensthinweistafeln lief danach alles in die gegenteilige Richtung. Die erste Genehmigung wurde (indes aus formalen Gründen zurecht) entzogen, danach eine getroffene Vereinbarung mit dem zuständigen Straßenbaulastträger ohne Begründung widerrufen. Die dagegen erhobene Klage vor dem Landgericht Frankfurt / Oder endete mit einem klageabweisenden Urteil. Die Begründung lautete, ein Grund für den Widerruf der Vereinbarung sei nicht erforderlich.[32] Erst das Brandenburgische Oberlandesgericht setzte sich damit auseinander, ob die KdFSM eine Weltanschauungsgemeinschaft ist. Bis dahin spielte diese Frage bei allem behördlichen und gerichtlichen Handeln überhaupt keine Rolle! Das OLG prüfte zumindest die Voraussetzungen einer Weltanschauungsgemeinschaft. Es war der Auffassung, dass die KdFSM einen Anspruch auf die Errichtung von Gottesdiensthinweisschildern habe, wenn sie eine Weltanschauungsgemeinschaft sei. Dann könne die getroffene Vereinbarung nicht widerrufen werden. Im Ergebnis kam das Gericht dann allerdings mit unzureichender Begründung zu dem Ergebnis, die KdFSM sei keine Weltanschauungsgemeinschaft, sondern eine Religionsparodie.[33] Allein dieser Verfahrensgang hinterließ bei allen Beteiligten auf Seiten der KdFSM den faden Beigeschmack, es sei nicht erwünscht, dass sie als Weltanschauung anerkannt wird. Denn dann hätten der KdFSM die gleichen Rechte zugestanden, wie jeder anderen Religion und Weltanschauung auch.

Es bleibt völlig unverständlich, wie der KdFSM der Status als Weltanschauungsgemeinschaft abgesprochen werden kann. Das lässt sich nur dann begründen, wenn Gerichte das religionsparodistische Auftreten als einziges Merkmal ansehen und die KdFSM allein daran beurteilen. Dabei reicht ein Blick auf den Internetauftritt (www.pastafari.eu) der KdFSM, um zu erkennen, dass hinter ihren teils schelmisch anmutenden religionskritischen Aktionen ein durch und durch humanistisch geprägtes Grundgerüst steht, das sich im Kern auf den evolutionären Humanismus gründet, wie er auch in der Giordano-Bruno-Stiftung vertreten wird.

---

32 LG Frankfurt / Oder 13.4.2016 – 11 O 327/15.

33 Bbg. OLG 2.8.2017 – 4 U 84/16.

Die Kirche des Fliegenden Spaghettimonsters Deutschland e. V. gründete sich im Jahr 2011 in Deutschland. Sie ist ein eingetragener Verein, der nach seiner Satzung die Förderung von religiösen Zwecken in ihrer Gleichbehandlung mit wissenschaftlich orientierten Weltanschauungen und einem besonderen Schwerpunkt auf dem evolutionären Humanismus der Giordano-Bruno-Stiftung verfolgt. In diesem Sinn versteht sie sich als Weltanschauungsgemeinschaft. Weitere Zwecke sind Bildung und Erziehung, sowie Kunst und Kultur. Als Mittel zur Verfolgung seiner Ziele nutzt der Verein Veranstaltungen und die Teilnahme an öffentlichen Versammlungen, die Bereitstellung und Verteilung von Informationsmaterial, die Veranstaltung von Messen, sowie die Teilhabe an sozialen Netzwerken. Weiterhin soll die Öffentlichkeit durch den Betrieb einer Internetseite bzw. eines Blogs sowie durch Präsenz in den Massenmedien erreicht und so die öffentliche Diskussion um weltanschauliche und Wertefragen im Sinne von Humanismus und Aufklärung bereichert werden.

Die Kirche des Fliegenden Spaghettimonsters wurde ursprünglich im Jahr 2005 in den USA durch den Physiker Bobby Henderson ins Leben gerufen. Der Anlass für die Gründung war die breite öffentliche Diskussion um den Plan der Schulkommission des US-Bundestaates Kansas, die kreationistische Schöpfungslehre des *Intelligent Design* gleichberechtigt mit Darwins Evolutionstheorie im Biologieunterricht an Schulen zu lehren. Unter Verweis auf das – gerade auch von den Verfechtern des *Intelligent Designs* verwendete – Argument der Gleichberechtigung verschiedener Lehren forderte Henderson in einem offenen Brief an die Schulbehörde des Staates Kansas, auch seine Glaubenslehre müsse im Unterricht vermittelt werden dürfen. Diese Forderung war als Parodie zu verstehen und sollte zeigen, dass religiöse Inhalte im naturwissenschaftlichen Unterricht nichts zu suchen haben. Seitdem gewinnt die Religionsparodie des Fliegenden Spaghettimonsters weltweit stetig an Sympathisanten. Die Zahl der Anhänger des Fliegenden Spaghettimonsters, die sich selbst als Pastafari bezeichnen, wird in Deutschland auf etwa 20.000 Menschen geschätzt. Dem Auftritt bei Facebook folgen über 12.000 Internetnutzer.

Über die Ursprünge der Kirche des Fliegenden Spaghettimonsters in den USA geht der deutsche Verein deutlich hinaus. Die Religionskritik in Form der Religionssatire des Fliegenden Spaghettimonsters ist hier kein Selbstzweck. Die Religionssatire nutzt der Verein als künstlerisches Mittel, um in satiretypischer Art intolerante und dogmatische Anschauungen und Handlungen zu überhöhen und zu hinterfragen. Damit fördert er die Verbreitung einer offenen und toleranten Ethik im Sinne des evolutionären Humanismus und wirkt so an der öffentlichen Meinungsbildung mit.

Von den vielseitigen Aktivitäten, die bereits der Homepage (www.pastaf ari.eu) zu entnehmen sind, findet sich in den ergangenen Urteilen nichts wieder. So gibt es wöchentliche Predigten („Das Wort zum Freitag"), die im Internet verbreitet werden. Es findet jeden Freitag die Nudelmesse statt, auf die mit dem entsprechenden Gottesdiensthinweisschild hingewiesen wird. Die Kirche nimmt Taufen, Hochzeiten und andere aus dem religiösen Bereich bekannte Riten vor. So hat sie unter anderem den Neubau des Hauptbahnhofs in Münster gesegnet. Sie beteiligt sich an öffentlichen Diskussionen und besucht die Kirchentage der Amtskirchen. Zahlreiche weitere Beispiele finden sich im Internet.

Schaut man sich die in der verfassungsrechtlichen Rechtsprechung entwickelten Kriterien an, die vorhanden sein müssen, um von einer Weltanschauungsgemeinschaft ausgehen zu können, so liegen diese zweifellos vor. Das humanistische Weltbild der KdFSM enthält eine *„Stellungnahme zum Ganzen der Welt"*, indem es auf wissenschaftliche Erklärungen zur Entstehung der Welt baut und humanistische Grundsätze als Grundregeln für das Zusammenleben von seinen Mitgliedern verlangt. Die Grundlagen beantworten Fragen nach dem Sinn des Lebens. Es besteht bei den Anhängern ein ausreichender Konsens über die gemeinsam vertretene Weltanschauung. Das kann man schon an den gemeinsamen Aktivitäten und der großen Zahl derjenigen erkennen, die der KdFSM im Internet folgen. Der personelle Zusammenschluss ergibt sich aus den Mitgliedern des eingetragenen Vereins. Das Erfordernis, dass es um die Pflege und die praktische Umsetzung aller Aspekte einer Weltanschauung gehen muss, erfüllt die KdFSM ebenfalls, indem sie ihre Grundsätze und Überzeugungen in Diskussionen einbringt und insbesondere ihre Mitglieder z. B. durch das wöchentlich im Internet verkündete *„Wort zum Freitag"* informiert und anleitet.

Die wesentlich geringeren Anforderungen, die der EGMR an das Vorliegen einer Weltanschauungsgemeinschaft stellt, sind erst recht erfüllt. Dieser verlangt eine gewisse Triftigkeit, Ernsthaftigkeit, Kohärenz und Bedeutung.[34] Die Überzeugungskraft der KdFSM ergibt sich schon daraus, dass es ihr seit dem ersten Auftreten in Deutschland gelungen ist, zahlreiche Mitglieder an sich zu binden und von Jahr zu Jahr bekannter zu werden. Der evolutionäre Humanismus bietet die notwendige Ernsthaftigkeit, um eine Weltanschauung darstellen zu können. Die Ernsthaftigkeit kann auch nicht deshalb verneint werden, weil sich die KdFSM parodistischer Stilmittel bedient, um auf ihre Anliegen hinzuweisen. Denn die KdFSM verfolgt

34 EGMR 1.7.2014 – 43835/11.

gerade das Ziel, intolerante und dogmatische Auffassungen zu überhöhen und damit zu hinterfragen, um so eine offene und tolerante Ethik im Sinne des evolutionären Humanismus zu fördern. Sie übt auch Kritik an Religionen, weil dies ein integraler Bestandteil des evolutionären Humanismus ist. Hinreichende Bedeutung kann man der KdFSM schon wegen ihrer Mitgliederzahl nicht absprechen, aber auch weil sie es geschafft hat, in den Medien präsent zu sein, und selbst an Schulen im Religionsunterricht über sie gesprochen wird.

Wenn indes sämtliche Voraussetzungen vorliegen, die die KdFSM zu einer Weltanschauungsgemeinschaft machen, stellt sich umso mehr die Frage, wieso bisher weder die beteiligten Behörden noch die nationalen Gerichte die KdFSM als Weltanschauungsgemeinschaft anerkannt haben. Immerhin waren im Land Brandenburg sowohl das Innenministerium als auch das Kultusministerium mit der Beantwortung dieser Frage befasst. Als der Vereinsvorsitzende bei der Passbehörde beantragte, auf dem Passbild in seinem Personalausweis eine pastafarianische Kopfbedeckung tragen zu dürfen, prüfte das Innenministerium des Landes Brandenburg das Begehren. Das Kultusministerium beschäftigte sich mit der Frage, als das Aufstellen der Nudelmessen-Hinweisschilder beantragt war. In beiden Ministerien hat sich niemand die Mühe gemacht, einmal zum Vereinsvorsitzenden oder anderen Mitgliedern Kontakt aufzunehmen. Die behördliche Amtsaufklärung bestand darin, sich die Kirche des Fliegenden Spaghettimonsters in einem Internetlexikon erklären zu lassen. Das Ergebnis war dann, dass man es nur mit einer Religionsparodie zu tun habe. Durch die Kultusministerin gab es in Interviews die klare Aussage, dass die Nudelmessen-Hinweisschilder zu verschwinden hätten. Letztlich bestätigt die Entscheidung des Bundesverfassungsgerichts[35] den Eindruck, dass bereits eine Beschäftigung mit der Frage, ob die KdFSM eine Weltanschauungsgemeinschaft ist, unerwünscht ist.

Die Diskriminierung der Weltanschauungsgemeinschaft in Form der Versagung der Anerkennung bzw. der Nichtbeschäftigung wirkt methodisch – und hat begonnen, als die Kirche des Fliegenden Spaghettimonsters Deutschland e.V. in der Gesellschaft Aufmerksamkeit in den Medien erhielt. Von der erstrebten Anerkennung als Weltanschauungsgemeinschaft und der damit verbundenen angestrebten Gleichbehandlung mit Religionsgemeinschaften scheint man weit entfernt zu sein. Nicht weil etwa die Voraussetzungen nicht vorlägen, sondern weil das bisher nicht einmal ernsthaft überprüft worden ist.

---

35 BVerfG 11.10.2018 – 1 BvR 1984/17 (nicht veröffentlicht).

Wenn man weiter berücksichtigt, dass Art. 9 EMRK zusammen mit Art. 11 EMRK das Recht gewährleistet, sich frei und ohne willkürliche staatliche Eingriffe zusammenzuschließen und eine juristische Organisation zu gründen[36], so stellt sich die Frage, warum dieser Anspruch nicht umsetzbar erscheint. Denn soweit ein gesetzlicher Rahmen für die Verleihung der Rechtsfähigkeit an eine religiöse oder weltanschauliche Gruppierung besteht, muss der Staat allen, die das wünschen, eine faire Möglichkeit geben, diesen Status zu erwerben. Zudem muss der Staat ein zügiges Verfahren garantieren.[37]

E. Ausblick

Die Kirche des Fliegenden Spaghettimonsters versucht weiterhin, ihre verfassungsrechtlichen Ansprüche zu verwirklichen und eine Anerkennung als Weltanschauungsgemeinschaft zu erfahren. Es bleibt zu hoffen, dass der EGMR die von ihm selbst aufgestellten Voraussetzungen als Verfassungsauftrag ernst nimmt und die Diskrepanz zwischen dem Verfassungsanspruch und der Verfassungswirklichkeit beendet.

36 EGMR 1.10.2009 – 76836/01.
37 EGMR 12.3.2009 – 42967/98; 21.7.2008 – 40825/98.

Verbieten das Grundgesetz und die Ideale der Humanität jeden Eingriff in die Menschenwürde?

Rolf Dietrich Herzberg

I. Einführung

Es ist ein Gebot der Humanität, menschliches Leid so weit wie möglich zu vermeiden und zu vermindern. Unter dem Eindruck der Weltkriege, entsetzlicher, weltweit begangener Verbrechen gegen die Menschlichkeit, insbesondere der Hitler'schen Massenmorde, suchte man in der Mitte des vorigen Jahrhunderts das Gebot auf internationaler wie nationaler Ebene in Gesetze zu fassen. Mit diesem Bemühen verbunden war aber die betrübende Erkenntnis, dass nicht einmal das Gebot der Lebensbewahrung, die Pflicht des Staates, dem Menschen das Todesleid zu ersparen, unter allen Umständen gelten kann. Man kann die Todesstrafe abschaffen, vielleicht sogar die Sterbehilfe und die Beteiligung am Suizid pönalisieren, aber nicht die Polizei verpflichten, auch bei Amokläufen und Terroranschlägen das Leben der Täter in jedem Fall zu schonen und zu schützen.

Soll denn nun jede Pflicht dem Zweifel und der Abwägung ausgesetzt sein, darf unter Umständen jedes Menschenrecht missachtet und geopfert werden? Gegen diese Relativierung ihrer Grundwerte wehrt sich die humanistische Weltanschauung. Sie wünscht sich, dass es die Humanität auch als unverbrüchliche Pflicht und als absolutes, uneinschränkbares Recht gebe. Und der Wunsch ist der Vater des Dogmas. Es lautet: Einen Menschen zu foltern oder sonst seine Würde zu verletzen, ist in jedem denkbaren Fall rechtswidrig. Die herrschende Prämisse lautet also: Wie alles Foltern, so ist auch jeder sonstige Eingriff in die Menschenwürde rechtswidrig.

Auf den ersten Blick und bei oberflächlicher Betrachtung überzeugt es, so die Verbote der Folter und der Menschenwürdeverletzung zu verabsolutieren. Auf den zweiten Blick offenbart sich jedoch, in welches Dilemma uns dieses Dogma der Abwägungsfestigkeit führt. Besonders deutlich wird dies am Beispiel der gewaltsamen Fixierung von Patienten in der öffentlich-rechtlichen Unterbringung, über dessen Verfassungsmäßigkeit das

Bundesverfassungsgericht 2018 zu entscheiden hatte.[1] Die "Zwangsmaßnahme" ist, weil unumgänglich, als erlaubt und zugleich, weil entwürdigend, als rechtswidrig zu bewerten, sie muss ergriffen und darum erlaubt werden, aber sie darf es nicht. Der Senat leugnet das Dilemma, indem er sowohl die Folterung als auch die Erniedrigung als seelisches Faktum bestreitet. Im Fall korrekter, vorschriftsgemäßer Fixierung verneint er schon den Tatbestand, den der Folterung wie den der Würdeverletzung. Denn er findet es "zu weitreichend", "jegliche Art der Fixierung als Folter oder erniedrigende und unmenschliche Behandlung" zu charakterisieren (Rn. 92). Was dem Patienten angetan werden muss, das darf man nicht als Folter, aber ebenso wenig als Würdebeeinträchtigung ansehen. Bei der Folter-Frage verschweigt er die gesetzliche Definition und verweigert dem Betroffenen das Zugeständnis, dass ihm die gewaltsame Fesselung zumindest seelische Leiden zufügt, zur Frage der Menschenwürde verleugnet er, was offensichtlich ist: dass einen psychisch Kranken das Zupacken und Ans-Bett-Fesseln erniedrigt, demütigt und vom Gesprächspartner zum Objekt herabwürdigt.

Die gewaltsame Fixierung von Patienten in der öffentlich-rechtlichen Unterbringung ist ebenso wie beispielsweise die rituelle Beschneidung von Kindern eine Verletzung der Menschenwürde, und hier wie dort stellt sich die Frage der Rechtfertigung. Das Bundesverfassungsgericht will das nicht wahrhaben und versäumt so die überfällige Erkenntnis und Klärung, dass Folter als Unterfall der Menschenwürdeverletzung – entgegen dem ausdrücklichen Erlaubnisausschluss in den völkerrechtlichen Konventionen – gerechtfertigt sein kann.

II. Das Urteil

Auf zwei Verfassungsbeschwerden hin hat das Bundesverfassungsgericht am 24. Juli 2018 "zu den verfassungsrechtlichen Anforderungen an die Fixierung von Patienten in der öffentlich-rechtlichen Unterbringung"[2] ein Urteil gesprochen (2 BvR 309/15; 2 BvR 502/16). Definiert wird die "Fixierung" in Rn. 1 des Urteilstextes als "Fesselung eines auf dem Rücken liegenden Betroffenen mittels spezieller Gurte an das Bett, um seine Bewe-

1 BVerfG 24.7.2018 – 2 BvR 309/15; 2 BvR 502/16, NJW 2018, 2619. Der gesamte Urteilstext ist abrufbar auf der Webseite des BVerfG, woraus ich im Folgenden unter Angabe der Randnummern (Rn.) zitiere.

2 Pressemitteilung Nr. 62/2018 des BVerfG, publiziert im Internet.

gungsfähigkeit weitgehend oder vollständig aufzuheben". Der zweite Senat erklärt diese Fesselung unter engen Voraussetzungen für erlaubt und mit dem Grundgesetz vereinbar, bewertet aber die einschlägigen Landesgesetze Baden-Württembergs und Bayerns als partiell verfassungswidrig und ergänzungsbedürftig. Es heißt im Urteilstenor: "Für beide Länder gilt: Die 5-Punkt- und die 7-Punkt-Fixierung unterliegt dem Richtervorbehalt des Artikels 104 Absatz 2 Satz 1 des Grundgesetzes (GG)[3], es sei denn, es handelt sich um eine lediglich kurzfristige Maßnahme, die absehbar die Dauer von einer halben Stunde unterschreitet. Nach Beendigung einer jeden Fixierung ist der Betroffene auf die Möglichkeit einer nachträglichen gerichtlichen Überprüfung hinzuweisen ... Der baden-württembergische und der bayerische Gesetzgeber sind verpflichtet, bis zum 30. Juni 2019 einen verfassungsgemäßen Zustand herbeizuführen".

1. *Bestätigung der Fixierungspraxis*

Zweifellos verstärkt das Urteil die Rechte betroffener Patienten. Wo der Arzt eine Fixierung als notwendig und erlaubt erachtet, da hat von jetzt an der Richter, wenn auch fast immer nur nachträglich, ein Wort mitzureden. Das eröffnet dem Fixierten die Chance abweichender Beurteilung und einer Entscheidung, die ihn unverzüglich aus der Fesselung befreit. Größeres Gewicht gebe ich aber dem Gegenaspekt, d. h. dem des Festhaltens an der bisherigen Praxis in den Kliniken. Das Gericht verfügt ja nur eine verfahrensrechtliche Änderung, materiellrechtlich bleibt alles beim Alten. Das Urteil bestätigt das Recht des Klinikpersonals, nach ärztlicher Anordnung Patienten zu "fixieren", unter Umständen also sie mit brutaler Gewalt niederzudrücken und ans Bett zu fesseln. Anordnen darf der Arzt dies natürlich nur im Notfall. Mit den Worten des § 25 Abs. 1 PsychKHG BW: "... wenn und soweit eine gegenwärtige erhebliche Gefahr für die Sicherheit in der anerkannten Einrichtung besteht, insbesondere bei erheblicher Selbstgefährdung, der Gefährdung bedeutender Rechtsgüter Dritter oder wenn die untergebrachte Person die Einrichtung ohne Erlaubnis verlassen

3 Art. 104 Abs. 2 GG lautet: "Über die Zulässigkeit und Fortdauer einer Freiheitsentziehung hat nur der Richter zu entscheiden. Bei jeder nicht auf richterlicher Anordnung beruhenden Freiheitsentziehung ist unverzüglich eine richterliche Entscheidung herbeizuführen. Die Polizei darf aus eigener Machtvollkommenheit niemanden länger als bis zum Ende des Tages nach dem Ergreifen in eigenem Gewahrsam halten. Das Nähere ist gesetzlich zu regeln."

will, und dieser Gefahr nicht mit weniger eingreifenden Mitteln begegnet werden kann."

2. *Die unproblematische Freiheitsentziehung*

Das Festhalten des BVerfG am grundsätzlichen Recht des Klinikpersonals, manche Patienten niederzuringen und ans Bett zu fesseln, ist problematisch und angreifbar. Die Urteilsgründe sind trotz ihres gewaltigen Umfanges unzureichend und nicht überzeugend. Denn sie sind fast gänzlich beschränkt auf den Gesichtspunkt der Freiheitsentziehung. Natürlich fällt die Legitimierung des ärztlich angeordneten Fixierens leicht, wenn man davon ausgeht, dass der Fixierte an Einbuße nichts weiter erleidet als einen Freiheitsverlust. Gewiss, es geht auch insoweit um ein bedeutendes Grundrecht. Art. 2 Abs. 2 GG stellt "die Freiheit der Person" in eine Reihe mit den Rechten "auf Leben und körperliche Unversehrtheit" und nennt sie "unverletzlich". Aber gleich darauf heißt es, dass "in diese Rechte ... auf Grund eines Gesetzes eingegriffen werden" darf. Und noch deutlicher sagt Art. 104 Abs. 1 GG: "Die Freiheit der Person kann nur auf Grund eines förmlichen Gesetzes und nur unter Beachtung der darin vorgeschriebenen Formen beschränkt werden".

Dank der in allen Bundesländern geschaffenen Unterbringungsgesetze fehlt es nirgends in Deutschland an der Grundlage des "förmlichen Gesetzes", und in den Kliniken pflegen auch die jeweiligen Formvorschriften beachtet zu werden. So ist eine vorschriftsgemäße Fixierung als Freiheitsentziehung allemal legal und legitim, in dieses Grundrecht, in die "Freiheit der Person", darf die hoheitliche Gewalt durch das Fixieren gefährlicher oder sich selbst gefährdender Patienten eingreifen. Liest man die höchst ausführliche gerichtsoffizielle "Pressemitteilung" der "wesentlichen Erwägungen des Senats", so entsteht der Eindruck, als hielte der Senat von seinen verfassungsrechtlichen Erwägungen nur diejenigen für "wesentlich", die das Grundrecht "Freiheit der Person" betreffen.

3. *Seelisches Leiden als "Folter"?*

Diese Beschränkung ist erstaunlich. Denn es liegt auf der Hand, dass ein Mensch, der z. B. der Klinik entfliehen wollte und nun gegen die dies verhindernde Fesselung ans Bett protestiert, um Verschonung fleht und sich verzweifelt und vergeblich wehrt, mehr und Schlimmeres erleidet als nur den Verlust seiner Bewegungsfreiheit. Er sieht sich auch körperlich misshandelt, sieht sich erniedrigt und gedemütigt. Und mag man auch die körperlichen Schmerzen einigermaßen vermeiden, unvermeidlich ist ein entsetzliches seelisches Leid. Manche Opfer schildern, dass sie Panik empfunden und sich wie "lebendig begraben" gefühlt haben, behandelt nicht als Subjekt und Gesprächspartner, sondern als ein bloßes Objekt, wovon Gefahr ausgeht und womit man umspringt wie mit einem gefährlichen Tier.

Das große seelische Leiden, das mehr ist als ein Ärger über momentane Unfreiheit, konnte im Verfahren vor dem Bundesverfassungsgericht natürlich nicht gänzlich unerkannt bleiben. So hat sich neben anderen der Bundesverband Psychiatrieerfahrener geäußert und die These aufgestellt, dass die Fixierung "die Folterdefinition des Art. 1 der Antifolterkonvention der Vereinten Nationen" erfülle. Das fixierte Opfer sei "völlig bewegungslos, könne seine Notdurft nur ins Bett verrichten und befinde sich in der Gefahr von Kreislaufproblemen, Blutstau, ‚Platzangst' und Panikattacken" (Rn. 38). Der Senat geht darauf anfangs noch nicht ein, aber das alarmierende Stichwort taucht später im Rahmen der eigentlichen, die Fixierung rechtfertigenden Sachargumentation noch einmal auf. Denn die Richter sehen sich konfrontiert mit der Auffassung "des UN-Sonderberichterstatters über Folter und andere grausame, unmenschliche oder erniedrigende Behandlung oder Strafe, Juan E. Mendéz", wonach "jede auch nur kurzfristige Fixierung von Menschen mit psychischen Behinderungen als Folter ... angesehen werden kann" (Rn. 91).

4. Die ignorierte Folterdefinition

Was der Senat dieser Auffassung nun entgegenhält, ist inakzeptabel. Sowohl Mendéz als auch der Bundesverband Psychiatrieerfahrener stützen sich auf das "Übereinkommen der Vereinten Nationen gegen Folter und andere grausame, unmenschliche oder erniedrigende Behandlung oder Strafe". Diese "UN-Antifolterkonvention" ist seit der Ratifizierung von 1990 geltendes Recht in Deutschland. Somit ist für die Gerichte auch die Definition in Art. 1 Nr. 1 verbindlich und maßgebend. "Folter" ist danach "jede Handlung, durch die einer Person vorsätzlich große körperliche oder seelische Schmerzen oder Leiden zugefügt werden, ... wenn diese Schmerzen oder Leiden von einem Angehörigen des öffentlichen Dienstes oder einer anderen in amtlicher Eigenschaft handelnden Person, auf deren Veranlassung oder mit deren ausdrücklichem oder stillschweigendem Einverständnis verursacht werden". "Der Ausdruck" (d. h. der Begriff "Folter") umfasse allerdings nicht, heißt es im nächsten Satz mit Blick auf Hinrichtungen und auf das oft große Leiden der Gefangenen während des Strafvollzugs, "Schmerzen oder Leiden, die sich lediglich aus gesetzlich zulässigen Sanktionen ergeben, dazu gehören oder damit verbunden sind".

Es sollte sich von selbst verstehen, dass der Senat die gewaltsame Fixierung zunächst einmal an dieser Definition hätte messen und dadurch hätte klären müssen, ob die Zwangsmaßnahme dem Begriff der Folter im Rechtssinne unterfällt. Was sich ergeben hätte, ist klar, wird aber noch deutlicher, wenn man die Fixierung gedanklich in ein Gefängnis verlegt und einen illegitimen Zweck annimmt. Ein Beispiel: Vollzugsbeamte wollen von einer Strafgefangenen wissen, wo ihr Freund und Mittäter die Raubbeute versteckt hat, und sie durch ein empfindliches Übel zum Reden bringen. Drei Männer packen die Frau, brechen ihre verzweifelte Gegenwehr und fesseln sie ans Bett. Sie leidet furchtbar und gibt nach vielen Stunden, um endlich erlöst zu werden, ihr Wissen preis. Hier würde kein Gericht zögern, die hoheitliche Zufügung dieses Leidens und dieser Demütigung als strafbare Körperverletzung und Nötigung, aber auch als Folter im Rechtssinne und als Verletzung der Menschenwürde zu bewerten. Für den Klinikfall will das Bundesverfassungsgericht es aber anders sehen. Statt die Definition der Folter zu zitieren und darunter zu subsumieren, argumentiert es wie folgt: "In Anbetracht einer von einem psychisch Kranken ausgehenden unmittelbaren Gefahr für Leben und körperliche Unversehrtheit des Betroffenen selbst oder Dritter erscheint die pauschale Charakterisierung jeglicher Art der Fixierung als Folter oder erniedrigende … Behandlung zu weitreichend. Die vom Senat angehörten Ärzte waren übereinstimmend der Auffassung, dass auf die Fixierung … nicht vollständig verzichtet werden kann." Die den Verzicht Fordernden geben "keine Antwort auf die Frage, was in solchen Situationen … mit Menschen geschehen soll, die für ein Gespräch nicht (mehr) erreichbar sind und für sich selbst oder andere eine akute Gefahr darstellen" (Rn. 92). M. a. W.: Was den Patienten angetan werden muss, das darf keine "Folter" sein; die Definition interessiert nicht.

Es ist klar, warum der Senat so argumentiert und die Definition der Folter ignoriert. Dieser Begriff soll nicht die in Kliniken alltäglichen Gewaltakte der Fixierung bezeichnen, wovon alle Ärzte sagen, dass sie zur Schadensvermeidung unentbehrlich seien. Die Verneinung von Folter ist jedoch leider mit deren rechtsgültiger Definition nicht vereinbar. Denn vom Arzt angeordnete Fixierungen verursachen als demütigende und erniedrigende Akte meistens "große seelische Schmerzen oder Leiden"; es wäre zynisch, das Leid des gefesselt und hilflos auf dem Rücken Liegenden, dessen Freiheitswille missachtet und gebrochen wurde, als eine Kleinigkeit abzutun. Also bleibt nichts, als die Definition einfach zu übergehen.

Aber warum nur, könnte man fragen, scheut der Senat mit Blick auf den Klinikalltag den Folterbegriff wie der Teufel das Weihwasser, warum verschweigt er die Definition? Er könnte doch sagen: Ja, die gewaltsame Fixierung bewirkt im Normalfall ein großes seelisches und oft auch körperliches Leiden und erfüllt alle anderen Voraussetzungen des Art. 1 Nr. 1 der UN-Antifolterkonvention, ist also Folter im Rechtssinne. Aber die Leidzufügung ist zum Schutz wichtiger Rechtsgüter unumgänglich, sie ist ein Handeln im Notstand und wird als solches in den Landesgesetzen zur Unterbringung psychisch Kranker ausdrücklich erlaubt. Das hoheitliche Foltern ist also nur grundsätzlich ein Unrecht, es kann auch gerechtfertigt sein.

5. Der Rechtfertigungsausschluss im Text der Konventionen

Dieser Gedankengang folgt der Regel, nacheinander zu prüfen, ob ein Verhalten den jeweiligen Tatbestand erfüllt und ob es auch rechtswidrig ist; die Rechtswidrigkeit kann – bei gegebener Tatbestandserfüllung – zu verneinen sein, wie etwa im Fall einer Körperverletzung, die als Notwehr gerechtfertigt ist. Der Senat hat aber geglaubt, sich hier nicht nach der Regel richten zu dürfen, und auf den ersten Blick leuchtet sein Glaube ein. Denn genau wie die Definition der Folter haben Gesetzeskraft auch zwei Bestimmungen, die eine Rechtfertigung der Folter verbaliter ausschließen. Zum einen heißt es gleich im Anschluss an die Folterdefinition, dass "außergewöhnliche Umstände gleich welcher Art ... nicht als Rechtfertigung für Folter geltend gemacht werden" dürfen (Art. 2 Nr. 2 UN-Antifolterkonvention). Zum anderen bestimmt dies auch die Europäische Konvention zum Schutz der Menschenrechte; sie sagt zunächst in Art. 3: "Niemand darf der Folter oder unmenschlicher oder erniedrigender Strafe oder Behandlung unterworfen werden", und dann in Art. 15: "Von Art. 3 darf in keinem Fall abgewichen werden." Es scheint also, als gelte das Folterverbot ausnahmslos, als sei es, wie die Juristen sagen, "abwägungsfest": Hoheitliche Gewalt darf einem Menschen niemals vorsätzlich große körperliche oder seelische Schmerzen oder Leiden zufügen. Zur Rechtfertigung solchen Tuns kann man sich weder auf einen Notstand noch auf irgendwelche "außergewöhnlichen Umstände" berufen.[4]

4 Um ein Missverständnis zu vermeiden, betone ich schon jetzt, dass der Rechtfertigungsausschluss, ungeachtet der deutlichen Aussagen in den Konventionen, unhaltbar ist und nicht wirklich gewollt sein kann; die Begründung folgt im Text.

6. Verleugnung der Menschenwürdeverletzung

Das Folterverbot gilt als ein Unterfall des Verbots, "die Würde des Menschen" anzutasten, welches wir dem ersten Artikel des Grundgesetzes entnehmen (Art. 1 Abs. 1 GG). Dass hoheitliche Gewalt auch dieses Verbot niemals missachten dürfe, dass Würdeverletzungen selbst in Notlagen keinesfalls gerechtfertigt seien, steht zwar nirgends geschrieben, ist aber die herrschende, vom Bundesverfassungsgericht geteilte Meinung.[5] "Die Menschenwürde", sagt etwa Tatjana Hörnle, "ist unantastbar; Art. 1 Abs. 1 GG ist abwägungsfest. Wird der Schutzbereich durch eine staatliche Maßnahme ... angegriffen, ist dies verfassungswidrig, ohne dass eine Legitimierung durch widerstreitende Interessen der Allgemeinheit oder anderer Personen möglich ist".[6]

Der Senat verfährt hier wie dort. Was dem Patienten angetan werden muss, das darf man nicht als Folter, aber ebenso wenig als Würdebeeinträchtigung ansehen. Bei der Folter-Frage verschweigt er die gesetzliche Definition und verweigert den Betroffenen das Zugeständnis, dass ihnen die gewaltsame Fesselung zumindest seelische Leiden zufügt, zur Frage der Menschenwürde verleugnet er, was offensichtlich ist: dass einen psychisch Kranken das Zupacken und Ans-Bett-Fesseln erniedrigt, demütigt und vom Gesprächspartner zum Objekt herabwürdigt, dessen Gefährlichkeit man wie die eines Tieres bekämpfen muss. Es streift die Unredlichkeit, dass der Senat im Bann seiner dogmatischen Prämisse alle diese Be- und Kennzeichnungen bewusst überall dort vermeidet, wo er die Misshelligkeiten einer gewaltsamen Fixierung einräumt. Der psychisch Kranke, sagt der Senat verharmlosend, empfinde die Freiheitsentziehung "besonders intensiv", "als besonders belastend" (Rn. 71) und als "besonders bedrohlich" (Rn. 66). Dass er sie am leidvollsten als demütigend und erniedrigend empfindet, wird ignoriert.

Die herrschende Prämisse lautet also: Wie alles Foltern, so ist auch jeder Eingriff in die Menschenwürde rechtswidrig. In welches Dilemma uns dieses Dogma führt, zeigt unser Beispiel des brutalen, aber notwendigen Fixierens eines psychisch Kranken. Der Senat leugnet das Dilemma, indem

---

5 Nachw. bei *Herzberg* in Butzer u.a., FS für Friedrich E. Schnapp, 2008, S. 104.

6 ARSP 2003, 319 f. – Die übliche Herleitung der Abwägungsfestigkeit aus dem Wort "unantastbar" in Art. 1 GG kann nicht überzeugen. Der Grundgesetzgeber bezeichnet "die Freiheit der Person" als "unverletzlich" und sagt im nächsten Satz dennoch, dass in dieses Recht "auf Grund eines Gesetzes eingegriffen werden" darf (Art. 2 Abs. 2 GG); warum nicht ebenso in das "unantastbare" Recht auf Wahrung der Menschenwürde?

er beides als seelisches Faktum bestreitet, die Folterung und die Erniedrigung. Von einem "Zentralproblem" spricht dagegen der Verfassungsrechtler Horst Dreier. Es bestehe darin, "bei den psychisch und geistig Kranken ... angesichts der ... mangelnden Fähigkeit zu eigenverantwortlicher Lebensgestaltung Fürsorge- und Zwangsmaßnahmen ergreifen zu müssen, die genau jene Objektsituation herstellen, die sonst gerade als (ein) Kennzeichen menschenwürdeverletzender Vorgänge gilt". Dreier meint, es seien hier "zahlreiche Fragen ungelöst und vielleicht kaum lösbar".[7] Dieses "kaum lösbar" meint den Widerspruch, den die Prämisse der Abwägungsfestigkeit erzeugt: Die "Zwangsmaßnahme" ist als erlaubt und zugleich als rechtswidrig zu bewerten, sie muss ergriffen und darum erlaubt werden, aber sie darf es nicht.

III. Humanismus versus Abwägung

Den tieferen Grund dieser Antinomie sehe ich in den Sehnsüchten der Weltanschauung des Humanismus. Innerhalb des vieldeutigen und schillernden Begriffs habe ich hier den sozialen Aspekt im Auge, will sagen den elementaren Bestandteil des Gebotes der Humanität, nämlich menschliches Leid so weit wie möglich zu vermeiden und zu vermindern. Wie schon eingangs ausgeführt: Unter dem Eindruck der Weltkriege, entsetzlicher, weltweit begangener Verbrechen gegen die Menschlichkeit, insbesondere der Hitler'schen Massenmorde, suchte man in der Mitte des vorigen Jahrhunderts das Gebot auf internationaler wie nationaler Ebene zu vergesetzlichen. Mit diesem Bemühen verbunden war aber die betrübende Erkenntnis, dass nicht einmal das Gebot der Lebensbewahrung, die Pflicht des Staates, dem Menschen das Todesleid zu ersparen, unter allen Umständen gelten kann. Man kann die Todesstrafe abschaffen, vielleicht sogar die Sterbehilfe und die Beteiligung am Suizid pönalisieren, aber nicht die Polizei verpflichten, auch bei Amokläufen und Terroranschlägen das Leben der Täter stets zu schonen und zu schützen. Soll denn nun jede Pflicht dem Zweifel und der Abwägung ausgesetzt sein, darf unter Umständen jedes Menschenrecht missachtet und geopfert werden? Gegen diese Relativierung ihrer Grundwerte wehrt sich die humanistische Weltanschauung. Sie wünscht sich, dass es die Humanität auch als unverbrüchliche Pflicht und als absolutes, uneinschränkbares Recht gebe. Auf den ersten Blick und bei oberflächlicher Betrachtung überzeugt diese Verabsolutierung, wenn

7 *Dreier*, GG, 2. A. 2004, Art. 1 Rn. 65.

sie für das Verbot der Folterung und der Menschenwürdeverletzung verfochten wird. Es ist schlimm genug, sagt der Humanist zum Mitmenschen, dass hoheitliche Gewalt dich im Notfall gefangennehmen, körperlich verletzen, ja sogar töten darf. Aber niemals, unter keinen Umständen, kann es ihr erlaubt sein, dich zu foltern oder dir deine Würde zu nehmen.

Michael Schmidt-Salomon schreibt: "Ethisches Handeln bedeutet keineswegs, blind irgendwelchen moralischen Geboten oder Verboten zu folgen, sondern in der jeweiligen Situation abzuwägen, mit welchen positiven und negativen Konsequenzen eine Entscheidung verbunden wäre." Darum bietet sein "evolutionärer Humanismus" an: Du darfst "lügen, betrügen, stehlen, töten", wenn es "im Notfall keine andere Möglichkeit (gibt), die Ideale der Humanität durchzusetzen!"[8] Kann die Not, können "die Ideale der Humanität" auch erlauben, einen Menschen zu foltern und zu entwürdigen? Jedenfalls die spontane Antwort des Autors würde wohl lauten: Nein, das nun doch nicht. Alles hat seine Grenze, auch mein Relativismus.

IV. Irreführungen und Richtigstellungen

Aber bei dieser Antwort würde er vermutlich nicht bleiben, denn sie ist falsch. Der Fehler wird der oberflächlichen Betrachtung dadurch verdeckt, dass, wann immer ein quälendes, ein erniedrigendes Handeln unentbehrlich ist und darum erlaubt sein muss, das Vorliegen von Folter und Demütigung als körperliches oder seelisches Faktum einfach verleugnet oder durch eine Vorschrift dreist hinwegfingiert wird. Letzteres bewirkt Art. 1 S. 2 der UN-Antifolterkonvention. Eine Leidzufügung, die laut Definition (Satz 1) "Folter" ist, soll nach Satz 2 nicht als Folter gelten. So mag es für viele Menschen kaum ein größeres Leid geben, als jahrelang hinter Mauern eingesperrt zu sein. Aber wenn dieses unsägliche Leid auf einer gerichtlichen Verurteilung beruht, dann gehört es zu den "Schmerzen oder Leiden, die sich lediglich aus gesetzlich zulässigen Sanktionen ergeben". Und die mögen in ihrer Schwere der Folterdefinition klar und deutlich genügen, der Name Folter und der nur für die "Folter" geltende Rechtfertigungsausschluss sind für sie nicht gültig.

---

8 *Schmidt-Salomon*, Manifest des evolutionären Humanismus, 2. A. 2006, S. 157.

1. Erlaubte Leidzufügung

Die Väter und Mütter der Antifolterkonvention haben mit Satz 2 in Art. 1 Nr. 1 ihrer Schöpfung vor einer gesellschaftlichen Notwendigkeit kapituliert: Der Staat kann gar nicht anders, er muss in manchen Situationen "einer Person vorsätzlich große körperliche oder seelische Schmerzen oder Leiden" zufügen, d.h. sie im Rechtssinne "foltern". Aber das Eingeständnis hätte natürlich viel weiter gehen müssen, weil der Staat auch durch Akte ohne Sanktionscharakter einem Menschen oft großes seelisches Leid antun muss. Z. B. durch die Entziehung der elterlichen Sorge für das geliebte Kind; oder durch Entscheidungen im Zivilprozess, die die Existenz der unterlegenen Partei erschüttern; oder durch die gerichtsvollzieherische Vertreibung einer alten Frau aus der Wohnung, worin sie sich jahrzehntelang geborgen gefühlt hat. Oder auch durch Anordnung und Vollzug von Untersuchungshaft. Sie kann das bürgerliche Ansehen einer Person zerstören, selbst wenn der Häftling später freigesprochen wird. Ich kannte einen Kollegen, der wegen des Vorwurfs, seine indische Adoptivtochter missbraucht zu haben, einsaß und sich in der Zelle das Leben nahm.

Das alles unterfällt dem Rechtsbegriff "Folter" in der Alternative der großen seelischen Schmerzen und Leiden. Denn die verneinende Fiktion erfasst die Fälle nicht, die jeweilige hoheitliche Maßnahme ist keine "Sanktion". Obwohl sie in ihrer Auswirkung das Opfer also im Rechtssinne foltert, kann doch kein Zweifel sein, dass der Staat berechtigt, ja meistens sogar verpflichtet ist, sie zu treffen. Es wäre absurd, es anders zu sehen und den Staat als weithin gelähmt zu betrachten, weil man in der UN-Antifolterkonvention, ohne gründlich nachzudenken, das Foltern für unter allen Umständen rechtswidrig erklärt hat.

Noch stärker befremden mag die folgerichtige Bejahung von Folter und Verletzung der Menschenwürde, wo hoheitliche Gewalt vorsätzlich und mit Nötigungsabsicht körperliche Schmerzen oder Leiden jemandem zufügt, den der Staat gar nicht in der Gewalt hat. Stellen wir uns vor, ein Islamist richtet seine Maschinenpistole auf Menschen, die im Freien einen Gottesdienst feiern, und eine Polizeibeamtin streckt ihn nieder mit einem gezielten Schuss, der ihn so schwer verletzt, dass er im Krankenhaus verstirbt. Unbestreitbar hat die Polizistin "in amtlicher Eigenschaft" gehandelt und dem Terroristen vorsätzlich große Schmerzen und große Leiden zugefügt. Gegeben ist auch die in der Definition als foltertypisch angeführte Nötigungsabsicht: Sie will ihn zur Unterlassung seines Anschlags zwingen.

2. *Keine "Folter"?*

Trotzdem wird mancher einwenden: Nein, solche Schmerz- und Leidzufügung ist doch keine Folter! Ein Amtsträger, der foltert, hat das Opfer in seiner Gewalt, und wenn er etwas erzwingen will, dann ein Geständnis oder eine Information. Der Einwand ist verständlich. Der Mensch neigt dazu, einen Begriff mit dem Begriffskern gleichzusetzen, hier das Foltern mit dem Quälen eines Gefangenen. Aber bei Rechtsbegriffen und Tatbestandsmerkmalen kommt es auf die genauen Grenzen an, die stets mehr umfassen als nur den Kern und manchmal von einer Definition gezogen werden. Die Folterdefinition setzt ganz eindeutig keine Gefangenschaft des Opfers voraus. Was zweifellos vernünftig ist! Warum sollte es einen Unterschied machen, ob ein Amtsträger, der in maßlosem Zorn mit seinem Schlagstock einen Menschen grün und blau schlägt, dies im Gefängnishof einem Strafgefangenen oder auf dem Markt einem Demonstranten zufügt? Erst recht Folter und noch schlimmere Folter ist also das, was die Polizeibeamtin dem Terroristen antut.

Ich wiederhole und fasse zusammen: Vom herrschenden Standpunkt aus, der auch dem Urteil zugrunde liegt, ist für den letzten Fall zu bestreiten, dass die Polizistin "gefoltert" hat. Denn sie handelte wegen der akuten Gefahr rechtmäßig. Folter ist jedoch unter allen Umständen rechtswidrig. Also kann das, was sie dem Islamisten antut, keine Folter sein. Aber das ist unhaltbar. Amtsträger haben oft das Recht, in hoheitlicher Funktion einer Person vorsätzlich große körperliche oder seelische Schmerzen oder Leiden zuzufügen, und zwar auch solche, die nicht aus legalen "Sanktionen" erwachsen. Sie haben also das Recht, Handlungen zu begehen, die im Rechtssinne "Folter" sind. Z. B. dürfen sie einen Menschen u. U. mit einem Schlagstock schmerzhaft misshandeln, einen Patienten packen, ans Bett fesseln und stundenlang bewegungsunfähig darin festhalten, dürfen jemanden mit Tränengas und im extremen Notfall mit Kugeln beschießen und sogar töten. Richter können Untersuchungshaft für einen unschuldigen Beschuldigten anordnen und ihn so "hinter Gittern" leiden lassen. Sie können ein Urteil sprechen, das alte Leute aus der zur Heimat gewordenen Wohnung vertreibt, oder einem Kind schwerste Herzenspein bereiten, indem sie es der geliebten Mutter entziehen und "in ein Heim stecken". Und schließlich der Verwaltungsakt, der einen Prüfling durchs Abitur oder Staatsexamen fallen lässt! Er verursacht ein so schweres seelisches Leiden, dass ein Suizid die Folge sein kann. Es versteht sich von selbst, dass kein gültiges Gesetz, welches solche hoheitliche Schmerz- und Leidzufügung legitimiert, durch Ratifizierung einer völkerrechtlichen Konvention ungültig gemacht werden sollte. Allerdings beunruhigt der Normenkonflikt, und man ist geneigt, ihn zu verschleiern – durch Verschweigen der Definition und Verleugnung des Vorliegens von Folter. Ein vortreffliches Beispiel dafür ist das Urteil des Bundesverfassungsgerichts.

V. Der Problemfall

Aber gibt es nicht wenigstens einen "harten Kern" des Folterverbots? Gibt es Fälle, für die man das Vorliegen von Folter anerkennt und daraus folgert, dass sie "unter keinen Umständen" gerechtfertigt sein könne? Die Frage ist zu bejahen, wie das folgende Beispiel deutlich macht: Der siebzehnjährige Jugendliche J hat die fünfjährige Tochter T entführt. T steckt allein gelassen und in lebensbedrohlicher Lage in einem Verlies und leidet an Körper und Seele. J fordert für ihr Überleben von den Eltern V und M telefonisch 100.000 Euro. Es gelingt, J aufzuspüren und gefangen zu nehmen. Er verweigert aber jede Auskunft. Vorher wolle er das Geld und ein Fluchtauto. Erst in geraumer Entfernung werde er sich melden und das Versteck offenbaren. Angenommen, das einzige Mittel zur Lebensrettung ist die Androhung und Zufügung großer körperlicher Schmerzen; sie tatsächlich erleidend, würde J nach kurzer Zeit alles sagen. Mir scheint in der Tat eine Lehre zu herrschen, die aus ihren abstrakten Bekenntnissen konkret folgern würde, dass Polizeibeamte kraft der UN-Antifolterkonvention verpflichtet seien, schon auf die Androhung (obwohl das konventionale Folterverbot sie eindeutig nicht umfasst!) und erst recht auf die Zufügung körperlicher Schmerzen zu verzichten und das Kind, das sie retten könnten, sterben zu lassen. Walter Kargl etwa ist überzeugt von "der absoluten Pflicht zur Achtung des Folterverbots", weshalb eine "Rettungsfolter" niemals erlaubt sein könne.[9] Cornelius Prittwitz nennt die Annahme, "Folter sei verboten, aber wer foltere, könne im Recht sein", eine "offensichtliche Unhaltbarkeit". Die einschlägigen Konventionen seien der "normative Widerspruch der Weltgemeinschaft gegen die These, in extremen Fällen rechtfertige der Zweck das Mittel ‚Folter'", und die Konvention lasse mit ihrem "absoluten Folterverbot an Eindeutigkeit nichts zu wünschen übrig".[10]

Natürlich ist es, am Rande bemerkt, Kargln und Prittwitzen unmöglich, konsequent zu sein. Z. B. wenn ein Polizist den flüchtenden J dadurch foltert (= ihm dadurch große körperliche Schmerzen zufügt), dass er ihn mit einem Schuss ins Bein zum Bleiben nötigt. War der Schuss polizeirechtlich

---

9 *Kargl* in Paeffgen u.a., FS für Ingeborg Puppe, 2011, S. 1163, 1174.
10 *Prittwitz* in Putzke u.a., FS für Rolf Dietrich Herzberg, 2008, S. 515, 517 f.

erlaubt (vgl. etwa § 10 Abs. 3 Nr. 3c UZwG) oder gar geboten, dann kann an der rechtlichen Geltung dieser Erlaubnis kein Zweifel bestehen. Also müsste Prittwitz zugeben, dass die These "wer foltert, kann im Recht sein" nicht "offensichtlich unhaltbar", sondern offensichtlich richtig ist. Wie gesagt, kann man diesem Eingeständnis nur dadurch ausweichen, dass man den Begriff "Folter" anders versteht, als es die Definition vorschreibt.

Die Folter als gegeben anerkennen würden beide Autoren aber gewiss, wenn Polizisten den J heftig schlügen, um ihn zur begehrten Auskunft zu nötigen. Vermutlich würden sie für diesen Fall auch die Konsequenz aus ihrem "Niemals" ziehen: Die "absolute Pflicht zur Achtung des Folterverbots" (Kargl) verbiete es der Polizei, zur Rettung des Kindes den J durch Zufügung großer körperlicher Schmerzen zu nötigen; ja schon die Androhung von Folter sei ihr versagt.

In welche Unstimmigkeiten und Wertungswidersprüche man sich mit diesem Rechtsverständnis verstrickt, macht die folgende Überlegung sichtbar: Die Weigerung des J ist ein permanent-gegenwärtiger Angriff auf Leib und Leben des Kindes. § 32 StGB erlaubt es anderen Menschen, das zur Abwendung des Angriffs Erforderliche zu tun ("Nothilfe"). Hätte Vater V den Angreifer J aufgespürt und überwältigt, so dürfte er als Privatmann das erforderliche und allein geeignete Mittel einsetzen; er dürfte den Angriff beenden und seine Tochter retten durch körperlich-schmerzhafte Nötigung des J. Die Frage ist, warum ein Polizist das nicht gleichfalls dürfen soll.

1. Notwehreinschränkung zulasten des Staates?

Darauf könnten die Verfechter des absoluten Folterverbots mir antworten: Nicht der Vater, nur der Polizist "foltert" durch die Zufügung großer Schmerzen. Denn nur er erfüllt als "Angehöriger des öffentlichen Dienstes", der "in amtlicher Eigenschaft" handelt, die Foltervoraussetzungen des Art. 1 Nr. 1 der UN-Antifolterkonvention. Und dass er wegen des absoluten Folterverbots weniger darf als der Vater des bedrohten Kindes, dass er zur Abwendung des Angriffs das Mittel des Nötigens durch Schmerzzufügung, auch wenn "erforderlich", nicht einsetzen darf, ist durchaus stimmig: Es erklärt sich als "sozialethische Einschränkung des Notwehrrechts". Die Zurückhaltung, die der Staat üben muss, ist der Mäßigung vergleichbar, die nahen Angehörigen des Angreifers auferlegt ist. Dem Angriff des eigenen Sohnes z. B. muss der Vater, statt ihn – was andere dürften! – mit erforderlicher Härte u. U. blutig "abzuwenden", möglichst ausweichen, ja entfliehen. So ist auch "Vater Staat", in der Person des Polizisten, gehalten, jedes seiner "Kinder", auch den Verbrecher, zu schonen. Zwar darf und soll er sich mit allen Kräften bemühen, rechtswidrige Angriffe abzuwenden, aber zu diesem Zweck Zwang auszuüben durch nötigende Zufügung großer körperlicher oder seelischer Schmerzen oder Leiden (oder ihm damit auch nur zu drohen), das muss ihm, dem fürsorgenden Vater auch des Angreifers, versagt sein.

2. *Korrektur und Standpunktwechsel*

Früher habe ich selbst den Beispielsfall so beurteilt und meinem Urteil diese Begründung gegeben.[11] Heute erachte ich sie für null und nichtig. Denn das Verbot, dem Angreifer Schmerzen zuzufügen, hat eine Kehrseite, die es unhaltbar macht und die zu erkennen mir Erb, Merkel und Scheinfeld die Augen geöffnet haben.[12] Die Pflicht, den J zu schonen, bedeutet zugleich die Pflicht, den J zu fördern und das Kind und die Eltern zu quälen, d.h. ihnen durch Verweigerung von Nothilfe große körperliche und seelische Schmerzen zuzufügen. Der Polizist hat ja kraft Amtes einzustehen für die Rettung des Kindes, und indem er das dazu Erforderliche un-

---

11 Vgl. *Herzberg* JZ 2005, 321, 324 f.

12 Vgl. *Erb* Jura 2005, 24 ff.; *Merkel* in Pawlik/Zaczyk, FS für Günther Jakobs, 2007, S. 375 ff.; genau unseren Fall betreffen vor allem Darlegungen auf S. 394, wo die Rede ist von "der objektiven Förderung des Unrechts eines Mordes durch einen Normbefehl". Denn "verhindert der Staat ... die allein mögliche Rettung des Lebens eines Angegriffenen mit einem absoluten Folterverbot, so gerät er damit objektiv in die Rolle eines Gehilfen zum Mord". Vgl. ferner *Neumann/Minelli*, ifw-Kommentar zum Rechtsgutachten "Erwerbserlaubnis letal wirkender Mittel zur Selbsttötung in existenziellen Notlagen" von Udo Di Fabio für das Bundesinstitut für Arzneimittel (BfArM). Auf S. 20 geben Autorin und Autor Jörg Scheinfelds noch unveröffentlichte Stellungnahme wieder. Diese betrachtet freilich den Angriff auf Leib und Leben und seine Nichtabwendung nicht unter dem Aspekt der Schmerzzufügung, sondern allein unter dem der Menschenwürdeverletzung, die der Angegriffene erlitte, wenn Nothilfe unterbliebe und er infolgedessen ermordet würde. "Hindert der Staat per Strafandrohung den Nothilfewilligen an der Rettung des Angegriffenen, dann hilft er dem Unterlassungstäter bei der Vollendung des – die Würde des Opfers verletzenden – Mordes ... Geschieht dies, um einen Dammbruch in Richtung ‚Folterstaat' zu verhindern, ist das, was vielfach übersehen wird, naiv utilitaristisch, weil der Einzelne, obwohl durch schmerzhafte Nötigung rettbar, zum Wohle der Allgemeinheit geopfert wird. Damit wird aber gerade der Kern der Menschenwürde preisgegeben: Der Einzelne muss sich nicht zum Wohl anderer, die er nicht bedroht, töten lassen. Allgemeiner gesprochen heißt dies, dass der Einzelne nicht seine fundamentalen Interessen zum Wohle der Allgemeinheit opfern muss."

terlässt, fördert er nicht nur u. U. die Ermordung der T; er verursacht auch das Andauern großer körperlicher und seelischer Schmerzen, die er durch Einwirkung auf J beenden könnte. Auf die aktive Folterung des J verzichtend, foltert er durch Unterlassen andere Menschen – T, V und M. In diesem Dilemma, entweder durch Tun oder durch Unterlassen zu foltern, kann kein Zweifel sein, wie er sich entscheiden muss: gegen den Angreifer und gewiss nicht gegen dessen Opfer.

3. Vermeidung von Wertungswidersprüchen

Der Polizist meines Beispiels muss also wie jedermann berechtigt sein, im Rahmen des § 32 StGB Nothilfe zu leisten, und zwar, weil zur Abwendung des Dauerangriffs mangels milderer Druckmittel "erforderlich", durch körperlich-schmerzhafte Nötigung des J zur Offenbarung des Verstecks. Erst diese Anerkennung des Nothilferechts vermeidet den Widerspruch im System der polizeilichen Zwangsbefugnisse. Denn alle sind einig, dass auch ratifizierte völkerrechtliche Konventionen die detaillierten Regeln etwa zum Schlagstock- und Tränengaseinsatz oder zum Schusswaffengebrauch nicht aushebeln; Regeln, die die Zufügung körperlicher Schmerzen gestatten, zum Zweck der Erzwingung eines Verhaltens wie Rückzug, Fluchtabbruch oder Beendigung eines Dauerangriffs. So ist den Polizeibeamten des Bundes nach § 10 UZwG unter bestimmten Voraussetzungen der "Schußwaffengebrauch gegen Personen" erlaubt. Trifft eine Pistolenkugel den Körper eines Menschen, so erleidet dieser stets "große körperliche Schmerzen". Der Polizist erzwingt also durch Folter ein erwünschtes Verhalten, etwa den Abbruch einer Flucht (vgl. § 10 Abs. 1 Nr. 2 und 3 UZwG) oder die Nichtfortsetzung eines Verbrechens (vgl. § 10 Abs. 1 Nr. 1a UZwG), wie sie auch von J verlangt wird. Gäbe es kein milderes Mittel, J zum Reden zu bringen, dann müsste der Polizist auch zur Dienstwaffe greifen dürfen. Er wäre berechtigt, den J damit zu bedrohen (vgl. § 13 UZwG). Bei weiterer Weigerung dürfte er ihn sogar schmerzhaft verletzen, also foltern. Insoweit ist zur Erlaubnisbegründung statt auf das polizeispezifische Schusswaffengebrauchsrecht auf das allgemeine Notwehrrecht zurückzugreifen. Das ist auch gesetzlich vorgesehen. Denn das Polizeirecht sagt ausdrücklich, dass Polizeibeamte im Rahmen der "Anwendung unmittelbaren Zwangs" auch aufgrund und nach Maßgabe des § 32 StGB rechtswidrige Angriffe abwenden dürfen; exemplarisch nenne ich § 57 Abs. 2 PolG NW, wonach "die Vorschriften über Notwehr und Notstand unberührt" bleiben.

Zugegeben, man subsumiert dem Begriff "Nothilfe" nicht ohne Weiteres unseren Fall, nämlich den eines Angriffs durch andauerndes Unterlassen, abwendbar nur durch Schmerzzufügung, die vom Angreifer eine lebensrettende Information erzwingt. Aber das einzige Argument, weshalb solche Schmerzzufügung nicht nach § 32 StGB gerechtfertigt sei, ist das Pochen auf zwei völkerrechtliche Konventionen, aus welchen sich ein absolutes Folterverbot ergeben soll. Mir scheint dieses Argument hinfällig. Alle erkennen an, dass die Polizei nach geltendem Recht unter mancherlei Umständen Zwangsmaßnahmen treffen darf, die dem Nötigungsopfer große körperliche Schmerzen zufügen, ihn also "foltern" i. S. der UN-Antifolterkonvention. Den Rechtfertigungsausschluss, den sie verbaliter anordnet, bewirkt sie in Wahrheit nicht.

VI. Resümee

Der Bezwungene erleidet große Schmerzen, körperliche im Nothilfefall, seelische im Fall der gewaltsamen Fixierung. Hier wie dort wird er, weil hoheitliche Gewalt den Schmerz vorsätzlich verursacht, im Rechtssinne gefoltert. Das BVerfG will das für die Fixierung nicht wahrhaben, verleugnet die Folter und versäumt so die überfällige Erkenntnis und Klärung, dass Folter – entgegen dem ausdrücklichen Erlaubnisausschluss in den Konventionen – gerechtfertigt sein kann.

VII. Gerechtfertigte Menschenwürdeverletzung?

1. Die Alternative der Tatbestandsverneinung

Aber prinzipiell gelten natürlich für hoheitliche Zwangsmaßnahmen die beiden Verbote, nämlich Menschen zu foltern und ihre Würde anzutasten.[13] Das muss z. B. auch das Personal in psychiatrischen Kliniken beachten. Kann man nun sagen, dass das eine dem anderen entspricht? Wenn die gewaltsame Fixierung eine Folterung ist, dann ist sie auch eine Verletzung der Menschenwürde? Allerdings ist sie unter beiden Aspekten, wenn vorschriftsgemäß angeordnet und vollzogen, gerechtfertigt? Es so zu sehen,

13 Das Verb ist eine Anlehnung an den Gesetzesbegriff "unantastbar". Es ist aber für das Gemeinte ein wenig zu schwach und wird meist sinngleich ersetzt durch andere Worte wie "verletzen", "missachten" oder "beeinträchtigen".

liegt nach dem Gesagten sehr nahe. Aber mit der Konsequenz der Angleichung den Schlussstrich zu ziehen kann nicht befriedigen, weil man über die Eigentümlichkeit des Würdebegriffs hinwegginge. Er verlangt eine Sinngebung, und dabei sind wegen der verschiedenen Sensibilitäten und Wertvorstellungen der Menschen Divergenzen unvermeidlich. So kann man sich gut vorstellen, dass in einem später geführten Gespräch zum Thema Menschenwürde der betroffene Patient wegen der grausigen Behandlung seine Würde im höchsten Maße verletzt sähe, wohingegen die Täter diese Bewertung falsch fänden. Zur Begründung könnten sie sich schlicht darauf berufen, dass hier – anders als bei der Folter-Prüfung – die Berechtigung der Zwangsmaßnahme schon deren Tatbestandsmäßigkeit, d. h. die Würdeverletzung selbst, ausschließe.

Ich habe diese Sicht früher favorisiert.[14] Es schien mir nicht zwingend, aber vertretbar und vorzugswürdig, der Philosophin Weyma Lübbe terminologisch zu folgen: "Eine Würdeverletzung", sagt sie, "die zu Recht geschieht, kann es nicht geben. Was zu Recht geschieht, das verstößt nicht gegen die Menschenwürde."[15] Lübbe sieht also die Würde des von einer staatlichen Zwangsmaßnahme Betroffenen überhaupt nur dann verletzt, wenn ihm Unrecht geschieht. Die Rechtswidrigkeit der zu beurteilenden Tat ist demnach vorab zu prüfen, weil sie eine Voraussetzung ist für das Vorliegen einer Menschenwürdeantastung i. S. von Art. 1 Abs. 1 GG. Rechtmäßige Taten beeinträchtigen niemals die Würde des betroffenen Menschen. Dieser mag es subjektiv ganz anders erleben, er mag sich durch die Tat erniedrigt, gedemütigt, missachtet, entwürdigt fühlen, objektiv hat ein "Antasten" der "Würde des Menschen" nicht stattgefunden.[16]

Heute gefällt mir diese Sichtweise nicht mehr. Es ist in der Rechtswissenschaft üblich – ich vereinfache –, zwischen der Verletzung und der rechtswidrigen Verletzung zu unterscheiden. Wenn z. B. jemand in Notwehr dem Angreifer einen schmerzhaften Schlag in die Magengrube versetzt, dann kann man zwar schon den Tatbestand, nämlich das Tatbestandsmerkmal "körperlich misshandelt" in § 223 StGB verneinen; denn

---

14 Vgl. *Herzberg* in Albrecht u.a., FS für Walter Kargl, 2015, S. 181, 198.

15 *Lübbe* in Lenzen, Ist Folter erlaubt?, 2006, S. 67, 74.

16 Bei formaler Betrachtung bestätigt diese Sicht die herrschende These, dass die aus Art. 1 Abs. 1 S. 1 GG folgende Pflicht "abwägungsfest" sei: Eine gegebene Verletzung der Menschenwürde ist niemals gerechtfertigt. In der Sache ist die Frage der Rechtfertigung und Abwägung aber nur nach vorn verlagert. Überwiegende Interessen können ergeben, dass eine Entwürdigung, z.B. durch Fixierung, erlaubt ist und deshalb nicht als Würdeantastung i. S. von Art. 1 GG gilt, d. h. den Verbotstatbestand nicht erfüllt.

normativ betrachtet ist an einer schmerzhaften Körperbehandlung, die erlaubt ist, nichts "misslich", weshalb der Angreifer auch nicht, könnte man sagen, misshandelt wird. Aber dem Leben näher und daher auch juristisch angemessener ist es, den normativen Aspekt noch zurückzustellen, zunächst aufs Physisch-Faktische zu blicken und schon wegen der Schmerzen, die der Angreifer erleidet, ein Misshandeln zu bejahen. Dass ihn der Angegriffene körperlich misshandeln durfte, das erkennen wir erst außerhalb des § 223 StGB bei der Prüfung des Rechtfertigungsgrundes "Notwehr", § 32 StGB.

Entsprechend sehe ich es jetzt für Art. 1 GG. Was in § 223 StGB die – vielleicht erlaubte – Körperverletzung ist, das ist in Art. 1 GG die Verletzung der Würde eines Menschen. Sie erfüllt den Verbotstatbestand, kann aber erlaubt sein.

Wenn man die Urteilsbegründung in diesem Licht betrachtet, dann ist klar, dass der Senat im Fall korrekter, vorschriftsgemäßer Fixierung, wie Weyma Lübbe und früher auch ich, schon den Tatbestand, die Würdeverletzung selbst, verneint. Denn er findet es "zu weitreichend", "jegliche Art der Fixierung als Folter oder erniedrigende und unmenschliche Behandlung" zu charakterisieren (Rn. 92). Eine gewundene und undeutliche Formulierung, die aber doch erkennen lässt, dass der Senat in den unumgänglich gewaltsamen Fixierungen des Klinikalltags keine Verletzung der Würde des Menschen sieht. Etwas anderes als die Tatbestandsverneinung war auch nicht zu erwarten, denn die fraglichen Akte sollten ja rechtlich toleriert werden, und das BVerfG betrachtet es als ausgeschlossen, dass bei Bejahung einer Würdeverletzung diese jemals gerechtfertigt sein könne. Also wird schon der Tatbestand verneint.

2. *Menschenwürde und Selbstbestimmung*

Aber soll es denn keine Rolle spielen, wenn der Betroffene, dessen Wille gebrochen, dessen Flehen missachtet wird, etwas ganz anderes erlebt? Wenn er sich erniedrigt, gedemütigt, entwürdigt und unmenschlich behandelt fühlt? So wird es den meisten Betroffenen ergehen, und dann empfinden sie nicht nur körperliche Misshandlung und seelische Schmerzen, sondern auch die Verletzung ihrer Würde. Das muss entscheidend sein, meint der Philosoph Michael Schmidt-Salomon und lässt die subjektive Bewertung ganz und gar den Ausschlag geben. Er sieht "den Begriff der Menschenwürde ... im höchsten Maße mit dem Selbstbestimmungsrecht des Individuums verknüpft". Allen religiösen und staatlichen Autoritäten, also wohl auch dem Bundesverfassungsgericht, entzieht er in puncto

Menschenwürde gleichsam die Sinngebungszuständigkeit und stellt mit Aplomb die These auf: "Die Würde des Einzelnen ist dadurch bestimmt, dass der Einzelne über seine Würde bestimmt."[17]

Der Lehrsatz hat bei Schmidt-Salomon eine andere Stoßrichtung, aber es kann kein Zweifel sein, dass er für den Fixierungsfall die Konsequenz hat, die ich ziehe. Sie leuchtet hier auch ein – jedenfalls dann, wenn man nach dem Zugeständnis, der Patient sei Opfer der Missachtung seiner Würde, offen bleibt für die Bewertung der Tat als einer gerechtfertigten Würdeverletzung. Aber nun denke man sich einen Menschen, dessen Würdebestimmung uns empört! Ein Vater untersagt seiner zehnjährigen Tochter die Teilnahme am Schwimmunterricht und sieht seine Würde dadurch missachtet, dass ihm in der Schule eine Frau als Schulleiterin entgegentritt, von ihm Rede und Antwort fordert und ihm die gebotene Anweisung erteilt. Sollen wir dem Manne zugestehen, dass die Frau ihn in seiner Würde tatsächlich verletzt, weil sein Frauenbild es ihn so sehen und fühlen lässt? Hier scheint es mir unstimmig, der "Selbstbestimmung" des Mannes diesen Raum zu geben und erst die Rechtswidrigkeit zu verneinen.

Sogar sinnlos ist die Frage nach der Selbstbestimmung, wenn der, um dessen Würde es geht, keine Entscheidungskompetenz hat. Sie fehlt z. B. dem männlichen Säugling, dem ohne medizinische Indikation aus rein religiösem Grund die Vorhaut abgeschnitten wird. Viele sagen, das Kind werde nicht nur in seinen Grundrechten auf körperliche Unversehrtheit (Art. 2 Abs. 2 S. 1 GG) und sexuelle Selbstbestimmung (Art. 2 Abs. 1 GG), sondern auch in seinem Grundrecht auf Menschenwürde (Art. 1 Abs. 1 GG) verletzt; und § 1631d BGB, der die rituelle Beschneidung erlaubt, sei verfassungswidrig und nichtig.[18] Andere bestreiten das und glauben einer religiösen Lehre, wonach dem Kind erst das Wegschneiden des Präputiums die vollkommene Würde verschaffe. Andreas Manok wiederum gehört zu den vielen, die § 1631d BGB als mit dem Grundgesetz unvereinbar bewerten. Aber einen Eingriff speziell in das Grundrecht auf Menschenwürde sieht er weder in der gesetzlichen Gestattung noch in der konkreten Veranlassung und Ausführung der (religiös motivierten) Zirkumzision. Seine

17 *Schmidt-Salomon* Aufklärung und Kritik (AuK), 4/2018, 7–27.

18 Speziell zur verfassungsrechtlichen Frage *Scheinfeld* in Franz, Die Beschneidung von Jungen – Ein trauriges Vermächtnis, 2014, S. 358–396; aus dem Einbandtext: "In diesem Buch äußern sich Betroffene, Ärzte, Juristen, Psychoanalytiker, Politiker und andere Fachleute kritisch zur Jungenbeschneidung und engagieren sich für den Kinderschutzgedanken." Vgl. auch den Beitrag von *Eschelbach/Franz/Scheinfeld*, Kinderbeschneidung und politische Verantwortung, in diesem Sammelband.

Begründung hält nicht das Niveau seiner sonst so stringenten Argumentationen, sie sucht hilflos ihr Heil in sympathetischer Anerkennung und in den üblichen Floskeln und Phrasen, womit auch andere den Begriff der Menschenwürde inhaltlich aufzuladen versuchen. "Die Sorgeberechtigten wollen die betroffenen Minderjährigen durch den Akt der Beschneidung und den dadurch herbeigeführten Zustand des Beschnittenseins aber nicht erniedrigen, zum bloßen Objekt herabwürdigen und ihre Subjektqualität in Frage stellen oder ihren Personenwert missachten, sondern verfolgen damit im Gegenteil Absichten, die im Regelfall aus ihrer Sicht wohlmeinend sind ... Der Eingriff ist meist mit einer festlichen Zeremonie verbunden, bei der die betroffenen Minderjährigen im Mittelpunkt stehen und oftmals beschenkt werden."[19]

3. *Verletzung eines Persönlichkeitsrechts als Kriterium der Würdeverletzung*

Und es soll die Würde des Kindes nicht antasten, dass die Beschneidung sein Recht auf körperliche Unversehrtheit und sein Recht auf sexuelle Selbstbestimmung verletzt, dass sie ihm ein für das sexuelle Lustempfinden wichtiges, hochsensibles Körperstück raubt, welches er als mündiger Mensch wohl kaum opfern würde? Das ist nicht überzeugend. "Die Entscheidung darüber, sich den besonders sensiblen und erogenen Teil seines Geschlechtsorgans abschneiden zu lassen (sei es aus Gründen der Ästhetik, der Hygiene, der Prophylaxe oder für einen Bund mit seinem Gott), betrifft die Intimsphäre der Person und ist eine höchstpersönliche Entscheidung, die nicht in Stellvertretung getroffen werden darf. Da völlig offen ist, ob der spätere, entscheidungsreife Erwachsene sich für eine Beschneidung entschiede und diesen Körperteil irgendeinem Interesse opfern würde, drückt die Anmaßung einer Stellvertreterentscheidung nur aus, dass man die – noch reifende – Persönlichkeit des Kindes nicht respektiert!"[20] Der Zusammenhang mit der Würde des Kindes ist offensichtlich. Die Würde des Menschen verletzen heißt nichts anderes, als seine Persönlichkeit verletzen, und dies wiederum heißt: ihn ohne sein rechtsgültiges Einverständnis in einem Persönlichkeitsrecht verletzen. Wie auch sonst sollte man die Würde eines Säuglings anders missachten können als durch Miss-

---

19 *Manok*, Die medizinisch nicht indizierte Beschneidung des männlichen Kindes. Rechtslage vor und nach Inkrafttreten des § 1631d BGB unter besonderer Berücksichtigung der Grundrechte, 2015, S. 171 f.

20 *Scheinfeld* in Franz, Die Beschneidung von Jungen – Ein trauriges Vermächtnis, 2014, S. 365.

achtung seiner elementaren Rechte, d.h. seiner Rechte "auf Leben und körperliche Unversehrtheit", zu wahren durch gesunde Ernährung und durch Schutz vor Verletzung, Krankheit und Schmerz?

Der Eingriff in das Grundrecht auf Menschenwürde ist ein Akzessorium zum Eingriff in ein Persönlichkeitsrecht (Körperintegrität, Ehre, Freiheit, Willensautonomie, Intimsphäre der Wohnung, sexuelle Selbstbestimmung, Briefgeheimnis, Recht am eigenen Bild). Die gewaltsame Fixierung ist demnach ebenso wie die rituelle Beschneidung von Kindern eine Verletzung der Menschenwürde, und hier wie dort stellt sich die Frage der Rechtfertigung, die in Beschneidungsfällen nur bei medizinischer Indikation positiv beantwortet werden kann. Der Vater der zehnjährigen Schülerin dagegen erleidet schon gar keine Würdeverletzung, so sehr sich sein Würdegefühl auch empören mag. Denn unsere Rechtsordnung kennt kein Persönlichkeitsrecht des Mannes, von keiner Frau ermahnt und gemaßregelt zu werden.

II. Untersuchungen zu aktuellen Problemen

Selbstbestimmt von der Geburt bis in den Tod – Von der pränatalen Diagnostik bis zur Sterbehilfe

Ludwig A. Minelli[*]

Was gehört zur
Reproduktionsmedizin

Techniken

Techniken der Reproduktionsmedizin werden dort eingesetzt, wo eine natürliche Zeugung auf Schwierigkeiten stößt oder scheitert.
In den letzten vierzig Jahren sind insbesondere die folgenden Techniken entwickelt worden:

- Intrauterine Insemination (IUI)
- Intratubare Insemination (ITI)
- Gamete-Intra-Fallopian-Transfer (GIFT)
- Zervikal-Intra-Fallopian-Transfer (ZIFT)
- In-vitro-Fertilisation (IVF)
- Intrazytoplasmatische Spermieninjektion (ICSI).

Außerdem zählen wir zur Reproduktionsmedizin auch

diagnostische Verfahren

zur Beurteilung von befruchteten Eizellen oder Embryos mit dem Ziel, wenn immer möglich bei der Anwendung der vorstehenden Techniken nur Nachwuchs zu erzielen, der keine genetischen Defekte aufweist. Bei diesen Untersuchungen kann auch das Geschlecht erkannt werden. Es handelt sich dabei um die folgenden Verfahren:
Präimplantationsdiagnostik (PID)
Polkörperdiagnostik (PKD).

Weitere Problemfelder

- Eizellenspende
- Leihmutterschaft
- Einfrieren von menschlichen Eizellen und menschlichem Sperma
- Drei-Eltern-Kinder (Kern-Transfer)

Links

- Präimplantationsdiagnostik: http://sgemko.com/2pJs5Rs
- Pränataldiagnostik: http://www.fetus.ch/

---

* Gründer und Generalsekretär von Dignitas – Menschenwürdig leben – Menschenwürdig sterben; dieser Beitrag beruht auf einem Referat bei den Freidenkerinnen Winterthur vom Dienstag, 9. Mai 2017 und berücksichtigt die Entwicklung des Rechts bis Ende April 2019.

A. Einleitung

Der Mensch wird zwar als Individuum, allerdings als hilfloses unselbständiges Wesen, geboren. Im Unterschied zu Nestflüchtern ist er ein Nesthocker. Auf sich allein gestellt ist er nicht lebensfähig. Er bedarf zur Sicherung seiner Existenz der Gemeinschaft mit anderen Menschen. Zuerst bedarf er während Jahren der Brutpflege, damit er sich zu einem gesunden Erwachsenen entwickeln kann. Im Laufe seines Lebens ist er zur Bewältigung der Lebensaufgaben auf Austausch und Umgang mit anderen angewiesen. Deshalb, so sagen wir, ist das Wirbeltier Mensch ein soziales Wesen. Er ist somit zugleich Individuum als auch Teil eines Kollektivs.

Ein Kollektiv, in welchem unter seinen zahlreichen Individuen einigermaßen Frieden herrschen soll, funktioniert vor allem auf Grund verbindlicher Regeln. Regeln bestimmen den Ausgleich zwischen den gegensätzlichen Interessen der Individuen unter sich und zu denjenigen des Kollektivs. Die Regeln, welche das Verhältnis des Individuums zur Gemeinschaft bestimmen, können sich somit theoretisch zwischen zwei Polen bewegen: dem Pol der absoluten Individualität und dem Pol des absoluten Kollektivs. Dem entsprechend ist die Position dieser Regeln auf der Linie, welche diese beiden Pole verbindet, vorab abhängig von der Kultur der jeweiligen Gemeinschaft, in welcher sie gelten.

Das Individuum vermag zufolge des ihm innewohnenden Verstandes selber Entscheidungen zu treffen und den Versuch zu unternehmen, sie durchzusetzen. Ein Kollektiv bedarf normalerweise besonderer Strukturen und Organe, um einen gemeinschaftlichen Willen zu bilden. Solche Strukturen bringen in aller Regel Führungsfiguren hervor. Sie weisen die Tendenz auf, die Regeln nach ihrem Gusto zu fassen. Das Individuum soll weniger, das Kollektiv – oder der Führer und die Führungsschicht – mehr zu sagen haben. Aktuelles Beispiel: Türkei. Dies führt zur Herrschaft der einen über die anderen. Wir erleben bei der Beobachtung dieser Vorgänge das Machtproblem.

In unserer westlichen Kultur hat sich die Auffassung entwickelt, diese Regeln müssten insbesondere dazu geeignet sein, dem Individuum einen möglichst großen Freiraum offen zu halten. Dazu gibt es in der Geschichte zwar schon recht frühe Ansätze, etwa im antiken Athen oder in Persien. Maßgebend dürfte der heute in der westlichen Welt, insbesondere der in Europa erreichte Zustand der Grundregeln, direkt auf die philosophische Grundhaltung zurückzuführen sein, welche wir Aufklärung nennen. Sie ist, so hat es der deutsche Philosoph Immanuel Kant (1724-1804) gesagt,

> „... der Ausgang des Menschen aus seiner selbstverschuldeten Unmündigkeit. Unmündigkeit ist das Unvermögen, sich seines Verstandes ohne Leitung eines anderen zu bedienen. Sapere aude![1] Habe Mut, dich deines Verstandes zu bedienen! ist also der Wahlspruch der Aufklärung."[2]

Es war die Aufklärung, die uns auch jene Gedanken gebracht hat, welche wir Menschenrechte nennen. Sie ist die Basis liberalen Denkens.

In dieser Einleitung soll nicht weiter auf die Details der Geschichte der Menschenrechte eingegangen werden. Es sei bloß festgehalten, dass im Rahmen dieser geschichtlichen Bewegung die Stellung des Individuums in der Gemeinschaft zunehmend stärker geworden ist. Wir gehen heute in Europa grundsätzlich davon aus, dass das Wohl und das Schicksal des Individuums oberste Richtschnur staatlichen Agierens sein sollte. Dazu gehört

- der Anspruch auf Gleichbehandlung,
- der Anspruch auf möglichst viel individuelle Gestaltungsfreiheit in Bezug auf das eigene Leben, sowie
- der Anspruch – aber auch die Verpflichtung – auf Solidarität.

Im Rahmen dieser grundsätzlichen Regelung spielt das Recht auf Selbstbestimmung des Menschen die zentrale Rolle. Es beruht auf der Überlegung, dass jeder Mensch gleich und frei geboren ist. Und es beruht auf der Überzeugung, dass Menschen Würde besitzen. Dazu wiederum Kant:

> „Die Wesen, deren Dasein zwar nicht auf unserem Willen, sondern der Natur beruht, haben dennoch, wenn sie vernunftlose Wesen sind, nur einen relativen Wert, als Mittel, und heißen daher Sachen, dagegen vernünftige Wesen Personen genannt werden, weil ihre Natur sie schon als Zwecke an sich selbst, d. i. als etwas, das nicht bloß als Mittel gebraucht werden darf, auszeichnet, mithin so fern alle Willkür einschränkt (und ein Gegenstand der Achtung ist)."[3]

Auf dieser Anschauung fußt das Recht auf Selbstbestimmung. Es schließt die Macht oder gar die Willkür eines Dritten aus. Dieses Recht darf nur dann Beschränkungen unterworfen werden, wenn deren Fehlen die Rechte Anderer oder höher zu gewichtende Interessen der Gemeinschaft gefähr-

---

1 Wage es, weise zu sein!

2 *Kant*, Beantwortung der Frage: Was ist Aufklärung? http://gutenberg.spiegel.de/buch/-3505/1, abgerufen am 1.3.2019.

3 *Kant*, Grundlegung zur Metaphysik der Sitten, https://gutenberg.spiegel.de/buch/grundlegung-zur-methaphysik-der-sitten-3510/1, abgerufen am 29.4.2019.

det. Die Herrschaft der Mächtigen soll damit durch die Herrschaft des Rechts[4] ersetzt werden.

B. Die Umsetzung dieser Ideen in der EMRK

Diese Gedanken sind nun beispielsweise im Wortlaut von Artikel 8 der Europäischen Menschenrechtskonvention (EMRK) wie folgt sehr einfach ausgedrückt worden:

> „(1) Jede Person hat das Recht auf Achtung ihres Privat- und Familienlebens, ihrer Wohnung und ihrer Korrespondenz.
> (2) Eine Behörde darf in die Ausübung dieses Rechts nur eingreifen, soweit der Eingriff gesetzlich vorgesehen und in einer demokratischen Gesellschaft notwendig ist für die nationale oder öffentliche Sicherheit, für das wirtschaftliche Wohl des Landes, zur Aufrechterhaltung der Ordnung, zur Verhütung von Straftaten, zum Schutz der Gesundheit oder der Moral oder zum Schutz der Rechte und Freiheiten anderer."

Diese Bestimmung garantiert mit ihrem Absatz 1 das Recht auf Selbstbestimmung. Mit ihrem Absatz 2 hält sie fest, wie, unter welchen Bedingungen und zugunsten welcher Rechtsgüter der Staat in diese Rechte eingreifen, sie also beschränken darf.

In formeller Hinsicht verlangt Artikel 8 Absatz 2 EMRK, eine Einschränkung müsse in einem Gesetz vorgesehen sein. Unter dem Begriff „Gesetz" wird dabei eine Norm in einem formellen Gesetz, aber auch eine solche in einer Verordnung verstanden.

In sachlicher Hinsicht darf eine Einschränkung nur dort erfolgen, wo ganz klar bestimmte Rechtsgüter gefährdet sind:

- die nationale oder öffentliche Sicherheit;
- das wirtschaftliche Wohl des Landes;
- die Aufrechterhaltung der Ordnung;
- die Verhütung von Straftaten;
- der Schutz der Gesundheit oder der Moral;
- der Schutz der Rechte und Freiheiten anderer.

---

4 Dies ist nach der Präambel der EMRK auch eines der wichtigen Ziele dieser Menschenrechtsgarantie.

Es genügt aber nicht jede beliebige Gefährdung, um eine Beschränkung des Selbstbestimmungsrechts zu rechtfertigen. Die Vorschrift enthält auch das Gebot der Verhältnismäßigkeit: Eine Einschränkung darf nur erfolgen, sofern diese zum Schutz der erwähnten Rechtsgüter

„in einer demokratischen Gesellschaft notwendig ist".

Der Europäische Gerichtshof für Menschenrechte in Straßburg (EGMR) hat diesen besonderen Begriff – die „Notwendigkeit in einer demokratischen Gesellschaft" – erstmals in seinem Urteil HANDYSIDE[5] gegen das Vereinigte Königreich umschrieben. Er tat dies interessanterweise im Zusammenhang mit dem Rechtsgut der Moral. Dieses Rechtsgut wird durch menschliche Entscheidungen über Leben und Tod vorab berührt. Im Fall HANDYSIDE spielte die Moral eine Rolle im Zusammenhang mit der Äußerungsfreiheit; dort ging es um das sogenannte „Kleine rote Schülerbuch". Dessen Verbreitung war durch englische Behörden zufolge dessen freiheitlicher Auffassungen zu Sexualität verboten worden. Sie befürchteten Nachteile in Bezug auf den Jugendschutz.

Der Gerichtshof erklärte, es sei in erster Linie Aufgabe der staatlichen Behörden, darüber zu urteilen, ob ein „zwingendes gesellschaftliches Bedürfnis" vorliegt.

Der Gerichtshof umschreibt somit diese „Notwendigkeit in einer demokratischen Gesellschaft" damit, es müsse „ein zwingendes gesellschaftliches Bedürfnis" – in den Originalsprachen[6] des Urteils „a pressing social need", „un besoin social impérieux" – gegeben sein, damit eine Beschränkung der in der EMRK niedergelegten Menschenrechte und Grundfreiheiten Bestand haben kann.

Damit hat uns der Gerichtshof eine Handreichung dazu gegeben, staatliche Einschränkungen des Selbstbestimmungsrechts daraufhin zu beurteilen, ob solche Beschränkungen eher zulässig oder aber eher unzulässig sind.

C. Einige Problemfelder

Nachfolgend soll nun versucht werden, einige Problemfelder aufzuzeigen, die sich in Bezug auf den Anfang und auf das Ende eines menschlichen Le-

---

5 EGMR 7.12.1976 – 5493/72.

6 Im Europarat und damit auch im EGMR sind nur Englisch und Französisch die Originalsprachen.

bens einem Gemeinwesen unter dem Gesichtspunkt der Selbstbestimmung eines Individuums stellen können.

Oscar Wilde hat einmal gesagt, die einzigen Dinge, über die es sich lohne, ernsthaft zu sprechen, seien die lustigen. Gelegentlich darf dieser Satz auch umgedreht werden: Man darf ab und zu auch über ernsthafte Dinge etwas Lustiges sagen. Das Leben ist etwas Ernsthaftes. Doch es ist auch schon beschrieben worden als sexuell übertragbare Krankheit mit hundertprozentiger Mortalität. Der Tod gehört genauso zum Leben wie die Geburt.

I. Schwangerschaftsabbruch

Doch beginnen wir am Anfang des Lebens: Eine Frau wird schwanger. Dies bedeutet, dass sich in ihrer Gebärmutter ein durch ein Spermium befruchtetes Ei einnistet. Dann kann sich ein Embryo entwickeln, der das Potential aufweist, nach erfolgter Lebendgeburt Person zu werden.

Hat eine Frau dies als Schicksal hinzunehmen? Muss sie die Erschwernisse einer Schwangerschaft und die Anstrengungen, Schmerzen sowie Risiken einer Geburt oder eines Kaiserschnitts und die auf die Geburt folgenden gesundheitlichen Gefahren auf sich nehmen? Oder darf sie schon die Einnistung der befruchteten Eizelle medikamentös verhindern oder nach der Nidation die Schwangerschaft abbrechen? Sind hier Interessen des Vaters oder auch des werdenden Kindes zu berücksichtigen? Schränken diese das Selbstbestimmungsrecht der Frau – Stichwort: „Mein Körper gehört mir“ – ein?

Die europäischen Staaten haben hierzu keine einheitliche Meinung; wir lernen daraus, dass „Moral“ abhängig sein kann von einem geographischen Ort. Wo immer in Europa in Bezug auf Auffassungen zu bestimmten Themen keine Übereinstimmung vorliegt, nimmt der EGMR an, den Staaten[7] stehe ein weiter Ermessensbereich zur Verfügung.

Insoweit sich die Organe der EMRK mit dem Problem des Schwangerschaftsabbruchs befasst haben, lässt sich das Folgende feststellen:

---

7 Hier stellt sich oft die Frage, ob auf die Regierung oder die Bevölkerung eines Vertragsstaates abzustellen ist, wenn die Auffassungen von Regierung und Bevölkerung divergieren. In einem neueren Urteil des EGMR, Oliari und andere gegen Italien, vom 21.7.2015 – 18766/11 und 36030/11, Ziff. 181, verweist der Gerichtshof auf die durch Statistikamt und Umfrageergebnisse nachgewiesene weitgehende Bereitschaft der italienischen Bevölkerung, Lebensgemeinschaften gleichgeschlechtlicher Personen der Ehe gleichzustellen.

Die Europäische Menschenrechtskommission[8] hat schon früh[9] erklärt, aus Artikel 8 EMRK könne nicht geschlossen werden, eine

> „Schwangerschaft und deren Beendigung seien grundsätzlich nur eine Angelegenheit des Privatlebens der Mutter";

und sie hat in diesem Zusammenhang später[10] auch den Anspruch des Vaters auf Achtung des Privatlebens bestätigt. Der EGMR hat jedoch die Beschwerde eines Vaters gegen die Abtreibung des Fötus durch die Mutter für unzulässig erklärt[11]. Einen Schutz des Fötus gegen Abtreibung haben die Straßburger Organe bislang nie bejaht.

II. Reproduktionsmedizin

Vom Standpunkt der „Moral" aus haben vor allem die mittlerweile aufgrund der Fortschritte der Medizin geschaffenen Möglichkeiten der Reproduktionsmedizin Fragen aufgeworfen. Der moderne Zweig dieser Medizin nahm seinen Anfang 1978, besteht somit seit mehr als vierzig Jahren. Damals gelang erstmals die Vereinigung einer Eizelle und eines Spermiums im Reagenzglas. Anschließend wurde die befruchtete Eizelle der Mutter in die Gebärmutter eingepflanzt. Das dazu gehörige Fachwort ist „In-Vitro-Fertilisation".

Wir sprechen im Zusammenhang mit Menschen, die daran interessiert sind, sich fortzupflanzen, generell von der Reproduktionsfreiheit. Geht es um die Verhinderung von Reproduktion, sprechen wir von der negativen Reproduktionsfreiheit: Verhütung, Verhinderung der Nidation, Schwangerschaftsabbruch. Geht es darum – trotz vorhandener Probleme, die vor 1978 medizinisch nicht lösbar waren –, sich reproduzieren zu können, sprechen wir von der positiven Reproduktionsfreiheit: Inanspruchnahme der Reproduktionsmedizin, um eine umständehalber bestehende Sterilität

8 Diese Kommission existiert nicht mehr; sie war von 1954 bis 1998 als untersuchende Behörde tätig. Sie konnte Beschwerden definitiv abweisen; für eine Gutheißung einer Beschwerde waren aber entweder ein Urteil des EGMR oder eine Resolution des Ministerkomitees des Europarates erforderlich.

9 DR 10 S. 116, § 61.

10 Vgl. die Nachweise bei *Breitenmoser*, Der Schutz der Privatsphäre gemäss Art. 8 EMRK. Das Recht auf Achtung des Privatlebens, der Wohnung und des Briefverkehrs, 1986, S. 124 ff.

11 EGMR 5.9.2002 – 50490/99 (Boso gegen Italien).

einer Person oder einer Personenzweiheit[12] wenn immer (technisch und medizinisch) möglich zu überwinden.

Im beschränkten Rahmen eines solchen Beitrages ist es schlicht unmöglich, alle bislang vorhandenen Vorgehensarten im Bereich der Reproduktionsfreiheit einzeln zu behandeln. Deshalb sollen nachfolgend nur einige wenige Bereiche erörtert werden.

1. Vermeidung der Weitergabe von Erbkrankheiten

Da gibt es beispielsweise den Wunsch von Menschen, die an einer erblichen Krankheit leiden. Sie möchten wenn immer möglich ein gesundes Kind bekommen und vermeiden, dass sich ihre krankmachende Anlage über weitere Generationen ausbreiten kann. Also ist es erforderlich, die Eigenschaften eines Embryos untersuchen und damit kennenlernen zu können. Je früher, desto besser. Zweck solcher Untersuchungen ist, herauszufinden, ob der Embryo die vermutete krankmachende Anlage aufweist. Ist dies der Fall, kann entschieden werden, ob ein Embryo in die Gebärmutter eingepflanzt werden soll oder nicht – da geht es um Präimplantationsmedizin –, oder ob die Schwangerschaft abgebrochen werden soll, wenn Untersuchungen erst stattgefunden haben, nachdem sich die Schwangerschaft ergeben hat.

Dabei gibt es das Problem des Unterschieds zwischen Männern und Frauen: Männer sind in der Lage, meist bis ins hohe Alter befruchtungsfähige Spermien zu bilden. Frauen altern ovariell verhältnismäßig rasch. Ab etwa 35 Jahren weisen sie weniger entwicklungsfähige Eizellen auf. Das hat zur Folge, dass sie in fortgeschrittenem Alter immer seltener schwanger werden. Wenn die Fortpflanzungsmedizin es möglich macht, derartige Untersuchungen durchzuführen, um einen Kinderwunsch erfüllen zu können, muss das nicht nur zulässig sein; Frauen haben in solchen Fällen auch einen Anspruch darauf, dass die erforderlichen Untersuchungen durchgeführt werden können.

12 Die Reproduktionsmedizin macht es auch möglich, dass eine alleinstehende Frau mittels künstlicher Insemination ohne direkte Mitwirkung eines Mannes einem Kind das Leben schenken kann; die Reproduktionsmedizin ermöglicht es auch einem gleichgeschlechtlichen männlichen Paar, ein gewissermaßen „eigenes Kind" erhalten zu können.

2. *Geburten erfolgen zunehmend in mittleren Lebensphasen*

Dies ist auch aus einem anderen Grund wesentlich. In der Gesellschaft zeigt sich, dass Frauen im Durchschnitt ihre Kinder heutzutage wesentlich später gebären, als dies früher der Fall war. Die Vereinbarkeit von Beruf und Familie ist die dafür wesentliche Ursache: Auf die Ausbildung in jungen Jahren folgt die berufliche Tätigkeit, die Inanspruchnahme von Aufstiegschancen; das Kinderkriegen wird in eine mittlere Lebensphase verschoben. Oft gelingt dann eine späte Schwangerschaft nur noch mit Hilfe der Reproduktionsmedizin. Eine der dazu möglichen Maßnahmen: Man sorgt rechtzeitig vor und lässt Eizellen und Spermien einfrieren, zu späterem Gebrauch. Was soll unter rechtlichen Gesichtspunkten dagegen sprechen? Auch hier haben Menschen einen Anspruch darauf, über die möglichen Risiken und die von der Wissenschaft erarbeiteten Untersuchungsmethoden informiert zu werden und diese in Anspruch zu nehmen.

3. *Kinderwunsch bei Scheitern natürlicher Fortpflanzung*

Dies gilt insbesondere auch für Menschen, die ohne Hilfe der Reproduktionsmedizin keinerlei Möglichkeit hätten, eigene Kinder oder eigene gesunde Kinder zu bekommen, also ihre Gene weiterzugeben, ohne gleichzeitig eine Belastung, eine Krankheit, die auf defekten Genen beruht, weiterzugeben.

Damit wird deutlich: Das Anwendungsfeld der Reproduktionsmedizin findet sich dort, wo eine Fortpflanzung auf natürlichem Wege scheitert, sowie dort, wo bei einer natürlichen Fortpflanzung negativ wirksame Gene weitergegeben würden.

4. *Umgang mit menschlichem Material*

Da die Reproduktionsmedizin mit lebendem Material umgeht – menschlichen Eizellen, menschlichen Spermien, menschlichen Embryonen –, ist es unvermeidlich, dass sich dabei Fragen der Moral und der Ethik stellen.

Unter Moral verstehen wir nicht etwas weltweit Einheitliches. Moral nennen wir die Gewohnheiten, die Sitten, die Bräuche, die Wertvorstellungen, die Normen und Regeln menschlichen Handelns einer bestimmten Gruppe.

So kann man etwa sagen, die Zulässigkeit der Todesstrafe entspreche der Moral jener Gliedstaaten der USA, welche diese Art der Strafe (noch) anwenden, sie widerspreche jedoch der Moral der übrigen Gliedstaaten, welche sie mittlerweile abgeschafft haben.

Demgegenüber ist es Sache der Ethik[13], Moraleinstellungen zu diskutieren und von einem übergeordneten Gesichtspunkt aus zu werten. Gleichzeitig ist aber zu beachten, dass auch Ethik nicht etwas Eindeutiges und Unumstrittenes ist; häufig ist sie weltanschaulich gefärbt. Deshalb gibt es eine römisch-katholische Ethik, eine protestantische Ethik, eine jüdische Ethik, eine muslimische Ethik. Und, nicht zu vergessen, eine humanistisch-liberale. Vieles würde einfacher werden, wenn der humanistischen Ethik universelle Beachtung zukäme.

Gelegentlich hat der Autor schon geäußert, wer über Ethik verfüge, benötige keine Ethikkommission. Das weist darauf hin, dass das Etikett „Ethik" allein noch gar nichts über die Qualität der Auffassungen solcher Kommissionen sowie darüber, wem diese dienen sollen, auszusagen vermag.[14]

a) Die humanistisch-liberale Ethik

Die humanistische Ethik ist in prägender Weise liberal: Sie belässt dem Individuum jegliche Freiheit der Entscheidung und des Handelns, soweit dadurch nicht schützenswerte Rechte und Freiheiten Dritter oder überwiegende Interessen der Gemeinschaft gefährdet oder verletzt werden.

---

13 Ethik ist eine Disziplin der Philosophie. Sie untersucht Sitten, Gebräuche, Verhalten von Menschen und bewertet diese.

14 So hat etwa das Appellationsgericht des Kantons Basel-Stadt in einem Urteil festgehalten, nicht alle Bestimmungen der Medizin-ethischen Richtlinien über Sterben und Tod der Schweizerischen Akademie für die Medizinischen Wissenschaften (SAMW) lägen im öffentlichen Interesse; AppGer BS, 6.7.2017 – VD.2017.21 (AG.2017.455). Ausführliche Urteilsbesprechung durch *Patrick Schaerz*, Suizidhilfe – gehören SAMW-Richtlinien zu den medizinischen Berufspflichten? Zur grundrechtskonformen Auslegung von Art. 40 MedBG, in Aktuelle Juristische Praxis (AJP) 1/ 2019, 115–129.

b) Religiös gebundene Ethiken

Demgegenüber beziehen religiös bestimmte Ethiken ihre „Wahrheiten" stets nur durch den Filter der jeweils eigenen Glaubensvorschriften. Einige unter ihnen wollen, dass diese auch für Andersgläubige verbindlich sein sollen.

Religiöser Glaube setzt eben – im Unterschied zur humanistischen Ethik – nicht Rationalität voraus, sondern dass ein übergeordnetes, allmächtiges Etwas besteht, dem gehorcht werden soll. Dieses Etwas bewegt sich jenseits des Verstandes und der Vernunft. Meist steht es auch im Widerspruch zu den Gesetzen der Chemie und der Physik. Dennoch fordert es angeblich allgemeine Beachtung.[15]

D. Vom weltanschaulich neutralen Staat zu beachtendes Verhalten

Im weltanschaulich neutralen und pluralistischen Staatswesen muss vor allem dann religiös motivierte Ethik in den Hintergrund treten, wenn es um Menschenrechte und Grundfreiheiten, insgesamt somit um Freiheitsrechte geht.

Auszugehen ist von der Staatsauffassung und dem Wertesystem, wie sie der große Staatsrechtler ZACCARIA GIACOMETTI (1893–1970), der an der Universität Zürich lehrte, festgehalten[16] hat:

> „Wie nun die Bundesverfassung stillschweigende Bundeskompetenzen enthält, hat sie auch stillschweigende Gewährleistungen von Freiheits-

---

15 Wie eigenartig kirchlich gebundene Persönlichkeiten den Begriff der Wahrheit verstehen, illustriert ein Satz aus einem Interview mit dem Präsidenten der Christlichdemokratischen Volkspartei der Schweiz (CVP), Gerhard Pfister, um Weihnachten 2018, in welchem er ausgeführt hat: „Die Aufklärung ist letztlich ein christlicher Gedanke. Eine Errungenschaft der freien, westlichen Gesellschaftsmodelle ist, dass sie zwar die Religionsfreiheit garantieren, aber die Kultusfreiheit einzuschränken wagen, wenn diese den Menschenrechten oder dem Rechtsstaat widerspricht. Bei uns lautet die Reihenfolge: Menschenrechte, Verfassung, Religion. Die christlichen Kirchen haben es geschafft, sich selber zu beschränken und das Gesetz über die eigenen Glaubenspraktiken zu stellen", https://www.luzernerzeitung.ch/schweiz/schweiz-cvp-praesident-gerhard-pfister-die-aufklaerung-ist-ein-christlicher-gedanke-ld.128885, abgerufen am 28.4.2019. Insoweit dem Autor Geschichte vertraut ist, ist er bislang immer davon ausgegangen, dass diese Errungenschaften gegen erheblichen, oft gar rabiaten Widerstand der Kirchen haben erkämpft werden müssen.

16 *Fleiner/Giacometti*, Schweizerisches Bundesstaatsrecht, 1949, S. 241 f.

rechten zum Inhalt. Aus dem Sinn des Freiheitsrechtskatalogs der Bundesverfassung als eines liberalen Wertsystems lässt sich nämlich folgern, dass die Bundesverfassung jede individuelle Freiheit, die praktisch wird, das heisst durch die Staatsgewalt gefährdet ist, garantiert, und nicht allein die in der Verfassung ausdrücklich aufgezählten Freiheitsrechte."

I. Gefährdung dieser Neutralität durch Ethikkommissionen

In der praktischen Politik, wo Gesetze entstehen, wird dies gelegentlich zu wenig beachtet. Und seit Ethikkommissionen auf den verschiedensten Ebenen eingerichtet worden sind, drängen oft klerikal gesinnte Theologen unter der Marke und der Maske angeblicher „Ethik" an die Hebel im Vorzimmer der Macht. Darauf wird noch zurückzukommen sein[17].

Deshalb spielt in der Gesetzgebung der verschiedenen Staaten beispielsweise die katholische Auffassung, eine befruchtete menschliche Eizelle sei vom Augenblick an, in welchem das Spermium in die Eizelle eingedrungen ist, ein menschliches Wesen mit unsterblicher Seele, eine gewisse Rolle, selbst wenn rigorose Katholiken nicht nur einen Embryo, sondern auch ein nicht getauftes lebend geborenes Kind als „Gräuel Gottes" betrachten[18]. Dies deshalb, weil es mit der „Erbsünde" belastet sei. Es war der Kirchenvater AUGUSTINUS, Bischof von Hippo in Nordafrika (354–430), welcher diese Erbsündenlehre geschaffen hat.

II. Worauf nationale Unterschiede zurückzuführen sind

Dem entsprechend sind die rechtlichen Vorschriften, welche sich auf die Reproduktionsmedizin beziehen, in den verschiedenen Staaten nicht einheitlich. Je nach Einfluss religiös bestimmter Kreise eines Landes auf die Politik entstehen zwischen den gesetzlichen Regelungen der verschiedenen Staaten Differenzen. Diese Differenzen schaffen ein rechtliches Ungleichgewicht zwischen Restriktion und Freiheit. Und wo immer ein solches Ungleichgewicht im Recht besteht, entsteht in der Folge Migration. Menschen wollen individuelle Freiheit; sie suchen diese Freiheit dort, wo es sie

17 Hinten im Abschnitt E.I.

18 Diese Aussage eines katholischen Priesters in Luzern bewog die Mutter des Autors, schon als junge Frau der Kirche den Rücken zu kehren.

gibt, wenn sie diese im eigenen Staate nicht finden. Eine dafür angemessene Bezeichnung dürfte „Freiheits-Tourismus" sein.

1. *Welche Wanderbewegungen sind so entstanden?*

Wir haben diese Wanderbewegungen, wie wir sie auch nennen könnten, im letzten Jahrhundert wohl am deutlichsten im Zusammenhang mit dem Problem von Verboten des Schwangerschaftsabbruchs erlebt.

a) „Abtreibungs-Tourismus"

Solange in manchen europäischen Ländern Strafgesetze bestanden haben, welche einen Schwangerschaftsabbruch grundsätzlich zu einer Straftat gemacht haben, reisten zahlreiche Betroffene beispielsweise in die Niederlande oder nach Großbritannien, um dort einen solchen Eingriff vornehmen zu lassen und auf diese Weise ihre Freiheiten auszuüben, welche ihnen durch ihre nationalen Gesetze verwehrt worden sind. Vor 2019 mussten beispielsweise Frauen in der Republik Irland ihr Land verlassen, wenn sie eine Schwangerschaft straflos abbrechen wollten: Sie fuhren nach England[19]. Noch vor nicht allzu langer Zeit gab es solche Bewegungen auch in der Schweiz: Frauen aus Obwalden hatten keine Chance, in einem Krankenhaus ihres durch und durch katholischen Kantons einen Schwangerschaftsabbruch vornehmen zu lassen; sie fuhren deshalb nach Zürich.

b) „Suizidhilfe-Tourismus"

Bekannt ist auch der sogenannte „Suizidhilfe-Tourismus": Fast auf der ganzen Welt ist es gesetzlich nicht möglich, einen begleiteten, also fachgerecht vorbereiteten und mit sachkundiger Hilfe durchgeführten Suizid vorzunehmen. Wer dabei hilft, wird in der Regel mit Strafe bedroht. In der Schweiz ist dies jedoch seit dem Inkrafttreten des Schweizerischen Strafge-

---

19 EGMR 16.12.2010 – 25579/05 (A.B. und C. gegen Irland). Allerdings ist das Abtreibungsverbot in Irland mittlerweile durch Volksentscheid aufgehoben worden; in der Folge wurde vom irischen Parlament der „Health (Regulation of Termination of Pregnancy) Act 2018" verabschiedet, der am 1.1.2019 in Kraft getreten ist. Damit ist nun auch in Irland innerhalb der ersten zwölf Wochen einer Schwangerschaft deren legaler Abbruch möglich geworden.

setzbuches am 1.1.1942 nicht verboten, sofern der Helfer nicht aus selbstsüchtigen Beweggründen handelt.[20] Deshalb hat sich in der Schweiz nach der Gründung von Exit A.D.M.D.[21] in Genf im Januar 1982 und, unabhängig davon, Exit (Deutsche Schweiz)[22] in Zürich im April 1982, etwa ab 1985 die Praxis der ärztlich unterstützten Freitodbegleitung etabliert. Doch die beiden Exit-Vereine lassen ihre Hilfe nur Personen angedeihen, welche in der Schweiz wohnhaft sind. Deshalb war Personen mit ausländischem Wohnsitz der Zugang zu dieser Freiheit verwehrt. Erst nachdem 1996 „EX international"[23] und am 17.5.1998 auf der Forch der Verein „Dignitas – Menschenwürdig leben – Menschenwürdig sterben"[24] gegründet worden waren und diese keine derartigen Beschränkungen vorsahen, stand Personen mit ausländischem Wohnsitz diese Möglichkeit in der Schweiz ebenfalls zur Verfügung.

E. Gegenreformatorische Bewegungen deutschen Ursprungs

Der Verein Dignitas wurde durch sein öffentlich bekundetes Credo, dass Selbstbestimmung am Lebensende ein Menschenrecht sei, rasch bekannt.[25] Keine Frage, dass die liberale Haltung von Dignitas konservative Kreise störte[26] – und weiterhin stört. In diesem schweizerischen Störkonzert stammen die lautesten Töne jedoch nicht von Schweizern, sondern

20 Artikel 115 des Schweizerischen Strafgesetzbuches: „Verleitung und Beihilfe zum Selbstmord / Wer aus selbstsüchtigen Beweggründen jemanden zum Selbstmorde verleitet oder ihm dazu Hilfe leistet, wird, wenn der Selbstmord ausgeführt oder versucht wurde, mit Freiheitsstrafe bis zu fünf Jahren oder Geldstrafe bestraft."

21 https://exit-romandie.ch

22 https://www.exit.ch

23 http://www.exinternational.ch

24 http://www.dignitas.ch

25 Internationale Bekanntheit wurde Dignitas durch eine Geschichte im deutschen Nachrichtenmagazin Der Spiegel vom 11.12.2000 verschafft, http://www.spiegel.de/spiegel/print/d-18032399.html, abgerufen am 28.4.2019.

26 So haben etwa die religiös bis fundamentalistisch konnotierten Parteien „Eidgenössische Demokratische Union" (EDU) und „Evangelische Volkspartei" im Kanton Zürich mittels zweier Volksinitiativen versucht, einerseits das schweizerische Strafrecht so zu ändern, dass jegliche Suizidbegleitung ein Delikt dargestellt hätte, und andererseits die Bestimmung einzuführen, organisierte Suizidhilfe solle im Kanton Zürich nur noch für Personen geleistet werden dürfen, die mindestens ein Jahr im Kanton Zürich gewohnt haben. In der kantonal-zürcherischen Volksabstimmung vom 15.5.2011 sind beide Volksbegehren massiv abgelehnt worden, und zwar mit fast 85 bzw. mehr als 78 % Nein.

vorwiegend von klerikal-kleinkarierten Deutschen. Diesen ist es gelungen, in der Schweiz gewissermaßen als Fünfte Kolonne des deutschen Klerikalismus und Speerspitze der Gegner der Aufklärung Fuß zu fassen – man fühlt sich an die Gegenreformation erinnert.

I. In der Schweiz

Eigenartigerweise stellt man insbesondere in der Schweiz eine breite Unterwanderung durch deutsche Theologen und andere wissenschaftlich Tätige in den Bereich der Ethik fest, wodurch die Entfremdung zwischen Kirchen und Bevölkerung erweitert wird. Das vor allem deswegen, weil diese – oft nur unter der Spitzmarke „Ethiker" in der Öffentlichkeit auftretend – sich anheischig machen, aufgrund kirchlicher Regeln oder Auffassungen mit der Behauptung, dies seien ethische Regeln, in das Privatleben der Menschen eingreifen zu dürfen.

1. Ein deutscher katholischer Moraltheologe an der Universität Freiburg i. Ue.

Da ist der deutsche Moraltheologe Markus Zimmermann(-Acklin).[27] Er lehrt an der Universität Freiburg im Uechtland. In seiner Dissertation „Euthanasie. Eine theologisch-ethische Untersuchung"[28] lehnt er den begleiteten Suizid rigoros ab. Dies hat ihn offensichtlich dazu qualifiziert, seinerzeit Einsitz in eine Subkommission der Zentralen Ethikkommission der Schweizerischen Akademie der Medizinischen Wissenschaften (SAMW) zu nehmen. Diese sollte die längst überholten „Medizin-ethischen Richtlinien Betreuung von Patientinnen und Patienten am Lebensende" revidieren. Er ist auch Mitglied der Nationalen Ethikkommission in der Humanmedizin (NEK)[29] und wirkt als deren Vizepräsident. Der Schweizerische Nationalfonds bestimmte ihn überdies zum Präsidenten der Leitungsgruppe des

---

27 Inzwischen von seiner ehemaligen Gemahlin, Dr. habil. theol. Béatrice Acklin Zimmermann, welche die Abteilung Religion, Theologie und Philosophie der „Paulus-Akademie" in Zürich leitet, einer „Denkfabrik" der römisch-katholischen Landeskirche des Kantons Zürich, geschieden.

28 *Zimmermann-Acklin*, Euthanasie. Eine theologisch-ethische Untersuchung, 2. A. 2002, passim sowie insbes. S. 433–438.

29 Diese schweizerische Kommission wurde außerdem vom 1.6.2009 bis Ende 2015 vom deutschen Philosophen Prof. Dr. Dr. h.c. mult. Otfried Höffe, Ordentlicher Professor für Philosophie an der Universität Tübingen, präsidiert.

Nationalen Forschungsprogramms 67 „Lebensende" (NFP 67)[30]. Er hat den Entwurf zum Grundlagenpapier „Alterssuizid als Herausforderung ethischer Erwägungen im Kontext der Lebensende-Diskurse und von Palliative Care. Ein Diskussionsbeitrag in christlich-sozialethischer Perspektive" der katholischen „Schweizerischen Nationalkommission Justitia et Pax" verfasst, einer Einrichtung der Schweizer Bischofskonferenz.[31]

2. *Ein deutscher evangelischer Moraltheologe am ITE*

Da ist der deutsche Theologieprofessor Frank Mathwig. Als Beauftragter für Theologie und Ethik am Institut für Theologie und Ethik (ITE) des Schweizerischen Evangelischen Kirchenbundes (SEK) in Bern bestimmt er maßgeblich die schweizerische protestantische Ethik. Er will für die Diskussion um Sterbehilfe in der Schweiz eigene Regeln einführen, wie aus dem Krebsbulletin 01/2017 hervorgeht: Es sei nicht zulässig, äußerte er, in dieser Debatte Einzelschicksale von Personen mit ihren Krankheiten und Belastungen zu schildern, wenn es um die Frage gehe, ob Hilfe zum Suizid ethisch zulässig sei oder nicht.

3. *Eine deutsche Rechtsprofessorin an der Universität Zürich*

Da ist die deutsche Rechtsprofessorin Brigitte Tag, die an der Universität Zürich lehrt. Sie hielt auf einer Tagung der Reformierten Landeskirche Aargau einen Vortrag und schlug darin dem Bundesrat allen Ernstes einen Gesetzesentwurf gegen Sterbehilfe vor[32], der von der deutschen Länderkammer in Berlin längst wegen erheblicher Bedenken der Verfassungswidrigkeit gekippt worden war. Auch sie wirkte in der Leitungsgruppe des mittlerweile abgeschlossenen NFP 67 mit.

30 http://www.nfp67-check.info/home.html, abgerufen am 28.4.2019.

31 http://www.juspax.ch/de/wir, abgerufen am 28.4.2019.

32 *Tag* in Frank Worbs, Ganz Mensch bis zum Tod. Beiträge zum Umgang mit Sterben und Tod in der modernen Gesellschaft, 2009.

4. *Ein deutscher katholischer Theologe als Vasall des Vatikans*

Da ist der deutsche katholische Theologe MATTHIAS METTNER, vor Jahren bei der Paulus-Akademie in Zürich-Witikon tätig. Er betreibt seit längerem das „Forum Gesundheit und Medizin". Dieses veranstaltet Kongresse, an welchen vor allem kirchentreue Personen ihre konservativen Ideen präsentieren.

5. *Eine deutsche evangelische Theologin in der NZZ und an der Universität Zürich*

Da ist die deutsche Theologin NINA STREECK. Sie bestimmte bei der „NZZ am Sonntag" von 2012 bis 2015 die ablehnende Haltung des Blattes in Bezug auf Beihilfe zum Suizid. Seit 2015 wirkt sie an der Universität Zürich als Assistentin an der Professur für Spiritual Care. Dieser Lehrstuhl an der Theologischen Fakultät ist von den beiden Großkirchen finanziert. Im Übrigen unterstützte auch die SAMW die Theologin STREECK, die neben ihrer Tätigkeit als „NZZ am Sonntag"-Journalistin als Doktorandin am „Institut für Biomedizinische Ethik" der Universität Zürich tätig war, mit einem Forschungsbatzen von 38.639 Franken, damit diese herausfinde, ob „gesellschaftlicher Druck" auf Sterbenden laste oder ob sie wirklich „authentisch" sie selbst seien, wie aus einem „SAMW-Bulletin" hervorging.

Das NFP 67 war über den Präsidenten der Leitungsgruppe, den vorne genannten Moraltheologen Zimmermann, mit der SAMW verbandelt. In das NFP 67 sind unverblümt moral-theologische Positionen der katholischen Kirche eingeflossen, so etwa, dass „das Sterben einen Prozess des persönlichen Wachstums" mit sich bringe. Obwohl in der Schweiz nur rund 1,6 Prozent aller Sterbefälle die Suizidhilfe betreffen, nimmt diese im NFP 67 eine überdimensionierte Rolle ein; sie wird in den Zielen des Programms sehr häufig genannt. In den Unterlagen zum NFP 67 wird Sterbehilfe a priori als etwas „Umstrittenes" und Problematisches gesehen. Es soll unter anderem „das Dogma der Selbstbestimmung" allgemein „kritisch beleuchtet" werden. Kein Projekt im NFP 67 hat sich hingegen des Themas Übertherapie am Lebensende angenommen: Gemäß Prof. Dr. Gian Domenico Borasio[33], Professor für Palliativmedizin, erhalten „bis zur Hälf-

---

33 *Borasio*, DIE ZEIT, 22.9.2015, https://www.zeit.de/2015/38/bundestag-sterbehilfe-diskussion-gesetzesentwuerfe, abgerufen am 28.4.2019; siehe zu dieser Problematik auch *Thöns*, Patient ohne Verfügung, 2016, passim.

te aller Sterbenskranken Behandlungen wie zum Beispiel Chemotherapie, Bestrahlung, künstliche Ernährung oder Antibiotika, die ihnen nichts bringen oder sogar schaden". Die Übertherapie sei rein „rechnerisch hundertmal wichtiger als die Sterbehilfe". Er fragt sich: „Redet darüber niemand, weil sehr viel Geld im Spiel ist?". Ebenso hat sich kein Forscherteam des Themas Suizid- und Suizidversuchs-Prävention, geschweige denn dieses und dessen Verbindung mit dem assistierten Suizid angenommen – obwohl die Selbstbestimmungsorganisationen seit Jahren auf den Konnex hinweisen und im Ausführungsplan des Bundes Projekte in diesem Bereich vorgesehen waren.[34]

II. In Deutschland

In Deutschland ist festzustellen, dass dort – im Unterschied zur Schweiz – die Verzahnung zwischen den beiden christlichen Kirchen einerseits und den staatlichen Organen in Bund und Ländern andererseits viel größer ist. In diesem Zusammenhang ist auch aufgefallen, dass Mitglieder des Bundestages offenbar nicht gehalten sind, vor Antritt ihres Amtes einen Amtseid oder ein entsprechendes Gelöbnis zu leisten, in welchem sie sich verpflichten würden, nur das Grundgesetz zu respektieren.

Dies führt notwendigerweise dazu, dass sich wohl viele der Abgeordneten nicht dem allgemeinen Wohl verpflichtet fühlen, sondern vielmehr jenen Zirkeln, denen sie ihre Nomination zu verdanken haben.[35]

F. Notwendigkeit der Bekämpfung dieser Tendenzen

In der Schweiz sollte man sich davor hüten, derart religiös-fundamentalistisch gesinnten ausländischen Agenten des Illiberalismus die Möglichkeit zu bieten, die im 19. Jahrhundert erkämpfte liberale schweizerische Ordnung von innen her auszuhöhlen, oder in der Bundesrepublik Deutsch-

---

34 Zum Vorstehenden: DIGNITAS, Wie religiöses Denken in die Forschung eingreift, 14.12.2017, https://hpd.de/artikel/religioeses-denken-forschung-eingreift-15090, abgerufen am 28.4.2019.

35 Der Autor hat vor einigen Jahren eine Veranstaltung eines jungen CDU-Bundestagsabgeordneten in dessen Wahlkreis miterlebt, auf welchem auch Fragen der Freitodhilfe diskutiert worden sind. Zu Beginn der Veranstaltung zählte jenes MdB etwa zehn Minuten lang sämtliche kirchlichen Organisationen auf, die an der Organisation des Anlasses teilgenommen haben.

land zuzulassen, dass sie weiterhin ihr Unwesen in der Rechtskultur treiben: Es ist unklug, Brandstifter im eigenen Haus zu bewirten. Das hat schon MAX FRISCH in seinem Stück „Biedermann und die Brandstifter" dargelegt. Das Beispiel Deutschland zeigt, wohin das führt: zu Rückschritten in der Aufklärung und damit zur Einschränkung der Freiheit der Individuen bei der selbstbestimmten Gestaltung des eigenen Lebens.

Dabei fällt insbesondere auf, dass es in der deutschen Politik – zufolge des Einflusses der Kirchen – bislang nicht gelungen ist, den Auftrag zu erfüllen, der schon in der Weimarer Verfassung enthalten war, und der in das Grundgesetz übernommen worden ist, nämlich die Trennung von Kirchen und Staat endlich zu Ende zu bringen.[36]

Wohl wird in der deutschen verfassungsrechtlichen Literatur ausgeführt, Deutschlands Recht beachte bezüglich der religiösen Auffassungen eine staatliche Neutralität.[37] Doch die beobachtbare Wirklichkeit straft derartige Behauptungen Lüge.

I. Gegenwärtige Situation in Deutschland

Deutschland ist ein Staat, der stark von klerikalem Schimmel durchwachsen ist. Ähnlich wie ein Roquefort-Käse, durch und durch mit grün-blauem Schimmel durchsetzt, und schon gar nicht ausreichend demokratisch legitimiert. Aus dieser seltsamen germanischen Kultur, welcher das Gift gegen freiheitliche und humanistische Lösungen inhärent ist, sollte für die

---

36 Am 14.8.2019 werden es genau hundert Jahre her sein, seitdem die Weimarer Verfassung in Kraft getreten war, welche die Trennung von Kirche und Staat vorsieht und deren diesbezügliche Artikel auch im gegenwärtigen Grundgesetz weiterhin Geltung besitzen (Art. 140 GG).

37 Pars pro toto: *Dreier*, Staat ohne Gott – Religion in der säkularen Moderne, 2018, hält auf S. 105 fest: „Insofern der Staat neutral gegenüber den Glaubens- und Wertesystemen der Bürger ist, verteidigt er ihre Gleichheit sowie ihre Freiheit, ihre eigenen Zwecke zu verfolgen. Der Staat ergreift demnach Partei für die Gleichheit und Autonomie der Bürger, indem er es ihnen freistellt, ihren eigenen Lebensplan und ihre eigene Lebensweise zu wählen. Auf diese Weise können Gläubige und Atheisten ihren eigenen Vorstellungen gemäß leben, ohne ihr eigenes Weltbild den jeweils anderen aufzwingen zu dürfen." Damit kontrastieren jedoch die Strafgesetzparagraphen 217 (Verbot der geschäftsmäßigen Beihilfe zur Selbsttötung), 219 (Beratung der Schwangeren in einer Not- und Konfliktlage) und 219a (Werbung für den Abbruch der Schwangerschaft), denn sie beruhen im Wesentlichen auf Auffassungen, die praktisch nur von christlichen Kirchen vertreten werden.

Gestaltung der Rechtswirklichkeit weder in der Schweiz noch in Deutschland Hilfe geholt werden. Wer darüber mehr wissen will, lese das Buch von Carsten Frerk, „Kirchenrepublik Deutschland“[38].

Nun ist Recht haben nicht immer dasselbe wie Recht bekommen: Man kann überzeugt sein, ein Recht zu besitzen, und man macht die Erfahrung, dass die Obrigkeit dies anders sieht. Da steht man dann vor dem Problem, wie man sein Recht durchsetzt.

Diese Frage stellt sich für Deutschland aufgrund dieser Verzahnung zwischen Großkirchen und Politik in ganz besonderem Maße, und wohl nicht immer wird es gelingen, das Recht des Einzelnen gegen die Macht der Kirchen im Gewand staatlicher Gesetze schon innerhalb Deutschlands – das heißt letztinstanzlich beim Bundesverfassungsgericht in Karlsruhe – durchzusetzen[39]. Denn auch dort versucht kirchlicher Einfluss zu wirken.[40] Da verbleibt unter Umständen nur noch der Rechtsweg nach Luxemburg zum Europäischen Gerichtshof (EuGH) oder nach Straßburg zum Europäischen Gerichtshof für Menschenrechte (EGMR).

II. Methode des Freiheitskampfes: Rechte gerichtlich durchsetzen

Insoweit Rechte von Individuen in Frage stehen, welche auf verfassungsrechtlichen oder gar menschenrechtlichen Grundlagen[41] fußen, gibt es jedenfalls zwei internationale Gerichte, die angerufen werden können. So besteht in den Staaten Europas, welche sich zur Europäischen Union oder zum Europarat bekennen, bei einem Versagen der nationalen Höchstgerichte die Möglichkeit, sich an ein übernationales Gericht zu wenden. Diese Instrumente erlauben es, den Freiheitskampf mit juristischen Mitteln zu führen, wie dies nachstehend an einem Beispiel gezeigt werden kann.

---

38 *Frerk*, Kirchenrepublik Deutschland – Christlicher Lobbyismus. Eine Annäherung, 2015, passim.

39 Vgl. dazu https://www.zeit.de/gesellschaft/zeitgeschehen/2018-09/eugh-katholisches-arbeitsrecht-kann-diskriminierend-sein sowie https://www.zeit.de/arbeit/2019-02/kirchliches-arbeitsrecht-grundsatzurteil-grundgesetz-kuendigungsschutz, beide abgerufen am 28.4.19.

40 So berichtet *Frerk*, Kirchenrepublik Deutschland, S. 295, das deutsche Bundesverfassungsgericht sei jene deutsche Behörde, deren Angehörigen am meisten päpstliche Orden verliehen worden seien. Das muss ja Gründe haben.

41 Menschenrechtliche Garantien stehen in den 28 Staaten der EU in Form der Charta der Grundrechte der Europäischen Union und in den dem Europarat angehörenden 47 Staaten in der Konvention zum Schutze der Menschenrechte und Grundfreiheiten (EMRK) zur Verfügung.

Der Autor hat in einem Aufsatz mit dem Titel „Das Recht auf den eigenen Tod“ in der „Schweizerischen Juristen-Zeitung“ im Dezember 1999[42], also vor bald 20 Jahren, die Auffassung vertreten:

> „Wenn das Recht auf den eigenen Tod besteht – und daran gibt es auf Grund der EMRK keinen Zweifel –, dann hat der Staat dieses Recht zu achten und darf seine Ausführung weder besonders erschweren noch dazu beitragen, dass die Ausübung dieses Rechts in vielen Fällen die betroffene Person oder gar Dritte erheblich schädigt. Sterbewillige haben demnach sogar Anspruch darauf, dass es ihnen die staatlichen Gesetze erlauben, ohne Inanspruchnahme Dritter, insbesondere von Ärzten – die objektiv gesehen nicht selten handfeste finanzielle Interessen am Weiterleben Kranker haben –, vom Apotheker das für einen sanften und praktisch risikolosen Tod durch Einschlafen erforderliche Medikament beziehen zu dürfen.“

Gestützt auf solche Überlegungen sind dann auch entsprechende Verfahren geführt worden, die zu bemerkenswerten Entscheidungen geführt haben.

1. *Weltweit erste gerichtliche Anerkennung des Rechts auf den eigenen Tod*

Das damals in der Schweiz lebende Dignitas-Mitglied Ernst Haas hatte 2004 versucht, von einem Arzt ein Rezept für 15 Gramm Natrium-Pentobarbital (NaP) zu bekommen, um seinem Leben und Leiden mit Hilfe von Dignitas ein Ende setzen zu können. Da kein Arzt bereit war, ihm dieses Rezept auszustellen – er litt an einer bipolaren Störung; war also schwer psychisch krank –, verlangte er von den Zürcher Behörden und vom Bundesamt für Gesundheit Zugang zum Medikament. Beide lehnten dies ab. Dagegen legte er Rechtsmittel ein, so dass schließlich das Bundesgericht in Lausanne darüber zu befinden hatte.

In seinem Urteil vom 3.11.2006 hielt das Bundesgericht fest[43]:

> „Zum Selbstbestimmungsrecht im Sinne von Art. 8 Ziff. 1 EMRK gehört auch das Recht, über Art und Zeitpunkt der Beendigung des eigenen Lebens zu entscheiden; dies zumindest, soweit der Betroffene in

42 *Minelli* Schweizerische Juristen-Zeitung (SJZ) 95 (1999), *575–579*.

43 BGE 133 I 58, Erw. 6.1. Mittlerweile ist ein Verfahren auf Feststellung, dass NaP auch gesunden Personen verschrieben werden darf, innerhalb der Schweiz gescheitert; vgl. https://www.verein-eras.ch/de/detail-aktuelles?id=46; dagegen ist

der Lage ist, seinen entsprechenden Willen frei zu bilden und danach zu handeln."

Es sagte zudem[44]:

> „(E)in Anspruch des Sterbewilligen, dass ihm Beihilfe bei der Selbsttötung oder aktive Sterbehilfe geleistet wird, wenn er sich ausserstande sieht, seinem Leben selber ein Ende zu setzen, besteht nicht."

Beim Bundesgericht war auch beantragt worden, festzuhalten, es genüge, wenn eine Sterbehilfeorganisation den Zugang zum Sterbemittel kontrolliere, dazu brauche es kein ärztliches Rezept. Dies jedoch hat das Bundesgericht verworfen. Es will, dass ein Arzt der sogenannte „Gatekeeper" ist, welcher entscheidet, ob ein solcher Zugang erlaubt wird oder nicht. Das bedeutet aber auch – weil ein Arzt nur dann ein Rezept schreiben darf, wenn eine medizinische Diagnose vorliegt –, dass ein Problem entsteht: Darf der Arzt auch einer körperlich und geistig gesunden Person, die ihr Leben beenden will, ein Rezept schreiben? Diese Frage ist von den Gerichten bislang noch nicht beantwortet worden.[45]

In Bezug auf psychische Krankheiten sagte das Bundesgericht[46]:

> „Es ist nicht zu verkennen, dass eine unheilbare, dauerhafte, schwere psychische Beeinträchtigung ähnlich wie eine somatische ein Leiden begründen kann, das dem Patienten sein Leben auf Dauer hin nicht mehr als lebenswert erscheinen lässt. Nach neueren ethischen, rechtlichen und medizinischen Stellungnahmen ist auch in solchen Fällen eine allfällige Verschreibung von Natrium-Pentobarbital nicht mehr notwendigerweise kontraindiziert und generell als Verletzung der medizinischen Sorgfaltspflichten ausgeschlossen."

Aber, so sagte das Bundesgericht weiter[47]:

> „Es gilt zwischen dem Sterbewunsch zu unterscheiden, der Ausdruck einer therapierbaren psychischen Störung ist und nach Behandlung ruft, und jenem, der auf einem selbst bestimmten, wohlerwogenen und dauerhaften Entscheid einer urteilsfähigen Person beruht („Bi-

---

beim EGMR Beschwerde erhoben worden; vgl. https://www.verein-eras.ch/de/detail-aktuelles?id=47; beide abgerufen am 28.4.19. Affaire à suivre.

44 BGE 133 I 58, Erw. 6.2.1.

45 Damit Gerichte auf solche Fragen antworten können, braucht es einen Kläger oder Beschwerdeführer.

46 BGE 133 I 58, Erw. 6.3.5.1.

47 BGE 133 I 58, Erw. 6.3.5.1.

lanzsuizid"), den es gegebenenfalls zu respektieren gilt. Basiert der Sterbewunsch auf einem autonomen, die Gesamtsituation erfassenden Entscheid, darf unter Umständen auch psychisch Kranken Natrium-Pentobarbital verschrieben und dadurch Suizidbeihilfe gewährt werden."

Und eben dies sei durch ein „vertieftes fachärztliches Gutachten"[48] nachzuweisen.

Ernst Haas hat dann an 170 Psychiater in der Region Basel – notariell überprüft und bestätigt – einen Brief geschrieben und gefragt, ob einer bereit sei, ihn in diesem Sinne zu begutachten. Doch keiner war dazu bereit; einige wollten ihn behandeln.

Aufgrund dieser ablehnenden Haltung der Mediziner hat sich Ernst Haas dann an den Europäischen Gerichtshof für Menschenrechte in Straßburg gewandt. Dort machte er geltend, das Bundesgericht setze eine unerfüllbare Bedingung, und dadurch werde er in seinem Recht auf Achtung seines Privatlebens verletzt.

Am 20.1.2011 hat der EGMR seine Beschwerde abgewiesen. Er spekulierte, wenn Haas seinen Brief wesentlich anders formuliert hätte, wäre ein Psychiater vielleicht bereit gewesen, ihn zu begutachten[49]. Gleichzeitig aber, und das ist von größter Bedeutung, hat der EGMR seine bisherige Rechtsprechung dargelegt, die Auffassung des Bundesgerichtes bestätigt und gesagt:

> „Im Lichte dieser Rechtsprechung hält der Gerichtshof dafür, dass das Recht eines Individuums, zu entscheiden, auf welche Weise und in welchem Zeitpunkt sein Leben beendet werden soll, sofern es in der Lage ist, seine diesbezügliche Meinung frei zu bilden und dem entsprechend zu handeln, einen der Aspekte des Rechts auf Achtung des Privatlebens im Sinne von Artikel 8 der Konvention darstellt."

48 Der Begriff stammt aus dem sogenannten „EXIT-Gutachten", welches dem Bundesgericht nicht vollständig vorlag. Es stützte sich lediglich auf eine in der „Schweizerischen Juristen-Zeitung" erschienene teilweise Veröffentlichung. Insbesondere fehlte der Anhang, der sich spezifisch mit Fragen von Personen befasste, die an psychischen Störungen leiden. In der Lehre wurde das von der Schweizer Suizidhilfeorganisation „Exit (Deutsche Schweiz)" veranlasste Gutachten als unwissenschaftlich harsch kritisiert, unter anderem auch deswegen, weil im Gutachten keine ausreichenden Quellenangaben für eine ganze Reihe von wichtigen Behauptungen zu finden waren; vgl. dazu beispielsweise *Petermann*, Urteilsfähigkeit, 2008, S. 88 f.

49 EGMR 20.1.2011 – 31322/07, Ziff. 60 (Haas gegen die Schweiz).

Damit war nun für den gesamten Geltungsbereich der EMRK in Europa klar entschieden, dass es jedenfalls ein formelles Menschenrecht auf den eigenen Tod gibt. Ob es auch materiell durchgesetzt werden kann, erscheint noch immer offen, denn bislang hat noch kein einziges Mal ein Urteil in Europa dazu geführt, dass ein Mensch dieses Recht gerichtlich so hat durchsetzen können, dass es ihm zu Lebzeiten[50] gelungen wäre, es auch materiell in Anspruch zu nehmen.[51]

2. *Der Versuch der Beschränkung dieses Rechts*

Wenn dies aber ein Menschenrecht ist, dann darf ein solcher Anspruch nicht auf Personen beschränkt werden, bei welchen eine schwere Krank-

---

50 In der Regel sind die für solche Verfahren benötigten Zeiträume ungleich länger als die verbleibende Lebensspanne der Beschwerdeführer. In dieser Hinsicht ist bekannt, dass die Beschwerdeführerin ALDA GROSS in dem für sie gegen die Schweiz geführten Verfahren vor dem EGMR zwar im Laufe jenes Verfahrens verstorben ist, jedoch dafür gesorgt hatte, dass weder ihr Anwalt noch der EGMR von ihrem Ableben erfuhren. Erst als eine Kammer des EGMR ihre Beschwerde gutgeheißen hatte, erkundigte sich die Schweizer Regierung bei ihrer Wohngemeinde nach deren Befinden und erfuhr, dass sie seit längerer Zeit verstorben sei. Im Weiterzugsverfahren vor der Großen Kammer des EGMR wertete diese dann deren Verhalten als rechtsmissbräuchlich und erklärte deren Beschwerde deshalb mit 9 gegen 8 Stimmen als unzulässig.

51 *Schaerz* Aktuelle Juristische Praxis (AJP) 1/2019, 115–129. Diese Arbeit (Suizidhilfe – gehoren SAMW-Richtlinien zu den medizinischen Berufspflichten? Zur grundrechtskonformen Auslegung von Art. 40 MedBG) untersucht ein weiteres Gerichtsurteil, welches zu diesem Thema in der Schweiz ergangen ist, nämlich eine Entscheidung des Appellationsgerichts des Kantons Basel-Stadt in seiner Funktion als Verwaltungsgericht des Kantons. Folgt man dieser Entscheidung, dann sind derartige Richtlinien der privaten Stiftung SAMW nicht nur für niemanden verbindlich; gewisse dieser Regeln lägen auch nicht im öffentlichen Interesse (sic!).

52 In dieser Hinsicht ist das Urteil des Schweizerischen Bundesgerichts BGE 133 I 58 nicht klar, sondern widersprüchlich: Einerseits wird das Recht, selber über Art und Zeitpunkt seines eigenen Todes entscheiden zu dürfen, im Urteil anerkannt, andererseits scheint das Urteil vorauszusetzen, dass dafür jedoch zumindest eine schwere Erkrankung vorliegen müsse. Ob der voraussetzungslose Altersfreitod auch in Form einer Freitodbegleitung durch eine Organisation zulässig ist, scheint in der Schweiz noch immer umstritten zu sein. Der Versuch der SAMW, die Richtlinien 2004 durch die neuen „Medizin-ethischen Richtlinien Umgang mit Sterben und Tod“ (https://www.samw.ch/dam/jcr:78b58416-c3f2-445f-8767-5deb0e84b762/richtlinien_samw_sterben_und_tod.pdf) zu ersetzen, dürfte einstweilen gescheitert sein; jedenfalls hat sich die Schweizerische Ärztekammer dagegen

heit diagnostiziert worden ist.[52] Menschenrechte sind bedingungsfeindlich.[53]

Das spielt vor allem dann eine Rolle, wenn bei einem Ehepaar beide Partner gleichzeitig und gemeinsam ihr Leben beenden möchten: Der eine ist schwer krank, der andere möchte ohne den einen nicht weiterleben. In einer solchen Situation sehen sich Ärzte in einer schwierigen Lage: Wohl ist ein Rezept für den kranken Partner zulässig, doch wie steht es in Bezug auf den gesunden?

Das Gesetz sagt dazu nichts. Es gibt dazu auch keine ärztliche Berufsregel. In dieser Hinsicht hat jene Instanz, welche Berufsregeln entwickeln sollte, kläglich versagt: Die Schweizerische Akademie der Medizinischen Wissenschaften (SAMW) hat vor vielen Jahren – 2004 – „Medizin-ethische Richtlinien Betreuung von Patientinnen und Patienten am Lebensende" aufgestellt. Darin wird festgehalten, Beihilfe zum Suizid sei keine ärztliche Aufgabe. Entschließe sich der Arzt jedoch dazu, einem Patienten bei einem Suizid zu helfen, müssten die folgenden Voraussetzungen beachtet werden:

> „Entschliesst er sich zu einer Beihilfe zum Suizid, trägt er die Verantwortung für die Prüfung der folgenden Voraussetzungen:
>
> - Die Erkrankung des Patienten rechtfertigt die Annahme, dass das Lebensende nahe ist.
> - Alternative Möglichkeiten der Hilfestellung wurden erörtert und soweit gewünscht auch eingesetzt.
> - Der Patient ist urteilsfähig, sein Wunsch ist wohlerwogen, ohne äußeren Druck entstanden und dauerhaft. Dies wurde von einer unabhängigen Drittperson überprüft, wobei diese nicht zwingend ein Arzt sein muss."

Dabei sind die Funktionäre, welche diesen Text erarbeitet haben, irrenderweise davon ausgegangen, sie würden mit dieser Formulierung Ärzten verbieten, Personen Suizidhilfe zu leisten, bei welchen nicht angenommen werden muss, das Lebensende sei nahe. Diese Annahme haben das Strafge-

---

ausgesprochen, diese Richtlinien in das Standesrecht der Verbindung der Schweizer Ärzte aufzunehmen (http://createsend.com/t/d-415123F194947C882540EF23F30FEDED).

53 Vgl. dazu insbesondere *Kley*, Die Menschenrechte gelten bedingungslos, Plädoyer 6/2018, 48–55.

richt Basel[54] und das Kantonsgericht Neuenburg[55] in Urteilen mit deutlichen Worten und überzeugend widerlegt: Beide Gerichte haben festgestellt, dass sich die Richtlinien aus dem Jahre 2004 nur auf bald sterbende Personen beziehen können.

Der mittlerweile gescheiterte Versuch neuer „Richtlinien zum Umgang mit Sterben und Tod" hätte dieses Dilemma nicht beseitigt. Nach wie vor wäre eine medizinische Indikation Voraussetzung dafür, dass nach Auffassung der SAMW ein Arzt einer Person ein letales Mittel zur freiwilligen Beendigung des Lebens verschreiben darf.

Dieser Ansatz muss in Zukunft überwunden werden. Der Umstand, dass der Staat auch in diesen Fällen an der Rezeptpflicht für das letale Medikament festhält – wozu er aufgrund des EGMR-Entscheids im Fall Haas gegen die Schweiz befugt (und gemäß dem Internationalen Übereinkommen über Betäubungsmittel und psychotrope Stoffe wohl auch verpflichtet) ist[56] – sollte mit Rücksicht auf den menschenrechtlichen Aspekt des Rechts auf den eigenen Tod nicht medizinisch, sondern allein gesundheitspolitisch begründet werden. Ärzte sollten aufgrund ihrer universitären und klinischen Ausbildung in der Lage sein, eine Person, die sich zur Aufgabe ihres Lebens entschlossen hat, dahingehend zu beurteilen, ob sie in der Lage ist, ihren Willen frei zu bilden und danach zu handeln, sowie – im Falle von Personen, die an psychischen Störungen leiden – ob deren Sterbewunsch Ergebnis einer sorgfältigen Bilanzierung ihrer Lebenssituation ist oder aber bloß Symptom der psychischen Erkrankung. Deshalb eignen sich in den Augen des Bundesgerichtes Ärzte dazu, in dieser heiklen Frage als „Gatekeeper" zu wirken. Insofern erscheint somit deren Wirken nicht als ärztlich, sondern eben als gesundheitspolitisch. Verhindern, dass Personen, die urteilsunfähig sind, sowie Personen, die bislang keine umfassende Lebensbilanz aufgestellt und gestützt darauf ihren Sterbewillen entwickelt haben, legaliter eine Freitodhilfe in Anspruch nehmen können. Diese Aufgabe kann gewissermaßen mit einer anderen gesundheitspolitischen Funktion von Ärzten verglichen werden: In der Regel übertragen die Gesetzgeber vieler Länder die Aufgabe der Feststellung des Todes einer Person ebenfalls Ärzten; auch hier geht es nicht um eine medizinische Tätigkeit.

---

54 *Schaerz* Aktuelle Juristische Praxis (AJP) 6/2013, 942–955.

55 *Schaerz* Aktuelle Juristische Praxis (AJP) 9/2015, 1308–1325

56 EGMR 20.1.2011 – 31322/07, 22. Abschnitt (Haas gegen die Schweiz), a. A. *Petermann* Aktuelle Juristische Praxis (AJP) 4/2006, 439–467.

3. *Eine erste Regung von Vernunft eines deutschen Höchstgerichts*

Erfreulicherweise darf allerdings auch festgestellt werden, dass selbst in Deutschland, wo ausgerechnet am Tag der Menschenrechte – dem 10. Dezember – des Jahres 2015 mit § 217 des deutschen Strafgesetzbuches das Verbot der geschäftsmäßigen Förderung der Selbsttötung[57] in Kraft getreten und damit eine mehrhundertjährige Freiheit[58] – vorübergehend – beseitigt worden ist, Vernunft nicht ganz ausgestorben ist.

Am 2.3.2017 hat nämlich das deutsche Bundesverwaltungsgericht in Leipzig ein bemerkenswertes Urteil gefällt[59]:

> „Das allgemeine Persönlichkeitsrecht aus Art. 2 Abs. 1 i. V. m. Art. 1 Abs. 1 GG umfasst auch das Recht eines schwer und unheilbar kranken Patienten, zu entscheiden, wie und zu welchem Zeitpunkt sein Leben beendet werden soll, vorausgesetzt, er kann seinen Willen frei bilden und entsprechend handeln. Daraus kann sich im extremen Einzelfall ergeben, dass der Staat den Zugang zu einem Betäubungsmittel

57 An diesem Gesetzesprojekt lässt sich der Einfluss Vatikan-naher Kreise auf die deutsche Gesetzgebung in perfekter Form nachweisen: Die nun geltende Bestimmung von § 217 entspricht in weitem Umfang einem Gesetzesentwurf, der im Schoße der „Deutschen Stiftung Patientenschutz" von deren Vorstand Eugen Brysch in Zusammenarbeit mit Steffen Augsberg, Professor für öffentliches Recht an der Justus-Liebig-Universität Gießen, ausgearbeitet worden ist. Die „Deutsche Stiftung Patientenschutz", die früher als „Deutsche Hospiz-Stiftung" bekannt geworden war, ist ein sogenanntes „Werk" des konservativ-katholischen Malteserordens, der direkt dem Vatikan untersteht. Augsberg ist im Gesetzgebungsverfahren dann auch noch als Experte der CDU/CSU im Rechtsausschuss tätig geworden, und im zurzeit noch anhängigen Verfahren am Bundesverfassungsgericht, wo § 217 StGB als grundgesetzwidrig angefochten worden ist, vertritt er nun auch noch die Mehrheit des Bundestages. Allerdings muss er damit rechnen, dass die von ihm instradierte und begleitete Gesetzesabstrusität vom Bundesverfassungsgericht zufolge qualifizierter Grundgesetzwidrigkeit in den Orkus der Geschichte befördert werden wird, wie anhand des Verlaufs der mündlichen Verhandlungen in Karlsruhe vom 16. und 17. April 2019 vermutet werden darf.

58 „In Preussen verschwanden die den Suizid bestrafenden Gesetze um 1751, als Friedrich II. alle bestehenden Sanktionen aufheben ließ und für Suizidenten ein ehrliches Begräbnis verlangte, das den betroffenen Familien keine zusätzlichen Kosten bescherte. In Bayern blieben strenge Gesetze bis 1817 bestehen"; vgl. dazu https://www.patientenverfuegung.de/vor-200-vor-70-50-und-10-jahren-suizid-als-phaenomen-im-wandel/, abgerufen am 28.4.2019.

59 BVerwG 2.3.2017 – 3 C 19.15, BVerwGE 158, 142.

nicht verwehren darf, das dem Patienten eine würdige und schmerzlose Selbsttötung ermöglicht."

Da ist nun erstmals höchstgerichtlich eine Pflicht des Staates festgehalten worden, den Zugang zu einem solchen Betäubungsmittel nicht zu verwehren. Allerdings wiederum nur für schwer und unheilbar Kranke – und damit im Sinne von Art. 14 EMRK diskriminierend.

a) Kirchlicher Einfluss verhindert Umsetzung des Urteils

Es war wiederum kirchlicher Einfluss, der dazu geführt hat, dass die deutsche Bundesregierung – geführt von einer Tochter eines evangelischen Pastors – sich seit dem Ergehen dieses letztinstanzlichen Urteils geweigert hat, daraus die erforderlichen Konsequenzen zu ziehen. Das für die Umsetzung zuständige Bundesinstitut für Arzneimittel und Medizinprodukte (BfArM) in Bonn beauftragte im Einvernehmen mit dem Bundesgesundheitsminister[60] den früheren Bundesverfassungsrichter und gläubigen Katholiken Udo di Fabio mit der Erstattung eines Gutachtens[61] darüber, ob das Urteil des Bundesverwaltungsgerichtes zu beachten sei – was dieser, nicht er-

60 Damals noch Hermann Gröhe, seit 1997 Mitglied der Synode der Evangelischen Kirche in Deutschland (EKD) und von 1997 bis 2009 Mitglied des Rates der EKD. Gröhe hatte unmittelbar nach Verkündung des Urteils angekündigt, er werde alles unternehmen, dass ihm unterstellte Verwaltungsstellen dieses Urteil missachten. Nachdem Gröhe durch den Katholiken und ehemaligen Messdiener Jens Spahn ersetzt worden ist, ließ dieser durch seinen Staatssekretär das BfArM „bitten" (sic!), die mehr als einhundert bereits eingegangenen Anträge abschlägig zu beantworten. Gegen Spahn ist deshalb Strafanzeige wegen Meineids und Rechtsbeugung erstattet worden. Die Strafanzeige im Wortlaut: http://www.sgemko.ch/images/mur/menschundrecht150.pdf, Seite 3f., abgerufen am 28.4.19.

61 Das Gutachten ist veröffentlicht auf der Internetseite des BfArM: https://www.bfarm.de/SharedDocs/Pressemitteilungen/DE/2018/pm1-2018.html. Vgl. auch den ifw-Kommentar zum DiFabio-Gutachten, wonach die Empfehlungen von DiFabio auf einer Fehldeutung des BVerwG-Urteils beruhen: https://weltanschauungsrecht.de/kommentar-bfarm-difabio-bverwg, beide abgerufen am 28.4.2019. Die Steuerzahler dürfen die Kosten dieses Gutachtens im Umfang von 95.200 Euro berappen. Damit wird auch offensichtlich, zu welchem staatlicherweise geleisteten Preis Ehre und juristisches Ansehen eines ehemaligen Bundesverfassungsrichters käuflich sind. Vgl. dazu https://www.tagesspiegel.de/politik/gesundheitsminister-ignoriert-urteil-jens-spahn-verhindert-sterbehilfe/24010180.html, abgerufen am 28.4.19.

staunlicherweise, verneinte und auch gleich anregte, wie das Urteil zu umgehen sei.[62]

b) Verletzung des Diskriminierungsverbots

Offensichtlich sind sich die Gerichte der Tatsache zu wenig bewusst, dass sie mit solchen Formulierungen das eine Unrecht – die Verweigerung des Zugangs zu diesen Mitteln – durch ein anderes Unrecht – die Schaffung einer unzulässigen Diskriminierung – ersetzen. Zudem ist in der Wissenschaft darauf hingewiesen worden, dass sich der Staat dafür zu rechtfertigen hat, wenn er den Zugang zu Natrium-Pentobarbital verweigern will.[63]

4. Keine leicht zu gehenden Rechtswege

Man kann aufgrund dieser Gegebenheiten ersehen, wie kompliziert es sein kann, die Durchsetzung eines eigentlich ganz einfachen und simplen Rechts gegen den Widerstand von Auffassungen von Behörden und klerikal-konservativen Kräften durchzusetzen. Wer somit derartige Rechtswege beschreiten will, sollte wissen, dass es erheblicher Zeitspannen und entsprechender Anstrengungen und Aufwendungen bedarf, um – vielleicht – zum Ziel zu kommen.

5. Ähnliche Probleme bei anderen Rechtsfragen um das Leben

Auch Fragen der Reproduktionsmedizin, also solche am Anfang des Lebens, haben in Europa vielfältig die Gerichte beschäftigt. Hier soll abschließend nur kurz von einigen Fällen berichtet werden, die vom EGMR

---

62 Man vergleiche dazu die Novelle von Roda Roda mit dem Titel „Antipellin, das beste Mottenpulver", worin ein Universitätsprofessor, der ein sinnloses Gutachten erstattet hat, den Auftraggeber dafür verantwortlich macht: „Wenn ein Gelehrter, ich bitte, eine wissenschaftliche Versuchsreihe anstellen soll, ich bitte, muss man ihm vorher klar und deutlich sagen: das und das soll sich bei die wissenschaftliche Versuche herausstellen. Danach richtet der Gelehrte seine wissenschaftlichen Versuche ein, und sie gelingen".

63 *Tschentscher* Zeitschrift des Bernischen Juristenvereins (ZBJV) 146 (2010), 937–979, insbes. 969: „Es ist der Staat, der die Beschränkung des Medikamentenzugangs zu rechtfertigen hat, nicht der Bürger, der seinen Zugang erbitten muss."

in Straßburg entschieden worden sind. Wer dazu mehr wissen möchte, hat die Möglichkeit, sich auf der Website des EGMR die entsprechenden Merkblätter[64] anzusehen.

a) Künstliche Befruchtung

Kirk Dickson befand sich für 15 Jahre im Gefängnis. Ihm wurde die Möglichkeit der künstlichen Befruchtung verweigert, so dass er mit seiner Frau kein Kind haben könnte, denn nach seiner zukünftigen Entlassung wäre sie kaum mehr fruchtbar. Der EGMR entschied, die britischen Behörden hätten nicht für einen fairen Ausgleich zwischen den verschiedenen privaten und öffentlichen Interessen gesorgt. Das Urteil führte dazu, dass Dickson, nachdem er sich im offenen Vollzug befand, Heimaturlaub bekam. Zudem wurde gesetzlich ermöglicht, dass Gefangenen Zugang zu künstlicher Befruchtung gewährt wird[65].

Zwei österreichischen Ehepaaren, die an Unfruchtbarkeit leiden, war künstliche Befruchtung durch österreichische Gesetze unmöglich gemacht. Der EGMR fand keine Verletzung der EMRK, denn den EMRK-Staaten stehe ein weiter Beurteilungsspielraum zur Verfügung, um solche Fragen zu regeln. Sie würden heikle ethische Fragen vor dem Hintergrund dynamischer wissenschaftlicher Entwicklungen aufwerfen. Immerhin müssten die Staaten diese Entwicklung weiter überprüfen.[66]

b) Abbruch der Schwangerschaft wegen genetischer Anomalie

Im tief katholischen Polen wurde einer zweifachen Mutter, die erneut schwanger war mit einem Kind, das an einer schweren genetischen Anomalie leidet, der rechtzeitige Zugang zu entsprechenden Tests verwehrt, so dass eine informierte Entscheidung über einen Schwangerschaftsabbruch nicht möglich war. Der Gerichtshof stellte eine Verletzung des Verbots unmenschlicher Behandlung (Artikel 2 EMRK) fest. Staaten sind verpflichtet, ihr Gesundheitswesen so zu gestalten, dass Ärzte Patienten nicht daran

---

64 https://www.echr.coe.int/Pages/home.aspx?p=press/factsheets/german, abgerufen am 14.3.2019.

65 EGMR 4.12.2007 – 44362/04.

66 EGMR 3.11.2011 – 57813/00.

hindern können, Zugang zu gesetzlich garantierten medizinischen Leistungen zu erhalten.[67]

c) Abbruch der Schwangerschaft wegen Gefährdung der Schwangeren

Ebenfalls in Polen wurde einer Frau ein Schwangerschaftsabbruch verweigert, obschon die Gefahr bestand, dass sie wegen bereits vorhandener Augenprobleme vollständig erblinden könnte. Nach der Geburt erlitt sie eine Netzhautblutung und musste als Schwerbehinderte anerkannt werden. Der EGMR stellte eine Verletzung von Artikel 8 EMRK fest, weil ihr kein effektives Verfahren zur Verfügung gestanden hat, mit dem sie hätte klären können, ob die Voraussetzungen eines legalen Schwangerschaftsabbruchs vorliegen.[68]

d) Eingriff in die Freiheit zur Hausgeburt

In Ungarn dürfen Hebammen bei Hausgeburten nicht mitwirken, ohne sich strafbar zu machen. Dies hat der EGMR als Verletzung von Artikel 8 EMRK erkannt, weil sich Frauen deshalb nicht frei für eine Hausgeburt entschließen können.[69]

e) Vermeidung erbkranken Nachwuchses durch PID

Man erinnert sich noch an die Debatte im Deutschen Bundestag zur Frage, ob es zulässig sei, im Reagenzglas erzielte Embryonen auf schwere Krankheitsanlagen in deren Erbgut zu untersuchen, bevor sie einer Frau eingesetzt werden (Fachausdruck: „Präimplantationsdiagnostik (PID)"). Ein italienisches Paar, beide zwar gesund, aber Träger der Anlage für zystische Fibrose, wollten mit Hilfe der Reproduktionsmedizin für gesunden Nachwuchs sorgen. Da das italienische Recht die Untersuchung von Embryonen verbietet, jedoch die Abtreibung zulässt, wenn festgestellt wird, dass das heranwachsende Kind Symptome genau dieser Krankheit aufweist,

67 EGMR 26.5.2011 – 27617/04.
68 EGMR 20.3.2007 – 5410/03.
69 EGMR 14.12.2011 – 67545/09.

stellte der EGMR eine Verletzung von Artikel 8 fest, weil das italienische Recht in sich selbst widersprüchlich ist.[70]

G. *Schlussbetrachtung*

Das ist nur eine ganz kleine Übersicht über das Thema, zusammen mit einer Auslese aus der Praxis des EGMR.

Sie zeigt, dass Selbstbestimmung am Anfang des Lebens und am Ende des Lebens stets erkämpft und die gewonnene Freiheit immer wieder verteidigt werden muss, damit sie nicht wieder zunichte gemacht wird.

RUDOLF VON JHERING (1818–1892), der große deutsche Jurist, hat dies auf eine ganz einfache Formel gebracht[71]. Der Kampf ums Recht ist ein Kampf, der nie zu Ende geht. Die Freiheit ist stets und immer wieder von der Macht bedroht.

Das Wissen um diese Situation ist ausreichend, um sich klar zu machen, dass jeder einzelne von uns ein eminentes Interesse daran hat, dass in Europa weiterhin die Möglichkeit besteht, sich in solchen Fragen letztinstanzlich an den Europäischen Gerichtshof für Menschenrechte oder – wenn Rechte aus der Charta der Europäischen Grundrechte betroffen sind – an den Europäischen Gerichtshof in Luxemburg wenden zu können.[72]

Um nun den bereits erwähnten RUDOLF VON JHERING abschließend auch noch wörtlich zu zitieren:

> „Recht ist unausgesetzte Arbeit und zwar nicht bloß der Staatsgewalt, sondern des ganzen Volkes. Jeder Einzelne, der in die Lage kommt, sein Recht behaupten zu müssen, übernimmt an dieser nationalen Arbeit seinen Anteil, trägt sein Scherflein bei zur Verwirklichung der Rechtsidee auf Erden."

Der gemeinnützig arbeitende Schweizer Verein „DIGNITAS – MENSCHENWÜRDIG LEBEN – MENSCHENWÜRDIG STERBEN" widmet sich seit seiner Gründung 1998 dieser wichtigen Arbeit der Weiterentwicklung des Rechts in diesem Bereich. Er möchte, dass weltweit in diesen Fragen dem Individuum möglichst viel Freiheit zur Verfügung steht. Selbstbestimmung und

---

70 EGMR 28.8.2012 – 54270/10.

71 *Jhering*, Der Kampf ums Recht, 2017, passim.

72 Beispielsweise bei Verfahren gegen das in Deutschland noch immer bestehende kirchliche Ausnahme-Arbeitsrecht, welches kirchliche Arbeitnehmer zu Halbsklaven herabwürdigt. Vgl. hierzu auch die Beiträge von MATTHÄUS-MAIER und MÜLLER-HEIDELBERG im vorliegenden Band.

Wahlfreiheit am Beginn des Lebens und am Lebensende muss immer wieder gegen Widerstände erkämpft und verteidigt werden. Wem solche Freiheit wichtig ist, sollte deshalb überlegen, wie er diesen Kampf selber führen oder unterstützen kann. Freies Denken ist doch wohl nur dann möglich, wenn es gesellschaftlich relevant praktiziert wird. Es sollte nicht bloß in der Nische einer Gruppe ein bescheidenes Dasein fristen, sondern in die ganze Gesellschaft ausstrahlen.

Begriffe der Lebensende-Hilfe

Direkte aktive Sterbehilfe auf Verlangen: Der Sterbewillige fordert Dritte auf, sein Leben zu beenden, z. B. durch Injektion eines letalen Medikaments. Diese Tötung auf Verlangen ist in der Schweiz verboten – jedoch in Belgien, Holland und Luxemburg unter eng umschriebenen Bedingungen durch Ärzte erlaubt.

Direkte aktive Sterbehilfe ohne ausdrückliches Verlangen: Diese ist verboten.

Euthanasie: Aus dem Griechischen stammend, für „guter, leichter, richtiger, schöner Tod", haften diesem Begriff Bedeutungen an, welche von verschiedenen Formen von Sterbehilfe, über die Einschläferung von Tieren bis hin zu den Gräueltaten zur Zeit des Nationalsozialismus reichen. Da zu wenig präzise, soll dieser Begriff nicht im Zusammenhang mit der Suizidhilfe verwendet werden.

Freitodbegleitung: Mischung aus Elementen der Hilfe zur Selbsttötung und der Sterbebegleitung; sie entspricht am ehesten, was den Mitgliedern von Organisationen wie DIGNITAS, EXIT, etc. ermöglicht wird. Der Sterbewillige nimmt einen gut vorbereiteten, wohl überlegten Suizid vor – wird dabei aber nicht alleine gelassen, sondern betreut und begleitet, möglichst immer in Anwesenheit von Familie und Freunden, wo immer möglich bei ihm zuhause.

Indirekte aktive Sterbehilfe: Dem Patienten werden Medikamente zur Linderung von Leiden verabreicht, die als unbeabsichtigte, aber nicht vermeidbare Nebenwirkung die Lebensdauer vermindern bzw. den Eintritt des Todes beschleunigen können. Beispiel: Palliative Behandlung von Krebspatienten im Endstadium. Diese Form der Sterbehilfe ist im Gesetz nicht ausdrücklich geregelt, gilt grundsätzlich aber als erlaubt und wird weltweit praktiziert.

Palliativbehandlung (auch „Palliative Care"): Alle Maßnahmen, die das Leiden eines unheilbar kranken Menschen lindern und ihm so eine bestmögliche Lebensqualität bis zum Ende verschaffen. Die Palliativbehandlung ist eine Therapie mit palliativer Zielsetzung, das heißt zum Beispiel bei nicht heilbarem Tumorleiden die Linderung oder Prophylaxe tumorbedingter Symptome. Dabei kommen Mittel (Palliativa) zum Einsatz, welche nicht die Ursache behandeln, sondern nur die Symptome. „Palliative Care" entspricht einer Haltung und Behandlung, welche die Lebensqualität von Patienten und ihren Angehörigen verbessern soll, wenn eine lebensbedrohliche Krankheit vorliegt. Sie erreicht dies, indem sie Schmerzen und andere physische, psychosoziale und spirituelle Probleme frühzeitig und aktiv sucht, immer wieder erfasst und angemessen behandelt.

Passive Sterbehilfe („Sterben lassen"): Verzicht auf Ergreifung von lebenserhaltenden und -verlängernden Therapien, Abbruch von Behandlungen, Nahrungs- und Flüssigkeits-Verzicht. Sie ist legal.

Sterbebegleitung: auch als „Hilfe beim Sterben“ bezeichnet. Umfasst jede medizinische Unterstützung und mitmenschliche Betreuung von Sterbenden, soweit keine lebensverkürzende Wirkung vorliegt. Der Sterbende wird nicht alleine gelassen, sondern begleitet; es ist jemand bei ihm.

Sterbehilfe: ein ungenauer Sammelbegriff, unter dem verschiedene Formen von Hilfe beim Sterben zusammengefasst werden.

Suizidhilfe (Hilfe zur Selbsttötung): Im Gegensatz zur direkten aktiven Sterbehilfe liegt bei der Suizidhilfe die Tatherrschaft über das Geschehen bei der sterbewilligen Person. Der Patient entscheidet über sein eigenes Lebensende und führt den letzten Akt auch selbst aus. In der Schweiz ist diese Hilfe erlaubt, solange keine selbstsüchtigen Beweggründe dafür entscheidend sind (Art. 115 des Schweizerischen Strafgesetzbuches).

Terminale Sedierung (auch „Palliative Sedierung“): meistens ein medikamentös induziertes („künstliches“) Koma. Es wird in der Palliativmedizin bei Patienten in der Terminalphase eingesetzt, wenn der Patient sein Leiden als unerträglich empfindet und die Sedierung ausdrücklich wünscht. Grundsätzlich fällt unter diesen Begriff jede bewusstseinsbeeinträchtigende Maßnahme, die die Linderung der belastenden Symptome am Lebensende zum Ziel hat. Eine Palliativbehandlung kann in eine Terminale Sedierung münden. Beispiel: Ein Patient hat verfügt, dass er nicht maschinell beatmet werden will. Eine zunehmende Atemnot (z. B. aufgrund von Lungenkrebs) wird palliativ zunächst mit angepassten Morphingaben behandelt. Ist dies nicht ausreichend oder besteht tatsächlich die Gefahr des Erstickens, der man nur durch die nicht gewünschte maschinelle Beatmung entgehen kann, wird eine Terminale Sedierung eingeleitet.

Rechtstheoretische und -methodologische Aspekte der Diskussion zum Natriumpentobarbital-Urteil des Bundesverwaltungsgerichts

Ulfrid Neumann

I. Resonanz in Politik, Journalismus und Rechtswissenschaft

Mit seinem Urteil vom 2. März 2017 hat das Bundesverwaltungsgericht[1] eine Verpflichtung einer staatlichen Institution (Bundesinstitut für Arzneimittel und Medizinprodukte – BfArM) bejaht, einem Antragsteller die Erlaubnis zum Erwerb einer letalen Dosis eines Betäubungsmittels zu erteilen, wenn dieser sich „wegen einer schweren und unheilbaren Erkrankung in einer extremen Notlage befindet."[2] Die Entscheidung hat in Politik und weiten Teilen der Medienlandschaft einen Sturm der Entrüstung hervorgerufen. Der seinerzeitige Bundesgesundheitsminister warf dem Gericht vor, es mache eine staatliche Behörde zum „Handlanger" der Selbsttötung.[3] In der Tagespresse wurde dem Gericht die „Verklärung der Tötung zur Therapie" unterstellt[4] und von einer „Suizidbeihilfe als Verwaltungsakt" gesprochen.[5]

In der Politik beließ man es nicht bei der Kritik des Gerichtsurteils, sondern legte die zuständige Institution auf dessen Missachtung fest. Mit Schreiben vom 21. Juni 2018 äußerte das Bundesministerium für Gesund-

1 BVerwG v. 2.3.2017 - 3 C 19/15 = NJW 2017, 2215. Zum Sachverhalt und zur Prozessgeschichte näher *mein* Beitrag: Selbstbestimmung am Lebensende – ein möglicher Konflikt zwischen Justiz und Gesetzgebung in: Rengier-FS, 2018, S. 571, 572 f. sowie *Gärditz* ZfL 2017, 38, 39 ff.

2 Leitsatz (LS) 3. Dass es hier nicht nur um die *Vereinbarkeit* der Erlaubnis mit dem Zweck des BtMG geht (die der Leitsatz für diese Fallkonstellation konstatiert), sondern um ein Recht des Betroffenen und eine korrespondierende Verpflichtung der Behörde, ergibt sich aus dem Zusammenhang mit LS 2 („Recht eines schwer und unheilbar kranken Menschen, zu entscheiden, wie und zu welchem Zeitpunkt sein Leben enden soll") und dem Kontext der Urteilsbegründung.

3 Wiedergabe bei *Bobrowski* FAZ v. 19.5.2017.

4 *Tolmein* FAZ v. 20.5.2017. Von einem „nahezu vorbildlosen Gerichts-Bashing" spricht zutreffend *Hufen* NJW 2018, 1524.

5 *Tolmein* NJW-Editorial 12/2017. Krit. dazu *Lindner* ZRP 2017, 94.

heit die „Bitte", das BfArM möge entsprechende Anträge ablehnen. Es berief sich dabei auf eine Ad-hoc-Empfehlung des Deutschen Ethikrats[6], vor allem aber auf ein im Auftrag des BfArM erstelltes Gutachten des Hochschullehrers und ehemaligen Verfassungsrichters Di Fabio[7], das ausdrücklich „vollumfänglich in Bezug" genommen wurde. In diesem Gutachten[8] wird das Urteil des BVerwG als „verfassungsrechtlich nicht haltbar" bewertet (S. 49) und dem zuständigen Bundesminister empfohlen, die Umsetzung des Urteils im Wege eines „Nichtanwendungserlasses" bis zu einer ausdrücklichen gesetzgeberischen Klärung zu blockieren (S. 102).

In der akademischen Rechtswissenschaft findet das Urteil des BVerwG ein unterschiedliches Echo. Scharfer Kritik[9] stehen Stimmen gegenüber, die das Urteil jedenfalls im Ergebnis (und teilweise auch in der Begründung) für zutreffend erachten.[10] Die Kontroverse wirft neben verfassungs- und verwaltungsrechtlichen Problemen[11] auch rechts- und staatstheoreti-

---

6 „Suizidprävention statt Suizidunterstützung. Erinnerung an eine Forderung des Deutschen Ethikrates anlässlich einer Entscheidung des Bundesverwaltungsgerichts" (1. Juni 2017).

7 *Udo Di Fabio*, „Erwerbserlaubnis letal wirkender Mittel zur Selbsttötung in existenziellen Notlagen. Rechtsgutachten zum Urteil des Bundesverwaltungsgerichts vom 2. März 2017 – 3 C 19/15 – im Auftrag des Bundesinstituts für Arzneimittel und Medizinprodukte" (November 2017) (https://www.bfarm.de/SharedDocs/Downloads/DE/Service/Presse/Rechtsgutachten.pdf?__blob=publicationFile&v=2).

8 Die Seitenangaben im Text beziehen sich im Folgenden auf dieses Gutachten.

9 Etwa bei *Hillgruber* JZ 2017, 777 ff; *Gärditz* ZfL 2017, 38 ff. Krit. auch *Weber*, BtMG, 5. Aufl. 2017, § 5 Rn. 43.

10 *Brade/Tänzer* NVwZ 2017, 1435; *Hufen* NJW 2018, 1524; *Merkel* MedR 2017, 828; *Muckel* JA 2017, 794; *Sachs* JuS 2017, 800; *Schütz/Sitte* NJW 2017, 2155; tendenziell auch *Lindner* ZRP 2017, 94 und *ders*. ZRP 2017, 248. Dem Urteil zust. auch *Patzek* in: Körner/Patzek/Volkmer, Betäubungsmittelgesetz, 9. Aufl. 2019, § 3 Rn. 82-84, § 5 Rn. 17. Überzeugende Verteidigung der Entscheidung gegen den Vorwurf, sie kollidiere mit § 217 StGB, bei *Kuhli* ZIS 2017, 243.

11 Im Rahmen des verfassungsrechtlichen Diskurses steht die Frage im Vordergrund, ob das in Art. 2 Abs. 1 i. V. m. Art. 1 Abs. 1 GG gewährleistete allgemeine Persönlichkeitsrecht vorliegend in seiner *Abwehrfunktion* (so etwa *Hufen* NJW 2018, 1525; *Merkel* MedR 2017, 829; *Muckel* JA 2017, 794; *Schütz/Sitte* NJW 2017, 2155; *Jacqueline Neumann/Ludwig A. Minelli*, „ifw-Kommentar zum Rechtsgutachten ‚Erwerbserlaubnis letal wirkender Mittel zur Selbsttötung in existenziellen Notlagen' von Prof. Udo Di Fabio für das Arzneimittel-Institut (BfArM)" (https://weltanschauungsrecht.de/kommentar-bfarm-difabio-bverwg), S. 11 oder aber (lediglich) in seiner *Schutzdimension* (so *Brade/Tänzer* NVwZ 2017, 1437; *Di Fabio*, Gutachten S. 12 ff; *Hillgruber* JZ 2017, 777, 778 ff.) betroffen ist. Der Senat legt den Akzent auf die Abwehrfunktion, bringt aber hilfsweise auch die Schutzdimension ins Spiel (UA Rn. 27). Auf beide Dimensionen abstellend auch *Rothfuß* (Mitglied des erkennenden Senats) jM 2017, 290, 292/293.

sche Fragen auf, die im Folgenden im Vordergrund stehen sollen.[12] Dabei geht es einerseits um die Voraussetzungen einer „verfassungskonformen" Gesetzesauslegung und deren Anwendbarkeit *in casu*, andererseits um das Verhältnis zwischen Individuum und Kollektiv, das in dem – für den „Nichtanwendungserlass" des Bundesministeriums für Gesundheit zentralen – Gutachten von Di Fabio in dem ebenso originellen wie problematischen Modell einer „Ambivalenz der Würdegarantie" (S. 22), das zwischen Gemeinwohl und individuellem Selbstbestimmungsrecht oszillieren soll, zum Ausdruck kommt.

II. Verfassungskonforme Interpretation des § 5 Abs. 1 Nr. 6 BtMG

1. Voraussetzungen

Das BVerwG geht, ebenso wie Befürworter und Kritiker des Urteils, davon aus, dass *sedes materiae* die Bestimmung des § 5 Abs. 1 Nr. 6 BtMG ist. Das steht nicht außer Zweifel, soll hier aber zunächst vorausgesetzt werden. Danach ist die nach § 3 Abs. 1 BtMG für den (abgekürzt formuliert:) Umgang mit Betäubungsmitteln erforderliche Erlaubnis dann zu versagen, wenn

„die Art und der Zweck des beantragten Verkehrs nicht mit dem Zweck dieses Gesetzes, die notwendige medizinische Versorgung der Bevölkerung sicherzustellen, daneben aber den Missbrauch von Betäubungsmitteln ... sowie das Entstehen oder Erhalten einer Betäubungsmittelabhängigkeit soweit wie möglich auszuschließen, vereinbar ist".

Zwischen dem Gericht und den Kritikern wie den Befürwortern des Urteils besteht, soweit ersichtlich, weithin Einigkeit darüber, dass die entscheidende Frage lautet, ob man die Erlaubnis zum Erwerb einer tödlich wirkenden Dosis eines Betäubungsmittels zum Zwecke des Suizids ausnahmsweise, nämlich unter der Voraussetzung der vom Gericht näher konturierten existenziellen Notlage, als Handlung interpretieren kann, die der *medizinischen Versorgung der Bevölkerung* dient. In diesem Punkt sind, wie zu zeigen sein wird, erhebliche Zweifel angebracht. Vorläufig sei aber auch dieser Zusammenhang vorausgesetzt.

Das BVerwG bejaht die Frage, ob die Ermöglichung des Zugangs zu einer tödlich wirkenden Substanz (zum Zwecke des Suizids) unter den

---

12 Im Anschluss an *meinen* Beitrag „Selbstbestimmung am Lebensende – ein möglicher Konflikt zwischen Justiz und Gesetzgebung" in: Rengier-FS, 2018, S. 571.

Voraussetzungen der beschriebenen Notlage der „medizinischen Versorgung der Bevölkerung“ dienen kann, im Wege einer verfassungskonformen Auslegung. Ob das methodisch korrekt ist, oder ob das BVerwG angesichts seiner Zweifel an der Verfassungsmäßigkeit der Bestimmung gemäß Art. 100 Abs. 1 GG zu einer Vorlage an das Bundesverfassungsgericht verpflichtet gewesen wäre, ist umstritten. An diesem Punkt geht es (lediglich) um das Problem, ob die methodologischen Grenzen einer verfassungskonformen Gesetzesauslegung eingehalten wurden. Die Frage, ob die Bestimmung des § 5 Abs. 1 Nr. 6 BtMG materiell verfassungsgemäß ist oder nicht, spielt an dieser Stelle (noch) keine Rolle.

Nach der ständigen Rechtsprechung des BVerfG, die vom Gericht wie in den Stellungnahmen zu dem Urteil zugrunde gelegt wird, findet die verfassungskonforme Auslegung dort ihre Grenze, wo sie zu dem Wortlaut der Norm und zu dem klar erkennbaren Willen des Gesetzgebers in Widerspruch treten würde.[13] Dass diese Grenze an beiden Punkten nicht überschritten wird, begründet das Gericht jeweils in detaillierten Darlegungen.

a) Grenze des Wortlauts

In der Frage der Vereinbarkeit seiner Interpretation mit dem Wortlaut der Bestimmung berücksichtigt der Senat nicht nur den Gesetzestext, sondern auch die Auslegung, die der Gesetzesbegriff der „medizinischen Versorgung“ in der bisherigen Rechtsprechung gefunden hatte: Unter „medizinischer Versorgung“ im Sinne des § 5 Abs. 1 Nr. 6 BtMG wäre danach der Einsatz eines Betäubungsmittels zu Therapiezwecken zu verstehen. Hinsichtlich des Gesetzesbegriffs der *„medizinischen Versorgung“* argumentiert der Senat, in einer krankheitsbedingten extremen Notlage, in der eine Linderung des Leidens auf andere Weise nicht erreichbar und der Sterbewunsch des Betroffenen nicht in anderer zumutbarer Weise verwirklicht werden könne, stelle sich die Versorgung mit dem Betäubungsmittel als „notwendig“ dar.[14] Zu dem in Rechtsprechung und Schrifttum herangezogenen Kriterium der Bereitstellung der Substanz zu *Therapiezwecken* stellt der Senat fest, in extremen Notlagen könne „die Anwendung eines Betäubungsmittels zur Selbsttötung ausnahmsweise als therapeutischen Zwecken dienend angesehen werden“, da sie die einzige Möglichkeit sei, „eine

13 BVerfGE 99, 341, 358; BVerfGE 119, 274, 274.
14 UA Rn. 37.

krankheitsbedingte, für den Betroffenen unerträgliche Leidenssituation zu beenden."[15]

Das ist hinsichtlich des gesetzlichen Merkmals der „medizinischen Versorgung" überzeugend, nicht aber hinsichtlich des Begriffs der Therapie, der in Rechtsprechung und Schrifttum zur Definition dieses Merkmals herangezogen wird. Die Selbsttötung eines Menschen – oder deren Ermöglichung bzw. Unterstützung – als „Therapie" zu bezeichnen, sprengt den möglichen Wortsinn des Begriffs. Eine Therapie zielt auf die Heilung oder Linderung eines Krankheits- oder Leidenszustands. Die Beendigung dieses Zustands durch die Herbeiführung des Todes des Betroffenen ist keine Therapie.[16]

Für die Frage, ob die Grenze, die der Wortlaut der Bestimmung einer verfassungskonformen Auslegung setzt, überschritten ist, kommt es darauf indes nicht an.[17] Denn § 5 Abs. 1 Nr. 6 BtMG verwendet nicht den Begriff der „Therapie", sondern den der „medizinischen Versorgung".[18] Der Begriff der medizinischen Versorgung aber ist erheblich weiter als der der Thera-

---

15 UA Rn. 37.

16 Insoweit zutreffend *Hillgruber* JZ 2017, 777, 781. Offengelassen bei *Merkel* MedR 2017, 828, 829.

17 Anders *Di Fabio*, Gutachten, S. 58.

18 Auch im Wege einer systematischen, auf den sachlichen Zusammenhang mit § 13 BtMG („Verschreibung und Abgabe auf Verschreibung") abstellenden Auslegung (dazu *Hillgruber* JZ 2017, 777, 781 unter Bezug auf die Urteilsbegründung) lässt sich in § 5 Abs. 1 Nr. 6 die Voraussetzung, dass die Erlaubnis nur zu therapeutischen Zwecken erteilt werden kann, nicht hineininterpretieren. Denn auch § 13 Abs. 1 BtMG verwendet den Begriff der „Therapie" nicht. Maßgeblich ist nach § 13 Abs. 1 Satz 1 BtMG vielmehr, ob die „Anwendung an oder im menschlichen oder tierischen Körper begründet ist." Dass dieses Kriterium nicht auf die Verwendung des Mittels zu therapeutischen Zwecken begrenzt ist, ergibt sich schon daraus, dass die „Anwendung am oder im … tierischen Körper" auch zum Zweck der Ermöglichung eines schmerzlosen Todes „begründet" sein kann. Über die *rechtsethische* Vergleichbarkeit der Verschreibung bzw. Verwendung letal wirkender Substanzen im Bereich der Humanmedizin einerseits, der Tiermedizin andererseits ist damit natürlich keine Aussage getroffen. *Methodologisch* aber verbietet es sich, den Begriff der „begründeten Anwendung" *in toto* auf therapeutische Maßnahmen zu begrenzen, wenn er eindeutig auch Konstellationen erfassen soll, in denen es nicht (mehr) um solche Maßnahmen geht.
Auch der Vorschlag einer „gespaltenen" Interpretation des Begriffs (unterschiedliche Bedeutungen im Bereich der Humanmedizin einerseits, der Tiermedizin andererseits) würde nicht weiterführen, weil die Streitfrage gerade ist, ob auf dem Gebiet der Humanmedizin die Verschreibung bzw. Abgabe letal wirkender Substanzen auf Bitte von Sterbewilligen in existenziellen Notlagen „begründet" ist oder nicht. § 13 StGB steht damit einer Interpretation des Begriffs der „medizini-

pie.[19] Ist die Medizin nicht mehr in der Lage, die Heilung oder wesentliche Besserung eines unerträglichen Leidenszustands zu erreichen, und sieht der Leidende keinen anderen Ausweg, als sein Leben zu beenden, so kann der Auftrag der Medizin in der Tat nur darin bestehen, ihm die möglichst schmerzfreie und würdige Verwirklichung seines Sterbewunsches zu ermöglichen.[20]

Die vom BVerwG vertretene „verfassungskonforme" Auslegung des § 5 Abs. 1 Nr. 6 BtMG scheitert also nicht an der Wortlautgrenze. Sie verweist vielmehr darauf, dass eine Reduktion des Begriffs der „medizinischen Versorgung der Bevölkerung" auf therapeutische Maßnahmen semantisch nicht geboten, sachlich verfehlt und deshalb korrekturbedürftig ist.

b) Grenze des „klar erkennbaren Willens des Gesetzgebers"

Der Senat stellt unter Rekurs auf die Gesetzesmaterialien zutreffend fest, dass ein klarer Wille des Gesetzgebers des BtMG, auch in dem Ausnahmefall einer extremen Notlage eines schwerstleidenden Sterbewilligen eine Erwerbserlaubnis für ein dem Zweck der Selbsttötung dienendes Betäubungsmittel zu versagen, nicht erkennbar sei. Die Behauptung, das BVerwG verletze mit seinem Urteil die Grenze, die einer verfassungskonformen Auslegung durch den „klar erkennbaren Willen des Gesetzgebers" gezogen werde, weil der „Zweck des BtMG … ausschließlich auf lebenserhaltende oder lebensfördernde Maßnahmen und Verwendungszwecke fokussiert" sei,[21] enthält nicht nur (mit dem Begriff „ausschließlich") eine *petitio principii*, sondern verwechselt auch das Kriterium des zu einer konkreten Auslegungsfrage erkennbaren gesetzgeberischen Willens mit dem des – zwangsläufig nur pauschal formulierbaren – Gesetzeszwecks.[22] Anders formuliert: wenn das BtMG *grundsätzlich* dem Schutz von Leben und Gesundheit dient, so besagt das nicht, dass nicht in besonderen Fallkonstella-

schen Versorgung der Bevölkerung" (§ 5 Abs. 1 Nr. 6 BtMG) in einem weiteren, über den Einsatz therapeutisch wirkender Mittel hinausgehenden Sinne nicht entgegen.

19 Zutreffend *Hufen* NJW 2018, 1524, 1528 (mit Hinweis auf das Abtreibungsmittel „Mifegyne" und das Diagnoseprodukt „Praenatest") sowie *Merkel* MedR 2017, 828, 829 (mit Hinweis auf den gesetzlich angeordneten Arztvorbehalt bei einem Schwangerschaftsabbruch nach § 218 a Abs. 2, 3 StGB).

20 Sehr klar und überzeugend dazu *Henking* JR 2015, 174, 181.

21 *Di Fabio*, Gutachten, S. 60.

22 Zudem konfundiert *Di Fabio* a.a.O. die Voraussetzungen der verfassungskonformen Auslegung mit denen einer zulässigen richterlichen Rechtsfortbildung.

tionen andere Gesichtspunkte (wie das Selbstbestimmungsrecht und die Befreiung von einem qualvollen Leidenszustand) auch nach den Vorstellungen des Gesetzgebers höhergewichtig sein könnten.

Lässt sich somit in Bezug auf den Willen des *historischen* Gesetzgebers des BtMG keine Überschreitung der Grenze der verfassungskonformen Auslegung erkennen, so bleibt die Frage, ob nicht der klar erkennbare Wille des *heutigen* Gesetzgebers der Interpretation des BVerwG entgegenstehen könnte. Unter diesem Gesichtspunkt setzt sich das Gericht ausführlich mit der Frage auseinander, ob seine verfassungskonforme Auslegung an dem Willen des Gesetzgebers scheitern könnte, wie dieser in dem Tatbestand des § 217 StGB zum Ausdruck gekommen ist. Auch diese Frage verneint der Senat mit überzeugenden Gründen.[23]

c) Funktion des Merkmals der „medizinischen Versorgung der Bevölkerung" in der Systematik des Gesetzes

Das Urteil des BVerwG wie auch die zu ihm ergangenen Stellungnahmen gehen – soweit ersichtlich – übereinstimmend davon aus, dass eine Erlaubnis zum Erwerb einer tödlichen Substanz zum Zweck des Suizids im Rahmen der Bestimmungen des BtMG nur dann möglich ist, wenn die Ermöglichung des Zugangs zu dieser Substanz (im Wege einer verfassungskonformen Auslegung) unter den Begriff der „medizinischen Versorgung der Bevölkerung" subsumiert werden kann. Diese Auffassung ist, wie oben schon angedeutet, keineswegs zwingend.[24]

Denn: § 5 Abs. 1 Nr. 6 BtMG setzt nach seinem Wortlaut für die *Erteilung* der Erlaubnis *nicht* voraus, dass der beantragte Verkehr durch den Zweck des Gesetzes, die notwendige medizinische Versorgung der Bevölkerung sicherzustellen, *geboten* ist, oder dass sie auch nur diesem Zweck dient. Nach dem klaren Wortlaut des Gesetzes ist vielmehr die Erlaubnis

---

23 Ebenso *Hufen* NJW 2018, 1524, 1528; im Ergebnis auch *Merkel* MedR 2017, 828, 830. Näher dazu *Neumann*, Selbstbestimmung am Lebensende – ein möglicher Konflikt zwischen Justiz und Gesetzgebung in: Rengier-FS, 2018, S. 579 ff. *Di Fabio* sieht in Hinblick auf § 217 StGB die „Konsistenz der Rechtsordnung" durch die Entscheidung des BVerwG belastet, verneint aber (jedenfalls tendenziell) eine Strafbarkeit der Mitarbeiter/Innen des BfArM im Falle der Implementierung des Urteils (S. 74).

24 Dazu und zum Folgenden schon *Neumann*, Selbstbestimmung am Lebensende – ein möglicher Konflikt zwischen Justiz und Gesetzgebung in: Rengier-FS, 2018, S. 578 f. sowie NK-StGB/*Neumann*, 5. Aufl. 2017, Vor § 211 Rn. 46a.

zu *versagen*, wenn der beantragte Verkehr mit dem (doppelten) Zweck des Gesetzes, die notwendige medizinische Versorgung sicherzustellen und zugleich gesundheitsschädlichen oder gesundheitsgefährdenden Missbrauch zu verhindern, *nicht vereinbar* ist.[25]

Nun ist nicht zu sehen, in welcher Weise die *Erteilung* einer Erlaubnis zum „Verkehr" mit einem Betäubungsmittel die medizinische Versorgung der Bevölkerung gefährden könnte. Der Grund für die Versagung dieser Erlaubnis kann folglich nur in dem Zweck des Gesetzes liegen, gesundheitsgefährdenden Missbrauch zu verhindern. Der Zweck der medizinischen Versorgung der Bevölkerung ist zu diesem Zweck der Suchtprävention gegenläufig. Konkret: hat eine Substanz therapeutische Wirkung, birgt sie aber die Gefahr der Entstehung einer Betäubungsmittelabhängigkeit, dann muss der Zweck der medizinischen Versorgung der Bevölkerung mit dem der Suchtprävention abgewogen werden.

Der Gesichtspunkt der medizinischen Versorgung hat in dem Programm des Gesetzes, das unbestrittenermaßen auf die *Einschränkung* des Verkehrs mit Betäubungsmitteln zielt, also nur eine limitierende Funktion.[26] Bei der Beschränkung des Umgangs mit Betäubungsmitteln ist danach zu berücksichtigen, dass durch zu scharfe Restriktionen die notwendige medizinische Versorgung der Bevölkerung gefährdet sein könnte, weil bestimmte Substanzen, die dem Gesetz unterfallen, für die Therapie oder die palliativmedizinische Versorgung bestimmter Patientengruppen eine wichtige Rolle spielen können.[27] Ob eine Erlaubnis dem Zweck der medizinischen Versorgung der Bevölkerung dient, ist also nur dann relevant, wenn die Gefahr eines gesundheitsschädlichen oder -gefährdenden Missbrauchs besteht.

Das bedeutet für die Strukturierung der Entscheidung nach § 5 Abs. 1 Nr. 6 BtMG, dass der Antrag auf der Grundlage dieser Bestimmung nur mit dem Argument des drohenden Missbrauchs (etc.) abgelehnt werden kann, nicht aber mit dem Argument, der beantragte Verkehr sei zur medi-

25 Die herrschende Interpretation liest die Bestimmung so, als stünde dort: „Die Erlaubnis ist nur zu erteilen, wenn die Art und der Zweck des beantragten Verkehrs durch den Zweck des Gesetzes, die medizinische Versorgung der Bevölkerung sicherzustellen … geboten ist".

26 Die „ordnungsgemäße[n] Arzneimittelversorgung von Mensch und Tier" zu gewährleisten, ist Aufgabe des Arzneimittelgesetzes (AMG) v. 12.12.2005 (dort § 1). Die Zielrichtung des BtMG ist demgegenüber prohibitiv (vgl. *Gärditz* ZfL 2017, 50: „Prohibitionsgesetz"): Gesundheitsschutz nicht durch Versorgung mit, sondern durch Vorenthaltung von „Betäubungsmitteln".

27 Dazu *Rothfuß* jM 2017, 290, 292.

zinischen Versorgung der Bevölkerung nicht erforderlich. Der Gesichtspunkt der medizinischen Versorgung der Bevölkerung kommt erst dann ins Spiel, wenn ein drohender Missbrauch bejaht wird, und zwar als Argument *für* die Erteilung der Erlaubnis. Die abweichende herrschende Meinung, der zufolge für die Erteilung der Erlaubnis erforderlich ist, dass das BtMG „zur medizinischen Versorgung der Bevölkerung notwendig ist",[28] verkehrt einen Aspekt, der die gesellschaftlich notwendige Freiheit im Umgang mit Betäubungsmitteln sichern soll, in einen Faktor zusätzlicher Restriktion.

Für die Frage, ob die Erlaubnis zum Erwerb eines tödlich wirkenden Medikaments zum Zwecke der Lebensbeendigung in den vom BVerwG charakterisierten Fällen schwersten Leidens gem. § 5 Abs. 1 Nr. 6 BtMG zu versagen ist, kommt es bei dieser Sichtweise in einem ersten Schritt darauf an, ob die Erteilung der Erlaubnis mit dem Zweck des Gesetzes, „den Missbrauch von Betäubungsmitteln … sowie das Entstehen oder Erhalten einer Betäubungsmittelabhängigkeit" auszuschließen, unvereinbar ist. Die letztere Alternative (Gefahr einer Betäubungsmittelabhängigkeit) scheidet im Falle der beabsichtigten Lebensbeendigung von vornherein aus. Aber auch einen „Missbrauch" wird man angesichts der Notlage der betroffenen Personen, ihres nachvollziehbaren Wunsches, ihr Leben zu beenden, verneinen müssen.

Damit kommt es auf die Frage, ob die Ermöglichung des Zugangs zu einer entsprechenden Substanz in den Fällen, auf die sich der Senat bezieht, der „notwendigen medizinischen Versorgung" dient, nicht mehr an. Die Erlaubnis kann schon deshalb nicht nach § 5 Abs. 1 Nr. 6 BtMG versagt werden, weil der Zweck des Gesetzes, den Missbrauch von Betäubungsmitteln (etc.) zu verhüten, nicht tangiert ist.

III. Kollektivistische vs. individualistische Deutung der Menschenwürde

Das BVerwG stützt seine Annahme, dass es verfassungsrechtlich geboten sei, einem suizidwilligen Schwerkranken in einer extremen Notlage den Zugang zu einem tödlich wirkenden Betäubungsmittel zu ermöglichen, auf das in Art. 1 Abs. 1 in Verbindung mit Art. 2 Abs. 1 GG garantierte allgemeine Persönlichkeitsrecht. Damit kommt in seiner Argumentation dem Prinzip der Menschenwürde (Art. 1 Abs. 1 GG) und dessen Interpretation zentrale Bedeutung zu.

---

28 Statt aller *Weber*, BtMG, 5. Aufl. 2017, § 5 Rn. 41.

1. Individualistische Deutung der Menschenwürde

Der Senat veranschlagt das Prinzip der Menschenwürde auf der Seite der grundrechtlichen Position des Individuums. Das entspricht dem ganz überwiegenden Verständnis der verfassungsrechtlichen Garantie der Menschenwürde,[29] und es entspricht zugleich einer Interpretation, die sich an elementaren, in den Dimensionen von Selbstbestimmung und würdigem Leben (und Sterben) zu lokalisierenden Bedürfnissen der Menschen orientiert.[30] Gerade vor dem Hintergrund der Erfahrungen der NS-Diktatur[31] ist es die zentrale Funktion des verfassungsrechtlichen Prinzips der Menschenwürde im Grundgesetz der Bundesrepublik, das Individuum vor einer Instrumentalisierung im Dienste der Kollektive des Staats und der Gesellschaft zu schützen.

2. „Kontextabhängigkeit" der Menschenwürde?

Einige Kritiker des Urteils des BVerwG sehen das offensichtlich anders. Insbesondere das Gutachten von Di Fabio wendet das verfassungsrechtliche Prinzip der Menschenwürde *gegen* das Individuum und dessen Selbstbestimmungsrecht.[32] Die Zauberformel, die das leisten soll, ist die der „Kontextabhängigkeit". Worauf sich diese „Kontextabhängigkeit" genau bezieht, bleibt zunächst vage. Di Fabio spricht etwas nebulös von einer „Kontextabhängigkeit im Umfeld des Art. 1 Abs. 1 GG", die das BVerwG in seinem Ur-

---

29 Unabhängig von der umstrittenen Frage, ob die grundgesetzlich garantierte Menschenwürde als subjektives Grundrecht oder (alternativ) als verfassungsrechtliche Grundsatznorm zu verstehen ist (dazu *Dreier* in: ders. (Hrsg.), Grundgesetz-Kommentar, Bd. 1, 3. Aufl. 2013, Art. 1 Abs. 1 Rn. 121-127; zusammenfassend *ders.*, Artikel „Grund- und Menschenrechte" in: Gröschner/Kapust/Lembcke (Hrsg.), Wörterbuch der Würde, 2013, S. 333 f.).

30 Zu diesem Ansatz näher *Neumann* ARSP 103 (2017), 287.

31 Dazu *Baldus*, Kämpfe um die Menschenwürde. Die Debatten seit 1949, 2016, S. 29 ff.

32 *Hillgruber* verneint im vorliegenden Zusammenhang eine Fundierung des Selbstbestimmungsrechts im Prinzip der Menschenwürde (u.a.) mit der Begründung: „Wenn Selbstbestimmung Menschenwürde konstituierte, könnten … Menschen, denen es an Selbstbestimmungsfähigkeit fehlt, konsequenterweise nicht als würdebegabt angesehen werden, und wären daher von den Schutzwirkungen der Menschenwürdegarantie exkludiert" (JZ 2017, 778). Dieses Argument basiert auf einer Verwechslung der (möglichen) *Rechtsfolge* der Menschenwürde (Selbstbestimmungsrecht) mit deren (möglicher) *Voraussetzung* (Selbstbestimmungsfähigkeit).

teil „nicht hinreichend … gewichtet" habe (S. 11). Sehr rasch wird aber deutlich, welche Funktion diesem Konstrukt der „Kontextabhängigkeit" zukommt: es soll dazu dienen, die Rechtsposition des Individuums gegenüber dem Staat unter Berufung (ausgerechnet) auf das Prinzip der Menschenwürde zu verkürzen.

Denn diese „Kontextabhängigkeit" soll es auch ermöglichen, gerade die Erlaubnis (!) zum Erwerb einer letalen Dosis eines Betäubungsmittels, nicht aber die Versagung dieser Erlaubnis, als Verstoß gegen die Menschenwürde zu bewerten: Ob die Verweigerung dieser Erlaubnis oder gerade diese selbst einen Würdeverstoß bedeute, hänge „von einer Bewertung des Kontextes und auch der Motive des Gesetzgebers ab" (S. 11).

Nun ist von vornherein nicht zu sehen, wie in der vom BVerwG konturierten Notlage eines schwer und unheilbar Kranken die Ermöglichung einer schmerzlosen Beendigung einer qualvollen Existenz einen Würdeverstoß darstellen sollte. Rätselhaft bleibt zunächst auch, warum es für die Frage eines Würdeverstoßes auf die Motive des Gesetzgebers (und nicht auf den Regelungsgehalt der fraglichen Norm) ankommen soll. Sollte man hinsichtlich einer rechtlichen Regelung, die das Selbstbestimmungsrecht des Individuums in einem existenziellen Bereich beschränkt, einen Verstoß gegen Art. 1 Abs. 1 GG mit dem Hinweis auf den „guten Willen" des Gesetzgebers verneinen können?

Dieses Rätsel löst sich, wenn Di Fabio im anschließenden Absatz des Textes im Zusammenhang mit der behaupteten „Kontextabhängigkeit" auf eine Gesellschaft rekurriert, „die den Lebensschutz bejaht und durch christliche wie humanistische Traditionen geprägt ist" (S. 11/12). Da die Ablehnung des Freitods und der Unterstützung eines eigenverantwortlich unternommenen und nachvollziehbar motivierten Suizids einer „humanistischen" Tradition nicht zugeordnet werden kann, ist es offensichtlich das Bild einer auf die christliche Moral verpflichteten Gesellschaft, das die Argumentation des Verf. prägt. Und weitergehend: da es bei der Frage der Erwerbserlaubnis für letal wirkende Mittel zur Selbsttötung um Berechtigungen und Verpflichtungen staatlicher Institutionen geht, ist es nicht nur die Gesellschaft, sondern auch der Staat, der auf eine bestimmte religiöse Perspektive festgelegt wird. Die Argumentation entspricht dem Modell einer christlichen Republik.

Bestätigt wird das durch Di Fabios Behauptung, es werde in diesen Traditionen „das paradigmatische, identitätsbedeutsame Gewicht des Themas ‚assistierter Suizid' deutlich" (S. 12 Fn. 22). Dass die Identität von Staat bzw. Gesellschaft – die Fragwürdigkeit dieses Topos[33] zunächst dahingestellt – ausgerechnet an der Frage der rechtlichen und moralischen Wertung der Suizidassistenz hängen sollte, ist allenfalls auf der Grundlage einer Position nachvollziehbar, die das von den christlichen Religionen vertretene Verbot der Suizidhilfe zum staats- bzw. gesellschaftskonstitutiven Dogma erhebt.

3. „Ambivalenz" der Würdegarantie?

Dass im verfassungsrechtlichen Konzept Di Fabios die Menschenwürde im Verhältnis Kollektiv-Individuum (auch) auf der Seite des Kollektivs *gegen* das Individuum streitet, spiegelt sich in seinem Modell der „Ambivalenz der Würdegarantie" (S. 22). Nach Di Fabio „verzweigt" sich die Würde „in zwei Entfaltungsstränge, die [sic!] der individuellen Entfaltungsfreiheit und die [sic!] der demokratischen Mehrheitsentscheidung" (S. 35). Es gehe um die Herstellung einer „Konkordanz zwischen individuellem Selbstbestimmungsrecht einerseits und dem Recht der demokratischen Gemeinschaft zur Konkretisierung von Gemeinwohl und Identität der Wertegrundlagen andererseits" (S. 23).

Diese Gegenüberstellung ist schon im Ansatz fragwürdig. Denn sie unterstellt, dass von der Würdegarantie neben der Gewährleistung des individuellen Selbstbestimmungsrechts zugleich das Recht der „demokratischen Gemeinschaft" umfasst werde, „Gemeinwohl" und „Identität der Wertegrundlagen" zu bestimmen. Eine solche Erstreckung der Garantie der Menschenwürde auf die Gewährleistung kollektiver Entscheidungsprozesse ist aber kaum nachvollziehbar. Selbstverständlich ist die „Gemeinschaft" im demokratischen Staat befugt, im Wege der parlamentarischen Gesetzgebung Wertvorstellungen in verbindliche rechtliche Normen umzusetzen, soweit dabei die von der Verfassung gezogenen Grenzen respektiert werden. Aber ganz abgesehen davon, dass die Unbefangenheit, mit der hier das „Gemeinwohl"[34] existenziellen Bedürfnissen des Einzelnen gegenübergestellt wird, befremdlich erscheint – Strukturen des demokratischen Entscheidungsprozesses der Garantie der Menschenwürde zu unterstellen, enthält einen elementaren Kategorienfehler. Selbst wenn man das Recht auf demokratische Teilhabe als Forderung der Menschenwürde verstehen woll-

---

33 Dazu nachfolgend unter 4.

34 Zu der zeitgeschichtlich belegten ideologischen Anfälligkeit des Gemeinwohlbegriffs *Stolleis*, Gemeinwohlformeln im nationalsozialistischen Recht, 1974.

te, könnte als Träger dieser Menschenwürde nur der einzelne Bürger gedacht werden, nicht aber eine „Gemeinschaft“ als solche.

Anders formuliert: Selbstverständlich hat die von Di Fabio apostrophierte „demokratische Gemeinschaft“ das Recht, im Rahmen der verfassungsrechtlichen Vorgaben den Gehalt der Menschenwürdegarantie durch Entscheidungen des demokratisch legitimierten Gesetzgebers zu konkretisieren. Damit aber wird die „demokratische Mehrheitsentscheidung“ noch nicht zu einem „Zweig“ der verfassungsrechtlich garantierten Menschenwürde – sowenig diese Mehrheitsentscheidung dadurch zu einem „Zweig“ des verfassungsrechtlich garantierten Eigentums (Art. 12 GG) wird, dass dem Gesetzgeber die Befugnis eingeräumt wird, Inhalt und Schranken des Eigentums zu bestimmen (Art. 12 Abs. 1 Satz 2 GG).

4. *Suizidhilfe als Gefährdung der „Identität“ der Gesellschaft?*

Nach Ansicht Di Fabios geht es bei der vom BVerwG entschiedenen Frage geradezu um die „sittlich-kulturelle Identität einer freien Gesellschaft“ (S. 28). Nun könnte man fragen, wie die von Di Fabio propagierte Beschneidung des Selbstbestimmungsrechts eines schwerstleidenden Suizidwilligen ausgerechnet zu dem Leitbild einer „freien“ Gesellschaft passen sollte. Man könnte weiter fragen, ob es mit der von Di Fabio immer wieder beschworenen „Werteordnung“ des Grundgesetzes tatsächlich vereinbar sein kann, dass der Einzelne um der Wahrung der „Identität“ der Gesellschaft willen unter Umständen zu einem qualvollen Weiterleben (und möglicherweise zu einem qualvollen Sterben) verurteilt sein soll.

Indes: schon die Behauptung, es gehe bei der vorliegenden Frage tatsächlich um die Identität der Gesellschaft, steht auf tönernen Füßen. Wenn Di Fabio im Kontext der Erörterung des im Jahre 2015 in Kraft getretenen § 217 StGB deklariert, die Frage der Zulässigkeit einer Förderung von Suiziden betreffe „unbestreitbar“ [sic!] die „sittlich-kulturelle Identität“ der Gesellschaft, so stellt sich die Frage: Hatte unsere Gesellschaft *vor* der Einführung des § 217 StGB eine andere Identität als danach? Oder sollte gesagt werden, dass die „wahre“ Identität dieser Gesellschaft erst durch die partielle Kriminalisierung der Suizidhilfe rechtlich zum Ausdruck gebracht worden sei? Und wer entscheidet im letzteren Fall, was die „wahre“ Identität der Gesellschaft ist?

Die Fragen, die sich hier aufdrängen, machen deutlich, dass der Begriff der „Identität“ einer Gesellschaft jedenfalls dann, wenn als Kriterien dieser Identität veränderbare einfachgesetzliche Regelungen und die ihnen korrespondierenden sozialethischen Vorstellungen herangezogen werden, eine

Leerformel ist, die je nach Weltanschauung beliebig ausgefüllt werden kann (sofern die entsprechende Weltanschauung überhaupt gesellschaftlich präsent ist). Der liberale Freidenker mag die Identität der bisherigen Gesellschaft durch die Einführung des § 217 StGB gefährdet, der christliche Fundamentalist mag sie durch die resultierende partielle Kriminalisierung der Suizidhilfe bestätigt sehen. Von der Gefährdung (oder auch: der Bestätigung) der Identität der Gesellschaft zu reden, macht in einer pluralistischen Gesellschaft jenseits partikularer weltanschaulicher Positionen allenfalls dort einen Sinn, wo es um sozialethische Prinzipien geht, hinsichtlich deren Anerkennung (oder: Ablehnung) ein gesellschaftlicher Konsens besteht.[35] Im Bereich der hoch umstrittenen Themen von Suizid- und Sterbehilfe ist dies ersichtlich nicht der Fall.[36]

5. *Individuelle Selbstbestimmung als Gefährdung der „demokratischen Selbstbestimmung" der Gesellschaft?*

Nach Ansicht von Di Fabio gefährdet das Urteil des BVerwG mit seiner Betonung des Selbstbestimmungsrechts des schwerstleidenden Suizidwilligen nicht nur die Identität der Gesellschaft, sondern auch die „demokratische Selbstbestimmung" und die „objektive Werteordnung", die in der Verfassung zum Ausdruck komme. „Ein, absolute Geltung beanspruchendes, individuelles Bestimmungsrecht bis in die Befreiung von repressiven Verboten oder bis in Verschaffungsansprüche hinein kann es nicht geben, ohne dass die Fähigkeit zur demokratischen Selbstbestimmung und die Verfassung als Ausdruck einer objektiven Werteordnung Schaden nähmen" (S. 46). Das Urteil des BVerwG verfehle, so Di Fabio weiter, diesen „voraus-

35 Jenseits eines solchen Konsenses droht der Versuch, mit den Instrumenten des Rechts eine normative „Identität" der Gesellschaft durchzusetzen, die pluralistischen und relativistischen Grundlagen der Demokratie (dazu etwa die Beiträge von *Horst Dreier* und *Elif Özmen* in: Özmen (Hrsg.), Hans Kelsens Politische Philosophie, 2017) zu torpedieren. Zu den Problemen, die sich ergeben, wenn die Identität der Gesellschaft mit dem Instrument des Strafrechts gesichert werden soll, näher *Neumann*, Aufgabe des Strafrechts und Strafbegründung in: Kindhäuser/Kreß/Pawlik/Stuckenberg (Hrsg.), Strafrecht und Gesellschaft. Ein kritischer Kommentar zum Werk von Günther Jakobs, 2019, S. 257 ff., 270 ff.

36 Mit Bezug auf den hier thematischen Problembereich der Suizidhilfe *Gärditz* ZfL 2017, 50: „In einer pluralistischen Demokratie sind gerade in ethisch konfliktbeladenen Regelungsbereichen kaum eindeutige Lösungen erreichbar" (unter Hinweis auf Horst Dreier).

setzungsvollen Zusammenhang", weil es allein auf das Selbstbestimmungsrecht und das allgemeine Persönlichkeitsrecht des Sterbewilligen abstelle.

Nun bleibt schon unklar, warum Ansprüche auf Befreiung von repressiven Verboten[37] und/oder Verschaffungsansprüche geradezu den Zenit eines „absolute Geltung" beanspruchenden Selbstbestimmungsrechts markieren sollten, wie es die Formulierung („bis in … hinein") nahelegt. Wenn Di Fabio dem BVerwG unterstellt, es gehe von einem „absoluten Selbstbestimmungsanspruch" aus,[38] dann vernachlässigt er die strengen Voraussetzungen, die das Gericht für die Abgabe eines tödlich wirkenden Medikaments an einen suizidwilligen Schwerstkranken festlegt. Von einem Bekenntnis des BVerwG zu einem „absoluten Selbstbestimmungsanspruch" kann nicht die Rede sein.[39]

Kaum nachvollziehbar ist aber die Behauptung, ein solches Selbstbestimmungsrecht beschädige die „Fähigkeit zur demokratischen Selbstbestimmung" und die Verfassung als „Ausdruck einer objektiven Werteordnung".

Was die „demokratische Selbstbestimmung" betrifft,[40] so ist diese offenbar nicht als Recht oder (wie Di Fabio formuliert:) „Fähigkeit" des Einzelnen gemeint; denn dessen Selbstbestimmungsrecht sollen durch die „demokratische Selbstbestimmung" ja gerade Grenzen gesetzt werden. Sinnvoll ist der Bezug auf diese „demokratische Selbstbestimmung" im vorliegenden Kontext deshalb nur dann, wenn man sie als Befugnis eines Kollektivs versteht – sei es der Gesellschaft insgesamt, sei es des parlamentarischen Gesetzgebers.

---

37 Dass es vorliegend um ein repressives Verbot mit Befreiungsvorbehalt (und nicht um ein präventives Verbot mit Erlaubnisvorbehalt) gehe, wird von Di Fabio wiederholt betont (S. 15 u. ö.).

38 „Allerdings zeigt gerade der vorliegende Fall, dass auch im Rahmen von Art. 2 Abs. 1 GG der Würdeschutz mit seinem subjektiven Gehalt und seiner absoluten Wirkung rasch … als *absoluter Selbstbestimmungsanspruch* die sozialethischen Grundentscheidungen einer demokratischen Gesellschaft zur Seite drängt …" (S. 34).

39 Der Kontext (Di Fabio thematisiert hier kritisch das Verständnis der Menschenwürdegarantie des Art. 1 Abs. 1 als Grundrecht und die „absolute Wirkung" des Würdeschutzes) könnte es nahelegen, die von Di Fabio in diesem Fall diagnostizierte „Absolutheit" des Selbstbestimmungsanspruchs auf die Absolutheit des Menschenwürdeschutzes, aus dem das Selbstbestimmungsrecht gefolgert wird, zu beziehen. Dann aber wäre eine mangelnde Unterscheidung zwischen dem geltungstheoretischen Aspekt (Absolutheit im Sinne der Nichtabwägbarkeit) und dem inhaltlichen (Absolutheit im Sinne der Grenzenlosigkeit) zu monieren.

40 Zu der Behauptung einer Gefährdung der „objektiven Werteordnung" durch ein absolutes Selbstbestimmungsrecht s. nachfolgend unter 6.

Ein Prinzip der demokratischen Selbstbestimmung *der Gesellschaft* wäre als Argument gegen die Entscheidung des BVerwG jedenfalls dann untauglich, wenn man darunter den Grundsatz der Verbindlichkeit des Willens der Mehrheit der Bevölkerung versteht. Denn die Bevölkerung der Bundesrepublik plädiert mit einer klaren Mehrheit für die Erlaubnis jeglicher Suizidhilfe, überwiegend sogar für die Legalisierung der ärztlichen Sterbehilfe.[41] Mit den gesetzlichen Restriktionen im Bereich von Suizid- und Sterbehilfe, insbesondere mit der weitgehenden Kriminalisierung der Suizidhilfe durch die Einfügung des § 217 StGB, missachten die staatlichen Institutionen gerade den Willen der Mehrheit der „demokratischen Gesellschaft", dem durch das Urteil des BVerwG jedenfalls partiell Rechnung getragen wird.

Stellt man dagegen auf die Kompetenz des demokratisch legitimierten *Gesetzgebers* zur Setzung verbindlicher Rechtsnormen ab, so ließe sich in einem ersten Schritt immerhin argumentieren, das Urteil des BVerwG missachte Normen eines vom demokratisch legitimierten Parlament verabschiedeten Gesetzes (BtMG).

Der Rechtsetzungskompetenz des Gesetzgebers sind allerdings im Verfassungsstaat durch die übergeordneten Normen der Verfassung Grenzen gesetzt; und auf diese Grenzen beruft sich das BVerwG, wenn es im Wege der verfassungskonformen Auslegung für bestimmte, extreme Fallkonstellationen (unter Bezug auf das Selbstbestimmungsrecht als Element des Allgemeinen Persönlichkeitsrechts [Art. 2 Abs. 1 i. V. m. Art. 1 Abs. 1 GG]) einen im BtMG nicht geregelten Anspruch auf die Erlaubnis zum Erwerb einer tödlich wirkenden Substanz zum Zwecke der Selbsttötung bejaht. Di Fabio dagegen wendet die Verfassung *gegen* das Selbstbestimmungsrecht des Einzelnen. Die Verfassung müsse dem individuellen Selbstbestimmungsrecht Grenzen setzen, weil sie als „Ausdruck einer objektiven Werteordnung" durch ein „absolute Geltung beanspruchendes" Recht auf Selbstbestimmung „Schaden nähme[n]" (S. 46).

41 Bezogen auf eine Umfrage aus dem Jahre 2014 (Nachw. bei *Saliger* medstra 2015, 132, 133 m. Fn. 15). Das Ergebnis dieser Umfrage wird durch die Resultate weiterer Erhebungen bestätigt (Nachw. bei *Jacqueline Neumann/Ludwig A. Minelli*, „ifw-Kommentar zum Rechtsgutachten ‚Erwerbserlaubnis letal wirkender Mittel zur Selbsttötung in existenziellen Notlagen' von Prof. Udo Di Fabio für das Arzneimittel-Institut (BfArM)" (https://weltanschauungsrecht.de/kommentar-bfarm-difabio-bverwg), S. 16).

6. *Gefährdung der „objektiven Werteordnung"?*

Das ist schon hinsichtlich der Prämisse, dem Verständnis der Verfassung als „Ausdruck einer objektiven Werteordnung", hoch problematisch. Auch wenn die Rede von der Verfassung als „Werteordnung" in der Rechtsprechung des BVerfG wie auch in der verfassungsrechtlichen Literatur trotz aller Kritik[42] geläufig ist:[43] ohne – erkenntnistheoretisch nicht zu verteidigende – religiöse oder metaphysische Prämissen lässt sich das Verständnis von der Verfassung als „Werteordnung" allenfalls dann halten, wenn man der Verfassung die Funktion der Konstitution, nicht aber die einer bloßen Reproduktion von „Werten" zuerkennt.

Anders formuliert: wer in der Verfassung einen „Ausdruck" vorgegebener („objektiver") Werte sehen will, kommt um das Bekenntnis zu einer überpositiven Ordnung der (Rechts-)Werte nicht herum, die sich ebenso in einem christlichen wie in einem islamischen wie in einem rationalen „Naturrecht" suchen lässt und die deshalb nicht die Basis für das Verfassungsverständnis in einem pluralistischen und säkularen Staat sein kann.

Auch im Rahmen einer solchen naturrechtlichen Position müsste natürlich begründet werden, dass und warum das Selbstbestimmungsrecht des Einzelnen jedenfalls in bestimmten Konstellationen hinter anderen Elementen der „objektiven Werteordnung" zurücktreten sollte. Das gilt in gleicher Weise auf der Basis eines positivistischen Verfassungsverständnisses. Di Fabio argumentiert an dieser Stelle wieder mit dem zuvor entwickelten „gespaltenen" Begriff der Menschenwürde. Er wirft dem BVerwG vor, dass es dem aus der Menschenwürde gefolgerten Selbstbestimmungsrecht des Einzelnen bei der Abwägung zwar den Lebensschutz, nicht aber „den Würdeschutz als Gemeinwohlkonkretisierung" gegenüberstelle (S. 46/47).

Dass das BVerwG Letzteres nicht tut, hat indes seinen guten Sinn. Denn die Vorstellung eines „Würdeschutzes als Gemeinwohlkonkretisierung" mag einem totalitären Staatsdenken angemessen sein; in einer liberalen, an dem normativen Vorrang des Individuums vor dem Kollektiv orientierten Verfassungsordnung hat sie nichts zu suchen. Das bedeutet natürlich nicht, dass in dieser Verfassungsordnung Gesichtspunkte des Interesses der Allge-

---

42 Exemplarisch bei *Goerlich*, Wertordnung und Grundgesetz. Kritik einer Argumentationsfigur des Bundesverfassungsgerichts, 1973.

43 Klare Darstellung und differenzierte Bewertung bei *Alexy*, Theorie der Grundrechte, 2. Aufl. 1994, S. 125 ff, 138 ff. Ausf. *Reese*, Die Verfassung des Grundgesetzes. Rahmen und Werteordnung im Lichte der Gefährdung durch Macht und Moral, 2013.

meinheit nicht berücksichtigt werden könnten. Die Vermischung der Menschenwürde mit kollektiven Interessen führt aber zu einer begrifflichen Konfusion, in deren Gefolge das Prinzip der Menschenwürde seine Konturen und einen erheblichen Teil seiner normativen Kraft verliert.

Dass die „Rechtsordnung des Grundgesetzes" ihre „Grundwerte" nicht „allein in die Disposition des Einzelnen stellen" muss und kann (S. 29), trifft zu und dürfte von niemandem bezweifelt werden. Wenn Di Fabio als Beispiel aber ausgerechnet den sogenannten „Zwergenweitwurf" heranzieht (S. 29), so erscheint das im Kontext der Ausgangsfrage, die das Recht qualvoll leidender Menschen auf einen schmerzlosen Tod betrifft, deplatziert. Und wenn der „Berufung eines Grundrechtsträgers auf die Würde des Menschen zur Verstärkung seines grundrechtlichen Entfaltungsanspruchs" entgegengehalten wird, dass es „immer auch um Grundwertungen einer freiheitlichen und humanen Gesellschaft geht" (S. 28/29), so fragt man sich, auf welcher Seite Freiheit und Humanität in der zu entscheidenden Fallkonstellation eines qualvoll leidenden, um seine Erlösung bittenden Menschen eigentlich streiten. Gerade zu zynisch wirkt es, wenn Di Fabio in diesem Zusammenhang an angebliche „szientistisch-eudämonistische" Gehalte der Nazi-Euthanasie erinnert (S. 37) und auch für die Gegenwart Gefahren beschwört, die von einer von ihm diagnostizierten „Tendenz zum utilitaristischen Eudämonismus" [sic!] im Bereich konsentierter lebensbeendender Maßnahmen ausgehen sollen (S. 38).[44]

7. *Dammbruchargument*

Das so genannte „Dammbruchargument" gehört zum Standardrepertoire all derer, die sich einer liberalen und an den Bedürfnissen schwerstleidender Sterbewilliger orientierten Regelung von Suizid- und Sterbehilfe widersetzen. Behauptet wird, dass bei einer Verschiebung der Grenzen der derzeit zulässigen Maßnahmen von Suizid- und Sterbehilfe die Achtung vor dem Leben insgesamt Schaden nehmen könnte – mit Folgen weit über den Bereich von Suizid und Sterbehilfe hinaus.[45]

Bei Di Fabio erscheint dieses Argument in seiner bisher skurrilsten Form: „Wenn die Selbstbestimmung des Einzelnen in diesem Bereich exis-

---

44 Auch die Behauptung, das Urteil des BVerwG wirke „eher wie ein provokanter Versuch, die Suchtstoffkontrolle zu ridikülisieren" (*Gärditz* ZfL 2017, 53), verfehlt die Tragik des Ausgangsfalles in beklemmender Weise.

45 Nachw. etwa bei *Weigend*, Autonomie als Grenze des strafrechtlichen Lebensschutzes in: Kindhäuser-FS, 2019, S. 855, 858 Fn. 19.

tenzieller Notlagen allein maßgeblich ist, wird morgen bei Veränderungen im menschlichen Genom oder bei der Schaffung von Hybriden zwischen Mensch und Tier ebenfalls der absolute Selbstbestimmungsanspruch ... bestimmend sein" (S. 46). Also: wenn man heute schwerstleidenden Menschen, die ihrem Leben und damit ihren Qualen ein Ende setzen wollen, den Zugang zu toxischen Substanzen in letaler Dosis ermöglicht, werden unsere Städte morgen (auch) von Mensch-Tier-Hybriden bevölkert sein. Das ist derart bizarr, dass man die Frage, was die Züchtung von Mensch-Tier-Hybriden mit dem Selbstbestimmungsrecht zu tun haben soll (oder muss man sich vorstellen, dass der Einzelne sich selbst in ein solches Wesen verwandeln oder verwandeln lassen würde?), nicht mehr aufwerfen muss.

8. „Würde gegen Würde" – Ausbau eines vertrauten Argumentationsmusters

Die Strategie, die Di Fabio mit dem Modell der „Ambivalenz" der Menschenwürde offensichtlich verfolgt, ist – wenn auch kaum in vergleichbar drastischer Ausprägung – aus Argumentationen anderer Autoren vertraut, in denen individuelle Rechtspositionen, die aus dem Prinzip der Menschenwürde abgeleitet werden, zurückgeschnitten werden sollen. Man wendet das Würdeprinzip *gegen* die Bedürfnisse der Menschen, die – als Träger der Menschenwürde – durch dieses Prinzip eigentlich geschützt werden sollen. So etwa, wenn einem qualvoll leidenden Moribunden der ersehnte menschenwürdige Tod gerade mit dem Argument verweigert wird, die Zulassung der aktiven Sterbehilfe drohe den Rechtswert „Würde des Einzelnen" in Frage zu stellen.[46] In der Aufspaltung der Menschenwürde in einen Würdeschutz als Schutz des Individuums einerseits, als „Gemeinwohlkonkretisierung" andererseits findet diese Strategie ihre vorläufige Krönung.

---

46 Nachw. und Kritik bei *Neumann*, Strafrechtlicher Schutz der Menschenwürde zu Beginn und am Ende des Lebens in: Prittwitz/Manoledakis (Hrsg.), Strafrecht und Menschenwürde, 1998, S. 51 ff., 58 f. Im vorliegenden Zusammenhang wendet *Hillgruber* das Argument der Würde des Menschen *gegen* den Menschen mit der Begründung, der Staat müsse „auch gegen die Selbsteinschätzung des Suizidwilligen und um seiner Würde willen [sic!] daran festhalten, dass das Leben unter allen Umständen ein erhaltenswertes Gut ist" (JZ 2017, 781). Einem schwerstleidenden Menschen wird die Möglichkeit zu einem würdigen Sterben mit Berufung auf seine Menschenwürde verwehrt – eine im Wortsinne perverse (pervertierte) Applikation des Prinzips der Menschenwürde.

Diese Argumentationstechnik ist verständlich als Reaktion auf die in Art. 1 Abs. 1 GG festgeschriebene „Unantastbarkeit" der Menschenwürde, die es schwierig, nach verbreitetem Verständnis: unmöglich macht, im Relevanzbereich des Menschenwürdeprinzips Gegenargumente zur Geltung zu bringen. Wenn sich die Menschenwürde jeder Abwägung entzieht, können Gegenargumente nur dann erfolgreich sein, wenn sie gleichfalls dem Prinzip der Menschenwürde zugeordnet werden.

Diese Strategie führt allerdings regelmäßig zu argumentativen Gewaltsamkeiten. So, wenn die „Rettungsfolter" damit gerechtfertigt wird, dass es um den Schutz der Menschenwürde des Opfers des zu Folternden gehe;[47] so, wenn die Tötung der Passagiere eines von Terroristen entführten Zivilflugzeugs (durch Abschuss der Maschine) damit gerechtfertigt wird, in solchen „tragischen Entscheidungssituationen" könne „der rechtschaffene Bürger seine Würde einzig darin finden, dass er sein Interesse bis hin zur Aufopferung seines Lebens den Interessen anderer oder des Gemeinwohls solidarisch unterordnet"[48]; so, wenn schwerstleidenden Sterbewilligen der ersehnte Tod mit der Begründung verweigert wird, das Prinzip der Menschenwürde schütze auch das Leben als „biologische Basis" der Würde;[49] so schließlich auch, wenn dem Prinzip der Menschenwürde der Schutz einer „Würde" der „demokratischen Gemeinschaft" abgerungen wird, der das aus der Würde des Individuums folgende Selbstbestimmungsrecht begrenzen soll, wie in dem Gutachten Di Fabios.

IV. Das Argument der „höchstpersönlichen Natur" von Suizidwünschen

Der deutsche Ethikrat hat, erkennbar ohne sich näher mit der Frage seiner Kompetenzen zu beschäftigen,[50] mit der Mehrheit seiner Mitglieder[51] das Urteil des BVerwG einer scharfen Kritik unterzogen. Eine zentrale Rolle spielt dabei das Argument, eine staatliche Erlaubnis (ebenso deren Verweigerung) zum Erwerb einer zum Suizid geeigneten und bestimmten Dosis

---

47 *Brugger* JZ 2000, 165 ff., 169.

48 *Depenheuer,* Das Bürgeropfer im Rechtsstaat in: Isensee-FS, 2007, S. 43 ff., 54.

49 Nachw. und Kritik bei *Neumann,* Die Menschenwürde als Menschenbürde – oder wie man ein Recht gegen den Berechtigten wendet (2004) in: ders., Recht als Struktur und Argumentation. Beiträge zur Theorie des Rechts und zur Wissenschaftstheorie der Rechtswissenschaft, 2008, S. 35 ff., 43 f.

50 Krit. zu der resultierenden Kompetenzüberschreitung *Lindner* ZRP 2017, 248.

51 Eine Minderheit hält das Urteil dagegen für „ethisch wohl erwogen und begrüßenswert" (Stimmenverhältnis 16:9).

eines Betäubungsmittels erwecke „den Anschein, Suizidwünsche müssten staatlicherseits bewertet bzw. könnten staatlicherseits legitimiert werden."[52] Dies aber würde bedeuten, „die höchstpersönliche Natur solcher Wünsche infrage zu stellen."

Diese Argumentation ist verfehlt bis zur Abseitigkeit. Es ist schlechterdings widersinnig, mit dieser Begründung einem qualvoll leidenden Menschen den Zugang zu einer Substanz, die ihm die ersehnte schmerzlose Beendigung seines Lebens ermöglichen würde, zu verwehren. Man kann einen offensichtlich sehr ernst gemeinten Wunsch nicht mit dem Argument zurückweisen, es handele sich um einen „höchstpersönlichen" Wunsch, den man nicht bewerten und also (!) auch nicht erfüllen könne. Nimmt man die eigene Bewertung eines Wunsches als „höchstpersönlich" ernst, so kann daraus nur folgen, dass sich Dritte der Erfüllung dieses Wunsches nicht entgegenzustellen haben.

Wenn sich die Mehrheit des Ethikrates in diesem Zusammenhang auf „die § 217 StGB … zugrunde liegende ethische Leitidee der staatlichen Neutralität gegenüber Lebenswertvorstellungen" beruft, so wird damit ein Missverständnis mit einem anderen begründet. Denn diese „Neutralität" ist eine Chimäre. Zwar ist es richtig, dass der Gesetzgeber sich dagegen entschieden hat, „die Legitimität der Suizidassistenz an die Erfüllung materieller Kriterien – wie schweres und unerträgliches Leiden – zurückzubinden." Aber § 217 StGB erschwert es dem Sterbewilligen in hohem Maße, sein Leben mit professioneller Hilfe zu beenden – gleichgültig, wie gewichtig die Motive für diesen Wunsch sein mögen. Von einer Neutralität des § 217 StGB gegenüber „Lebenswertvorstellungen" kann also nicht die Rede sein. Vielmehr erklärt der Gesetzgeber die „Lebenswertvorstellungen" des Suizidwilligen für unerheblich, soweit dieser zur Beendigung seines Lebens Hilfe in Anspruch nehmen muss oder möchte, die in den Bereich der vom Gesetzgeber durch die Verabschiedung des § 217 StGB kriminalisierten Handlungen fallen würde. Umgekehrt verhilft das Urteil des BVerwG den „Lebenswertvorstellungen" des Sterbewilligen jedenfalls in Fällen schwersten Leidens zu ihrer Verwirklichung.

Im Übrigen liegt der Behauptung, das Urteil des BVerwG zwinge die zuständige Behörde zu einem „Werturteil darüber …, ob das Leben, das eine antragstellende Person beendigen möchte, objektiv noch lebenswert ist"[53], offensichtlich eine Verwechslung zugrunde. Denn es geht nicht darum, ob

52 In Hinblick auf die Kargheit des Textes (2 Seiten) wird hier und im Folgenden auf Seitenangaben verzichtet.

53 *Gärditz* ZfL 2017, 55.

das Leben des Antragstellers *objektiv* noch lebenswert ist, sondern darum, ob sein *subjektiver* Wunsch, dieses Leben zu beenden, nachvollziehbar ist. Das aber ist eine Entscheidung, die die Rechtsordnung auch an anderen Stellen nicht umgehen kann.[54]

V. Fazit

Es ist ein gutes Prinzip wissenschaftlicher Diskussionen, alle vorgetragenen Argumente zunächst zum Nennwert zu nehmen und nicht nach etwaigen weltanschaulichen Hintergründen zu fragen. Auf der anderen Seite aber gilt: je fragwürdiger die Argumente, desto stärker der Ideologieverdacht. Unter diesem Gesichtspunkt fällt[55] es, ebenso wie hinsichtlich der Gesetzesbegründung zu § 217 StGB, schwer, sich hinsichtlich eines großen Teils der gegen das Urteil des BVerwG vorgebrachten Kritik dieses Verdachts zu erwehren. Wenn Di Fabio ausdrücklich betont, es gehe „nicht um eine Entgegensetzung des höchstpersönlichen Rechts auf Selbsttötung mit einem sittlichen Gebot der Lebenserhaltung, etwa im christlichen Sinne" (S. 37), so legt hier – ein vertrautes Phänomen – ein Dementi wohl die richtige Spur.[56]

54 *Lindner* verweist in diesem Zusammenhang zu Recht auf § 1904 BGB (ZRP 2017, 151).

55 Überzeugende Kritik etwa bei NK-*Saliger*, 5. Aufl. 2017, § 217 Rn. 3-8; *Eidam* medstra 2016, 17; *Gaede* medstra 2016, 65; *Hilgendorf* Legal Tribune Online v. 12.11.2015; *Hoven* ZIS 2016, 1; *Kuhli* ZStW 129 (2017), 691; *Weigend/Hoven* ZIS 2016, 681.

56 Zur biografisch belegbaren weltanschaulichen Prägung des Gutachters durch die christliche Religion vgl. *Jacqueline Neumann/Ludwig A. Minelli*, „ifw-Kommentar zum Rechtsgutachten ‚Erwerbserlaubnis letal wirkender Mittel zur Selbsttötung in existenziellen Notlagen' von Prof. Udo Di Fabio für das Arzneimittel-Institut (BfArM)" (https://weltanschauungsrecht.de/kommentar-bfarm-difabio-bverwg), S. 5.

Stellungnahme für die öffentliche Anhörung im Gesundheitsausschuss des Deutschen Bundestages am 20.2.2019 zu dem Antrag der FDP-Fraktion „Rechtssicherheit für schwer und unheilbar Erkrankte in einer extremen Notlage schaffen“

Reinhard Merkel

Vorbemerkung: Ich habe mich zu den rechtlichen Fragen, die Gegenstand des Antrags der FDP-Fraktion sind, schon früher mehrfach geäußert, v.a. in einer Besprechung des fraglichen BVerwG-Urteils vom 2. März 2017 (MedR 2017, 35: 828 – 830) und in der Frankfurter Allgemeinen Zeitung vom 15. Februar 2018 („Staat und Recht“, S. 6). Die folgenden Ausführungen zur Sache rekurrieren in wesentlichen Teilen auf diese bereits publizierten Texte.

I. Zu dem vorliegenden Antrag

Das im Antrag der FDP-Fraktion artikulierte rechtspolitische Anliegen ist dringlich und die darin vorgetragenen Argumente sind überzeugend. Die damit an den Bundestag adressierte Forderung verdient nachdrückliche Unterstützung.

II. Zu den Einwänden gegen das Urteil des Bundesverwaltungsgerichts (BVerwG)

Mit Urteil vom 2. März 2017 hat der Dritte Senat des BVerwG entschieden, in Fällen extremer Sterbensnot eines Patienten könne das Bundesinstitut für Arzneimittel (BfArM) verpflichtet sein, den Erwerb des Betäubungsmittels Natrium-Pentobarbital (NPB) ausnahmsweise auch zum Zweck eines Suizids zu erlauben. Im Auftrag des BfArM und damit zuletzt des Gesundheitsministeriums hat Professor Udo Di Fabio, ehemaliger Richter am Bundesverfassungsgericht, im November 2017 ein Gutachten vorgelegt, das die Entscheidung des BVerwG hart kritisiert. Sie missdeute nicht nur das einschlägige einfache Recht, sondern verletze formell wie materiell die

Verfassung. Auch in Extremfällen quälenden Lebens und Sterbens sei die Verpflichtung einer staatlichen Institution, den Erwerb eines Betäubungsmittels zu Suizidzwecken zu erlauben, rechtlich ausgeschlossen.

Die folgenden Überlegungen nehmen Professor Di Fabios Argumente exemplarisch für die auch andernorts geäußerte Kritik an dem Urteil des BVerwG; sie befassen sich deshalb nur mit diesen Argumenten. Dafür gibt es mindestens zwei gute Gründe. Zum einen enthält Di Fabios Gutachten die bislang ausführlichste Auseinandersetzung mit der Entscheidung. Zum anderen und vor allem liegt es ersichtlich der Anweisung des Bundesgesundheitsministers an das BfArM zugrunde, wonach einschlägige Anträge künftig abzulehnen, die Maßgaben des Urteils also nicht zu befolgen seien.

1. Di Fabio stützt sein Verdikt auf zwei grundlegende Argumente. Erstens statuiere das BVerwG mit der Feststellung, das BfArM könne in Ausnahmefällen verpflichtet sein, den Erwerb von Natrium-Pentobarbital zu Suizidzwecken zu erlauben, nichts Geringeres als eine staatliche Pflicht zur Unterstützung der Selbsttötung eines Menschen. Das widerspreche Grundwerten der Verfassung. Und zweitens sprenge die Auslegung des einschlägigen einfachen Rechts durch das Gericht die Grenzen von Sinn und Wortlaut der maßgeblichen Norm, nämlich des § 5 Abs. 1 Nr. 6 des Betäubungsmittelgesetzes (BtMG). Er untersagt eine Genehmigung, wenn die beabsichtigte Verwendung des Betäubungsmittels mit dem Gesetzeszweck, „die notwendige medizinische Versorgung der Bevölkerung sicherzustellen", nicht vereinbar sei. Ein Mittel zur Tötung eines Menschen, sagt Di Fabio, und sei es zum freiverantwortlichen, grundrechtsgestützten Suizid, könne niemals der „medizinischen Versorgung" dienen; vielmehr laufe es deren Zwecken frontal zuwider. Keines der beiden Argumente kann überzeugen. Recht hat Di Fabio nur mit seiner Forderung an den Gesetzgeber, die einschlägigen Normen des BtMG zu ändern. Aber nicht, wie er meint, um jede künftige Wirkung des Urteils auf Praxis und Judikatur der Betäubungsmittelkontrolle ausdrücklich zu blockieren, sondern im Gegenteil: um diese Wirkung, in der sich nichts anderes manifestiert als die Maximen einer verfassungsgebotenen Humanität, positivrechtlich sicherzustellen.

2. Unrichtig ist schon der Grundgedanke in Di Fabios Gutachten: die Gleichsetzung der Pflicht, vom generellen Verbot des Erwerbs eines Betäubungsmittels zu Suizidzwecken in tragischen Einzelfällen abzusehen, mit einer Pflicht zur Suizidhilfe. Die Annahme, wer für eine Handlung, die er zunächst generell untersagt habe, später ausnahmsweise eine Erlaubnis erteile, leiste Beihilfe zu dieser Handlung, ist irrig. Sie ist so wenig plausibel wie es die Behauptung wäre, ein verwaltungsgerichtliches Urteil, mit dem eine abgeneigte Gemeinde verpflichtet würde, vor einer Wahl das Aufstellen eines Info-Stands der NPD zu genehmigen, verpflichte den Staat, die

Ziele der NPD zu unterstützen. Mit § 5 Abs. 1 Nr. 6 BtMG blockiert der Staat den Zugriff auf NPB zu Suizidzwecken. Unter bestimmten Umständen das autonome Handeln einer Person nicht mehr verhindern zu dürfen und deshalb die zuvor errichtete Sperre im Einzelfall aufheben zu müssen, hat mit einer Unterstützung jenes Handelns nichts zu schaffen. Von dem Umstand, dass dieses Aufheben ein aktives Tätigwerden erfordert, hängt das nicht ab.

3. Di Fabio sieht das anders. Deshalb bemüht er sich um den Nachweis, mit dem Antrag auf Erlaubnis zum Erwerb des Mittels werde nicht das bloße Absehen von einem Verbot, sondern eine staatliche Leistung begehrt. Das im BtMG statuierte Verbot des Erwerbs von Natrium-Pentobarbital zu Suizidzwecken sei kein Eingriff in das Persönlichkeitsgrundrecht auf ein selbstbestimmtes eigenes Sterben. Denn es richte sich gar nicht gegen Suizidentschlüsse, sondern generell gegen den Verkehr mit Betäubungsmitteln. Das Versagen einer Erlaubnis zum Erwerb bedürfe seitens der Behörde daher keinerlei Überlegung zu den Gründen eines Suizidwunsches. Wer eine solche Erlaubnis beantrage, begehre vielmehr etwas, worauf er keinen Anspruch habe: eine Art wohltätiger Leistung. Da diese aber auf eine staatliche Beihilfe zur Selbsttötung hinauslaufe, sei sie ausnahmslos zu verweigern. Das ist ungereimt. Hat man zunächst den Eingriffscharakter des Verbots verneint, weil sich dieses gar nicht gegen Suizide richte, dann ist es unschlüssig, den Zwang zum Versagen der Erlaubnis just darauf zu gründen, dass mit ihr ein Suizid unterstützt würde. Anders gewendet: Wird das Verbot gerade deshalb für zwingend erklärt, weil jede Ausnahme zu einem Suizid beitrüge, dann greift das so präzisierte Verbot ganz offensichtlich in die grundrechtliche Freiheit zum selbstbestimmten Suizid ein. Doch selbst wenn man Di Fabios irriger Konstruktion folgen wollte, bliebe seine Prämisse, das Aufheben einer Blockade sei eine Beihilfe zu dem damit freigegebenen Handeln, so verkehrt wie es der Vorwurf wäre, die gerichtliche Aufhebung eines Info-Verbots gegen die NPD bedeute eine staatliche Unterstützung dieser Partei.

4. Nicht einzusehen ist auch Di Fabios zweite Grundthese, das Gesetzesmerkmal „zur medizinischen Versorgung“ in § 5 Abs. 1 Nr. 6 BtMG schließe schon nach seinem Wortlaut, jedenfalls aber nach seinem Sinn und Zweck den Einschluss eines Mittels zum Suizid unter allen Umständen aus. Dass die Norm dies grundsätzlich und für den Regelfall tut, hat das BVerwG selbst hervorgehoben. Mit Recht besinnt es sich aber außerdem nicht nur auf das Rechtsprinzip des Notstands, das nahezu allen gesetzlichen Verboten rechtliche Grenzen zu ziehen vermag, sondern auch und vor allem auf die grundrechtliche Freiheit, in Fällen extremer Not das eigene Sterben so gut es geht nach dem eigenen Maß des Erträglichen zu ge-

stalten und es nicht in Formen zwingen zu lassen, die anderen zusagen mögen, die der Sterbende selbst aber als Verletzung seiner Würde empfindet. Di Fabios Behauptung, der Gesetzeszweck „medizinische Versorgung" könne tödliche Handlungsziele niemals einschließen, wird an anderen Stellen der Rechtsordnung schlagend widerlegt. § 218a des Strafgesetzbuchs schreibt für den Schwangerschaftsabbruch eine (sogar strafbewehrte) Arztpflicht vor, und zwar auch für solche Abbrüche, die das Bundesverfassungsgericht als „rechtswidrig" qualifiziert. In der einschlägigen Entscheidung von 1993 wird die „flächendeckende" Gewährleistung medizinischer Einrichtungen zur Vornahme solcher Abbrüche als „Staatsaufgabe" bezeichnet. Selbstverständlich macht dies die Abbruchshandlung zum Gegenstand einer verpflichtenden medizinischen Versorgung. Für das Abortivmittel „Mifegyne", das Abbrüche bis zum 50. Tag der Schwangerschaft ermöglicht, hat der Gesetzgeber in § 47a des Arzneimittelgesetzes, also gewiss ebenfalls in einem Gesetz zur medizinischen Versorgung, einen besonderen Vertriebsweg positivrechtlich geregelt. Und dabei geht es, das sei hervorgehoben, nicht um selbstbestimmte und rechtmäßige Suizide, sondern um (folgt man dem BVerfG) rechtswidrige Tötungen Dritter: der unerwünschten Embryonen.

5. Ersichtlich erkennt die Rechtsordnung an, dass in Fällen besonderer Not die Aufgabe der Medizin nicht allein in ihrer klassischen Zuständigkeit für Diagnose, Therapie und Prävention zu liegen braucht, sondern einfach darin bestehen kann, betroffenen Menschen mit medizinischen Mitteln bestmöglich zu helfen. Zu dieser Hilfe kann manchmal die Erlaubnis gehören, ein Mittel zum Zweck der Selbsttötung zu erwerben. Der Einwand, das Gesetzesmerkmal „medizinische Versorgung" schließe dies zwingend aus, ist falsch. Und der analoge moralische Imperativ ist es in Fällen extremer Not ebenfalls. Er möge jedenfalls nicht, wie im Gutachten Di Fabios und offensichtlich auch im Nichtanwendungserlass des Gesundheitsministers, als Wertentscheidung einer freien und humanen Gesellschaft für das Fundament der Verfassung reklamiert werden. Denn das ist er nicht.

III. Zur Ethik der Suizidprävention

Für Menschen in auswegloser Sterbensnot und in für sie selbst nicht mehr erträglichem Leid ist manchmal keine andere Abhilfe möglich als der von ihnen ersehnte Tod. In solchen Extremfällen mag ein humanes Sterben nur noch von den „sanften" medizinischen Mitteln zum Suizid gewährleistet werden können und nur mit deren Hilfe dem Leidenden die qualvolle Alternative des Ausharrenmüssens bis zum letztmöglichen Atemzug oder eines Gewaltakts gegen den eigenen Körper erspart bleiben. Gelegentlich hört oder liest man, ein solches Leid gebe es nicht, da die Palliativmedizin stets eine ausreichende Schmerzlinderung sicherstellen könne. Das geht schon grundsätzlich fehl, selbst wenn die These zum Schmerz richtig wäre (was sie nicht ist). Leid ist nicht dasselbe wie Schmerz; es kann über dessen Präsenz und Wirkung weit hinausreichen. Nur unerträglichen Schmerz als unerträgliches Leid begreifen zu können, ist Zeugnis einer befremdlichen Indolenz.

Eben deshalb überzeugt Di Fabios Behauptung nicht, nur die ausnahmslose Verweigerung des Erwerbs von NPB zu Suizidzwecken entspreche den Grundprinzipien unserer Verfassung als einer humanen, am Schutz des Lebens orientierten Normenordnung. Das in Art. 2 Abs. 2 GG geschützte Recht auf Leben in Fällen wie dem des BVerwG nachgerade maliziös gegen seinen Inhaber zu kehren und es ihm durch die Blockade der Möglichkeit eines humanen Sterbens, das er selbst ersehnt, zur Pflicht zu machen, ist kein Ausdruck einer moralischen Einstellung. Vielmehr berührt eine solche De-facto-Pflicht „zum Weiterleben gegen den eigenen Willen", wie das BVerwG zu Recht hervorhebt, „den Kern der eigenverantwortlichen Selbstbestimmung" Sterbender und somit deren Menschenwürde.[1]

Verfehlt ist daher der Satz des OVG Münster, der Vorinstanz des BVerwG im erwähnten Verfahren, auch die Maßnahmen der Palliativmedizin würden „dem Schutzgehalt der Menschenwürde gerecht", weswegen der Verweis eines Suizidwilligen auf diese Möglichkeiten auch in Fällen qualvoller Sterbensnot keinen Bedenken aus Art. 1 Abs. 1 GG begegne.[2] Der Hinweis, die Möglichkeiten der Palliativmedizin entsprächen den Geboten der Menschenwürde, ist so unbestreitbar, wie er in solchen Fällen neben der Sache liegt. Ob die Nötigung zu dieser Form hinausgezögerten Sterbens durch die zwangsrechtliche Blockade jenes kürzeren humanen Wegs, den die Patientin im Fall des BVerwG desperat gewünscht hat, ihre Menschenwürde tangieren konnte: das war die einschlägige Frage des Falles. Und jedenfalls unter dem Blickwinkel der Ethik war sie nachdrücklich zu bejahen.

Die schlafwandlerische Unbefangenheit, mit der man sich (wie die Vorinstanzen des BVerwG) anmaßt, die Frage der Unerträglichkeit eines qualvollen Lebens oder Sterbens besser als der Leidende beurteilen zu können

1 BVerwG, MedR (2017) 35: 826, unter Verweis auf Maunz/Dürig/Herzog-Herdegen, GG, Art. 1 Abs. 1 Rn. 89.

2 Zit. bei Merkel, MedR (2017) 35: 829.

und ihm deshalb die vermeintlich „mildere Alternative“ der Palliativmedizin zwangsrechtlich vorschreiben zu dürfen, ist nicht moralisch. Sie ist Ausdruck einer paternalistischen Bevormundung, die in den Kernbereich der Autonomie interveniert: den der Selbstbestimmung über die existenziellen Grenzen des Erträglichen eigenen Leidens. Dass ein solcher Eingriff ins Innerste des personalen Selbstverständnisses und damit der Menschenwürde den Prinzipien einer menschenfreundlichen Verfassung wie der des Grundgesetzes entspräche, ist nicht einzusehen. Nicht selten, auch etwa im Gutachten Di Fabios (dort z.B. S. 23 u.ö.), wird seine Begründung ergänzt um den Hinweis auf „Gemeinwohlinteressen“: Man müsse die vulnerablen, nicht mehr selbstbestimmten Patienten vor der Gefahr einer unfreien Selbsttötung schützen. Die Vorstellung, das rechtfertige den ausnahmslosen Einbezug auch zweifelsfrei autonomer Personen in dieses zwangsrechtliche Schutzregime, ist nicht akzeptabel. Sie stellt dem unzulässigen Paternalismus der Erstbegründung das ebenfalls unzulässige Element eines im Wortsinne bedenkenlosen Utilitarismus bei. Auch dies findet, entgegen Di Fabios Behauptung, in der Werteordnung des Grundgesetzes keine Grundlage.

IV. Zur möglichen Kollision des Urteils mit § 217 StGB

Kollidieren könnten die Maßgaben der Entscheidung des BVerwG allerdings mit dem neuen § 217 StGB, der nach seiner amtlichen Überschrift die „geschäftsmäßige Förderung der Selbsttötung“ pönalisiert.[3] Nun ist dieser selbst erheblichen verfassungsrechtlichen Zweifeln ausgesetzt, weswegen er derzeit in Karlsruhe liegt.[4] Er ist aber gegenwärtig geltendes

3 Beiläufig: Diese Überschrift ist irreführend. Der Tatbestand verlangt keineswegs das „Fördern“ eines Suizids. Vielmehr genügt bereits das bloße Verschaffen einer Gelegenheit dazu; die Förderung muss der Täter nur beabsichtigen. Strafbar macht er sich daher auch dann, wenn der, dem er die Gelegenheit verschafft, nicht entfernt daran denkt, sie zu realisieren.

4 Ich selbst halte ihn wegen Verstoßes gegen das Schuldprinzip mit der deutlichen Mehrheit meiner strafrechtlichen Kollegen für verfassungswidrig. Er statuiert ein sog. abstraktes Gefährdungsdelikt: Werde Hilfe zum Suizid professionell (mit Wiederholungswillen) gewährt, bestehe immer eine erhöhte Gefahr, dass der geförderte Suizid „unfrei“ sei. Suizidhilfe im Einzelfall durch Laien, und wären sie zur Beurteilung der Freiverantwortlichkeit noch so inkompetent, ist dagegen nach wie vor erlaubt. Vor diesem Hintergrund ist die Behauptung, anders als die (inkompetente) Laienhilfe schaffe (ausgerechnet) professionelle Hilfe stets jene abstrakte Gefahr des Verkennens der „Unfreiheit“, aus dem empirischen Nichts geholt. Wohl

Recht. Das amtsmäßige Handeln des BfArM folgt naturgemäß allgemeinen rechtlichen Regeln und daher einem Modus, der insofern „geschäftsmäßig" ist, als er in analogen Sachlagen jeweils gleichartige Entscheidungen verlangt – und also grundsätzlich die Bereitschaft, die Entscheidung eines gegenwärtigen Falles in Zukunft ggf. zu wiederholen.

Das BVerwG sieht den Einwand und begegnet ihm mit dem Argument, die nur im Einzelfall zulässige behördliche Erlaubnis, NPB zum Zweck der Selbsttötung zu erwerben, sei „nicht vergleichbar mit einer geschäftsmäßigen Förderung der Selbsttötung durch einen privaten Suizidhelfer". Das BfArM verfolge „keine Eigeninteressen", sondern gehorche rechtlichen Geboten. Aus einer Erlaubnis zum Erwerb von NPB könne angesichts deren enger Notstandsgrenzen kein „Anschein der Normalität" entstehen. Und schließlich sei es verfehlt, den grundgesetzlich geforderten Schutz der Selbstbestimmung schwer leidender, sterbender Menschen als staatliches „Angebot des assistierten Suizids" zu kennzeichnen.

Alle drei Argumente sind sachlich zutreffend – und beseitigen gleichwohl das Risiko einer Kollision der Entscheidung mit § 217 StGB nicht. Die ersten beiden („keine Eigeninteressen, kein Anschein von Normalität") beziehen sich auf wesentliche Motive des Gesetzgebers für den Erlass des § 217, die auf Fälle wie den des BVerwG ersichtlich nicht passen. Aber Motive eines Gesetzes legen nicht den Inhalt seiner Tatbestandsmerkmale fest. Das Kriterium für die „Geschäftsmäßigkeit" in § 217 ist denn auch (und ausweislich der Gesetzesbegründung) ein anderes: das „Angelegtsein" der Tathandlung „auf Wiederholung" (BT-Drs. 18/5373, S. 2, 16). Und eine solche Tendenz kennzeichnet behördliches Handeln, das abstrakten rechtlichen Maßgaben unterliegt, naturgemäß immer. Daher ist es jedenfalls nicht ausgeschlossen, dass ein Mitarbeiter des BfArM, der künftig nach den Maßgaben der Entscheidung des BVerwG handelt, den Tatbestand des § 217 StGB erfüllt. Das wäre, stünde damit auch seine Strafbarkeit fest, ein halbwegs bizarres Beispiel für einen gesetzlich programmierten Wertungswiderspruch.

Einen Ausweg bietet, rebus sic stantibus, das Notstandsprinzip, das der gesamten Entscheidung des BVerwG in der Sache, wenngleich ohne explizite Markierung, zugrunde liegt. Für den (imaginierten) Mitarbeiter des BfArM, der sich an die Maßgaben des Urteils hält, gilt im Hinblick auf § 217 StGB dieses Prinzip als Rechtfertigungsgrund kraft Gesetzes: § 34

---

darf der Gesetzgeber abstrakte Gefahren definieren und verbieten; erfinden darf er sie nicht. Abstrakte Gefährdungstatbestände, denen keine wirkliche abstrakte Gefahr zugrunde liegt, verletzen das Schuldprinzip (Art. 1 Abs. 1, 20 Abs. 3 GG).

StGB. Selbstverständlich kann nicht nach Strafgesetzen rechtswidrig sein, was die verfassungsgestützte Auslegung des § 5 Abs. 1 Nr. 6 BtMG gebietet. Eine optimale Lösung ist die Anwendung der abstrakten Notstandsregeln auf solche Fälle gleichwohl nicht.

V. Empfehlung für den Gesetzgeber

Eben deshalb ist der Empfehlung, die der Antrag der FDP-Fraktion formuliert, nachdrücklich beizutreten. Unbeschadet substanzieller verfassungsrechtlicher Zweifel an § 217 StGB sollte der Gesetzgeber die immerhin mögliche Kollision der Norm mit den Grundsätzen des BVerwG-Urteils im BtMG bereinigen. Er möge dabei bedenken, dass das BVerwG eine rechtlich wie ethisch rundum überzeugende Entscheidung getroffen hat. In einer Sphäre existentieller Not, nicht selten umstellt von ideologischen Postulaten und einer manchmal lebensfernen juristischen Dogmatik, sichert sie die Minima Moralia einer verfassungsgebotenen Humanität. Der Gesetzgeber möge sie bei der allfälligen Neuregelung nicht, wie ihm irriger Rat nahelegt, zum Schaden aller zurücknehmen, sondern ihr in Gesetzesform ausdrücklich und zweifelsfrei Geltung verschaffen.

Kopftuchverbote für Schülerinnen – zulässig und geboten

Rolf Schwanitz

I. Problemstellung

Fast überall in Europa wird seit geraumer Zeit neu über die Grenzen der Toleranz gegenüber verschiedenen religiös motivierten Verhaltensweisen diskutiert. In Deutschland ist diese Neuvermessung besonders kompliziert und schwierig. Freiheitliche Traditionslinien sind bei uns – etwa im Vergleich zu den Niederlanden, Frankreich oder Großbritannien – eher unterentwickelt. Andererseits privilegiert der säkulare deutsche Staat die beiden Kirchen noch immer in einem Ausmaß, das längst anachronistisch und nicht auf andere Gemeinschaften übertragbar ist. Bei extremen Brüchen mit tradierten Normen, wie beim islamistischen Terror oder beim politischen Islam, sind wir relativ einig. Unsere ablehnende Haltung ist klar. Bei anderen Dingen neigen die einen vielleicht gerade wegen der Konflikte um das große Ganze, oder aus unserer Geschichte heraus, eher zur Toleranz. Andere pflegen hingegen Ressentiments allein aus Fremdheitsgefühlen heraus. Tatsächlich bewegt sich aber auch religiös motiviertes Handeln immer in einem rechtlichen Spannungsfeld und muss darin vermessen werden. Dieses Spannungsfeld verläuft innerhalb und zwischen der Weltanschauungsfreiheit, dem Selbstbestimmungsrecht sowie dem Gebot der weltanschaulichen Neutralität des Staates. Die Frage danach, ob das „muslimische Kopftuch" an staatlichen Schulen geduldet oder verboten werden kann, muss in der Gesellschaft aus diesem Spannungsfeld heraus beurteilt und entschieden werden. Obwohl diese Diskussion noch am Anfang steht, wurden dazu bereits Vorentscheidungen getroffen. Sie sollen hier partiell bewertet werden.

II. Bundesgesetzliche Regelung von 2017 zur Gesichtsverhüllung

1. Am 22.2.2018 hat der Bundestag zum ersten Mal einen Antrag der AfD in Sachen Kopftuch beraten. Der Antrag selbst hatte nur einen Satz. Die Rechtspopulisten forderten darin einen Gesetzentwurf zum Verbot der Vollverschleierung in der Öffentlichkeit. Die Antragsteller verwiesen dabei

insbesondere auf die Verbotsgesetze in anderen EU-Ländern und forderten ein vergleichbares Verbot von Burka und Niqab nun auch für Deutschland. Weshalb die AfD eine damit vergleichbare Buschija-Verschleierung im Antrag außen vor ließ, blieb unklar. Wie allgemein üblich, wurde der Antrag an die Ausschüsse des Parlaments überwiesen. Bereits in der Debatte sprachen sich aber – aus überwiegend verständlichen Gründen – alle anderen Fraktionen gegen das Ansinnen der Rechtspopulisten aus. Dabei waren die Ablehnungsgründe sehr unterschiedlich. Sie reichten von der Meinung, ein solches Verbot sei in Deutschland verfassungswidrig, über die Einschätzung, ein Verbot sei nicht erforderlich und auch das falsche Mittel, bis hin zur sicherlich zutreffenden Bewertung, der AfD gehe es im Kern um das Anfachen von Fremdenhass und Ausländerphobie. Erwähnt wurde in der Debatte vonseiten der CDU auch das bereits 9 Monate zuvor in Kraft getretene bereichsspezifische Verbot der Gesichtsverhüllung. Die AfD quittierte diesen Hinweis, erwartungsgemäß, aber nur mit Hohn und Spott. Tatsächlich verdient dieses neue Gesetz aber einen genaueren Blick. Es ist nicht unwichtig für die generelle Debatte.

2. Am 8.6.2017 ist ein neues Gesetz in Kraft getreten, das einmal mehr wegen seines sperrigen Namens in der Öffentlichkeit kaum in Erinnerung bleiben wird. Das „Gesetz zu bereichsspezifischen Regelungen der Gesichtsverhüllung und zur Änderung weiterer dienstrechtlicher Vorschriften“, so der genaue Titel, ist ein Mantelgesetz, mit dem unter anderem das Bundesbeamtengesetz, das Beamtenstatusgesetz, das Bundeswahlgesetz und die Bundeswahlordnung, das Personalausweisgesetz, das Aufenthaltsgesetz und weitere Gesetze geändert wurden.[1] Sieht man einmal von sonstigen Änderungen ab, die mit einem solchen Gesetzescontainer immer gleich mit erledigt werden, so befassen sich alle Änderungen mit der Einführung eines dienstlichen Verschleierungsverbots für Beamte, Richter und Soldaten sowie mit der Pflicht verschleierter Personen, sich bei Ausweis- und Personenkontrollen der Verschleierung zu entledigen. Der Begriff einer Verschleierung bzw. einer Vollverschleierung kommt in diesem Gesetz nicht vor. Der Gesetzestext ist unschärfer und damit letztendlich wohl weiter gefasst. Er spricht davon, dass sich Beamte in der Dienstausübung nicht verhüllen dürfen, an anderer Stelle, dass sie ihr Gesicht nicht verhüllen dürfen und dass verhüllte Personen bei Kontrollen es ermöglichen müssen, dass ihr Gesicht mit dem Lichtbild in Dokumenten abgeglichen wird.

1 BGBl. I 2017, 1570.

3. Interessant ist bei diesem neuen Gesetz sowohl der Geltungsbereich als auch die Gesetzesbegründung. Dass Beamte in ihrer Dienstausübung und verhüllte Personen bei Ausweis- und Personalkontrollen keine Gesichtsverschleierung tragen dürfen, ist für juristische Laien eine Selbstverständlichkeit, die eigentlich nicht geregelt und auch nicht weiter erwähnt werden muss. Juristen sehen das mit Blick auf die Gesetzeslage natürlich differenzierter. Der Gesetzgeber wollte aber hier eine gesetzliche Klarstellung und er ist dabei auch nicht stehen geblieben. Er ging zum einen in seiner gesetzlichen Regelung über den Beamtenbereich hinaus. Vom Verhüllungsverbot sind nämlich ebenso Personen erfasst, die in Wahlvorständen arbeiten, also ehrenamtlich tätig sind. Außerdem hat es der Gesetzgeber nicht bei einem Verhüllungsverbot nur für die unmittelbare dienstliche Tätigkeit belassen, denn dieses Verbot gilt auch für Soldaten in dienstlichen Unterkünften und Anlagen während der Freizeit. Maßgeblich ist also ein Handeln in der und für die Staatlichkeit und nicht ein besonderes Amts- oder Beschäftigungsverhältnis. Natürlich sind das alles noch theoretische Fragen, denn bis zum heutigen Tage hat es in keinem einzigen Fall in Deutschland eine Nikab tragende Soldatin oder gar eine Beamtin mit einer Burka in ihrer Amtsstube gegeben. Unübersehbar ist aber, dass der Gesetzgeber dies anders gesehen hat. Er wurde zweifelsfrei tätig mit Blick auf die rasant ansteigende Anzahl von muslimisch orientierten Migranten in Deutschland. Die Flüchtlingszahlen der Jahre 2015, 2016 und 2017 schufen für den Gesetzgeber eine Lage, bei der für ihn schon potenziell aus der neuen Quantität eine neue Qualität an gesetzlichem Klarstellungs- und Regelungsbedarf gegeben war. Ich werde auf dieses Regelungsmotiv später noch einmal zurückkommen.

4. Zum zweiten ist die Begründung interessant, die der Gesetzgeber beschlossen hat und die darüber hinaus aus dem Gesetzentwurf der Bundesregierung stammt, also abgestimmte Rechtsauffassung der Bundesregierung ist. Der Gesetzentwurf ist nämlich unter anderem damit begründet, dass eine solche Verhüllung von Beamten auch das weltanschauliche Neutralitätsgebot des Staates verletzt. Wörtlich heißt es im Gesetzentwurf: „*Der Staat ist darüber hinaus verpflichtet, weltanschaulich-religiös neutral aufzutreten. Eine religiöse oder weltanschaulich motivierte Verhüllung des Gesichts bei Ausübung des Dienstes oder bei Tätigkeiten mit unmittelbarem Dienstbezug steht dieser Neutralitätspflicht entgegen.*“[2] Das ist zwar richtig, dürfte aber ein ziemliches rechtspolitisches Novum sein. Bisher wurde das weltanschauliche Neutralitätsgebot des Staates nur in – allerdings mehreren – Beschlüs-

2 BT-Drs. 18/11180, 1.

sen des Bundesverfassungsgerichts betont. Es war insoweit natürlich verbindliches Verfassungsrecht, wenn es vom Bundesverfassungsgericht auch noch nie konkret definiert wurde. Das nun seit Juni 2017 geltende Gesetz dürfte in der Geschichte der Bundesrepublik aber das erste Bundesgesetz sein, das explizit unter Verweis auf das weltanschauliche Neutralitätsgebot des Staates beschlossen worden ist. Deshalb ist dieses Gesetz – trotz seiner nur präventiven Wirkung – gerade für säkular orientierte Mitbürger ein äußerst erfreuliches Novum.

5. Die nunmehr durch den Gesetzgeber wieder neu in den Focus genommene Kollision von religiös konnotierter Bekleidung einerseits und zur weltanschaulichen Neutralität verpflichteten Bereichen des Staates andererseits rückt auch das Thema Kopftuch in der Schule wieder neu in den Blick. Und auch hier müssen sich die Gesetzgeber und das Bundesverfassungsgericht die Frage stellen, ob durch neue Quantitäten nicht ebenfalls eine neue Qualität an rechtlichem Klarstellungs- und Regelungsbedarf entstanden ist. Es stellt sich also die Frage, ob die bisherige Rechts- und Auslegungslage den konkreten Problemlagen überhaupt noch entspricht.

III. Zum Kopftuch-Urteil des BVerfG von 2015

1. Das Bundesverfassungsgericht hat sich zuletzt am 27.1.2015 mit dem Thema Kopftuch an staatlichen Schulen befasst.[3] Das war also in einer Zeit, als die großen Flüchtlings- und Zuwanderungszahlen der letzten Jahre in Deutschland noch nicht bestanden. Eine kopftuchtragende Lehrerin muslimischen Glaubens verklagte damals das Land Nordrhein-Westfalen erfolgreich wegen eines pauschalen Kopftuchverbots im Landesschulgesetz. In der Entscheidung bejahte das Bundesverfassungsgericht, dass ein wegen muslimischer Religionszugehörigkeit getragenes Kopftuch ein äußeres Anzeichen für ein religiöses Bekenntnis ist. Ein solches religiös konnotiertes Bekleidungsstück[4] bedarf, wie andere Kopfbedeckungen auch, keiner besonderen Kundgebungsabsicht durch den Träger. Es ist eine unmittelbare Bekenntnisäußerung, die nach Auffassung des Gerichts bei einer Lehrerin auch im Widerstreit zum staatlichen Erziehungsauftrag, der unter Wahrung der Pflicht zur weltanschaulich-religiösen Neutralität zu er-

3 BVerfG 27.1.2015 - 1 BvR 471/10, 1 BvR 1181/10, BVerfGE 138, 296.

4 Der Begriff des religiös konnotierten, also eines mit einer religiösen Nebenbedeutung behafteten Kleidungsstücks wird vom Bundesverfassungsgericht selbst eingeführt. Siehe dazu BVerfG 27.1.2015 - 1 BvR 471/10, 1 BvR 1181/10 Rn. 94, BVerfGE 138, 296.

füllen ist, sowie zur negativen Glaubensfreiheit anderer Schüler steht. Am Rande sei angemerkt, dass eine Kopftuchträgerin die religiöse Bedeutung des Kopftuchs nicht beispielsweise dadurch aufheben kann, dass sie sagt, sie trage es aus feministischen Gründen. Deutlich wird dies durch folgenden Vergleich: Niemand würde in Zweifel ziehen, dass ein Lehrer, der mit einem Pullover der Marke „Thor Steinar" und entsprechender visueller Botschaft zum Unterricht erscheint, sich dessen politischer Bedeutung nicht dadurch entledigen kann, dass er vorträgt, die Gestaltung und Farbgebung des Logos auf dem Pullover würden ihm lediglich aus ästhetischen Gründen gefallen. Mithin geht es nicht um eine Frage der subjektiven Deutung, sondern der objektiven Bedeutung von Symbolen. Das Bundesverfassungsgericht ist 2015 der Auffassung gewesen, dass das Kopftuchverbot im NRW-Schulgesetz ein Eingriff in die Religionsfreiheit der Trägerin ist und nicht so abstrakt begründet und pauschal verhängt werden darf. Ein Verbot sei nur dann verhältnismäßig, wenn im konkreten Einzelfall durch die religiös konnotierte Bekleidung zumindest eine hinreichend konkrete Gefahr für die anderen verfassungsrechtlichen Schutzgüter oder für den Schulfrieden besteht. Diese Entscheidung der Karlsruher Richter muss nun hinsichtlich Stringenz und Praktikabilität auf den Prüfstand gestellt werden.

2. Zunächst sei darauf hingewiesen, dass in der besagten Entscheidung die Karlsruher Richter erneut ein staatlich verantwortetes Kreuz oder Kruzifix in Schulzimmern, die nicht zu Bekenntnisschulen gehören, als unzulässige Identifizierung mit einem bestimmten Glauben bewertet haben[5]. Das Gericht ist insoweit konsequent bei seiner bisherigen Linie geblieben. Die Tatsache, dass diese bindende Verfassungslage in vielen bayrischen Schulen bis heute ignoriert wird und die bayrische Staatsregierung nun sogar in jeder Behörde des Freistaates Kreuze aufhängen lässt, steht dabei auf einem anderen Blatt. Karlsruhe ist im Blick aus der bayrischen Staatskanzlei eben weit und die nächste Landtagswahl war in ihrem Empfinden ziemlich nahe.

3. Bemerkenswert an der Entscheidung des 1. Senats des Bundesverfassungsgerichts vom Januar 2015 ist darüber hinaus das hohe Gewicht, das die Richter der Weltanschauungs- und Glaubensfreiheit des Einzelnen beigemessen haben. Der 2. Senat hatte das 2003 in BVerfGE 108, 282 mit guten Gründen noch anders gesehen. Wegen der erheblichen Divergenz der beiden Senate in der Gewichtung von Religionsfreiheit und Neutralitätsgebot dürfte insoweit keine Bindungswirkung bestehen. Die Lex-posterior-

5 BVerfG 27.1.2015 - 1 BvR 471/10, 1 BvR 1181/10 Rn. 112, BVerfGE 138, 296.

Regel gilt im Verhältnis der beiden Senate nicht.[6] Das Gericht sah nun in 2015 zwar den Konflikt zwischen der Religionsfreiheit der kopftuchtragenden Muslima einerseits und der dadurch beeinträchtigten weltanschaulichen Neutralität der Schule sowie der negativen Religionsfreiheit der Schüler. In der Güterabwägung haben die Richter aber der Ausübung der Religionsfreiheit des Einzelnen den Vorrang gegeben. Im Beschluss heißt es, die Lehrerin würde mit dem Tragen des Kopftuches *„einem nachvollziehbar als verpflichtend empfundenen Glaubensgebot Folge leisten. Dadurch erhält ihre Glaubensfreiheit in der Abwägung mit den Grundrechten der Schülerinnen und Schüler sowie der Eltern, die der weltanschaulich-religiös neutrale Staat auch im schulischen Bereich schützen muss, ein erheblich größeres Gewicht als dies bei einer disponiblen Glaubensregel der Fall wäre.“*[7]

Zuvor hatte das Gericht das muslimische Kopftuchgebot als nachvollziehbar aus religiösen Gründen gedeckt bewertet und dabei ausdrücklich auch auf zwei einschlägige Koranstellen verwiesen. Es komme nicht darauf an, ob das Bedeckungsgebot im Islam umstritten sei und vielerorts nicht praktiziert werde. Es genüge schon, so das Gericht, dass dieses Gebot unter den verschiedenen Richtungen des Islam verbreitet sei und die Berufungsstellen im Koran bestünden.[8] Dem Staat sei es auch, gerade wegen seiner Neutralitätspflicht, verwehrt, eine solche Glaubensüberzeugung zu bewerten, oder sie als richtig oder falsch einzuordnen.[9] Aus diesem Grund erstrecke sich der Schutz der Glaubens- und Bekenntnisfreiheit aus Artikel 4 Absatz 1 und 2 GG auch auf diese Bekleidungsform.[10] Man darf gespannt sein, wie die Richter entscheiden, wenn sich mit der gleichen Argumentation dereinst eine per Burka vollverschleierte Muslima auf ihre derart erweiterte Glaubens- und Bekenntnisfreiheit – zum Beispiel bei einer Klage gegen das bereits erwähnte Gesetz zu bereichsspezifischen Regelungen der Gesichtsverhüllung – beruft. Eine so einfache Zuordnung solcher Bedeckungen unter den Schutzbereich von Artikel 4 GG ist dann kaum vorstell-

6 Siehe hierzu auch das Gutachten von *Czermak*, Zum Fortbestand des Berliner Neutralitätsgesetzes nach der 2. Kopftuchentscheidung des BVerfG von 2015, 5.1.2018, http://pro.neutralitaetsgesetz.de/berliner-neutralitaetsgesetz-nicht-verfassungswidrig-rechtsgutachterliche-stellungnahme-von-dr-gerhard-czermak, abgerufen am 1.3.2019; *Möllers* Verfassungsblog, 14.3.2015, https://verfassungsblog.de/a-tale-of-two-courts/, abgerufen am 1.3.2019.

7 BVerfG 27.1.2015 - 1 BvR 471/10, 1 BvR 1181/10 Rn. 112, BVerfGE 138, 296.

8 BVerfG 27.1.2015 - 1 BvR 471/10, 1 BvR 1181/10 Rn. 89, BVerfGE 138, 296.

9 BVerfG 27.1.2015 - 1 BvR 471/10, 1 BvR 1181/10 Rn. 86, BVerfGE 138, 296.

10 BVerfG 27.1.2015 - 1 BvR 471/10, 1 BvR 1181/10 Rn. 87 und 89, BVerfGE 138, 296.

bar. Die Richter werden spätestens dann neue verfassungsrechtliche Auslegungswege suchen.

4. Wie gesagt, hat das Bundesverfassungsgericht im Januar 2015 das Kopftuchverbot im NRW-Schulgesetz aus den oben benannten Gründen als unverhältnismäßig bewertet. Ein Verbot sei nur dann verhältnismäßig, wenn das Kopftuch – hier das äußere Erscheinungsbild von Lehrkräften – zu einer hinreichend konkreten Gefährdung oder Störung anderer verfassungsrechtlicher Schutzgüter oder des Schulfriedens führt oder wesentlich dazu beiträgt. Dies könne, so das Gericht, beispielsweise durch Äußerungen der kopftuchtragenden Lehrerin mit missionarischem Inhalt, durch kontroverse Positionen in der Schule oder durch Auseinandersetzungen mit älteren Schülern oder Eltern – in einer beachtlichen Zahl von Fällen – entstehen.[11] Erst dann wäre im Blick der Richter auch ein über den Einzelfall hinausgehendes Kopftuchverbot verhältnismäßig. Auch dies aber nur, wenn es bereichsspezifisch ist, also nur für eine bestimmte Schule oder einen Schulbezirk gilt, und auch nur für eine begrenzte Zeit ausgesprochen wird. Der Gesetzgeber könne für eine solche Situation auch vorbeugend bereichsspezifische, örtlich und zeitlich begrenzte Lösungen schaffen, etwa durch eine hinreichend konkretisierte Verordnungsermächtigung.[12]

5. Ein solcher Weg zur Konfliktlösung, wie ihn die Karlsruher Richter hier aufzeigen, ist unpraktikabel und widersprüchlich zugleich.

a) Die im Konflikt befindlichen Verfassungsgüter werden nur scheinbar in ein angemessenes Verhältnis gebracht. Die Kollision verfassungsrechtlicher Güter, zum Beispiel mit der negativen Bekenntnisfreiheit der Schüler, bleibt bestehen. Erst wenn der Konflikt vor Ort tatsächlich eskaliert, bekommen die zuständigen Stellen die Möglichkeit, in der Schule mit Verboten klärend und schlichtend einzugreifen. Ein solches Rezept schafft keinen Rechtsfrieden, sondern dürfte auf die Beteiligten eher wie eine Einladung zur Auseinandersetzung wirken, denn nur der Konflikt führt letztlich zum Eingreifen der Schulbehörde oder übergeordneter Stellen und zur Durchsetzung des beeinträchtigten verfassungsrechtlichen Schutzgutes. Der Leser dieses Richterspruches fühlt sich fatal an den Umgang bayrischer Schulbehörden mit dem sogenannten Kruzifix-Beschluss von 1995 erinnert. Man kann nur hoffen, dass derartige Nichtlösungen nicht weiter Schule machen, denn deren Praktikabilität geht gegen Null.

---

11 BVerfG 27.1.2015 - 1 BvR 471/10, 1 BvR 1181/10 Rn. 113 und 114, BVerfGE 138, 296.

12 BVerfG 27.1.2015 - 1 BvR 471/10, 1 BvR 1181/10 Rn. 114, BVerfGE 138, 296.

b) Man stelle sich beispielsweise die von den Verfassungsrichtern selber angesprochene Fallkonstellation einer verbal missionierenden kopftuchtragenden Lehrerin einmal vor. Erst nach ihrem mehrfachen verbalen Missionieren wäre nach Auffassung der Richter ein Kopftuchverbot im Einzelfall oder an der Schule verhältnismäßig und damit zulässig. Erst jetzt gehe, nach Meinung des Gerichts, offensichtlich auch vom religiös konnotierten Kopftuch eine unzulässige Wirkung gegenüber anderen verfassungsrechtlichen Schutzgütern aus, denn sonst, wenn das Kopftuch unerheblich und ohne Wirkung wäre, würde ein Verbot dieses religiösen Kleidungsstückes gar keinen Sinn machen, ja sogar rechtswidrig sein. Das Verbot wäre dann nur hinsichtlich des sonstigen missionierenden Handelns, aber nicht hinsichtlich des Kleidungsstücks vertretbar. Das Kopftuch wird also nun von den Richtern doch als ein religiöses Symbol mit einer in der Schule nicht mehr zu tolerierenden missionarischen Aussage bewertet, weshalb ein Kopftuchverbot in diesem konkreten Fall auch als verhältnismäßig und als zweckmäßig angesehen wird. In der von den Verfassungsrichtern ebenfalls angesprochenen Fallkonstellation bei einer beachtlichen Auseinandersetzung mit älteren Schülern oder Eltern reicht sogar schon das konnotierte Kopftuch selbst für ein Verbot. Ein zusätzliches verbales Missionieren der Kopftuchträgerin ist hier nach Auffassung der Verfassungsrichter für ein zulässiges Verbot nicht mehr nötig. Nun, wenn sich beispielsweise eine beachtliche Zahl von Eltern beschwert, weil sie die negative Religionsfreiheit ihrer Kinder durch das Kopftuch als beeinträchtigt ansieht, überwiegt deren Schutzbedürfnis. Tatsächlich kann aber der Auftrag des Staates, hier der weltanschaulich neutralen Schule, zum Schutz von Grundrechten nicht davon abhängen, ob die Grundrechtsträger, hier also die nichtmuslimischen Schüler oder Eltern, eine Beeinträchtigung ihrer Grundrechte beklagen oder nicht. Die Handlungspflicht des Staates aus dem Schutzgebot gegenüber den Grundrechten beginnt bereits mit der Beeinträchtigung selbst. Diese widersprüchlichen Bewertungen des religiös konnotierten Kopftuches und der Verbotskonstellationen haben die Richter aber leider nicht erklärt.

c) Selbstverständlich sträuben sich einem auch die Haare, stellt man sich die Diskussionen an der betroffenen Schule vor, wenn nach einem verhängten Kopftuchverbot diese Entscheidung wegen des von den Verfassungsrichtern vorgegebenen Befristungsgebots vielleicht nach einem halben Jahr wieder aufgehoben werden muss. In der Haut der dortigen Pädagogen oder des Schuldirektors, die solche Kehrtwendungen gegenüber Schülern und Eltern dann erklären und rechtfertigen müssen, möchte man wirklich nicht stecken. Aber vielleicht leisten die Richter in Karlsruhe hier in Zukunft ja auch argumentative Schützenhilfe und bieten solchen Schulen ihren Besuch vor Ort als Teil ihrer Öffentlichkeitsarbeit an.

Eher wahrscheinlich ist jedoch, dass solche Konflikte zwischen missionierend wirkenden Lehrkräften und in ihrer negativen Religionsfreiheit beeinträchtigten Schülern von letzteren einfach ertragen und die Beeinträchtigungen stumm erduldet werden. Die Schüler stehen gegenüber ihren Lehrern unzweifelhaft in einem Abhängigkeitsverhältnis. Die von Lehrern vergebenen Schulnoten beeinflussen nämlich die Zukunftschancen der Schüler, was sicherlich auch Auswirkungen auf das Verhalten und auf die Konfliktfähigkeit der Schüler hat. Eine Auseinandersetzung mit einer Lehrerin um ein von ihr aus einem religiösen Gebot heraus getragenes Kopftuch dürfte diese sicherlich nicht unerheblich persönlich treffen. Das ließe sicherlich viele Schüler davor zurückschrecken, die Beeinträchtigung ihrer Rechte zu artikulieren und Abhilfe einzuklagen. Der Beschluss des Bundesverfassungsgerichts, der diese Abhängigkeitsverhältnisse im schulischen Alltag und die daraus erwachsende besondere Schutzbedürftigkeit der Schüler ignoriert, lässt sie mit der Beeinträchtigung ihrer Grundrechte letztendlich allein.

d) Schlussendlich muss aus Praktikabilitätsgründen noch auf einen ganz anderen Sachverhalt aufmerksam gemacht werden. Das Bundesverfassungsgericht konnte sich natürlich nur damit befassen, was ihm die Klägerin und die Beklagte tatsächlich auf den Tisch gelegt haben – hier also der Fall einer Lehrerin, die aus religiösen Gründen ihren Schuldienst mit einem Kopftuch bekleidet wahrnehmen will. In der schulischen Praxis werden dies aber eher nicht die entscheidenden und schon gar nicht die häufigsten Konfliktfälle im Zusammenhang mit religiös konnotierter Bekleidung im Klassenzimmer sein. Das Gros der Fälle liegt sicherlich schon heute nicht im Bereich der Lehrer, sondern im Schülerbereich[13]. Es geht also darum, wie widerstreitende Grundrechtsgüter im Klassenalltag ins Gleichgewicht gebracht werden können, beispielsweise wenn in einer nichtkonfessionellen Schule ein großer Anteil der Schülerinnen mit Kopftuch erscheint und andere Mitschüler oder Eltern sich dadurch in ihrer negativen Glaubensfreiheit beeinträchtigt sehen. Dies kann insbesondere nach den Flüchtlingsströmen seit 2015 vielerorts ein reales Problem sein, oder sich zu einem solchen entwickeln. Man denke bei diesen Fallkonstel-

---

13 Empirische Belege und genaue Zahlen liegen hierzu noch nicht vor. In den nächsten Jahren sollten dazu Forschungen initiiert und Ergebnisse ausgewertet werden. Allein die Tatsache, dass sich sowohl die Gesetzgeber als auch die Gerichte bereits heute mit religiös konnotierter Bekleidung befassen, legitimiert eine kritische Kommentierung.

lationen bitte auch daran, dass die Beeinträchtigung der negativen Glaubensfreiheit der Schüler wegen des kollektiven Gruppendrucks unter den Mitschülern mitunter wesentlich größer sein kann, als dies meist bei einer kopftuchtragenden Lehrerin der Fall ist.[14] Auch für diese sicherlich durch ganz neue Quantitäten geprägte Fallkonstellation bietet der Beschluss des Bundesverfassungsgerichts kaum praktikable Lösungen.

IV. Zur Möglichkeit eines Kopftuchverbots gegenüber Schülerinnen

1. Zunächst muss aber bei der Frage nach möglichen Kopftuchverboten bei Schülerinnen der Blick auf die biologischen Grenzen des muslimischen Kopftuchgebots gerichtet werden. Die gesamte islamische Rechtstradition stimmt darin überein, dass die Pflicht zur Kopfverschleierung nur für die geschlechtsreife Frau Geltung besitzt. Dies wird dort an die Menstruation geknüpft. Für Mädchen, die noch nicht geschlechtsreif sind sowie für ältere Frauen in der Postmenopause gilt das religiöse Gebot einer verhüllenden Bekleidung ausdrücklich nicht.[15] Damit ist klar, dass sich Eltern, die ihre unmündige und noch nicht geschlechtsreife Tochter beim Schulbesuch zum Tragen eines Kopftuches veranlassen, dafür nicht auf ein religiöses Verschleierungsgebot berufen können. Die Religionsfreiheit der

---

14 Ein Mobbing kopftuchfreier Mädchen wird an Schulen bereits seit über einem Jahrzehnt von Experten beobachtet. Vgl. statt vieler nur den Bericht der Islamwissenschaftlerin *Rita Breuer*: Mobbing gegen kopftuchfreie Mädchen, Emma, 1.9.2009, https://www.emma.de/artikel/verkehrte-welt-mobbing-gegen-kopftuchfreie-maedchen-264094; den Bericht der Rechtsanwältin *Seyran Ateş*: Das Kopftuch ist zur Waffe geworden, Emma, 1.9.2009, https://www.emma.de/artikel/seyran-ates-das-kopftuch-ist-zur-waffe-geworden-264112; den Bericht über die Einführung eines religiösen Verhaltenskodexes an der Universität Hamburg, welche u.a. damit begründet wurde, dass junge Männer muslimische Studentinnen aufforderten, ein Kopftuch zu tragen: *Welt*, Hamburger Universität muss religiösen Verhaltenskodex einführen, 18.10.2017, https://www.welt.de/regionales/hamburg/article169771272/Hamburger-Universitaet-muss-religioesen-Verhaltenskodex-einfuehren.html sowie das Interview mit der Islamexpertin *Susanne Schröter*: „Mädchen ohne Kopftuch werden gemobbt", FAZ, 14.5.2018, https://www.faz.net/aktuell/rhein-main/integrationsexpertin-spricht-zum-thema-kopftuch-15588412.html, alle abgerufen am 10.3.2019.

15 [Deutsche Islam Konferenz - Homepage]: *Wielandt*, Die Vorschrift des Kopftuchtragens für die muslimische Frau: Grundlagen und aktueller Diskussionsstand, o. J., S. 7, http://www.deutsche-islam-konferenz.de/SharedDocs/Anlagen/DIK/DE/Downloads/Sonstiges/Wielandt_Kopftuch.pdf?__blob=publicationFile, abgerufen am 1.3.2019.

Schülerin bzw. der Eltern wird deshalb auch durch ein Kopftuchverbot in den Grundschulen (in der Regel die Schulklassen 1 bis 4) grundsätzlich nicht tangiert. Hier besteht deshalb, auch unter Berücksichtigung des restriktiven Beschlusses des Bundesverfassungsgerichts, für die Schulen und die Schulbehörden ein großer Handlungsspielraum. Für Kindertagesstätten gilt wegen des Alters der Kinder selbstverständlich das Gleiche.

2. Darüber hinaus stellen sich aber weitere Fragen. Das Bundesverfassungsgericht hat es sich bei seiner Entscheidung im Januar 2015 mit der verfassungsrechtlichen Bewertung des muslimischen Bedeckungsgebots zu einfach gemacht. Da diese Bewertung aber einer Weichenstellung für die verfassungsrechtlichen Abwägungen des Gerichts gleicht, kommt ihr große Bedeutung zu. Es ist deshalb notwendig, diese Bewertung hier noch einmal kritisch zu hinterfragen.

Das Bundesverfassungsgericht hat das „muslimische Kopftuch" mit anderen Kleidungsstücken, die mit Religionen in Verbindung gebracht werden, schlicht und einfach gleichgesetzt. Wörtlich benennt das Gericht in diesem Zusammenhang das Tragen einer jüdischen Kippa, das Tragen eines Nonnen-Habits sowie Symbole wie das Kreuz, das sichtbar getragen wird.[16] Wie bereits an anderer Stelle erwähnt, hat das Gericht zuvor das von einer Muslima getragene Kopftuch dem Schutzbereich der Glaubensfreiheit unterstellt und gemeint, es sei auch einer Bewertung durch den Staat, wegen dessen weltanschaulicher Neutralität, entzogen. Darüber hinaus müssten nach Meinung des Gerichts an einer als „bekenntnisoffen" bezeichneten Schule auch alle anderen äußeren Zeichen von Religion im Interesse der Erziehung der Schülerinnen und Schüler zur Toleranz gelebt werden dürfen.

3. Schon die vom Gericht vorgenommene Gleichsetzung des „muslimischen Kopftuches" mit den erwähnten anderen äußeren Zeichen von Religion kann nicht überzeugen. Ein um den Hals von Mädchen (oft auch von Jungen) getragenes Kreuz etwa befindet sich in einem gleitenden Übergang von einem religiösen Symbol zu einem nur noch schmückenden Accessoire. Nicht wenige der Trägerinnen und Träger dürften ausschließlich modische Beweggründe für die mit einem Kreuz versehenen Halsketten haben, weshalb es im Einzelfall ziemlich schwerfallen würde, hierin eine mit der Glaubensfreiheit verbundene Handlung zu sehen. Bei anderen Kleidungsstücken, beispielsweise bei der Kippa, ist die Lage natürlich eine andere. Gerade deshalb wäre nicht Gleichsetzung, sondern ein differenzier-

---

16 BVerfG 27.1.2015 - 1 BvR 471/10, 1 BvR 1181/10 Rn. 115, BVerfGE 138, 296.

ter Blick des Gerichts bei religiös konnotierten Bekleidungen angezeigt gewesen.

Auch der Hinweis des Gerichts, das religiös konnotierte Kopftuch dürfe wegen des weltanschaulichen Neutralitätsgebots des Staates von diesem nicht beurteilt, also nicht als „richtig“ oder „falsch“ bewertet werden, überzeugt nicht. Natürlich kann und darf der Staat wegen seiner weltanschaulichen Neutralität den Glaubensinhalt einer Religion nicht bewerten. Ein solches Bewertungsverbot des Staates kann aber ausdrücklich nicht für die religiösen Praktiken gelten. Der religiöse Inhalt entzieht sich aus gutem Grund der Bewertung des Staates, die religiöse Praxis, das Verhalten der Religionsgemeinschaft nach außen und das Verhalten ihrer Angehörigen untereinander sowie gegenüber Dritten aber ausdrücklich nicht. Hier kann und darf der Staat bewerten und hier muss er einschreiten, wenn es erforderlich ist.

4. Der Umstand, dass diese Unterscheidungen im Beschluss von 2015 ausgeblendet und das Neutralitätsgebot des Staates vielmehr argumentativ benutzt wurde, um die Schranken der Glaubensfreiheit zu erweitern, macht den kritischen Beobachter hellhörig und sensibel. Es ist schwer vorstellbar, dass die Richter des Bundesverfassungsgerichts ihre Entscheidungen nicht auch bereits mit Blick auf künftige, schon absehbare Fallkonstellationen treffen. Man darf deshalb befürchten, dass dieser die Glaubensfreiheit erweiternde, ja überhöhende und das staatliche Beurteilungsrecht beschränkende Beschluss auch mit einem prophylaktischen Blick auf religiös motivierte Grundrechtsverletzungen schwerster Art – man denke hier zum Beispiel an die religiös motivierte Vorhautamputation von Jungen, die sogenannte „Beschneidung“ – getroffen worden ist. Eine solche judikative Weichenstellung, um § 1631d BGB dereinst als verfassungskonform bescheiden zu können, wäre aber fatal.[17]

Nun noch einmal zurück zur Kopftuchfrage. Das von einer Muslima getragene Kopftuch ist ohne Zweifel ein religiös konnotiertes Kleidungsstück. Diese Bekleidung ist aber sehr viel mehr als ein äußeres Bekenntnis der Einzelnen zu ihrem muslimischen Glauben. Das Kopftuch hat gerade nach muslimischen Vorstellungen eine darüber hinausgehende Kommunikationsfunktion in die Gesellschaft hinein. Es gibt im muslimischen Verständnis ein Signal an die Mitmenschen über die Trägerin und gibt zu-

17 Auf die umfangreiche kontroverse Debatte um die Bedeutung dieser Körperverletzung kann hier nicht eingegangen werden. Siehe dazu den Beitrag von *Eschelbach/ Franz/Scheinfeld*, Kinderbeschneidung und politische Verantwortung, in diesem Band.

gleich auch eine Wertung insbesondere über die männlichen Mitglieder außerhalb der Familie. Den Mitmenschen wird nach diesen Vorstellungen über die Trägerin Ehrbarkeit, Sittsamkeit und Schamhaftigkeit signalisiert. Die Kopftuchträgerin soll einen angeblich durch ihr unverhüllt getragenes Haar entstehenden sittlichkeitsgefährdenden Anblick vermeiden. Zugleich signalisiert sie einen höheren gesellschaftlichen Status, denn Sklavinnen ist nach islamischem Recht das Kopftuch sowie eine schützenswerte Ehrsamkeit verwehrt.[18] Dass damit für Gleichgesinnte auch ein gegenteiliges, also ein abwertendes, Signal über die Trägerin und über alle nicht mit einem Kopftuch bekleideten Mädchen und Frauen gesendet wird, kommt hinzu. Eine Frau, die das Kopftuch trägt, ist eine gute Muslima, wohingegen eine Frau ohne Kopftuch eine unsittliche Muslima ist.[19] Prof. Dr. Rotraud Wielandt stellt in diesem Zusammenhang für die Deutsche Islam-Konferenz richtigerweise fest: *„Denn jedes Kopftuch, das erkennbarermaßen aufgrund der Anschauung getragen wird, dass das weibliche Haupthaar verhüllt werden muss, weil von ihm eine sexuelle Reizwirkung ausgehen könne, markiert logischerweise umgekehrt auch seine Trägerin als potentielles Sexualobjekt.“*[20] Die Wertung, die durch das Kopftuch zugleich über die männlichen Mitmenschen außerhalb der Familie gesendet wird, ist gelinde gesagt noch problematischer, denn ihnen wird permanent ein Wille zur unsittlichen Belästigung unterstellt, dem nur durch Verhüllung des Mädchens oder der Frau vorgebeugt und entgegengewirkt werden könne. Diese pauschalen Auf- und Abwertungen sind untrennbar mit dem „muslimischen Kopftuch“ verbunden. Auch in der islamischen Welt ist diese abwertende Botschaft bekannt und wird seit langem kritisch diskutiert.[21] Dieses Kleidungsstück zur Bedeckung der Mädchen und Frauen ist deshalb sehr viel mehr als nur religiös konnotiert. Es verstößt gegen den Grundsatz der Gleichberechtigung der Geschlechter und gegen die Würde sowohl der Frau als auch des Mannes, denn es stigmatisiert sowohl die Trägerin als auch ihre Mitmenschen und

---

18 [Deutsche Islam Konferenz - Homepage]: *Wielandt*, Die Vorschrift des Kopftuchtragens für die muslimische Frau: Grundlagen und aktueller Diskussionsstand, o. J., S. 7, http://www.deutsche-islam-konferenz.de/SharedDocs/Anlagen/DIK/DE/Downloads/Sonstiges/Wielandt_Kopftuch.pdf?__blob=publicationFile, abgerufen am 1.3.2019.

19 *Abdel-Samad*, Integration. Ein Protokoll des Scheiterns, 2018, S. 120.

20 [Deutsche Islam Konferenz - Homepage]: *Wielandt*, Die Vorschrift des Kopftuchtragens für die muslimische Frau: Grundlagen und aktueller Diskussionsstand, o. J., S. 12.

21 [Deutsche Islam Konferenz - Homepage]: *Wielandt*, Die Vorschrift des Kopftuchtragens für die muslimische Frau: Grundlagen und aktueller Diskussionsstand, o. J., S. 8.

diese Stigmatisierungsfunktion ist mit der Bekenntnisfunktion unauflösbar verbunden. Darüber hinaus wird das religiös konnotierte Kopftuch vor allem außerhalb der muslimischen Glaubensgemeinschaft unzweideutig als ein Symbol für die Unterdrückung der Frau angesehen. Das „muslimische Kopftuch" kann sowohl wegen seiner Stigmatisierungsfunktion als auch wegen seiner Eigenschaft als Unterdrückungssymbol nicht mit anderen religiös konnotierten Bekleidungen gleichgesetzt werden. Eine solche Gleichsetzung, zum Beispiel mit der jüdischen Kippa, ist verharmlosend und diffamierend zugleich.

5. Abschließend bleibt festzuhalten: Das Bundesverfassungsgericht hat in seiner bisherigen Rechtsprechung das „muslimische Kopftuch" an Schulen nur unzureichend gewürdigt. Die daraus entstandenen Orientierungen sind für den Schulbereich in weiten Teilen unangemessen und unpraktikabel. Bei genauerer Würdigung der Dinge muss man zu anderen Schlussfolgerungen kommen. Ob die weltanschauliche Neutralität der konfessionell ungebundenen Schule und die negative Glaubensfreiheit der Schüler nicht schon allein ein Kopftuchverbot in der Schule nahelegen, soll hier außen vor bleiben. Denn bereits die mit dem „muslimischen Kopftuch" verbundenen Stigmatisierungen sowie seine Eigenschaft als Unterdrückungssymbol sind mit den Werten und Normen sowie mit den zwischenmenschlichen und zivilgesellschaftlichen Orientierungen, denen sich die Schule verpflichtet fühlen muss, nicht vereinbar. Diese Stigmatisierungen und Botschaften stehen auch dem schulischen Bildungsauftrag entgegen. Diese Gegensätzlichkeiten sind insbesondere dann juristisch relevant, wenn Schülerinnen und Schüler aufgrund gesetzlicher Verpflichtungen ihnen nicht ausweichen können. Denn der Einzelne hat an der Schule zwar kein Recht darauf, vom Anblick von ihm fremden religiösen Bekleidungen verschont zu bleiben. Er hat aber sehr wohl ein Abwehrrecht gegenüber Stigmatisierungen und Unterdrückungsbotschaften, die permanent gegen ihn gerichtet sind bzw. an ihn herangetragen werden und denen er sich wegen der gesetzlichen Vollzeitschulpflicht nicht entziehen kann. Keine Schülerin und kein Schüler muss sich zum Beispiel täglich ausdrücklich sagen lassen, dass sie unehrbar sei und dass von ihm eine permanente Gefahr der unsittlichen Belästigung ausgehe. Wenn dies richtig ist, müssen sich die Schüler dies doch wohl auch nicht konkludent, nämlich nicht über das Tragen des Kopftuches sagen lassen. Der Schule und der Schulbehörde obliegt darüber hinaus sicherlich auch die Pflicht, andauernde Beeinträchtigungen des Bildungsauftrages, der Werte und Normen sowie der zwischenmenschlichen und zivilgesellschaftlichen Orientierungen, denen sich die Schule verbunden sieht, zu unterbinden. Es ist kaum vorstellbar, dass die Bekenntniseigenschaft, die mit dem religiös konnotierten Bekleidungsstück ver-

bunden ist, die ebenfalls mit dem Kleidungsstück einhergehende Stigmatisierungs- und Symboleigenschaft rechtlich unantastbar macht und den Betroffenen sowie den für den Schulbetrieb Verantwortlichen die in vergleichbaren Fällen üblichen Abwehrrechte nimmt. Deshalb ist ein generelles Verbot des Kopftuches an Schulen, die der Vollzeitschulpflicht unterliegen, sachgerecht und auch als vorbeugende Maßnahme angemessen. Es bleibt zu hoffen, dass die Gesetzgeber diese Möglichkeit erwägen und sich auch das Bundesverfassungsgericht für eine genauere Prüfung des Sachverhaltes öffnet.

Gegen Kopftuchverbote für Schülerinnen

Michael Hassemer

A. Semantik

Ein deutscher Landesgesetzgeber[1], der religionsunmündigen[2] Kindern, Jugendlichen, Mädchen das Tragen von Kopftüchern in staatlichen Schulen per Gesetz verbieten möchte, steht an erster Stelle vor einer semantischen Hürde: Welche Bedeutungen haben Kopftücher, welche davon erkennt er an, welche negiert er, auf welche bezieht er sich zur Verbotsbegründung?[3]

Die Bedeutung eines Kopftuchs stellt sich historisch und kontextabhängig unterschiedlich dar: Kopftücher werden in verschiedenen Regionen der Welt getragen, zumeist als traditionelle weibliche Bekleidung. Sie können sowohl Arbeitskleidungen als auch modische Accessoires darstellen, hin und wieder auch für Männer.[4] In Frühzeiten der Industrialisierung wurden sie von Fabrikarbeiterinnen genutzt, um zu vermeiden, dass Haare sich in Maschinen verfangen; in den vierziger Jahren des vergangenen Jahrhunderts dienten sie wiederum manchen der so genannten Trümmerfrauen in Deutschland als Staubschutz. Bis heute werden Kopftücher in ländlichen Regionen Ost- und Südeuropas im Alltag getragen. Die deutsche Wikipedia zeigt die englische Königin Elisabeth II. mit Krone oder Kopftuch.[5] Weiße Kopftücher sind in Argentinien immer noch das politische Symbol der *madres de la plaza* im Rahmen ihrer Forderung nach Aufklä-

1 Art. 70 GG gibt den Ländern im Bereich des Schulrechts die ausschließliche Gesetzgebungskompetenz.

2 Das Gesetz über die religiöse Kindererziehung von 1921 unterwirft die religiöse Kindererziehung generell der „freien Einigung der Eltern, soweit ihnen das Recht und die Pflicht zusteht, für die Person des Kindes zu sorgen" (§ 1). Ab Vollendung des 14. Lebensjahres besteht in Deutschland Religionsmündigkeit.

3 Dieser Beitrag versucht in seinem weiteren Verlauf zu verdeutlichen, dass je nachdem, welche Position gegenüber dieser semantischen Frage eingenommen wird, Folgewirkungen im Hinblick auf eine widerspruchsfreie Gesetzesbegründung entstehen.

4 Ein prominentes Beispiel in Deutschland war Gerwald Claus-Brunner, ehem. Piratenpartei.

5 https://de.wikipedia.org/wiki/Elisabeth_II; abgerufen am 7.1.2019.

rung des Verschwindens von Erwachsenen und Kindern während der argentinischen Militärdiktatur zwischen 1976 und 1983.

Auch das BVerfG sah diese Unterschiede im „Kopftuchurteil“ vom 24.9.2003. Selbst wenn es dort nicht um Schülerinnen, sondern um eine weibliche Lehrkraft ging, so war die Mehrdeutigkeit des Kopftuchs zentraler Gesichtspunkt des Verfahrens[6]. Hierzu *Czermak*:

> „Dieses Ergebnis der objektiven Mehrdeutigkeit entsprach auch den Aussagen deutscher nichtmuslimischer Islamwissenschaftler. Das Kopftuch kann getragen werden als ein religiöses Symbol, ein Zeichen der Emanzipation, eine Hilfe auf dem Weg zwischen zwei Kulturen, zur Hervorhebung und zum Schutz der Würde der islamischen Frau, als ein Weg zur Vermeidung familiärer Probleme, als Beitrag zur Identitätsfindung, aber eben auch als ein Hinweis auf islamistische Gesinnung. Das Kopftuch kann schließlich auch als Trotzreaktion getragen werden.“[7]

Und weiter:

> „Die häufige massive (rechtliche und nichtjuristische) Urteilskritik ging an den wesentlichen Sachverhalten oft völlig vorbei. Auffällig häufig war die ebenso fanatische wie unzutreffende pauschale Behauptung, das Kopftuch könne und dürfe nicht anders als stets islamistisch und frauenfeindlich verstanden werden.“[8]

Ferner wird kaum mehr zu leugnen sein, dass das Kopftuch im Einwanderungsland Bundesrepublik inzwischen auch als individuelle Kennzeichnung von Migrationshintergrund und möglichem Minderheitenstatus, evtl. auch als Hinweis auf Gruppenzugehörigkeiten zu lesen sein kann, bis hin zu einer bewussten Nutzung „als Zeichen eines selbstbewussten muslimischen Feminismus“[9].

Je distanzierter manche Teile der deutschen und europäischen Bevölkerung auf als islamisch wahrgenommene Symbole reagieren, desto höher könnte schließlich die Wahrscheinlichkeit sein, dass genau diese Symbole zur Abgrenzung gegenüber der „Mehrheitsbevölkerung“ getragen wer-

---

6 BVerfG 24.9.2003 - 2 BvR 1436/02 - BVerfGE 108, 282–340; hierzu *Röhrig*, Religiöse Symbole in staatlichen Einrichtungen als Grundrechtseingriffe, 2017, S. 10.

7 *Czermak*, https://weltanschauungsrecht.de/islamisches-kopftuch, abgerufen am 7.1.2019.

8 *Czermak*, https://weltanschauungsrecht.de/islamisches-kopftuch, abgerufen am 7.1.2019.

9 *Jäschke/Müller* DÖV 2018, 279, 280.

den.[10] Es mag in diesem Zusammenhang auch relevant erscheinen, dass diese Mehrheitsgesellschaft das in Deutschland seit langem vorhandene muslimische Kopftuch just zu einem Zeitpunkt thematisiert, in dem die Trägerinnen nicht mehr nur als Hausfrauen oder Reinigungskräfte in Erscheinung treten, sondern in den Schulen und Gerichten als Berufsträgerinnen sichtbar werden.

Die Interpretation eines Kopftuchs als ausschließlich oder in erster Linie religiöses Kleidungsstück wird der Realität somit nicht gerecht. Der Gesetzgeber muss demzufolge vereinfachen, reduzieren und semantische Realitäten zumindest teilweise ausblenden. Dies ist im Übrigen kein ganz unüblicher legislativer Vorgang, sondern eher Tagesgeschäft der ersten Gewalt – man sollte allerdings wissen, dass man es tut und warum man es tut.

Wenn nun der Befund der semantischen Mehrdeutigkeit von Kopftüchern richtig ist, bleiben dem Landesgesetzgeber auf seiner Suche nach einer sachlichen Verbotsbegründung, soweit ersichtlich, zwei Möglichkeiten:

Erstens wäre es denkbar, den religiösen Gehalt des Kopftuchs außer Acht zu stellen und stattdessen an andere Gesichtspunkte anzuknüpfen. Hiermit ließe sich zumindest vordergründig der Konflikt mit dem Religionsverfassungsrecht umgehen, da religiöse Aspekte auf diese Weise zumindest terminologisch ausgeklammert würden. Dies ist der Weg, den die bayerische Staatsregierung in ihrem „Kreuz-Erlass" von 2018 beschritten hat, in dem das in behördlichen Eingangsbereichen anzubringende Kruzifix gerade nicht als religiöses Symbol, sondern als „Ausdruck der geschichtlichen und kulturellen Prägung Bayerns" bezeichnet wird.[11] Wer wie die bayerische Staatsregierung vermeiden möchte, mit dem Religionsverfassungsrecht in Konflikt zu geraten, wird Derartiges möglicherweise auch mit dem Kopftuch versuchen (wiewohl im bayerischen Fall eher die negative, im Zusammenhang mit Kopftüchern eher die positive Religionsfreiheit betroffen wären).

Zweitens ließe sich daran denken, das Kopftuch auf seinen islamisch-religiösen Gehalt zu reduzieren und die oben skizzierten weiteren semantischen Bedeutungen außer Acht zu lassen. Dies scheint der Weg zu sein,

---

10 Beispiele auffindbar unter https://www.jetzt.de/das-biber/warum-musliminnen-ihre-kopftücher-abnehmen, abgerufen am 7.1.2019.

11 § 28 BayAGO (Anbringen von Kreuzen in Dienstgebäuden) lautet: „Im Eingangsbereich eines jeden Dienstgebäudes ist als Ausdruck der geschichtlichen und kulturellen Prägung Bayerns gut sichtbar ein Kreuz anzubringen."

über den man in Österreich und in Nordrhein-Westfalen nachdenkt.[12] Der muslimisch-religiöse Gehalt des Kopftuchs wird damit zu seinem entscheidenden, wenn nicht einzigen Charakteristikum erhoben; die hiermit verbundene semantische Verkürzung wird in Kauf genommen.

Dennoch: Je mehr staatlicherseits als uniform dargestellt wird, was nicht uniform ist, desto offensichtlicher wird die Wahrscheinlichkeit von auf Fehlurteilen beruhender Repression.

B. Religion

Wenn man den gerade beschriebenen *zweiten* Weg gehen und ein Verbot auf den religiösen Gehalt des Kopftuchs stützen möchte, wenn man somit auf semantische Reduktion setzt und außerreligiöse Kontexte wie Gebräuche negieren möchte, steht man als Gesetzgeber vor einer zweiten, kaum weniger gewichtigen Hürde: vor der Wahl zwischen Widerspruchs- und Religionsfreiheit.

Denn hat man einmal das Kopftuch als ausschließlich oder zumindest in erster Linie religiöses Symbol gewertet, wird man, wenn es um den Eingriff in die Religionsfreiheit geht, nur schwerlich widerspruchsfrei behaupten können, ein solcher läge mit dem Kopftuchverbot nicht vor.

Religionsfreiheit wird vorbehaltslos gewährt.[13] Im Annex gilt dies auch für das religiöse Erziehungsrecht der Eltern.[14] Einschränkungen vorbehaltlos gewährleisteter Grundrechte haben sich nach deutschem Verfassungsrecht aus der Verfassung selbst zu ergeben. Denkbare Grenzen der (hier in Rede stehenden) positiven Religionsfreiheit sind nur die Grundrechte Dritter und andere Rechtsgüter mit Verfassungsrang.[15] Solche werden schwerlich zu finden sein: Die negative Religionsfreiheit Dritter ist durch

12 Der österreichische Vizekanzler Strache berief sich zur Begründung auf „Fehlentwicklungen beim politischen Islam"; vgl. tagesschau.de v. 4.4.2018, „Österreich will Kindern das Kopftuch verbieten"; https://www.tagesschau.de/ausland/kopftuch-oesterreich-101.html, abgerufen am 7.1.2019.

13 Art. 4 GG.

14 Hierzu ausführlich *Britz* NZFam 2018, 289, außerdem BVerfG 24.6.2014 – 1 BvR 2926/13, NJW 2014, 2853, 2854.

15 Zur Erläuterung Wissenschaftlicher Dienst, Deutscher Bundestag, WD 3 - 3000 - 277/16: „Die Einschränkungen eines vorbehaltlos gewährleisteten Grundrechts dürfen nicht formelhaft mit allgemeinen Zielen wie etwa dem Schutz der Verfassung oder der Funktionstüchtigkeit der Strafrechtspflege gerechtfertigt werden. Vielmehr müssen anhand einzelner Grundrechtsbestimmungen diejenigen verfassungsrechtlich geschützten Güter herausgearbeitet werden, die mit dem vorbe-

von Religionsunmündigen (!) getragene Kopftücher nicht ernsthaft beeinträchtigt, und das Eindämmen patriarchalischer Strukturen ist weit vom gerade genannten Verfassungsrang entfernt – insbesondere in einem Land wie der Bundesrepublik, dessen eigene patriarchalische Strukturen bis heute nicht nur an ungleicher Bezahlung der Geschlechter sichtbar bleiben.[16]

Da diese im Ergebnis starke verfassungsrechtliche Position auch nichtchristlicher religiöser Menschen bei der einen oder anderen Leserin zu Stirnrunzeln führen mag, könnte eine kurze verfassungspolitische Bemerkung angebracht sein: Nicht ohne Grund gewährt das Grundgesetz die Religionsfreiheit schrankenlos. Auch als Atheistin bzw. als säkular oder laizistisch denkender Mensch sollte man sich dessen bewusst sein, dass Glauben oder Nichtglauben an erster Stelle Fragen einer geistigen Haltung sind, die im pluralistischen Staat der Einzelnen deswegen vorbehaltslos überlassen bleiben, weil es sich um ihren Privatbereich handelt.

Wer hiergegen anführen möchte, ein „öffentlich“ in die Schule getragenes Kopftuch verlasse diesen Privatbereich, denke kurz über die Privatheit oder Rechtsunterworfenheit von insbesondere weiblicher Kleidung nach: Kleidung muss außerhalb überwachungsstaatlicher Strukturen prinzipiell Privatsache sein. Sichtbarkeit als Kriterium vermag, um diese Persönlichkeitsrechtsdogmatik noch zu bemühen, möglicherweise den Intim-, nicht jedoch den Privatbereich zu kennzeichnen.

Eine zweite, immer noch verfassungspolitische Bemerkung sei gestattet: Wer der Überzeugung ist, der grundgesetzliche Schutz der Religionsfreiheit sei mangels Rationalität überkommen, kritikwürdig oder nicht mehr zeitgemäß, muss sich in der Konsequenz mit der Frage auseinandersetzen, ob die Pluralität von (auch irrationalen) Geisteshaltungen nicht auch deren jeweiligen verfassungsrechtlichen Schutz erfordert und ob die Abschaffung dieses Schutzes nicht auf eine Beschneidung von Pluralität und damit Demokratie insgesamt hinausläuft. Wer Rationalität als gesellschaftliches Gemeingebot verfolgt, verbietet heute Kopftücher und morgen möglicher-

---

haltlos gewährleisteten Grundrecht kollidieren. Im Falle der Kollision ist zwischen den vorbehaltlos gewährleisteten Grundrechten und den entgegen stehenden Grundrechten oder Verfassungsgütern im Wege der Abwägung und mit dem Ziel der Herstellung der praktischen Konkordanz ein angemessener Ausgleich herbeizuführen. Dabei darf nicht eine der widerstreitenden Rechtspositionen bevorzugt und maximal behauptet werden, sondern alle sollen einen möglichst schonenden Ausgleich erfahren.“ Zur Kontroverse um die Einschränkbarkeit durch Art. 136 Abs. 1 WRV vgl. *Czermak*, Das System des Weltanschauungsrechts im Grundgesetz (in diesem Band, II 1 a, am Ende).

16 Hierzu unlängst „Deutschlands erbärmlicher Rückstand bei der Gleichstellung“, ZEIT Online 4.1.2019.

weise Horoskope: dies mag rational begründbar sein – ob es allerdings auch eine pluralistische, demokratische und freiheitsorientierte Handlungsweise wäre, bliebe zu klären.

Dies wiederum führt zu der Betrachtung, dass der Import eines Konflikts aus als illiberal-patriarchalisch wahrgenommenen Gesellschaften möglichweise aus der importierenden Gesellschaft zumindest dann ebenfalls eine illiberale macht, wenn ihr methodisches rechtsstaatliches Repertoire Bekleidungsverbote und Beschränkungen der Religionsfreiheit übernimmt. Erstmals darum hier, aber nicht zum letzten Mal der Hinweis darauf, dass Migration *in der Sache* zwangsläufig und unvermeidlich Konfliktimport bedeutet, *auf normativer Ebene* jedoch nicht Methodenimport bedeuten muss:[17] Anderen Ländern mögen Bekleidungsvorschriften Handlungsinstrument der Wahl sein.[18] Dieser Rechtsstaat könnte hingegen versuchen, seinem eigenen, aufgeklärten Instrumentarium bestmöglich die Treue zu halten, auch und gerade wenn er die betreffenden Konflikte zwangsläufig im Migrationswege importiert.

C. Neutralität

Das Gebot staatlicher religiös-weltanschaulicher Neutralität (Art. 3 Abs. 3, 4 Abs. 1, 33 Abs. 3 GG und Art. 136 Abs. 1, 4 WRV sowie Art. 137 Abs. 1 und 7 WRV i. V. m. Art. 140 GG) betrifft Bund und Länder gleichermaßen; es ist verfassungsrechtlich wohl am ehesten aus dem Gleichheitsgrundsatz abzuleiten und damit in gewisser Weise „losgelöst“ von persönlichen Grundrechten: eine Art religiös-weltanschaulicher Unparteilichkeit des

17 Diesen Ausführungen liegt ein methodendualistischer Ansatz zugrunde, der sich in seiner schlichtesten Form mit Hume's Law ausdrücken lässt: „*No ought from an is*.“ Weitergehende Begründungslinien lägen in der Radbruchschen Unterscheidung von Erkenntnis und Bekenntnis sowie in der Tatsache, dass Normen (Sollensaussagen) nicht falsifizierbar sind, was sie wesensmäßig von Seinsaussagen unterscheidet. Hieraus wird im vorliegenden Beitrag in erster Linie abgeleitet, dass aus dem unfreiwilligen Import eines *Sach*konflikts keine Aussage darüber abgeleitet werden kann, wie auf diesen normativ reagiert werden *soll*. Es spricht, im Gegenteil, viel dafür, das Vertrauen in das eigene normative System von *Sollensaussagen* auch anhand neuer *Sachfragen* aufrechtzuerhalten.

18 „Staatliche Kleiderordnungen zielen auf die Kontrolle und Disziplinierung des gesamten öffentlichen Lebens. So markiert der Verschleierungszwang der Islamischen Republik Iran einen Staat, der selbst eine Religion hat und von ihm selbst definierte Gebote religiöser Lebensführung mittels einer eigens geschaffenen Sittenpolizei zwangsweise durchsetzt.“ *Fateh-Moghadam* ZRP 2016, 214.

Staates und seiner Untergliederungen. Diese Unparteilichkeit ist es, welche sich als „Pflicht zur staatlichen Äquidistanz gegenüber konkurrierenden Forderungen der Religionsgesellschaften“[19] bezeichnen lässt.[20]

Neutralität gilt selbstverständlich auch für das staatliche Schulwesen: „Bei der Ausgestaltung des Unterrichts sind Neutralität und Toleranz vor allem in religiöser und weltanschaulicher Sicht zu wahren, insbesondere jede Beeinflussung im Dienste einer bestimmten religiös-weltanschaulichen Sicht zu unterlassen.“[21] Das Neutralitätsgebot richtet sich naturgemäß jedoch nicht an Schülerinnen, sondern an die Schule.[22] Festzuhalten bleibt, dass es in erster Linie staatliche Funktionsträger sind, die dem Neutralitätsgebot unterliegen. Schülerinnen und Schülern ermangelt es im Vergleich zu diesen an staatlicher Repräsentanz: an einer vergleichbar exponierten Stellung, an der Ausstattung mit institutioneller Autorität und damit zumindest im schulischen Bereich auch an einer möglichen Vorbildwirkung.[23]

Wenn also staatlicherseits äquidistante, unparteiliche Neutralität in den Schulen zu wahren ist, so spricht viel dafür, Maßnahmen zu unterlassen, die erkennbar eine spezifische Religion zum Ziel haben und damit unmittelbar in den Ruch der Parteilichkeit geraten. Dies gälte für Kopftuchverbote zumindest dann, wenn der Gesetzgeber das oben behandelte semantische Problem im Wege der Bedeutungsreduktion zu lösen vermeinte (ausschließlich religiöses Verständnis von Kopftüchern).

Es dürfte hier ein weiteres Mal deutlich werden, was die Konsequenzen der beschriebenen semantischen Hürde sind: Widerspruchsfreies staatliches Handeln kann das Kopftuch nicht einerseits auf seinen spezifischen religiösen Gehalt reduzieren (oben Variante „zwei“) und andererseits be-

---

19 *Heckel* DVBl 1996, 467.

20 Im Ergebnis läuft das Bild der Unparteilichkeit und Äquidistanz weniger auf einen laizistischen als auf einen offenen Neutralitätsbegriff hinaus; hierzu *Ekardt* ZRP 2005, 225, 226: „Ziel einer solchen Konstitution ist eben die Ermöglichung maximaler gleicher Freiheit: Konflikte müssen daher freiheitsmaximierend gelöst werden. Und daraus folgt, dass Freiheitsausdrücke, die sich nicht ernsthaft gegenseitig behindern, nebeneinander existieren dürfen. Das aber bedeutet, dass in der Schule (und allgemein) im Grundsatz jeder seine Weltanschauung zum Ausdruck bringen darf – und dass der Gesetzgeber die darin liegende Spannung divergierender Lebensideale gerade hinnehmen muss.“

21 Wissenschaftlicher Dienst, Deutscher Bundestag, WD 3 - 3000 - 277/16. Dazu etwa auch der Art. „Glaubensfreiheit“ im ifw-Lexikon: https://weltanschauungsrecht.de/glaubensfreiheit, abgerufen am 7.1.2019.

22 Wissenschaftlicher Dienst, Deutscher Bundestag, WD 3 - 3000 - 277/16.

23 *Jäschke/Müller* DÖV 2018, 279.

haupten, sein Verbot richte sich nicht gegen eine Religion oder Weltanschauung.[24] Zitiert sei wiederum *Czermak*:

> „Staatliche Regulierungen sowie Beschränkungen individueller Handlungsfreiheit sind nur auf der Grundlage solcher Argumente zulässig, die keine besonderen religiösen oder philosophischen Lehren voraussetzen. Mit anderen Worten: Freiheitsbeschränkungen, aber auch Fördermaßnahmen dürfen nur auf Grund solcher Rechtsgüter erfolgen, deren Vorrang im konkreten Fall unter dem Gesichtspunkt der Gerechtigkeit neutral begründet werden kann."[25]

> „Begründungsneutralität, nicht Wirkungsneutralität."[26]

> „Ein Gesetz, das sich ausschließlich gegen muslimische Bekleidungsvorschriften richtet, wäre folglich nicht zulässig."[27]

---

24 Zur Erläuterung wiederum Wissenschaftlicher Dienst, Deutscher Bundestag, WD 3 - 3000 - 277/16: „Demgegenüber hat jedoch das Bundesverfassungsgericht in seiner Entscheidung zum Kopftuchverbot für Lehrerinnen 2015 einschränkend ausgeführt, dass ein landesweites gesetzliches Verbot religiöser Bekundungen schon wegen der bloß abstrakten Eignung zur Begründung einer Gefahr für den Schulfrieden oder die staatliche Neutralität unverhältnismäßig sei. Erst wenn in bestimmten Schulen oder Schulbezirken aufgrund substantieller Konfliktlagen über das richtige religiöse Verhalten bereichsspezifisch die Schwelle zu einer hinreichend konkreten Gefährdung oder Störung des Schulfriedens oder der staatlichen Neutralität in einer beachtlichen Zahl von Fällen erreicht sei, könne ein verfassungsrechtlich anzuerkennendes Bedürfnis bestehen, religiöse Bekundungen durch das äußere Erscheinungsbild nicht erst im konkreten Einzelfall, sondern etwa für bestimmte Schulen oder Schulbezirke über eine gewisse Zeit auch allgemeiner zu unterbinden, gegebenenfalls unter Zuhilfenahme einer hinreichend konkretisierten Verordnungsermächtigung. Folgt man dem Bundesverfassungsgericht, rechtfertigt das Neutralitätsgebot jedenfalls kein generelles landesweites Verbot für Schülerinnen, eine muslimische Kopfbedeckung zu tragen."

25 *Czermak*, Religions- und Weltanschauungsrecht, 2008, Rn. 75, zitiert nach ders., https://weltanschauungsrecht.de/Liberale-rechtstheorie, abgerufen am 7.1.2019 und *Czermak/Hilgendorf*, Religions- und Weltanschauungsrecht, 2. A. 2018, Rn. 80.

26 *Czermak*, https://weltanschauungsrecht.de/Liberale-rechtstheorie, abgerufen am 7.1.2019.

27 Wissenschaftlicher Dienst, Deutscher Bundestag, WD 3 - 3000 - 277/16.

D. Geschlecht

Jedwede auf das Kopftuch gerichtete Gesetzgebung muss sich in einer weiteren Hinsicht Gleichbehandlungsfragen stellen, nämlich der naheliegenden Problematik, dass ein entsprechendes Verbot sich – bei geschickter Formulierung möglicherweise nicht terminologisch, jedoch jedenfalls der Sache nach – gegen nur ein Geschlecht richtet. Es dürfte zudem nicht zu leugnen sein, dass Streitigkeiten um Religionsfragen ebenso wie Auseinandersetzungen um Tradition, Kultur und Identität häufig an weiblicher Bekleidung abgehandelt werden: Ungleichbehandlungsproblematiken sind also schon dem entsprechenden Diskurs inhärent. Sollte sich ein deutscher Gesetzgeber des 21. Jahrhunderts also dazu entschließen, spezifisch auf Frauen und Mädchen gerichtete Bekleidungsvorschriften zu erlassen, so müsste er sich in der Folge mit den terminologischen Fragen auseinandersetzen, wie derartige Verbote a) geschlechts- und b) religionsneutral zu formulieren seien – obwohl sie es der Sache nach nicht wären. Es sei darum wiederholt, dass Migration zwar (sachlich) zwangsläufig mit Konfliktimport verbunden ist, nicht hingegen (normativ) mit Methodenimport. Andere Länder mögen diskriminieren; dieser Rechtsstaat sollte versuchen, das zu vermeiden.

Denn wo heute anlässlich des Kopftuchs über Bekleidungsverbote für Frauen diskutiert wird, mag morgen angesichts möglicher, ggf. ebenfalls auf importierten Konflikten beruhender terroristischer Handlungen wieder über Folter und Todesstrafe nachgedacht werden. Der Gedankengang, dass Migration zwar sachlich zwangsläufig Konfliktimport, jedoch normativ nicht zwingend Methodenimport mit sich bringt, könnte dann als ein hilfreiches Korrektiv wirken.

E. Liberalität

Dass Bekleidungsverbote gegenüber Religionsunmündigen verfassungsrechtlich unzulässig sind, dürfte nicht nur die hier vertretene Meinung, sondern einstweilen auch den Stand der Rechtswissenschaft darstellen.[28]

Damit ist es allerdings nicht getan: Die dahinterstehende rechtspolitische Fragestellung hätte sich damit zu befassen, wie liberal der pluralistische Rechtsstaat sich angesichts von unabweisbar zunehmender Migration und den damit einhergehenden kulturellen Herausforderungen *künftig*

28 *Jäschke/Müller* DÖV 2018, 279.

verhalten will. Es dürfte leider mit gewisser Wahrscheinlichkeit die Gleichung gelten, dass rechtsstaatliche Grundsätze in der Regel desto bereitwilliger aufgegeben werden, je größer diese Herausforderungen sind.

Vielleicht lässt sich dennoch darauf verzichten, Illiberalitäten mit Illiberalität zu bekämpfen: Auf eine (religiös motivierte) Kleiderordnung mit einer (säkular motivierten) Kleiderordnung zu reagieren, wirkt eher im Wortsinne reaktionär als widerspruchsfrei.

Evtl. hilft ja ein Blick auf die Begründungswege zum Verbot gesichtsverhüllender Schleier im Unterricht. Hierzu hat der Bayerische Verfassungsgerichtshof (in Anlehnung wohl an den Europäischen Gerichtshof für Menschenrechte) ausgeführt, dass der staatliche Bildungs- und Erziehungsauftrag offene Kommunikation erfordere, welche wiederum nicht nur auf dem gesprochenen Wort, sondern auch auf nonverbalen Elementen beruhe (Mimik, Gestik, Körpersprache).[29] Diese Begründung ist semantisch offen; sie rekurriert gerade nicht auf Religion, nicht auf „Kultur" und nicht auf das Geschlecht; sie ist im besten Wortsinne: neutral – und dürfte, differenzierend, auf Kopftücher gerade keine Anwendung finden.[30]

---

29 Zum Ganzen Wissenschaftlicher Dienst, Deutscher Bundestag, WD 3 - 3000 - 277/16, unter Bezugnahme auf Bayerischer VGH 22.4.2014 – 7 CS 13.2592, 7 C 13.2593, NVwZ 2014, 1109.

30 „Grundsätzlich dürfte ein Kopftuch, das das Gesicht frei lässt, eine Schülerin nicht daran hindern, am allgemeinen Unterrichtsgeschehen teilzunehmen. Es schränkt nicht die Kommunikationsmöglichkeiten ein und dürfte sich auch sonst nicht störend auswirken." Wissenschaftlicher Dienst, Deutscher Bundestag, WD 3 - 3000 - 277/16.

Das Dilemma des konfessionellen Religionsunterrichts. Revisionsbedarf zugunsten des Faches Ethik

Hartmut Kreß

1. Problemexposition

Wesentliche Bestimmungen des Religions- und Weltanschauungsrechts, das im Grundgesetz der Bundesrepublik Deutschland kodifiziert ist, fußen auf der Weimarer Reichsverfassung. Verfassungsgeschichtlich markierte die Weimarer Verfassung in Deutschland einen Sprung in die Moderne. Dies gilt nicht zuletzt für das Religions- oder Staatskirchenrecht. Denn sie überwand die Symbiose von Staat und Kirche, die in Deutschland jahrhundertelang geherrscht hatte („Thron und Altar", „landesherrliches Kirchenregiment"), und trug dem modernen weltanschaulichen Pluralismus dadurch Rechnung, dass sie allen Bürgerinnen und Bürgern ohne Ansehen der Person Gewissens-, Religions- und Weltanschauungsfreiheit gewährleistete. Im Jahr 1949 hat das Bonner Grundgesetz verschiedene das Staatskirchenrecht betreffende Artikel der Weimarer Verfassung übernommen.

Allerdings wurden in der Bundesrepublik Deutschland manche Normierungen zum Staatskirchenrecht dann so ausgestaltet, dass sie hinter den Stand der Weimarer Republik zurückfallen. Dies betrifft namentlich das kirchliche Arbeitsrecht. In der Bundesrepublik haben sich die beiden Kirchen im Gesundheits-, Sozial- und Bildungswesen mit mehr als 1,3 Millionen Beschäftigten als sehr große Arbeitgeber etabliert. Dabei haben sie ein eigenes kirchliches Arbeitsrecht aufgebaut, das sich – teilweise durch explizite gesetzliche Ausnahmebestimmungen abgedeckt – von den sonst geltenden Normen des staatlichen Arbeitsrechts erheblich unterscheidet. So sind die Kirchen z.B. von den staatlichen Normen zur Mitbestimmung befreit worden. Anders war es in der Weimarer Republik. Das Betriebsrätegesetz von 1920, das auf Art. 165 WRV fußte, war gleichfalls für kirchliche Arbeitgeber einschlägig. Den Begriff der „Dienstgemeinschaft", mit dem die Kirchen heute ihren arbeitsrechtlichen Sonderweg[1] rechtfertigen, kannte man in der Weimarer Ära nicht. Er entstammt ausgerechnet dem

1 Einschließlich ihres „Nein" zum Streikrecht in ihrem Bereich oder ihrer Durchgriffe in die private Lebensführung der von ihnen beschäftigten Personen.

NS-Arbeitsrecht der 1930er Jahre. Die Kirchen machten ihn sich nach dem Zweiten Weltkrieg zu eigen und verliehen ihm einen theologisch-dogmatischen Zuschnitt. Es wäre ein großer Fortschritt und käme den Freiheits- und Partizipationsrechten der von den Kirchen Beschäftigten sehr zugute, wenn in der heutigen Bundesrepublik wenigstens der alte Stand des Arbeitsrechts, das Niveau der Weimarer Verfassung und der Weimarer Republik, wiederhergestellt würde.

Anders verhält es sich mit einem benachbarten Thema, dem konfessionellen Religionsunterricht. Die Bonner Verfassungsnorm (Art. 7 Abs. 3 GG) lautet: „Der Religionsunterricht ist in den öffentlichen Schulen mit Ausnahme der bekenntnisfreien Schulen ordentliches Lehrfach. Unbeschadet des staatlichen Aufsichtsrechtes wird der Religionsunterricht in Übereinstimmung mit den Grundsätzen der Religionsgemeinschaften erteilt". Diese Norm ist fast wörtlich aus der Weimarer Verfassung übernommen worden (dort Art. 149 Abs. 1). Im Jahr 1919 war sie bis zuletzt strittig gewesen. Heute ist es an der Zeit, zu dem Thema über die Bonner *und* über die ältere Weimarer Lösung hinauszugehen. Um dies zu untermauern, ist zunächst zu skizzieren, inwiefern der konfessionelle Religionsunterricht schon vor Weimar, im 19. Jahrhundert, bildungs- und staatspolitisch zum Problemfall geworden war.

2. *Verwerfungen schon im 19. Jahrhundert*

Im 19. Jahrhundert wurde in Preußen und in den deutschen Territorien die allgemeine Schulpflicht durchgesetzt und zumindest prinzipiell, tendenziell die herkömmliche kirchliche durch eine staatliche Schulaufsicht ersetzt.[2] Der Religionsunterricht, der an Schulen erteilt wurde, blieb jedoch kirchliche Angelegenheit. Dass diese Vermengung von Staat und Kirche kritikbedürftig war, machte schon zu Beginn des 19. Jahrhunderts der protestantische Theologe Friedrich Schleiermacher deutlich. Er plädierte leidenschaftlich für die Trennung von Staat und Kirche[3] und bewertete in den Pädagogikvorlesungen, die er an der Berliner Universität hielt, die reli-

2 Zur Rolle der Kirchen in der Schule bis zum Jahr 1918 s. auch *Jacobs*, Confessio und Res Publica, 1994, S. 101–126; *Kliss*, Schulentwicklung und Religion: Untersuchungen zum Kaiserreich zwischen 1870 und 1918, 2005; *Heinrichs*, Religion und Weltanschauung im Recht, 2017, S. 158–163.

3 Vgl. *Schleiermacher*, Über die Religion (1799), 1958 (Philos. Bibliothek Bd. 255), S. 124.

giöse Erziehung als Aufgabe, die allein von Familie und Kirche zu leisten sei. Staatlicher schulischer Religionsunterricht sei abzulehnen.[4]

Seine Voten sind aber noch in weiterer Hinsicht interessant. Ab 1810 war er nebenamtlich in der Unterrichtssektion des preußischen Kultusministeriums tätig. Völlig im Gegensatz zu seinem eigenen Plädoyer, Staat und Kirche zu trennen, konzipierte er hier den Religionsunterricht in preußischen Schulen. Zur Begründung verwies er auf den Willen der Obrigkeit, die eine christlich sittliche Bildung ihrer Bevölkerung und ihrer Beamten wünsche. Im preußischen christlichen Staat sei genuin christlicher, protestantischer Religionsunterricht zu erteilen. Angesichts des jüdischen Bevölkerungsanteils ergänzte er, daran dürfe es auch „um der etwaigen jüdischen Zöglinge willen“ keine Abstriche geben.[5] Im Zuge des Antijudaismus bzw. Antisemitismus, der sein Werk prägte, legte er ferner Wert darauf, aus dem christlichen Religionsunterricht das Alte Testament herauszuhalten.[6]

Eine derartige Intoleranz war eigentlich schon zu Beginn des 19. Jahrhunderts anachronistisch, was hier exemplarisch mit Hilfe nur eines einzelnen zeitgeschichtlichen Hinweises illustriert sei. In Berlin war 1778 eine jüdische Freischule gegründet worden, die ebenfalls von zahlreichen christlichen Kindern besucht wurde. Laut Schulprogramm der jüdischen Träger von 1810 waren Letztere vom jüdischen Religionsunterricht befreit. Ein bekannter Zeitgenosse, der Berliner Propst Hanstein, würdigte das Schulmodell als „ein schönes Muster ächter Toleranz und Unparteilichkeit“.[7]

Im Jahr 1819 wurde die gemeinsame Beschulung von der restaurativen preußischen Regierung indessen verboten.[8] Noch im späteren 19. Jahrhundert gestand man in preußischen Schulen jüdischen Kindern allenfalls eingeschränkt ein Anrecht auf eigenen Religionsunterricht zu.[9] Die Weimarer Verfassung ermöglichte ihn schließlich durch ihren Art. 149 Abs. 1. Dies erfolgte aber um den Preis, dass faktisch „christliche“ Bedingungen zu erfüllen waren. Denn als Gegenüber für den Staat wurde ein assimiliertes Ju-

---

4 Vgl. *Schleiermacher*, Pädagogische Schriften 1. Die Vorlesungen aus dem Jahre 1826, 1983, S. 339.

5 *Schleiermacher*, Texte zur Pädagogik, Bd. 1, Frankfurt/M. 2000, S. 169.

6 Vgl. *Blum*, „Ich wäre ein Judenfeind?“. Zum Antijudaismus in Friedrich Schleiermachers Theologie und Pädagogik, 2010, S. 185 f.

7 Zit. nach *Lohmann/Lohmann* in Herzig u.a., Judentum und Aufklärung, 2002, S. 78.

8 Vgl. *Lohmann/Lohmann* in Herzig u.a., Judentum und Aufklärung, 2002, S. 83.

9 Vgl. *Helmreich*, Religionsunterricht in Deutschland, 1966, S. 88.

dentum vorausgesetzt, das sich kirchenähnlich organisierte.[10] Auf der Grundsatzebene zeigt sich an all dem, in welchem Maß der Religionsunterricht, den der Staat veranstaltete, in der Vergangenheit das Christentum privilegierte, so dass die staatliche Rechts- und Bildungspolitik einem modernen verfassungsrechtlichen Standards gemäßen Gebot der Toleranz nicht gerecht wurde. Abgewandelt besteht, wie noch anzusprechen sein wird, die Problematik bis heute fort.

Bemerkenswert ist freilich, dass der konfessionelle Religionsunterricht schon im 19. Jahrhundert markant kritisiert wurde. So wies der Pädagoge Adolf Diesterweg auf das Dilemma hin, dass solcher Unterricht in der Schule gesellschaftliche Segregation und Separierung bestärkt. Im Jahr 1856 hielt er fest: Die kirchlichen Lehren „trennen die Konfessionen und die ihnen Angehörigen von einander“ und „gehören daher nicht in den Unterricht der Jugend“ in der Schule.[11] Um die Schattenseiten des Religionsunterrichts – Privilegierung einer bestimmten Religion; Verstärkung soziokultureller Ab- und Ausgrenzungen – zu beheben, wurde im Kaiserreich die Idee zur Geltung gebracht, als Alternative ein alle Schüler integrierendes Fach Ethik, nämlich „Sittenunterricht [...] ohne den bisherigen Anschluß an den Religionsunterricht“ einzuführen. Je nach Klassenstufe sollte Unterricht in einer „allgemeinen Gesetzes- und Verfassungskunde“ oder „in allgemeiner Religionsgeschichte“ in dieses Ethikfach eingeschlossen werden.[12] Der Vorschlag gewinnt geistesgeschichtlich noch an Gewicht, wenn man daran erinnert, dass schon ein Jahrhundert früher zur Diskussion gestanden hatte, anstelle des konfessionellen christlichen Religionsunterrichts einen gemeinsamen, die Einzelreligionen übergreifenden Unterricht in „allgemeiner“ oder „natürlicher Religion“ einzurichten.[13] Die Pointe der natürlichen Religion bestand darin, im Sinn der Aufklärung allgemeine, rational plausible sittliche Prinzipien zu betonen und hiermit Religionsfrieden sowie Toleranz zu stärken.

---

10 Vgl. *Kubik* ThLZ 2018, 196.

11 Zit. nach *Richter*, Die Emanzipation der Schule von der Kirche und die Reform des Religionsunterrichts in der Schule, 1870, S. 25; vgl. ferner *Helmreich*, Religionsunterricht in Deutschland, 1966, S. 79 f.

12 Denkschrift der Religionskommission der bremischen Lehrerschaft, 1905 in *Bloth*, Die Bremer Reformpädagogik im Streit um den Religionsunterricht, 1961, S. 135 f.

13 Dies ablehnend *Schleiermacher*, Texte zur Pädagogik, Bd. 1, 2000, S. 169.

3. *Argumentative Unsicherheiten im Vorlauf zur Weimarer Lösung – am Beispiel von Ernst Troeltsch*

Zu Beginn des 20. Jahrhunderts lagen die Probleme des konfessionellen kirchlichen Religionsunterrichts jedenfalls derart unabweisbar auf der Hand, dass sich ein intellektueller Vordenker der Geisteswissenschaften, Ernst Troeltsch, ausführlich mit ihnen befasste. Nachdem er in Heidelberg an der evangelischen Theologischen Fakultät gelehrt hatte – dort in interdisziplinärem Austausch mit Georg Jellinek und Max Weber –, wurde er 1915 an die Berliner philosophische Fakultät berufen. Nach Kriegsende engagierte er sich in der liberalen Deutschen Demokratischen Partei, wurde für die DDP in die preußische verfassunggebende Landesversammlung gewählt und war 1919/1920 als parlamentarischer Unterstaatssekretär bzw. Staatssekretär im preußischen Kultusministerium für die Neuorganisation des Staat-Kirche-Verhältnisses zuständig. Zum Religionsunterricht äußerte er sich in zwei Beiträgen, die von 1906 und 1919 stammen.

Am 22.11.1906 hielt er als Prorektor der Universität Heidelberg eine programmatische Rede, in der er die Abkehr vom staatlich veranstalteten konfessionellen Unterricht in den USA, Frankreich oder den Niederlanden ansprach sowie die in diese Richtung zielenden Forderungen erörterte, die im Deutschen Reich erhoben wurden. Er erwähnte besonders die Kritik von Pädagogen am Religionsunterricht. Politisch kam seinerzeit die ablehnende Haltung der Sozialdemokratie noch hinzu. Troeltsch zufolge waren die Vorbehalte triftig. Faktisch seien beträchtliche Teile der Bevölkerung von Christentum und Kirche entfremdet. Zum Religionsunterricht konstatierte er: „Eine widerwillig im konfessionellen Joch gehaltene Lehrerschaft, ein oft widerwillig erteilter Religionsunterricht, die Reibungen der weltlichen und der geistlichen Gewalt in der Schulaufsicht und Schulverwaltung, ein gegen all das leidenschaftlich reagierender Radikalismus eines grossen Teiles der Lehrerschaft, eine völlige Verworrenheit der Lage ist [...] in den meisten deutschen Ländern das Ergebnis der Verhältnisse".[14] Dies betreffe die Volksschulen, aber auch die höheren Schulen. Als liberalem Kulturprotestanten war ihm selbst ein Dorn im Auge, dass der evangelische Religionsunterricht von den Kirchen gelenkt wurde, die sich an die staatliche Obrigkeit anlehnten und eine traditionelle Dogmatik konservierten.

14 *Troeltsch*, Die Trennung von Staat und Kirche, der staatliche Religionsunterricht und die theologischen Fakultäten, KGA Bd. 6, 2014, S. 408 f.

Insofern überrascht es, dass er trotzdem den christlichen Religionsunterricht verteidigte, und zwar aus staats- und kirchenpolitischen Motiven. Trotz Säkularisierung und Pluralisierung sei der „Kulturstaat", der in Deutschland in den Bahnen des Idealismus und der Philosophie Hegels zu verstehen sei, christlich religiös fundiert. Zudem bestehe die Gefahr, dass sich die Kirchen beim Fortfall des schulischen Religionsunterrichts noch stärker orthodox dogmatisch verhärteten. Eine Lösung sah er darin, den staatlichen Religionsunterricht künftig statt von den Kirchen vielmehr von der „freien Theologie", mithin von den staatlichen theologischen Fakultäten tragen zu lassen. Mit dieser Zielrichtung sei dann aber „eine völlige Umwälzung, ein neues System" vonnöten.[15]

Im Revolutionswinter 1918/1919, also im Übergang zur Weimarer Republik, ist Troeltsch` 1907 als Druck erschienene Rede neu ediert worden.[16] Am 4.1.1919 schloss er zu dem Thema einen weiteren Beitrag ab, der kurz danach publiziert wurde: „Der Religionsunterricht und die Trennung von Staat und Kirchen". Weil die preußisch-deutsche Symbiose von Thron und Altar nach dem Kriegsende zusammengebrochen war, wurde es realpolitisch unvermeidlich, auch den Religionsunterricht neu zu ordnen. Troeltsch äußerte sich dilatorisch. Trotz der stark nachlassenden gesellschaftlichen Bindungskraft des Christentums müsse die neu zu schaffende Demokratie „ein recht großes Interesse an starken konservativen geistigen und sittlichen Mächten" haben, „die die Gesellschaft auf dem Gebiete der Sitte und des Glaubens zusammenhalten und ein Gegengewicht gegen die Unruhe des politischen Lebens bilden".[17] Man gelange „also doch wieder" zur „Religion auf der Schule"[18], obwohl der Religionsunterricht wegen der staatspolitisch unerlässlichen Trennung von Staat und Kirche ein „überaus schwieriger Streitpunkt", ein besonders „verwickeltes" Problem sei.[19] Der Sache nach naheliegend, „verführerisch" und „namentlich in Lehrerkreisen vielfach vertreten" sei das Leitbild „eines selbständigen und konfessionslosen, von der Schule zu organisierenden Religions- und Moralunterrichtes, der das dogmatische und kirchliche Element dem Unterricht der Kirchen

15 *Troeltsch*, Die Trennung von Staat und Kirche, der staatliche Religionsunterricht und die theologischen Fakultäten, KGA Bd. 6, 2014, S. 420.

16 Vgl. Einleitung in *Troeltsch*, KGA Bd. 15, 2002, S. 20.

17 *Troeltsch*, Der Religionsunterricht und die Trennung von Staat und Kirchen, KGA Bd. 15, 2002, S. 126.

18 *Troeltsch*, Der Religionsunterricht und die Trennung von Staat und Kirchen, KGA Bd. 15, 2002, S. 138.

19 *Troeltsch*, Der Religionsunterricht und die Trennung von Staat und Kirchen, KGA Bd. 15, 2002, S. 136.

überließe, dafür aber sich an die historische Tatsache und Entwicklung der Religion hielte und nur die großen allgemeinen religiösen und ethischen Gehalte des Christentums auf diesem Wege zur Geltung brächte".[20] Als Gegenargumente zählte er auf: den Widerstand „der Kirchen und der von ihnen beeinflußten politischen Gruppen"[21], sodann die Besorgnis, ein solches Modell sei eher für größere Städte und höhere Schulen, weniger für den ländlichen Bereich geeignet, sowie organisatorische Probleme. Daher sei lieber doch alles „im wesentlichen beim Alten zu belassen", allerdings bei verminderter Stundenzahl des Religionsunterrichts und auf der Basis, dass Schüler freiwillig teilnähmen, Lehrer zu ihm nicht verpflichtet werden dürften und die „kirchliche Aufsicht [...] sehr weitherzig gehandhabt werden" müsse.[22]

Der Kompromiss, den die Weimarer Verfassung zum Religionsunterricht schließlich kodifizierte, liegt im Großen und Ganzen auf der Linie dessen, was Troeltsch im Januar 1919 vorgeschwebt hatte. Insofern spiegeln sich in der Weimarer Regelung die Brüche seiner Argumentation ab. Umständebedingt hatte er sich von damaligen politischen Zwängen leiten lassen. Inkonsistent blieb z.B., ungeachtet der von ihm selbst analysierten Säkularisierung und Pluralisierung der Gesellschaft ein christliches Fundament des Staates zu postulieren und den Religionsunterricht hierfür in Dienst zu nehmen. Die Idee, durch christlichen Religionsunterricht die sittliche Bildung sämtlicher Schüler zu gewährleisten, spielte im Vor- und Umfeld der Weimarer Nationalversammlung im Übrigen generell eine große Rolle.[23] – Inzwischen, ein Jahrhundert später, sind die Schwächen der Weimarer Lösung unverkennbar geworden.

---

20 *Troeltsch*, Der Religionsunterricht und die Trennung von Staat und Kirchen, KGA Bd. 15, 2002, S. 139.

21 *Troeltsch*, Der Religionsunterricht und die Trennung von Staat und Kirchen, KGA Bd. 15, 2002, S. 140.

22 *Troeltsch*, Der Religionsunterricht und die Trennung von Staat und Kirchen, KGA Bd. 15, 2002, S. 142.

23 Vgl. z. B. *Thimme* in ders./Rolffs, Revolution und Kirche, 1919, S. 49 f.; *Friedrich* in Brakelmann u.a., Auf dem Weg zum Grundgesetz, 1999, S. 113; *Richter*, Kirche und Schule in den Beratungen der Weimarer Nationalversammlung, 1996, S. 666; s. zu den Entwicklungen von Religion und weltlichem Moralunterricht in den Schulen der Weimarer Republik auch *Heinrichs*, Religion und Weltanschauung im Recht, 2017, S. 163–169.

4. Neue Verwicklungen heute

Aktuell ist das in der Bundesrepublik Deutschland noch dominierende Modell des konfessionellen Religionsunterrichts u.a. unter folgenden Aspekten zu problematisieren:

1. Die Säkularisierung und Pluralisierung der Gesellschaft, die schon vor 100 Jahren unverkennbar war, hat signifikant zugenommen. Heute gehört die größte Teilgruppe der Bevölkerung keiner Religion oder Konfession mehr an, wohingegen die Mitgliedschaft in einer der beiden Kirchen stetig abnimmt. Schon allein vor soziologischem Hintergrund läuft die Begründung leer, mit Hilfe von Religionsunterricht ließen sich die ethischen Grundlagen vermitteln, die in der Gesellschaft und im Staat bzw. für sie maßgebend seien. Das Argument war schon zu Weimarer Zeiten fragil gewesen.

2. Der konfessionelle christliche Religionsunterricht selbst ist ersichtlich in die Defensive geraten. Für die Kirchen geht es um Besitzstandswahrung. Um das bisherige Modell beizubehalten, werden kirchlich und religionspädagogisch ganz unterschiedliche Auswege genannt und gegensätzliche Konzepte entwickelt. Ferngerückte Glaubenstraditionen sollen wieder nahegebracht werden; es gelte – so sagt etwa die katholische Kirche –, Heranwachsende im Glauben zu festigen, damit sie „sich bewusster für diesen [hier: den katholischen] Glauben zu entscheiden" vermögen.[24] Völlig gegenläufig wird es zur wesentlichen Aufgabe des Religionsunterrichts erklärt, sozusagen eine Art von Zivilreligion zu vermitteln, d.h. über Ethik und Menschenrechte zu unterrichten.[25] Dies Letztere ist im weltanschaulich neutralen Staat und in der pluralistischen Gesellschaft richtigerweise jedoch dem Fach Ethik zuzuordnen.

3. Die kirchlich-konfessionelle Struktur des Religionsunterrichts wirkt sich zulasten der nichtchristlichen Bevölkerung aus. In der Vergangenheit betrafen, wie oben angesprochen wurde, die diskriminierenden Effekte insbesondere die Kinder aus jüdischen Familien. Heute zeigen sie sich immer noch daran, dass die Belange von Kindern marginalisiert werden, die keiner Religion angehören oder am konfessionellen Unterricht nicht interessiert sind.[26]

---

24 Erzbistum Hamburg, 12.12.2018, Schleswig-Holsteinischer Landtag Umdruck 19/1799, 2.

25 So z. B. *Anselm/Anselm* in Weilert/Hildmann, Religion in der Schule, 2018, S. 137. – Knappe Übersicht über Zielkonflikte und Widersprüche der derzeitigen christlichen Religionspädagogik: *Kreß* ZRP 2019, 23.

26 Vgl. zusammenfassend *Kreß* ZRP 2019, 24.

4. Eine strukturelle Folgelast des Modells eines konfessionellen Religionsunterrichts ist es, nichtchristliche Denominationen zu verkirchlichen bzw. sie klerikalisierend zu überformen. Im 19. Jahrhundert hatte sich das Judentum tendenziell assimilieren und verkirchlichen müssen, ehe jüdischer Religionsunterricht an staatlichen Schulen erteilt werden konnte. Zurzeit betrifft die Problematik besonders den islamisch gebundenen Bevölkerungsteil. Die staatliche Seite übt mehr oder weniger starken Druck auf Muslime aus, sich kirchenanalog zu organisieren und zum Zweck des staatlich veranstalteten konfessionellen Islamunterrichts kirchenähnliche „Ansprechpartner“ zu schaffen, obwohl der Islam selbst keine kirchenförmigen Strukturen kennt.[27] Zusätzlich zu allen sonstigen Schwierigkeiten, die das Konstrukt eines staatlich organisierten, islamisch bekenntnisorientierten Religionsunterrichts mit sich bringt, etwa die sog. Beiratslösung, gerät hierdurch die positive Religionsfreiheit von Muslimen in Mitleidenschaft.

5. Schon im 19. Jahrhundert war erkannt worden, dass konfessioneller Religionsunterricht auf eine Separierung von Schülergruppen hinausläuft. Als eine namhafte Stimme ist oben der Pädagoge Adolf Diesterweg erwähnt worden. Heutzutage verhält es sich so, dass ggf. evangelischer, katholischer, muslimischer, alevitischer, jüdischer, griechisch- oder russisch-orthodoxer und sonstiger Religionsunterricht nebeneinander stattfinden müssten. Abgesehen von den Organisationsproblemen erschwert oder unterläuft eine derartige Konstellation das Anliegen, in der Schule kulturübergreifend einen konstruktiven Dialog zu realisieren und materiale Toleranz einzuüben. Zwar werden zurzeit auf konfessioneller Basis bi- oder interkonfessionell, ja sogar interreligiös kooperative Ansätze angedacht, die bis zum Hamburger „Religionsunterricht für alle“ reichen. Sie sind aber ihrerseits von gravierenden inneren und äußeren Widersprüchen geprägt und je nach Spielart verfassungsrechtlich fragwürdig. Zudem bricht z.B. in Hamburg das Problem auf, dass Heranwachsende, die nicht religiös orientiert sind, trotz formal aufrecht erhaltener Freiwilligkeit der Teilnahme am Religionsunterricht von diesem entweder vereinnahmt oder aber ausgegrenzt werden. Ein „Ersatz“-Unterricht in Ethik steht für sie flächendeckend oftmals nicht zur Verfügung. Angesichts ihres Grundrechts auf Glaubens- und Weltanschauungsfreiheit ist dies nicht akzeptabel.

Im Übrigen nimmt gleichfalls bei Schülern, die am konfessionellen Religionsunterricht teilnehmen, empirischen Untersuchungen zufolge die

---

27 Vgl. zusammenfassend *Kreß* ZRP 2010, 14; *ders.*, ZRP 2019, 23 f.

Bindung an ihre eigene Konfession stark ab.[28] Auch vor diesem Hintergrund ist der bisherige Typus des Religionsunterrichts als Überhang des Konfessionalismus des 19. Jahrhunderts, jedoch nicht als gegenwartsadäquat oder als zukunftsweisend zu bewerten.

6. Eine weitere Problematik wird in der Bundesrepublik kaum beachtet. Beim derzeitigen System des konfessionellen Religionsunterrichts dürfen bzw. müssen trotz der staatlichen Aufsicht die Kirchen dem Lehrpersonal eine Lehrerlaubnis erteilen.[29] Insbesondere auf katholischer Seite erfolgen hierbei Durchgriffe in die persönlichen Grund- und Freiheitsrechte sowie in die Privatsphäre von Lehrpersonen. Im Rahmen des jetzigen, erst in der Bundesrepublik Deutschland etablierten kirchlichen Arbeitsrechts gelten Religionslehrerinnen oder -lehrer auch in staatlichen Schulen kirchlich als „verkündigungsnah". Daher beharrt die katholische Kirche darauf, ihnen bei „falscher" Lebensführung, etwa bei gleichgeschlechtlicher Partnerschaft oder bei Wiederverheiratung nach Ehescheidung, die Lehrbefugnis verweigern zu können. Hieran hat bislang auch die Rechtsprechung des Europäischen Gerichtshofs nichts geändert. Demgegenüber hat in Spanien eine katholische Religionslehrerin 2011 mit Hilfe des dortigen Verfassungsgerichts gegen die katholische Kirche durchsetzen können, ihren Beruf trotz ihrer Eheschließung mit einem geschiedenen Mann weiter ausüben zu dürfen.[30]

Derartige Klärungen stehen in Deutschland noch aus. Sie sind noch dringlicher geworden, weil muslimische Organisationen jetzt ähnliche Rechte wie die Kirchen beanspruchen. Ggf. erlauben sie Kandidatinnen oder Kandidaten für den neuen konfessionellen islamischen Religionsunterricht die Lehrtätigkeit, die an einer staatlichen Schule ausgeübt wird, erst dann, nachdem sie sie auch über private Angelegenheiten befragt haben. Staatliche Stellen, die z.B. 2012 konkret auf das Problem hingewiesen wurden, nehmen dies hin.[31] Die Wahrung der Privatsphäre von Religionslehrern an staatlichen Schulen ist heute zu einem Desiderat geworden, das sich so nicht erahnen ließ, als 1919 der einschlägige Weimarer Verfassungsartikel entstand. Daher hat Anschütz in seinem Kommentar zur Weimarer Verfassung die Grund- und Schutzrechte, die staatlich beschäftigte Religi-

---

28 Vgl. etwa *Gennerich/Mokrosch*, Religionsunterricht kooperativ, 2016, S. 28.

29 Zu Vorformen im 19. Jahrhundert *Helmreich*, Religionsunterricht in Deutschland, 1966, S. 130.

30 Vgl. *Messinger*, Religionsunterricht an öffentlichen Schulen in Spanien und Deutschland, 2016, S. 118 f.

31 Vgl. *Kreß* in Gerster u.a., Religionspolitik heute, 2018, S. 244, mit Bezug auf Niedersachsen.

onslehrer gegenüber ihrer jeweiligen Religionsgesellschaft besitzen, überhaupt noch nicht näher thematisiert. Er hielt lediglich fest, dass „die Staatsbehörden nicht den Inhalt der religiösen Überzeugungen des Lehrers durch inquisitorisches Ausfragen erforschen“ dürfen, d.h. also, dass vonseiten des Staates die Privatsphäre der Lehrer geachtet werden muss.[32]

5. Substanzieller Reformbedarf heute. Ethik als Pflichtfach

Angesichts des Problembündels sollten rechtspolitisch substanzielle Reformen eingeleitet und anstelle des konfessionellen Religionsunterrichts ein religions- und konfessionsübergreifendes Fach Ethik als Pflichtfach eingeführt werden. Religiöse Themen können im Fach Ethik religionskundlich und -vergleichend mit erörtert werden. Die positive Religionsfreiheit von Kirchen und Religionsgesellschaften würde durch eine solche Reform nicht beschädigt, weil diese ihre eigenen Angebote der religiösen Erziehung und Bildung, z.B. den Konfirmandenunterricht, ja weiterhin ausüben und ausbauen können.[33] Davon abgesehen wäre zu erwägen, ob Religionen und Weltanschauungen in der Schule Wahlangebote bereitstellen – so derzeit das Modell im Stadtstaat Berlin – oder ob ihre Angebote phasenweise in den Ethikunterricht einbezogen werden.

Eine solche Reform würde einem Dilemma ein Ende setzen, das – wie erwähnt – schon im 19. Jahrhundert erkannt wurde, nämlich der Separierung von Schülern durch den konfessionellen Religionsunterricht. Sie lässt sich zudem auf ein modernes Verständnis der Ethik stützen. Voranstehend ist auf Ernst Troeltsch aufmerksam gemacht worden, der sich im Vorfeld der Weimarer Verfassung zum Religionsunterricht zwar schwankend und tastend geäußert hat. Auf der Theorieebene hat er jedoch einen Ethikansatz entwickelt, der im Ergebnis den Impuls setzt, den bisherigen Religionsunterricht in einen integrativen Ethikunterricht zu überführen. Denn er deutete Ethik als Kulturphilosophie bzw. als Reflexion kultureller Güter, wobei er die Religion den anderen Gütern der Kultur wie Wissenschaft, Recht oder Kunst gleichstellte. Er sprach ihr also keinen Vorrang zu, aus dem sich ein Sonderstatus ableiten ließe. Stattdessen sei die Ethik selbst eine „übergeordnete Wissenschaft“, „in deren Rahmen“ man u.a. „die Reli-

32 *Anschütz*, Die Verfassung des Deutschen Reichs, 14. A. 1933, Art. 149 Abs. 1 WRV, S. 691 Fn. 2, vgl. *Anschütz*, Die Verfassung des Deutschen Reichs, 14. A. 1933, Art. 136 Abs. 3 WRV, S. 627 Fn. 1.

33 Vgl. *Kreß*, Staat und Person. Politische Ethik im Umbruch des modernen Staates, 2018, S. 121.

gionswissenschaft" rezipieren und „sich heute dem Religionsproblem" nähern könne.[34]

Greift man dies auf, sind in einem neu einzurichtenden Schulfach Ethik[35] neben geistesgeschichtlichen und lebensweltlichen bzw. materialethischen Themen, der Reflexion von Menschenrechten und weiteren ethisch-kulturellen Verfassungsgrundlagen Religionen und Weltanschauungen als Teile bzw. als Güter der Kultur zu behandeln. Wichtig und zu unterstreichen ist, dass schon jetzt substanziierte pädagogische und didaktische Konzepte vorliegen, die für den Aus- und Aufbau des Schulfachs Ethik genutzt werden können.[36]

Rechtspolitische und verfassungsrechtliche Anschlussfragen lassen sich hier nur andeuten. Die Weimarer Verfassung enthielt in Art. 149 Abs. 1 eine Ausnahmeklausel, die in Bonn 1949 in Art. 7 Abs. 3 GG übernommen wurde. Ihr zufolge brauchen „bekenntnisfreie (weltliche) Schulen" keinen konfessionellen Religionsunterricht vorzuhalten. Praktisch lief die Klausel aber schon in der Weimarer Republik fast vollständig leer. In Preußen war kaum eine Schule bekenntnisfrei.[37] Selbst wenn es theoretisch denkbar erscheint, dass ein Bundesland heute die Klausel benutzt und bekenntnisfreie Schulen einführt[38], ist aus Sicht des Verfassers vorzuziehen, bundeseinheitlich Klarheit und Transparenz herzustellen. Perspektivisch ist daher anzustreben, die Bestandsgarantie für konfessionellen Unterricht, die diesem in Art. 7 Abs. 3 GG zuteil geworden ist, aufzuheben. Dass er 1919

---

34 *Troeltsch* in ders., GS Bd. 2, 2. A. 1922, S. 566, 553.

35 Bislang gilt das Fach Ethik in den meisten Bundesländern pejorativ als bloßes „Ersatzfach", das alternativ zum Religionsunterricht gewählt werden darf. Faktisch wird es aber noch nicht einmal in diesem Sinne durchgängig angeboten; vgl. Fachverband Ethik, Denkschrift zum Ethikunterricht – Zwischen Diskriminierung und Erfolg, 2016. – Zum Anliegen, konfessionellen Religionsunterricht in ein neues, übergreifendes Fach zu überführen, und in diesem Zusammenhang auch zum Begriff der Kultur vgl. schon *Heumann* in Schirmer, Religionspädagogik im Widerstreit, 2011, S. 203–225.

36 Vgl. nur *Kriesel* u.a., Grundwissen Ethik/Praktische Philosophie, 2007; *Roew/Kriesel*, Einführung in die Fachdidaktik des Ethikunterrichts, 2017.

37 Vgl. *Retter*, After the German November Revolution 1918: The Compromise on Religious Instruction in Elementary Schools in the Weimar Constitution, in: International Dialogues on Education: Past and Present 5 (2018) No 2: „6. The Myth of the Secular School".

38 Im Schrifttum ist das Thema der bekenntnisfreien Schule nur äußerst randständig beachtet worden. Zu den Ausnahmen gehört *Goeschen*, Die bekenntnisfreie weltliche Schule, 2005; jetzt auch Institut für Weltanschauungsrecht, 13.12.2018, Schleswig-Holsteinischer Landtag Umdruck 19/1805 und *Czermak/Hilgendorf*, Religions- und Weltanschauungsrecht, 2. A. 2018, S. 170 f.

und 1949 durch seine Erwähnung in der Verfassung vor sämtlichen anderen Schulfächern privilegiert wurde und dass man ihn – ein Bekenntnisfach – als kirchliche bzw. religiöse Exklave im staatlich-weltlichen Schulsystem beließ, ist lebensweltlich und rechtsethisch unplausibel geworden. Schon die ältere Formulierung von 1919, nämlich Art. 149 Abs. 1 WRV, war von der Hypothek belastet, ein fragiler Kompromiss gewesen zu sein, bei dem sich die damalige katholische Zentrumspartei weitgehend durchgesetzt hatte.[39] Die Bestandsgarantie für den konfessionellen Unterricht im Grundgesetz zu streichen, wäre überdies in der Binnenlogik der Bonner Verfassung folgerichtig. Die Streichung läge auf der Linie, dass das Grundgesetz auch keine Bestandszusagen für theologische Fakultäten an staatlichen Universitäten mehr ausgesprochen hat. In dieser Hinsicht war man im Jahr 1949 von dem älteren Art. 149 WRV abgewichen, der in Abs. 3 eine derartige Bestandszusage noch enthalten hatte.

Abschließend ist daran zu erinnern, dass – wie skizziert – der konfessionelle Religionsunterricht im staatlichen Schulsystem nicht erst im 20., sondern bereits im 19. Jahrhundert zur Ursache vielfacher „Verworrenheit" und kaum auflösbarer „Verwicklungen" (Troeltsch) geworden war. Seitdem haben sich nochmals neue soziokulturelle und sozioreligiöse Umbrüche ereignet. Die Bildungs- und Rechtspolitik darf dem Problemstau nicht ausweichen. Als Lösung bietet sich an, anstelle der überlieferten bekenntnisgebundenen Religionslehre in den Schulen ein pluralismusadäquates Fach Ethik einzuführen.

---

39 Vgl. *Richter*, Kirche und Schule in den Beratungen der Weimarer Nationalversammlung, 1996, S. 502, mit Rückverweis auf die Fraktionsbeschlüsse des Zentrums vom 1.7.1919.

Kirchensteuer und Historische Staatsleistungen im Konflikt mit dem Grundgesetz

Johann-Albrecht Haupt

Wer in religionspolitischen Diskussionen die Trennung von Staat und Kirchen (Religionsgemeinschaften) als zentralen Punkt der Verhältnisbestimmung nach unserer Verfassungsordnung postuliert, womöglich mit dem Zusatz, Religion sei im Kern Privatsache, gerät unweigerlich in den Verdacht der Kirchenfeindlichkeit. Das Beharren auf dem Gebot, die Sphären zu trennen, erscheint als Rückfall in antagonistische Zeiten, als Kirchenkampf, als sozialistische Verirrung oder naiv-liberale Reminiszenz. Ist Trennung von Staat und Kirche etwas Schlimmes?

I. Einführung

Nach dem Ende von Nationalsozialismus und zweitem Weltkrieg war der politische Einfluss der Kirchen in Deutschland, als vermeintlich moralisch intakt gebliebener Organisationen, außerordentlich groß. Seitdem war und ist kirchliches Leben bis heute gesellschaftlich integriert, gut organisiert, medial und politisch ungeheuer einflussreich. Anders als nach dem ersten Weltkrieg taten sich die Kirchen nach 1945 nicht schwer, ihren Frieden mit dem Staat zu schließen. Diesen Friedensschluss hat der Staat den Kirchen dadurch erleichtert, dass er ihnen nicht nur – was gut und richtig ist – umfassende Religionsausübungsfreiheit und den eigenen Wirkungskreis sicherte und garantierte, sondern dabei – und das ist hier das Thema – mit den Jahren zunehmend auch ungemein komfortable, aber mit der Verfassung kaum zu vereinbarende Vorzugsbedingungen gewährte, und zwar unter tatkräftiger Mithilfe des Bundesverfassungsgerichts sowie der religionsfreundlichen[1] und mit beiden Kirchen auf vielfache Weise verbundenen Staatsrechtslehre. Hinzu kommen kircheneigene Sendeplätze und auch sonst starker Kircheneinfluss in öffentlich-rechtlichen Medien.

---

1 Vgl. *Waldhoff* in Dreier/Waldhoff, Das Wagnis der Demokratie, 2018, S. 289, 307 f.

In jüngerer Zeit wirken die Kirchen allerdings als religiös-weltanschauliche Anbieter immer weniger attraktiv: Das Christentum ist zu einem unter vielen Akteuren für Sinnstiftung und Sonntagsgestaltung geworden. Die innere Abwendung, die Abwanderung von den Amtskirchen ist in Deutschland zu einem massenhaften Phänomen geworden: Allein von 1990 bis 2016 hat im vereinigten Deutschland die Zahl der Kirchenmitglieder (evangelisch und katholisch) um 12,2 Mio. oder 21,1 % abgenommen, während die Einwohnerzahl gleichzeitig um 3,5 % zugenommen hat; 1990 gehörten noch 72,3 % der Bevölkerung der evangelischen oder katholischen Kirche an, im Jahr 2016 nur noch 55,4 %.[2] Tendenz: weiterhin fallend.

II. Das Verhältnis des Staates zu den Religionsgemeinschaften

Das deutsche Staatskirchensystem wird im Allgemeinen als vorbildlich gepriesen, auch und gerade im Vergleich zu den anderen westlich-demokratischen Ländern. Das Verhältnis des Staates zu den Religionsgemeinschaften in Deutschland wird beschrieben als das einer positiven, fördernden Neutralität des Staates[3], einer kooperativen oder religionsfreundlichen Partnerschaft von Staat und Kirche, welche den Religionsgemeinschaften ihren notwendigen Entfaltungsfreiraum sichert. Es zeichne sich aus durch seine vermittelnde Stellung zwischen dem Staatskirchentum auf der einen Seite, der laizistischen Orientierung andererseits.

Diese verbreitete Darstellung von angeblich drei möglichen staatskirchenrechtlichen (heute sagt man gerne: religionsverfassungsrechtlichen) Systemen:

- Staatskirchentum,
- Laizismus,
- positive Neutralität nach deutschem Muster

ist allerdings verzerrt und stimmt nicht einmal idealtypisch, da damit die Verhältnisse in vielen europäischen Ländern und in den USA nicht angemessen beschrieben werden können. Für die Mehrzahl der europäischen Staaten passt keine der genannten drei Systembeschreibungen. Die Unterschiede in der Nähe zwischen den Religionsgemeinschaften und dem

2 Zahlen nach https://www.kirchenaustritt.de/statistik/religionszugehoerigkeit (25.11.2018).

3 BVerfG 21.9.1976 – 2 BvR 350/75, BVerfGE 42, 312, 331.

Staat, der Interaktion zwischen beiden sind gradueller Natur. In keinem europäischen Staat gibt es ein Staatskirchentum in dem Sinn, dass andere Religionsgemeinschaften nicht zugelassen sind. Ebenso wenig gibt es irgendwo ein laizistisches Regime, welches Verbindungen zwischen Religionsgemeinschaften und der staatlichen Sphäre unterbindet[4]. Die spezifischen Verhältnisse etwa in den Beneluxstaaten, in Italien und Spanien oder in den östlichen europäischen Staaten sind weder dem Laizismus oder dem Staatskirchentum noch der förderlichen Neutralität im deutschen Sinne zuzurechnen.

Die Beschreibung der deutschen Position als der angeblich mittleren zwischen Staatskirchentum und Laizismus ist verschleiernd, wie schon die Epitheta „positiv", „fördernd" oder „förderlich" zur Beschreibung der Neutralität zeigen. So als gäbe es neben der positiven auch eine negative Neutralität oder eine hinderliche neben einer förderlichen Neutralität. Ähnliches gilt für die Beiwörter „wohlwollend" oder „koordinativ"[5] zur Charakterisierung des Trennungsprinzips. Da das Staatskirchentum offensichtlich hierzulande nicht in Betracht kommt (Art. 137 Abs. 1 WRV: „Es besteht keine Staatskirche"), bleibt bei dieser Typologie nur die Alternative: Laizismus oder sog. positive Neutralität nach deutschem Muster. Dabei stellen Politik, Kirchen und die Wissenschaft vom Staatskirchenrecht den Laizismus als das „Schmuddelkind" dar, das nur in Form von abschreckenden Beispielen existiere (Frankreich, Türkei, USA). Ein freundliches Miteinander, ein für beide Seiten sinnvolles und ertragreiches Zusammenwirken von Staat und Religionen, wie es in Deutschland praktiziert werde, werde im laizistischen System durch die „Verdrängung der Religion aus dem öffentlichen Raum"[6], durch eine feindliche Trennung von Staat und Religionsgemeinschaften, durch das Verbot jeglicher Berührung zwischen Staat und Religionsgemeinschaften[7] gestört oder verhindert. Der Laizismus sei kämpferisch-aggressiv[8]. Mehr noch: die Areligiösität werde in einer laizistischen Ordnung des Staates zur Weltanschauung erhoben[9]. Das alles trifft erkennbar weder auf Frankreich zu noch auf die USA oder die Türkei; al-

---

4 Das gilt jedenfalls heute auch für den häufig genannten „Laizismus" Frankreichs, vgl. *von Campenhausen* in Grote (u. a.), FS für Christian Starck, 2007, S. 1075–1092; *Classen* ZevKR 62 (2017), 111–151: im Vergleich zu Deutschland gegenüber den Religionsgemeinschaften „eine eher zurückhaltende Position".

5 *Ehlers* in Sachs, GG, 8. A. 2018, Art. 140 GG Rn. 9.

6 *Heinig* Anwaltsblatt 2010, 576, 577.

7 *Unruh*, Religionsverfassungsrecht, 3. A. 2015, S. 98.

8 *Heinig* JZ 2010, 357, 358.

9 *Hillgruber* DVBl. 1999, 1155, 1174.

lenfalls auf die inzwischen – jedenfalls in Europa – untergegangenen Staaten kommunistischer Prägung. Der Begriff des Laizismus ist irreführend und somit untauglich. Es versteht jeder etwas anderes darunter. In der deutschen religionsverfassungsrechtlichen Debatte ist er ein Kampfbegriff, auf den zur Vermeidung der Begriffsverwirrung alle verzichten sollten, auch und gerade die Vertreter säkularer Auffassungen, die sich für eine am Grundgesetz orientierte Trennung von Staat und Religionsgemeinschaften einsetzen.

Meistens wird unter „Trennung" die Verdrängung der Religion aus dem „öffentlichen Raum", also aus der gesellschaftlichen Sphäre überhaupt verstanden.[10] Das aber ist in einer demokratisch verfassten, pluralen Gesellschaft weder faktisch, noch rechtlich möglich. Hier darf keine Gruppierung verdrängt werden, schon gar nicht aus weltanschaulich-religiösen Gründen: wie alle gesellschaftlichen Gruppierungen können sich auch die religiös Gläubigen und ihre Verbände kraft ihrer Grundrechte im Rahmen der Gesetze frei entfalten, bewegen und betätigen. Die öffentliche Betätigung der Religionen ist in einer offenen, demokratischen Gesellschaft eine Selbstverständlichkeit; der expliziten staatlichen Anerkennung eines speziellen kirchlichen Öffentlichkeitsauftrags, seit der Erwähnung in der Präambel des Loccumer Vertrags (1955) immer wieder gefeiert, bedarf es nicht.

In Deutschland ist seit dem Ende der Monarchie neben der Religionsfreiheit die von den christlichen Kirchen bis weit ins 20. Jahrhundert hinein bekämpfte Trennung von Staat und Religion der Grundpfeiler des Religionsverfassungsrechts, und zwar in strikter Anwendung der Regeln unserer Verfassung. Das im Grundsatz auch vom Bundesverfassungsgericht in ständiger Rechtsprechung anerkannte Trennungsprinzip[11] setzt voraus:

- staatliche Neutralität in Religions- und Weltanschauungsangelegenheiten als Konsequenz der Religionsfreiheit[12],
- Nicht-Identifikation des Staates mit der Religion oder einzelnen religiösen oder weltanschaulichen Auffassungen

10 „Daher lässt sich in Deutschland Religion nicht aus dem gesellschaftlichen Raum verdrängen, wie dies Befürworter eines strikten Laizismus versuchen", so die *EKD* in https://www.ekd.de/Religion-ist-keine-Privatsache-11134.htm (25.11.2018).

11 „Trennung in der Wurzel": *Hollerbach* VVDStRL 26 (1968), 57, 68.

12 St. Rspr. seit 1965: BVerfG 14.12.1965 – 1 BvR 413/60, 1 BvR 416/60, BVerfGE 19, 206, 216.

- und gleiche Distanz des Staates zu allen weltanschaulichen und religiösen Gruppierungen.[13]

Die Trennung umfasst den institutionellen, den organisatorischen und den finanziellen Bereich. Eine Ausnahme von dem Trennungsgebot sieht die deutsche Verfassung explizit in genau vier Bereichen vor, in denen der Staat in zulässiger Weise und auf im Verfassungstext genau beschriebene Art mit den Religionsgemeinschaften kooperiert:

- Religionsunterricht an öffentlichen Schulen (Art. 7 Abs. 3 und Art. 141 GG)[14],
- Anstaltsseelsorge (Art. 141 WRV),
- Berechtigung zur Erhebung von Kirchensteuer (Art. 137 Abs. 6 WRV),
- Schutz der Sonntage und kirchlicher Feiertage (Art. 139 WRV).

Jenseits dieser durch die Verfassung legitimierten Kooperationsformen[15] gibt es keine Mischformen von staatlich-kirchlicher Aufgabenerledigung, keine *res mixtae*, sondern die Unterscheidung von staatlichen Aufgaben und Betätigungen einerseits und religionsgemeinschaftlichen Aufgaben und Betätigungen andererseits. Es kommt im Religionsverfassungsrecht – wie auch sonst – vor allem darauf an, die geltende Verfassung ernst, d.h. in erster Linie beim Wort zu nehmen. Insofern macht es keinen Sinn, zwischen „strikter" Trennung von Staat und Kirche einerseits und „(religi-

---

13 Gegen alle drei Anforderungen verstößt in anschaulicher Weise das „Södersche Amtskreuz" in staatlichen bayerischen Behörden, § 28 Allgemeine Geschäftsordnung für die Behörden des Freistaats Bayern, Änderung vom 24.4.2018, GVBl. S. 281.

14 Ich lasse hier die m. E. nicht hinreichend geklärte Frage dahingestellt, ob die öffentlichen Schulen in Deutschland nicht doch „bekenntnisfrei" im Sinne von Art. 7 Abs. 3 GG sind, soweit sie nicht ausdrücklich einer Religions- oder Weltanschauungsgemeinschaft zugeordnet sind. Denn wenn sie nicht „bekenntnisfrei" sind: was sonst? Rechtsprechung und Literatur halten es – auch hier ohne nähere Befassung mit dem Wortlaut – unter Berufung auf *Anschütz*, Die Verfassung des Deutschen Reiches, 14. A. 1933, Art. 149 Nr. 1, nicht für zweifelhaft, dass die öffentlichen Schulen als „Gemeinschaftsschulen" nicht bekenntnisfrei im Sinne von Art. 7 Abs. 3 GG sind, obwohl schon *Anschütz* selbst (Art. 143 Nr. 2) betont, dass die Schule nach der Weimarer Reichsverfassung *„eine rein weltliche Veranstaltung sein"* soll.

15 Der früher diskutierten Frage, ob die genannten, in der Verfassung vorgesehenen Abweichungen vom Trennungsprinzip „verfassungswidriges Verfassungsrecht" darstellen (*Kleine*, Institutionalisierte Verfassungswidrigkeiten im Verhältnis von Staat und Kirche unter dem Grundgesetz, 1993, S. 213 f.), kann ich nichts abgewinnen. Die Verfassung gilt in vollem Umfang so, wie es ihr Wortlaut vorsieht.

ons)freundlicher"[16] oder „kooperativer" Trennung andererseits zu unterscheiden, mit der Folge, dass weitere, in der Verfassung nicht genannte Formen gemeinsamer Aufgabenerledigung für zulässig erklärt werden, die in der Verfassung gerade nicht vorgesehen sind. Aus der Tatsache, dass die Verfassung selbst die oben genannten vier Mischformen vorsieht, folgt gerade nicht, dass diese spezielle „Religionsfreundlichkeit" weitere Kooperationsformen von Staat und Religionsgemeinschaften rechtfertigt oder sogar fordert. Als Beispiel soll die Militärseelsorge genannt werden: Nach Art. 141 WRV sind zur Befriedigung eines entsprechenden Bedürfnisses nach Seelsorge und Gottesdienst „Religionsgemeinschaften zur Vornahme religiöser Handlungen zuzulassen". Die staatliche Praxis ist weit darüber hinaus gegangen und praktiziert seit dem Evangelischen Militärseelsorgevertrag von 1957 die Übernahme der Seelsorger in den Staatsdienst, die staatliche Bezahlung des gesamten Apparats der Militärseelsorge und die Einführung des lebenskundlichen Pflichtunterrichts für alle Soldaten durch – in der Regel – Militärseelsorger. Das ist verfassungsrechtlich unzulässig, denn es überschreitet das in Art. 141 WRV genau definierte Maß der Kooperation von Staat und Religionsgemeinschaften.[17]

Die so beschriebene Trennung der Sphären von Staat und Religionsgemeinschaften, außer bei den genannten vier grundgesetzlichen Ausnahmen, bedeutet gerade nicht, dass Religion – mit der Begründung, sie sei Privatangelegenheit – aus der Sphäre der gesellschaftlichen Öffentlichkeit verdrängt wird. Denn säkular ist nach der Verfassung der Staat, nicht die Gesellschaft, nicht die Öffentlichkeit, diese sind plural. Das „öffentliche Wirken der Kirchen innerhalb der Gesellschaft und im öffentlichen Raum"[18] unterliegt nur den Schranken der für alle geltenden Gesetze. In diesem Rahmen können und sollen sich Religionsgemeinschaften ohne Behinderung durch den Staat im gesellschaftlichen Bereich entfalten wie alle anderen sozialen Verbände, Gruppen, Anschauungen und Bestrebungen. Sie können sich im öffentlichen, auch im politischen Raum, artikulieren und organisieren: Gottesdienst und Seelsorge, Bildung und Diakonie, Kulturpflege und Kirchenbau, auch durch Einflussnahme auf den politischen Prozess, alles unter Beachtung des für alle geltenden Rechts und in

---

16 Z. B. *Muckel* in Friauf/Höfling, Berliner Kommentar zum GG, 2011, Art. 140 GG Rn. 30; *Unruh*, Religionsverfassungsrecht, 3. A. 2015, S. 99.

17 So auch *Ehlers* in Sachs, GG, 8. A. 2018, Art. 140 GG/Art. 141 WRV Rn. 7; *Korioth* in Maunz/Dürig, GG, 2003, Art. 140 GG/141 WRV Rn. 12–14. Zur Entwicklung eingehend *Greschat* Zeitschrift für Kirchengeschichte 119 (2008), 63–79.

18 Formulierung von *Kästner* in Bonner Kommentar GG, Stand März 2010, Art. 140 GG Rn. 116.

Wahrnehmung der ihnen von der Verfassung gewährten und geschützten Rechte, im gleichen Umfang wie andere gesellschaftliche Gruppierungen auch. Sie können bei der Wahrnehmung von Aufgaben, deren Erledigung im öffentlichen Interesse liegt, auch staatliche Zuwendungen erhalten – wie andere Gruppierungen und Verbände auch. Dabei versteht es sich, dass der Staat darauf achten muss, dass keine kirchlichen Angebotsmonopole entstehen, welche die Religions- und Weltanschauungsfreiheit anderer beeinträchtigen könnten. Gegebenenfalls muss er eingreifen und für weltanschauungsneutrale Angebote (Kindertagesstätten, Schulen, Krankenhäuser, Pflegeeinrichtungen) Sorge tragen.

III. Die Abweichung der Staatspraxis von den grundgesetzlichen Vorgaben

Die Staatspraxis weicht in einigen Bereichen erheblich von den klaren Vorgaben des Grundgesetzes ab, unterstützt durch eine extensiv kirchenfreundliche, mit dem Wortlaut wie dem Sinn der Verfassung aber nicht zu vereinbarende Anwendung und Auslegung von Verfassungsbestimmungen. Das soll hier – unter Auslassung weiterer einschlägiger Bereiche (Staatskirchenverträge, staatliche theologische Fakultäten, „Selbstbestimmungsrecht" der Religionsgemeinschaften und kirchliches Arbeitsrecht, sog. Privilegienbündel der Körperschaften des öffentlichen Rechts) – im Folgenden an zwei zentralen Punkten des Verhältnisses von Staat und Religion dargelegt werden.

1. Staatlicher Kirchensteuereinzug – Verstoß gegen Art. 137 Abs. 6 und 136 Abs. 3 WRV i. V. m. Art. 140 GG

Der Staat garantiert den Religionsgemeinschaften, welche Körperschaften des öffentlichen Rechts sind, seit 1919 in Art. 137 Abs. 6 WRV das Recht, die Beiträge ihrer Mitglieder in Form der Kirchensteuer zu erheben. Die vorher bereits sukzessiv in mehreren Ländern, zuletzt in Preußen und Bayern, eingeführte Kirchensteuer war bis zu diesem Zeitpunkt nur eine subsidiäre Einnahmequelle der Religionsgemeinschaften, d.h. sie durfte, unter staatlicher Aufsicht, in der Regel von den örtlichen Kirchgemeinden erhoben werden, aber nur „soweit die sonstigen verfügbaren Einnahmen zur Befriedigung der Bedürfnisse nicht ausreichen“[19]. Es wird geschätzt, dass das Kirchensteueraufkommen bei Ausbruch des Ersten Weltkriegs den kirchlichen Finanzbedarf zu einem Drittel deckte.[20] Heute ist die Kirchensteuer, die in der Regel von den Diözesen und den Landeskirchen erhoben wird, also nicht von den Kirchgemeinden, die Haupteinnahmequelle bezüglich der laufenden Einnahmen. Im Jahr 2017 kamen so 12 Mrd. Euro zusammen, davon 6,34 Mrd. Euro für die katholische, 5,67 Mrd. Euro für die evangelische Kirche[21].

Da von der deutschen Verfassung garantiert, ist auch in einem säkularen Staat nichts gegen die Kirchensteuer selbst einzuwenden, solange sich die Mitglieder der kirchensteuererhebenden Religionsgemeinschaft ihrer jederzeit durch Austritt entziehen können[22].[23] Der Frage, ob die Kirchensteuer die Kirchen materiell reich, aber geistig arm gemacht hat, müssen sich die Kirchenangehörigen stellen – und viele beantworten sie auf ihre Weise, nämlich durch Austritt.

Die Kirchen[24] machen – wozu sie nicht verpflichtet, aber berechtigt sind – von der staatlichen Gewährleistung der Erhebung eigener Steuern Gebrauch, indem sie sich prozentual an die staatliche Einkommenssteuer „anhängen“; man nennt die Kirchensteuer daher eine „Annexsteuer“ oder „Maßstabsteuer“. Damit dies praktisch gelingt, stellt der Staat nach Art. 137 Abs. 6 WRV den Religionsgemeinschaften, wenn diese es wollen, die „bürgerlichen Steuerlisten“ zur Verfügung. Die zulässige staatliche Unterstüt-

---

19 § 1 des Preußischen Gesetzes betr. die Erhebung der Kirchensteuern in … der Provinz Hannover v. 10.3.1906 (Kirchl. ABl., S. 25); § 1 [Preußisches] Staatsgesetz betreffend die Erhebung von Kirchensteuern in den katholischen Kirchengemeinden v. 14.7.1905 (G.S., S. 281); Staatsgesetz betreffend die Kirchensteuer für die protestantischen Kirchen des Königreichs Bayern v. 15.8.1908 (GVBl., S. 513); ähnlich Art. 3 des Badischen Gesetzes die Besteuerung für allgemeine kirchliche Bedürfnisse betreffend v. 18.6.1892 (GVBl., S. 279).

20 *Huber* in Lienemann, Die Finanzen der Kirchen, 1989, S. 130, 141.

21 https://de.statista.com/statistik/daten/studie/12520/umfrage/kirchensteuer-einnahmen-in-deutschland/ (26.11.2018).

22 EGMR 6.4.2017 – 10138/11 u. a., NJW 2018, 1672 Rn. 113.

23 Kirchenmitglied und damit Kirchensteuerzahler wird man durch eine *kirchliche* Amtshandlung (Taufe), dagegen muss der Kirchenaustritt vor einer *staatlichen* Behörde erklärt werden und für diese Amtshandlung ist eine Gebühr zu entrichten. Das *Bundesverfassungsgericht* sieht in dieser einseitigen Erschwerung der Abwendung von der Religionsgemeinschaft keine Probleme (BVerfG 2.7.2008 – 1 BvR 3006/07, NJW 2008, 2978).

24 Auch die jüdischen Gemeinden, die als Körperschaften des öffentlichen Rechts anerkannt sind, erheben in gleicher Weise eine „Kultussteuer“.

zung für die Religionsgemeinschaften ist auf diese Weise in der Verfassung exakt definiert, d. h. beschrieben und begrenzt.

Was ist daraus geworden? Der Staat zieht selbst – auf Antrag der Kirchen und an deren Stelle – durch seine Finanzämter für die Kirchen die Kirchensteuer ein. In diesem Sinn sind in allen deutschen Ländern Kirchensteuergesetze ergangen. Darf der Staat das? Heute gibt es keine „bürgerlichen Steuerlisten" mehr, von denen der Verfassungsgeber von 1919 ausging. Die Rechtsbehauptung, der staatliche Steuereinzug durch Finanzamt und Arbeitgeber sei das verfassungsgemäße Äquivalent der „bürgerlichen Steuerlisten" dürfte mit keiner anerkannten juristischen Auslegungsmethode vereinbar sein.[25] Bürgerliche Steuerlisten waren bei Inkrafttreten der Weimarer Reichsverfassung die Informationsgrundlagen für die Kirchen für *deren* Steuererhebungszwecke. Ein sinngemäß gleichwertiges Verfahren könnte heute, nach der Trennung von Staat und Kirche in Finanzangelegenheiten, so aussehen: Die kirchensteuerberechtigten Religionsgemeinschaften erfragen bei den Finanzämtern für ihre Mitglieder (nur für diese!) deren individuelle Steuerdaten für die staatliche Einkommensteuer. Sie erhalten entsprechende, in Zeiten der elektronischen Datenverarbeitung leicht herzustellende „Steuerlisten" von den Finanzämtern und erstellen und versenden danach selbst die Kirchensteuerbescheide an ihre Mitglieder. Die Praxis in Bayern, wo die evangelische wie die katholische Kirche selbst[26] die Veranlagung zur Kirchensteuer für den Bereich der Kircheneinkommensteuer (also z. B. bei Selbstständigen und Gewerbetreibenden) durch jeweils drei kircheneigene Steuerämter vornehmen, beweist, dass es auch so geht, und zwar ersichtlich nicht zum Schaden der Kirchen[27].

Die kirchenfreundliche Meinung von Rechtslehre und Rechtsprechung, soweit sie die Frage überhaupt aufwirft,[28] sieht in der bisherigen Praxis ein Beispiel zulässiger positiver Religionspflege, zulässiger Kooperation und bestreitet eine unzulässige institutionelle Vermischung staatlich-kirchlicher

25 Zur Gesamtproblematik s. *Czermak* KJ 2006, 418–429.

26 Vgl. Website der Ev.-luth. Kirche in Bayern https://www.kirche-und-geld.de/kirchensteueraemter.php und Website der Erzdiözese München https://www.erzbistum-muenchen.de/finanzen/cont/83761 (25.11.2018).

27 „[Hat] sich äußerst bewährt", so der Abteilungsleiter im evangelischen Landeskirchenamt München, *Böttcher* in de Wall/Germann, FS für Christoph Link, 2003, S. 199, 202.

28 Das ist nicht der Fall z. B. bei *Mückl* in Isensee/Kirchhof, Handbuch des Staatsrechts Bd. VII, 2009, § 160 Kirchliche Organisation Rn. 62.

Aufgabenerledigung[29]. Eine Begründung sucht man allerdings vergeblich[30]. Zwar gehe – so das *Bundesverfassungsgericht* im Jahr 2002 wörtlich – *„das Angebot in den Kirchensteuergesetzen und den Staatskirchenverträgen, staatliche Hilfe für die Verwaltung der Kirchensteuer in Anspruch zu nehmen, über den Gewährleistungsanspruch des Artikel 137 Abs. 6 WRV hinaus*“[31]; kein Wort folgt aber zu der Frage, warum das doch alles andere als selbstverständliche „Darüber-hinaus-Gehen“ mit der Verfassung vereinbar ist.

Dem steuerzahlenden Bürger tritt das Finanzamt im Einkommensteuerbescheid bzw. im Bescheid über den Lohnsteuerjahresausgleich als Behörde gegenüber, die *uno actu* staatliche und kirchliche Abgaben einfordert. Eine stärkere institutionelle und damit unter dem Gesichtspunkt der Trennung von Staat und Religionsgemeinschaften unzulässige Verquickung von Staat und Kirche als der einheitliche Einkommensteuer- und Kirchensteuerbescheid durch dieselbe staatliche Behörde zum selben Zeitpunkt, bezogen auf denselben Einkommenstatbestand, ist kaum vorstellbar[32]. Bei Eheleuten gibt es im Fall der glaubensverschiedenen Ehe sogar den absurden Fall, dass der einheitliche staatliche Steuerbescheid sich materiell wegen der *Einkommensteuer* ausschließlich an einen Ehegatten/eine Ehegattin wendet, wegen der *Kirchensteuer* (in Form des sog. besonderen Kirchgeldes[33]) ausschließlich an den anderen Ehegatten/die andere Ehegattin.[34] Die staatliche Kirchensteuererhebung erfolgt zum Vorteil der Kirchen, die sich eine eigene Verwaltung ersparen und die undankbare Aufgabe der Anforderung und Eintreibung von Abgaben dem Staat überlassen können; die-

---

29 *Muckel* in Friauf/Höfling, Berliner Kommentar zum GG, 2011, Art. 140 GG/Art. 137 WRV Rn. 115; *Unruh*, Religionsverfassungsrecht, 3. A. 2015, S. 203; kurios *Hammer*, Rechtsfragen der Kirchensteuer, 2002, S. 221 f.: der staatliche Kirchensteuereinzug sei *„eine der möglichen Formen der Beleihung der Kirchen mit der Steuerhoheit, in welcher der Staat den Vollzug dieser Hoheit selbst vornimmt“*.

30 Exemplarisch *Marré*, Die Kirchenfinanzierung in Kirche und Staat der Gegenwart, 4. A. 2006, S. 74, der sich auf die „überwiegende, vom Bundesverfassungsgericht bestätigte Meinung“ beruft.

31 BVerfG 19.8.2002 – 2 BvR 443/01, DVBl. 2002, 1624, 1627; zu den mit der Entscheidung aufgeworfenen sonstigen Problemen: *Waldhoff* StuW 2005, 37–46.

32 So auch *Wasmuth* in Eberle (u. a.), FS für Winfried Brohm, 2002, S. 607, 625 f.; ausdrücklich keine institutionelle Verbindung sieht darin *Kästner* in Bonner Kommentar zum GG, Stand April 2010, Art. 140 GG/Art. 137 Abs. 6 WRV Rn. 551: die Dienstleistung müsse nur allen kirchensteuerberechtigten Religionsgemeinschaften gleichmäßig angeboten werden.

33 *Kapischke* LKV 2003, 411–414. Siehe hierzu auch den Beitrag von *Korndörfer/Neumann*, Das besondere Kirchgeld oder die Wiederbelebung der Haushaltsbesteuerung, in diesem Band.

34 EGMR 6.4.2017 – 10138/11 u. a., NJW 2018, 1672, Rn. 113.

ser profitiert von dem zwischen den Beteiligten vereinbarten anteiligen, vermutlich mehr als auskömmlichen Entgelt[35], das er dafür von den Kirchen erhält. Gerade dieser häufig geradezu gerühmte „Deal" des weltanschauungsneutralen Staates mit den Religionsgemeinschaften zum beiderseitigen finanziellen Vorteil ist m. E. bedenklich, ja anrüchig, keinesfalls aber eine Rechtfertigung für die dem Wortlaut von Art. 137 Abs. 6 WRV widersprechende Staatspraxis. Könnte man es für vorstellbar oder unter dem Gesichtspunkt der Unabhängigkeit auch nur wünschenswert halten, dass der Staat seine Finanzverwaltung allen gesellschaftlichen Verbänden zur Erhebung der jeweiligen Mitgliedsbeiträge zur Verfügung stellt? Der Sache nach sind die „Kirchensteuern" nichts anderes als Mitgliedsbeiträge außerstaatlicher Organisationen.[36]

Hinzu kommt ein zweiter Verfassungsverstoß: Art. 136 Abs. 3 WRV („Lohengrinklausel") sichert jedem das Recht, seine religiöse Überzeugung zu verschweigen. Der im Wesentlichen erst seit der Zeit nach 1945 praktizierte Kirchensteuerabzug direkt vom Arbeitslohn durch den Arbeitgeber nebst Abführung der Steuer an das Finanzamt ist damit nicht kompatibel. Denn der Arbeitgeber kann die Kirchensteuer nur einbehalten und abführen, wenn er die Zugehörigkeit bzw. Nichtzugehörigkeit der bei ihm Beschäftigten zu einer Religionsgemeinschaft kennt. Also kommen die abhängig Beschäftigten nicht darum herum, ihrem Arbeitgeber ihre religiöse Überzeugung zu offenbaren, genauer: ob sie einer steuererhebungsberechtigten Religionsgemeinschaft angehören und welcher[37]. Bei Kirchenangehörigen, die sich ja freiwillig besteuern lassen, da sie aus der Religionsgemeinschaft jederzeit auch austreten könnten, mag aus der Garantie einer geordneten und effektiven kirchlichen Besteuerung nach Artikel 137 Abs. 6 WRV eine verfassungsimmanente Beschränkung des Verschweigungsrechts abzuleiten sein, wie das *Bundesverfassungsgericht* 1978 geurteilt hat[38]. Gegenüber sonstigen Personen, welche keiner kirchensteuererhebenden Religions-/Weltanschauungsgemeinschaft angehören, inzwischen

---

35 Z. B. Art. 14 Abs. 3 des Niedersächsischen Konkordats von 1965; je nach Bundesland zwischen 2 und 4 % des Kirchensteueraufkommens.

36 *Czermak* KJ 2006, 419 f.

37 Die Eintragung der Religionszugehörigkeit in die dem Arbeitgeber vorzulegende Steuerkarte wurde erst in der Zeit des Nationalsozialismus vorgeschrieben, und zwar *„weil die Kirchenbehorden in weitem Umfang dazu übergegangen sind, unmittelbar auf Grund der nach Ablauf des Kalenderjahres dem Finanzamt einzusendenden Steuerkarte die Kirchensteuer zu veranlagen"* (Runderlass des Finanzministeriums v. 4.9.1933 Reichssteuerblatt, S. 898).

38 BVerfG 23.10.1978 – 1 BvR 439/75, BVerfGE 49, 375, 376.

mehr als 40 v. H. der Bevölkerung, die aber ebenfalls dem Staat und dem Arbeitgeber Angaben zur Kirchenmitgliedschaft machen müssen, trägt diese Konstruktion aber nicht; denn die Kirchensteuerpflicht trifft sie gerade nicht, sodass daraus eine immanente Beschränkung ihres Verschweigungsrechts dem Staat oder dem Arbeitgeber gegenüber nicht abgeleitet werden kann. Der Europäische Gerichtshof für Menschenrechte hat die Auskunftspflicht als *„Eingriff in die nach Art. 9 Abs. 1 EMRK geschützte Religionsfreiheit"* qualifiziert, der nach europarechtlichen Maßstäben allerdings noch verhältnismäßig sei und im Rahmen des einzelstaatlichen Ermessensspielraums liege[39]. Nach deutschem Verfassungsrecht halte ich die Praxis, anders als das BVerfG, aber für unzulässig. Ich berufe mich dabei auf den Wortlaut der Verfassung (Art. 136 Abs. 3 WRV), der eine Einschränkung des Verschweigungsrechts nicht kennt, jedenfalls nicht für Menschen, die keiner kirchensteuerberechtigten Religionsgemeinschaft angehören[40].

Das Gleiche gilt für den Einzug der Kirchensteuer auf den Kapitalertrag durch die Kreditinstitute und Versicherungen (Quellensteuer). Der auch hier erforderlichen Offenbarung der Zugehörigkeit zu einer Religionsgemeinschaft gegenüber der Bank oder der Versicherung kann der Steuerpflichtige zwar durch die Einlegung von Widerspruch beim Bundeszentralamt für Steuern entgehen. Er muss dann aber, jedes Jahr erneut, nur für die Kirchensteuer eine gesonderte Einkommensteuererklärung zu seinen Zinseinkünften abgeben (§ 51 a Abs. 2 e EStG). Hier wird die Wahrnehmung eines Grundrechts, nämlich seine religiöse Überzeugung zu verschweigen, durch besondere Hürden erschwert. Wer einmal eine Steuererklärung zu Zinseinkünften hat anfertigen müssen, kennt den damit verbundenen Zusatzaufwand. Dieses gezielte Erschwernis bei der Wahrnehmung eines Grundrechts ist nicht verfassungskonform, denn die Ausübung von einschränkungslos gewährten Grundrechten darf nicht von Bedingungen abhängig gemacht werden.[41]

Dass die Kirchen, wie andere große und kleine gesellschaftliche Gruppen, im Zeitalter der elektronischen Datenverarbeitung technisch und organisatorisch in der Lage sind, selbst ihre Mitgliedsbeiträge (denn um nichts anderes handelt es sich der Sache nach bei den Kirchensteuern) zu erheben, erforderlichenfalls – soweit sie die Kirchensteuer weiterhin als Annexsteuer erheben wollen – unterstützt durch die staatlichen Informati-

39 EGMR 17.2.2011 – 12884/03, NVwZ 2011, 1503.

40 *Wasmuth/Schiller* NVwZ 2001, 852–859; *Czermak* KJ 2006, 423; *Korioth* in Maunz/Dürig, GG, 2003, Art. 140 GG Rn. 92; *Weber* NVwZ 2002, 1443, 1448: „besonders problematisch".

41 Zum Ganzen: *Haupt* Forschungsjournal Soziale Bewegungen 28 (2015), 129–139.

onsgrundlagen zur Einkommensteuer ihrer Mitglieder („bürgerliche Steuerlisten"), dürfte – siehe das bayerische Beispiel – nicht zweifelhaft sein[42]. Bei einem solchen Vorgehen würde nicht nur die bisherige Inanspruchnahme der Arbeitgeber und der Kreditinstitute entfallen. Auch der Staat kann sich den im Zusammenhang mit der Kirchensteuererhebung stehenden Aufwand nicht nur bei den Finanzämtern sparen, sondern vor allem auch bei den Meldebehörden, welche bisher faktisch die kirchliche Mitgliederverwaltung allein zum Zwecke der Kirchensteuererhebung mit erledigen (§§ 3 Abs. 1 Nr. 11, Abs. 2 Nr. 2 und § 42 Bundesmeldegesetz). Denn zu anderen Zwecken würde der Staat keine Angaben über die individuelle Religionszugehörigkeit seiner Bürgerinnen und Bürger brauchen.

Die Amtskirchen beharren auf dem staatlichen Kirchensteuereinzug, sie befürchten, weniger Geld einzunehmen, wenn sie selbst ihre Mitglieder zur Kasse bitten. *„Keines der anderen in Europa eingeführten Systeme der Kirchenfinanzierung ist in der Lage, den Dienst der Kirche[43] auf dem in Deutschland gewohnten und weiterhin nachgefragten Niveau zu garantieren"*, behauptet die katholische Kirche[44]. Unabhängig davon, ob diese Annahme stimmt: die Garantie des bisherigen Niveaus der Kirchenfinanzierung gehört mit Sicherheit nicht zu den Aufgaben, welche nach dem Grundgesetz zu den staatlichen Obliegenheiten gehört. Zudem: die Kirche könnte durch die eigene Beitragserhebung den negativen politischen *Frame* „Steuern" („zur Kasse gebeten werden, finanzielle Belastung") durch den positiven *Frame* „Beitrag" („Wir tragen zu den Aufgaben unserer Kirche bei") ersetzen[45]. Vielleicht bringt das sogar *mehr* Einnahmen und hemmt zugleich die Austrittsmotivation.

2. *Staatsleistungen – Verstoß gegen 138 Abs. 1 WRV i. V. m. Art. 140 GG*

Auf der Grundlage von Rechtstiteln, die 1919 bei Inkrafttreten der Weimarer Reichsverfassung auf Gesetz, Vertrag oder besonderen Rechtstiteln beruhten, zahlen die deutschen Länder (mit Ausnahme von Bremen und

---

42 Auch hinsichtlich des kirchlichen Kostenaufwands: *Böttcher* in de Wall/Germann, FS für Christoph Link, 2003, S. 199, 204.

43 Mit „Dienst der Kirche" nicht gemeint sein können hier die vom Staat oder der Versichertengemeinschaft bezahlten kirchlichen Dienste für Gesundheit, Pflege, Erziehung etc.

44 https://www.dbk.de/de/themen/kirche-und-geld/kirchensteuer/ (25.11.2018).

45 Vgl. *Wehling*, Politisches Framing, 2016, S. 101–107.

Hamburg) seit nunmehr 100 Jahren jährlich Staatsleistungen[46], auch Dotationen genannt, an die evangelische und die katholische Kirche, genauer: an die Diözesen und die Landeskirchen. Obwohl ebenfalls seit 100 Jahren die Verfassung (Art. 138 Abs. 1 WRV) die Ablösung dieser Staatsleistungen durch den Landesgesetzgeber und dazu vom Reich bzw. jetzt dem Bund ein Gesetz über die Grundsätze der Ablösung verlangt, ist nichts passiert. Es gibt kein Ablösungsgesetz, es ist – sieht man in einigen Ländern von verschiedenen kommunalen oder staatlichen Baulasten bzw. Patronaten ab[47] – nichts abgelöst worden. Im Gegenteil: die Staatsleistungen sind nach 1924 und vor allem nach 1955 in zahlreichen Staatskirchenverträgen der Höhe nach festgelegt worden, einschließlich einer Steigerung nach Maßgabe der Entwicklung der Beamtenbesoldung für den höheren Dienst. Die Staatsleistungen[48] wurden während der Weimarer Republik, während der Zeit des Nationalsozialismus, in der DDR (wenn auch in reduzierter Höhe) und in der Bundesrepublik nach 1949 gezahlt. Allein seit 1949 bis heute (2019) waren das in der BRD (ohne die Zahlungen der DDR bis 1989) insgesamt 18,4 Mrd. Euro. Die jährlichen Beträge der Länder sind von (umgerechnet) etwa 33 Mio. Euro im Jahre 1950 auf 549 Mio. Euro im laufenden Jahr (2019) angewachsen. In diesem Zeitraum ist der Anteil der Kirchenmitglieder an der Gesamtbevölkerung von rd. 95 % auf un-

46 Es versteht sich, dass hier nicht von den Zuwendungen, Zuschüssen und Leistungsentgelten des Staates, der kommunalen Gebietskörperschaften oder der Jugendhilfe- und Sozialversicherungsträger o. ä. die Rede ist.

47 Vor allem Hessen: Rahmenvereinbarung zur Ablösung der [kommunalen] Kirchenbaulasten vom Dez. 2003, abgedruckt als Anlage 1 zur LT-Drs. 16/5562; Mecklenburg-Vorpommern: Art. 13 Ev. Kirchenvertrag von 1994, Gemeinsame Erklärung der Landesregierung und der Ev. Kirchen, (zuletzt) v. 19.8.2013 (ABl. M-V, S. 620).

48 Gemeint sind hier und im Folgenden die positiven Staatsleistungen, nicht die negativen Staatsleistungen (Abgabenverschonungen), die Baulasten sowie kommunale Verpflichtungen. *Czermak* DÖV 2004, 112 m. w. N. weist zutreffend darauf hin, dass die heute h. M. trotz der textlichen Beschränkung der WRV auf „Staatsleistungen" auch kommunale Leistungen zu den Staatsleistungen i. S. d. Art. 138 Abs. 1 WRV rechnet. Unstreitig galten aber 1919 Leistungen der kommunalen Gebietskörperschaften nicht als Staatsleistungen, da man damals Gemeinden noch nicht mittelbare Staatsqualität als Bestandteil „öffentlicher Gewalt" zusprach, sondern streng unterschied. Eine beachtliche Mindermeinung plädiert folglich für die enge Auslegung des Art. 138 Abs. 1 WRV und auch das Bundesverwaltungsgericht vertrat 1967 die Auffassung, dass Leistungen der Gemeinden nicht von Art. 138 Abs. 1 WRV erfasst werden (BVerwG 3.11.1967 – VII C 68.66, BVerwGE 28, 179, 183). Wie hier *Ehlers* in Sachs, GG, 8. A. 2018, Art. 138 WRV Rn. 3.

ter 55 % gesunken – ohne Folgen für die Höhe der Staatsleistungen. Von dem gesamten „Kuchen" erhält derzeit die katholische Kirche 42 %, die evangelischen Landeskirchen erhalten 58 %, obwohl der katholische Bevölkerungsanteil in Deutschland inzwischen größer ist als der evangelische. In absoluten Beträgen wird am meisten gezahlt in Baden-Württemberg, gefolgt von Bayern. Orientiert man sich an der Zahl der Einwohner pro Bundesland, dann ergeben sich extreme Unterschiede: Sachsen-Anhalt zahlt am meisten (15,49 Euro pro Einwohner (Ew.)), gefolgt von Rheinland-Pfalz (14,30 Euro/Ew.). Das Zahlungsniveau liegt in diesen beiden Ländern um den Faktor mehr als 10 höher als etwa in Nordrhein-Westfalen (1,27 Euro/Ew.), wo die Staatsleistungen vergleichsweise gering ausfallen[49].[50] Insgesamt machen die Staatsleistungen bei der evangelischen Kirche nach deren eigener Angabe derzeit nur rd. 2,2 % der laufenden Einnahmen aus[51]; bei der katholischen Kirche dürfte es sich ähnlich verhalten.

In der 17. Legislaturperiode des Bundestages hat die Fraktion der Linken den Entwurf eines Ablösungsgesetzes eingebracht[52], welches einen einmaligen Ablösungsbetrag in Höhe des 10-fachen der Zahlungen vorschlug, also seinerzeit etwa 5 Mrd. Euro. Der Vorschlag wurde von allen anderen Fraktionen abgelehnt[53]; gleichzeitig wurde aus allen Fraktionen in den beiden Plenardebatten am 28.2. und 27.6.2013 anerkannt, dass die Ablösung mit Blick auf den Verfassungsauftrag und angesichts des Zeitablaufs inzwischen dringlich sei, zumindest müsse man mit den Kirchen über die Ablösung Verhandlungen oder doch Gespräche führen. Aber sogar der Wunsch nach einer Anhörung zum Thema Staatsleistungen im zuständigen Parlamentsausschuss wurde abgelehnt. Am 15.4.2016, ist es im Bundestag anlässlich eines Antrags ebenfalls der Linken, wenigstens eine Kommission

49 Die Zahlen zu allen Bundesländern (bis 2018) bei *Haupt* Vorgänge 221/222 (2018), 213–220; auch bei http://www.staatsleistungen.de/wp-content/uploads/2018/06/HU20180605_Staatsleistungen2018-Zahlen.pdf (14.11.2018). Zentral erfasste Daten liegen weder beim Bund (BMI, Statistisches Bundesamt) noch kirchlicherseits (Verband Deutscher Diözesen bzw. EKD) vor.

50 Insofern nicht zutreffend ist die Annahme von *Ehlers* in Sachs, GG, 8. A. 2018, Art. 140 GG/Art. 138 WRV Rn. 5, in Süddeutschland würden *„erheblich höhere Staatsleistungen"* gezahlt.

51 https://www.ekd.de/kirche-und-geld.htm (25.11.2018). Bei den Kirchen in den neuen Ländern, die stärker vom innerkirchlichen Finanzausgleich bzw. von den Staatsleistungen profitieren, teilweise erheblich mehr, z. B. Landeskirche Anhalts 2019: 18,6 % der jährlichen Einnahmen https://www.landeskirche-anhalts.de/aktuell/beratungen-%C3%BCber-haushalt-und-transformationsprozess (25.11.2018).

52 BT-Drs. 17/8791.

53 BT-Drs. 17/13156.

beim Bundesfinanzministerium zur Ermittlung der Grundlagen für die Staatsleistungen einzurichten[54], zu einer erneuten Debatte gekommen. Die Fraktionen der Koalition aus CDU/CSU und SPD haben den Antrag abgelehnt, die SPD-Fraktion mit der sinnigen Begründung: Der Koalitionsvertrag sehe die Behandlung (!) des Themas nicht vor. Die Grünen – religionspolitisch gespalten – forderten zwar selbst die Einsetzung einer Expertenkommission, konnten sich aber gleichwohl nicht zu einer Unterstützung des Antrags der Linken entschließen.

Seitdem ist weiterhin nichts passiert. Weder auf Bundes- noch auf Länderebene gibt es irgendwelche Gespräche mit den Kirchen über die Beendigung der Staatsleistungen oder ihre Ablösung, obwohl die beiden Amtskirchen auf der Leitungsebene immer wieder und immer drängender erklärt haben, sie seien für eine Ablösung der Staatsleistungen offen. Die Kirchen, der Bund und die Länder gehen – unterstützt von der herrschenden Lehre des Staatskirchenrechts[55] – davon aus, dass auch heute noch die in Art. 138 Abs. 1 Satz 1 WRV erwähnten alten Rechtstitel die Länder zur Zahlung verpflichten. Nach dieser Verfassungsvorschrift ist der Bund verpflichtet, ein Gesetz über die Grundsätze zu erlassen, nach denen die Länder die Ablösung dann durch die jeweiligen Landesgesetze realisieren. Dabei bedürfen Bund und Länder für diese Gesetze und ihren Inhalt nicht des Einvernehmens der Kirchen im Sinne einer notwendigen Zustimmung. Zwar ist dies in Art. 18 des Reichskonkordats von 1933 und in einigen Kirchenverträgen[56] vorgesehen; eine solche zusätzliche Anforderung ist jedoch mit den von Art. 140 Grundgesetz übernommenen Vorgaben der Weimarer Reichsverfassung (Art. 138 Abs. 1) nicht vereinbar. Das Konkordat und der Kirchenvertrag können die Verfassung nicht modifizieren. Andererseits versteht es sich von selbst, dass staatlicherseits für alle geplanten Regelungen Gespräche mit der kirchlichen Seite mit dem Ziel eines freundlichen Einvernehmens geführt werden sollten.

Warum ist es aber bisher seit nahezu 100 Jahren nicht zu einer Ablösung gekommen?

- Der Bund meint – entgegen der h. M. –, die Länder seien auch ohne ein Grundsätzegesetz berechtigt, im Einvernehmen mit den Kirchen

---

54 BT-Drs. 18/4842.

55 Für alle, mit weiteren Nachweisen: *von Campenhausen/de Wall*, Staatskirchenrecht, 4. A. 2006, S. 281–289.

56 Hessen: Schlussprotokoll zu Art. 5 Ev. Kirchenvertrag; Schleswig-Holstein: Art. 18 Abs. 2 S. 2 Ev. Kirchenvertrag.

Ablösungsvereinbarungen zu treffen[57]. Dies kann m. E. schon deswegen nicht zutreffen, weil die Beteiligung des Reichs (jetzt des Bundes) als an den Zahlungsverpflichtungen Unbeteiligter und daher Neutraler eine ausdrücklich in Art. 138 Abs. 1 WRV vorgesehene Koordinierungsaufgabe ist. Sie hatte und hat die Funktion, die Einheitlichkeit der Maßstäbe zu sichern, nach denen die Länder die Ablösung herbeiführen sollen.[58] Zudem spricht der Wortlaut des Art. 138 Abs. 1 WRV sowohl dafür, dass die Ablösung durch *Gesetz* (und nicht durch *Vereinbarung*) zu erfolgen hat, als auch dafür, dass die Reihenfolge einzuhalten ist: zunächst wird der Bund tätig, denn er hat *„die Grundsätze hierfür"*, nämlich für die nachfolgenden Landesgesetze, zu erlassen.

- Die Länder umgekehrt sehen – zutreffend – den Bund in der Pflicht, zunächst ein Grundsätzegesetz zu erlassen, bevor sie mit den Kirchen Verbindliches vereinbaren können. Allerdings haben sie sich zu einer entsprechenden Bundesratsinitiative für ein Grundsätzegesetz des Bundes, wozu sie, die Länder, berechtigt wären (Art. 76 Abs. 1 GG), bisher nicht veranlasst gesehen[59].

Der wahre Grund für die Inaktivität des Bundes und der Länder liegt nicht in der Zuständigkeitsfrage, sondern erklärtermaßen darin, dass die für eine Ablösung vermeintlich erforderliche einmalige Entschädigungssumme für die betroffenen Länder angeblich zu gewaltig sei, um bewältigt werden zu können. Diese Behauptung erstaunt aus mehreren Gründen:

a) Verhandlungen oder auch nur gezielte Gespräche des Staates – sei es seitens des Bundes, sei es seitens der Länder – mit den beiden Kirchen, mit den katholischen Diözesen oder den evangelischen Landeskirchen, über die Frage der Ablösung und der ggf. zu zahlenden Entschädigung haben bisher nicht stattgefunden und finden nicht statt[60]. Daher ist bisher nicht bekannt, welche Vorstellungen oder Forderungen über eine Ablösungsentschädigung kirchlicherseits bestehen. Welche Veranlassung besteht daher, bereits jetzt über eine nicht zu bewältigende Zah-

57 BT-Drs. 18/45 und 18/1110; ebenso *Czermak* DÖV 2004, 113 m. w. N.

58 *Isensee*, HdStKR Bd. I, 2. A. 1994, S. 1009, 1039 f.

59 Exemplarisch: Antwort der *Landesregierung von Sachsen-Anhalt* auf eine Kleine Anfrage, LT-Drs. 7/405 v. 27.9.2016.

60 Antwort der *Bundesregierung* auf eine Anfrage des Abg. *Manzewski* (SPD) BT-Drs. 15/1612, 7 Nr. 7.

lungslast zu jammern?[61] Das ist verhandlungstaktisch wenig sinnvoll, es sei denn, man möchte dem Ablösungsauftrag ohnehin nicht Rechnung tragen. Der dem Verfassungsbefehl von Art. 138 WRV geschuldete Rechtsgehorsam sollte Bund und Länder endlich veranlassen, die Gesprächsbereitschaft der Kirchen zur Einbringung der staatlichen Interessen zu nutzen. Dazu müssten die beteiligten staatlichen Stellen, also namentlich die Kultus- und die Finanzpolitiker, zuvor die Sach- und Interessenlage eingehender, als dies bisher der Fall war, erforschen bzw. erforschen lassen.

b) Die Ablösung von Staatsleistungen an Religionsgemeinschaften ist ein Vorgang, der ohne Vorbild in der Geschichte und in der deutschen Staatspraxis ist. Es gibt keine diesen Vorgang strukturierenden Rechtsnormen oder Vorbilder.[62] Behauptungen aus interessierten Kreisen, die von Politikern gerne aufgegriffen werden, sehen die Verpflichtung der Länder beim 18-Fachen, dem 25-Fachen der heutigen jährlichen Zahlungen oder sogar noch mehr. Es ist völlig unklar, woher die Berechtigung kommen soll, die genannten Multiplikationsfaktoren auf den historisch einmaligen Fall der Ablösungsentschädigung anzuwenden[63]. Unklar ist auch, ob damit jeweils nur eine angemessene Entschädigung

---

61 Beispiele: Abg. *Günther* (CDU) im Landtag von Schleswig-Holstein am 12.12.2013, Prot. 18. Wahlperiode S. 3500; Antwort des *Bayerischen Kultusministeriums* auf die Anfrage der Abg. *Gote* (Bündnis 90-Grüne), LT-Drs. 17/16027, S. 16; Abg. *Horb* (CDU/CSU), am 15.4.2016 im Bundestag, Prot. 18. Wahlperiode, S. 16280.

62 Als Vergleichsfall ins Auge fassen könnte man die im Laterанvertrag vom 11.2.1929 (Anlage IV: Finanzabkommen) zwischen dem Hl. Stuhl und Italien geregelte Entschädigungsregelung zugunsten des Vatikans für den Verlust des Kirchenstaats im 19. Jahrhundert (Text bei *Schöppe*, Konkordate seit 1800, 1964, S. 161, 171 f.).

63 Die Abg. *Kerstin Griese,* frühere religionspolitische Sprecherin der SPD-Bundestagsfraktion, hat auf Anfrage des Verf. unter Hinweis auf Äußerungen aus dem Göttinger Kirchenrechtlichen Institut der Evangelischen Kirche in Deutschland (Prof. Heinig) mitteilen lassen: „Die diskutierten Quoten reichen vom 10fachen (so der Gesetzentwurf der BT-Fraktion DIE LINKE vom 29.02.2012, BT-Drs. 17/8791) über das 15fache (Richtwert aus Ablösungsverfahren im Rahmen der Bauernbefreiung des 19. Jh.), das 18,6fache (dazu § 13 Abs. 2 Bewertungsgesetz) oder das 20-25fache (siehe § 23 der preußischen Verordnung betr. die Ablösung der Servituten, die Teilung der Gemeinschaften und die Zusammenlegung der Grundstücke für das vormalige Kurfürstentum Hessen vom 13.5.1867 [Preuß. Gesetzessammlung 1867, 716]) bis hin zu anderen Größen wie bspw. dem Ablösungsfaktor 40 (dazu *Schmitt*, Die Ablösung der Staatsleistungen an die Religionsgesellschaften, 1921, S. 112)." Willkürlich ist die Bewertung der verschiedenen Vorschläge bei *Knöppel* ZevKR 58 (2013), 188, 197 ff.

oder gar eine volle Entschädigung für die angeblich entgehende wiederkehrende Leistung gemeint ist.

c) Klärungsbedürftig ist auch, ob nicht die fortschreitende Entwicklung auf der Seite der Kirchen und die grundlegende Änderung der tatsächlichen Verhältnisse seit 1919 die Zahlungspflicht grundsätzlich oder wenigstens hinsichtlich der Höhe beeinflusst haben: der starke Rückgang des Anteils der Kirchenmitglieder an der Gesamtbevölkerung und damit verbunden der Bedarfsrückgang bei den Kirchen; der in den letzten Jahrzehnten gewachsene Reichtum der Kirchen, welche praktisch schuldenfrei sind und – noch oder wieder? – Vermögen, besonders Grundvermögen, in erheblichem Umfang haben[64]. Das *Handelsblatt* berichtete am 11.8.2018, dass das Vermögen der deutschen Kirchen auf mehrere hundert Milliarden Euro geschätzt wird[65].

d) Die abzulösenden Rechtstitel müssen – wie aus Art. 138 Abs. 1 WRV ersichtlich – aus der Zeit vor 1919 stammen, ergeben sich also nicht etwa aus den seither geschlossenen Staatskirchenverträgen[66]. Wie die in diesen Verträgen enthaltenen Zahlen zustande gekommen sind, ist ein Rätsel, vor allem mit Blick auf die krassen Unterschiede zwischen den Ländern und den Religionsgemeinschaften. Bisher sind diese Rechtstitel ersichtlich weder hinsichtlich des Rechtsgrunds und seiner Fortdauer bis heute noch hinsichtlich der Höhe genau geprüft, ja überhaupt benannt worden[67]. Wie kann eine Ablöseentschädigung als zu gewaltig quantifiziert werden, wenn die zugrunde liegenden Rechtsansprüche nicht feststehen? Eine solche Prüfung wäre schon deswegen geboten, weil – wie oben erwähnt – die Unterschiede zwischen den Bundeslän-

64 „Das Vermögen des Erzbistums Paderborn betrug zum 25.10.2016 4,16 Mrd. Euro; das Erzbistum Köln verfügt über 3,35 Mrd. Euro; das Bistum Limburg über 1,001 Mrd. Euro. Zum 31.12.2017 betrug das Vermögen der Erzdiözese München und Freising 5,96 Mrd. Euro." https://de.wikipedia.org/wiki/Verm%C3%B6gen_der_r%C3%B6misch-katholischen_Kirche mit den Fundstellen (2.12.2018).

65 https://www.handelsblatt.com/finanzen/banken-versicherungen/vermoegensverwaltung-deutsche-banken-ringen-um-milliardenvermoegen-der-kirchen/22896930.html?ticket=ST-6143418-f01Tcva0JnYlWvsxHfEE-ap1 (2.12.2018).

66 Die Rechtsnatur und Legitimation dieser Verträge sind umstritten. Siehe dazu die Grundsatzkritik von *Czermak* Der Staat 2000, 69–85 und *Renck* DÖV 1997, 929–938. Demnach handelt es sich um öffentlich-rechtliche Verträge, deren Inhalt in erheblichem Umfang grundgesetzwidrig und nichtig und vielfach überflüssig sein dürfte. S. dazu *Czermak/Hilgendorf*, Religions- und Weltanschauungsrecht, 2. A. 2018, S. 197–205.

67 Rühmliche Ausnahme: Begründung zu Art. 14 des Evangelischen Kirchenvertrags Sachsen, LT-Drs. 1/4649.

dern enorm und damit erklärungsbedürftig sind, Unterschiede auch zwischen solchen Bundesländern, die vor 1919 eine gemeinsame territoriale Geschichte hatten, also insbesondere die ehemals preußischen Gebiete, bei denen man annähernd vergleichbare abzulösende Rechtstitel vermuten sollte. In einer Vielzahl von Fällen dürfte es schwierig sein, einen 1919 noch bestehenden Rechtsgrund nachzuweisen. Eine bloß tatsächliche Üblichkeit der Leistungserbringung ist jedoch sicher nicht als Rechtsgrund zu qualifizieren. Nach allgemeinen Beweislastregeln muss derjenige, der sich zu seinen Gunsten auf tatsächliche Umstände oder bestehendes Recht beruft, deren Existenz nachweisen.[68]

e) Vor allem aber: Man muss im Blick haben, dass die Verfassungsvorschrift des Art. 138 Abs. 1 WRV für die im Jahre 1919 bestehenden, historisch begründeten Staatsleistungen eine Übergangslösung intendierte, und damit einen Teil des Prozesses darstellte, bei dem sich der Staat, nach dem allmählichen Ende des Staatskirchentums seit Mitte des 19. Jahrhunderts, von der Kirche und die Kirche vom Staat finanziell unabhängig machten. Dabei will ich hier dahingestellt sein lassen, ob die Behauptung eigentlich stimmt, dass die Staatsleistungen ihren Rechtsgrund tatsächlich vor allem im Reichsdeputationshauptschluss (RDHS) von 1803 haben, wegen der seinerzeit verfügten „Enteignungen der Kirche“ oder richtiger der Vermögenssäkularisation der geistlichen Herrschaftsgebiete, wie überall behauptet wird. Das trifft m. E. nicht zu, die Lektüre der einschlägigen Abschnitte dieses ehrwürdigen Dokuments[69], vor allem des immer wieder erwähnten § 35, wäre allen zu empfehlen, die mit Emphase behaupten, hier liege der Rechtsgrund für die Staatsleistungen. Vielmehr haben die staatlichen Leistungen des 19. Jahrhunderts ihren Sachgrund in der seinerzeit als selbstverständlich angesehenen staatlichen *cura religionis*, der Religionsfürsorge der christlichen Staaten, d. h. vor allem der christlichen Monarchien, für die Kirchen in ihrem Gebiet, zumal vor dem Hintergrund der sprunghaft wachsenden städtischen Industriearbeiterschaft, auch und gerade in Gebieten, die von den Säkularisationsvorgängen nicht oder weniger betroffen waren.

Diese staatliche Religionsfürsorge sollte aber 1919 nach Abschaffung der Monarchie mit der Trennung von Staat und Kirche beendet werden und zur Kompensation für die wegfallende staatliche Religionsfürsorge

68 *Czermak* DÖV 2004, 111.

69 Text: *Huber*, Dokumente zur deutschen Verfassungsgeschichte, Bd. 1, 3. A. 1978, S. 17.

sollte die im 19. Jahrhundert sukzessive eingeführte Kirchensteuer erstmals als primäre Quelle der Eigenfinanzierung der Kirchen verfassungskräftig sichergestellt werden. Nur für eine Übergangszeit, gewisslich nicht für 100 Jahre, sollte die in praktischer Hinsicht vorhersehbar nicht einfache Einführung der Kirchensteuer im Jahre 1919 dadurch abgefedert werden, dass *zunächst* die bisherigen Staatsleistungen bis zum Erlass des Grundsätzegesetzes durch das Reich weitergezahlt wurden. Für diese übergangsweise Weiterzahlung bildete Art. 173 WRV die ausdrückliche Rechtsgrundlage: *„Bis zum Erlaß eines Reichsgesetzes gemäß Artikel 138 bleiben die bisherigen auf Gesetz, Vertrag und besonderen Rechtstiteln beruhenden Staatsleistungen an die Religionsgesellschaften bestehen.“* Nun wurde aber gerade diese oder eine entsprechende Übergangsvorschrift 1949 nicht in das Grundgesetz übernommen[70]. Anders als in der Zeit von 1919 bis 1945 fehlt also in der heutigen Verfassung gerade eine Weiterzahlungsgrundlage.

Gleichwohl wird allenthalben mit Überzeugung die Auffassung vertreten, das Grundgesetz sehe die ungeschmälerte Fortzahlung der Staatsleistungen bis zur Ablösung vor, gegebenenfalls bis zum Sankt-Nimmerleins-Tag. Staatsleistungen bis in alle Ewigkeit aber sind das Gegenteil dessen, was dem Wortlaut und dem Sinn nach Artikel 138 Abs. 1 WRV in Verbindung mit 173 WRV vorsah und vorsieht:

- die vermögensrechtliche Entflechtung von Staat und Kirchen[71],
- die vorübergehende[72] Weiterzahlung der Staatsleistungen nach Inkrafttreten der Trennung von Staat und Kirche
- und anschließend die Ablösung in Form einer Abschlusszahlung.

Angesichts der unter a) bis e) geschilderten Gesichtspunkte, unter Berücksichtigung der geringen Bedeutung der Staatsleistungen für die kirchlichen Finanzen und angesichts des Umstandes, dass die betroffenen 14 deutschen Länder die Kirchen seit 1949 in steigendem Maße mit Zahlungen *á conto* Staatsleistungen bedient haben, kann man mit guten Gründen zu der Folgerung gelangen: Es ist inzwischen auf die historischen Rechtsti-

70 Den Wegfall für unbeachtlich hält – ohne wirkliche Begründung – die h. M. der Staatskirchenrechtslehre: bereits Art. 173 WRV habe nur deklaratorischen Charakter gehabt, so *Muckel* in Friauf/Höfling, Berliner Kommentar zum GG, 2011, Art. 140/Art. 138 WRV Rn. 23 m. w. N. unter Hinweis auf *Anschütz*, Die Verfassung des Deutschen Reichs, 14. A. 1933, Art. 173 Anm. 1 („überflüssig“).

71 *Zu Hohenlohe* ZevKR 62 (2017), 178, 179 m. w. N.

72 Art. 173 WRV ist Teil der „Übergangs- und Schlussbestimmungen“.

tel mehr als genug gezahlt worden. In den Zahlungen der Länder seit dem Zweiten Weltkrieg sollte man, nach der vollständigen Implementierung der Kirchensteuer als auskömmliche Finanzierungsquelle der Kirchen, eine tilgungsweise Ablösung möglicher historisch begründeter Verbindlichkeiten sehen. Die Tilgung hat sich seit 1949 auf 18,4 Mrd. Euro aufsummiert und übertrifft damit den Wert der alten Verbindlichkeiten vermutlich um ein Vielfaches.[73] Damit sind die historischen Staatsleistungen heute obsolet geworden.

Das seit langem überfällige, vom Bund zu erlassende Ablösungsgesetz sollte die Feststellung enthalten, dass die Ablösung der Staatsleistungen durch die seit 1949 erfolgten Zahlungen zwischenzeitlich erfolgt ist. Einen entsprechenden Gesetzentwurf hat die Bürgerrechtsorganisation Humanistische Union, der der *Verf.* angehört, schon vor sechs Jahren vorgelegt[74].

Man braucht diese Auffassung nicht zu teilen. Was die Verfassungsorgane von Bund und Ländern, Regierungen und Gesetzgeber aber nicht können, ist, auf Dauer den Verfassungsbefehl zur Ablösung einfach weiterhin ignorieren. Im Strafrecht würde man ein solches Verhalten pflichtwidriges Unterlassen nennen; im Staatsrecht ist das Verdikt „nicht verfassungskonform"[75] angebracht.

IV. Résumé

Die beiden Beispiele aus zentralen Bereichen des Staatskirchenrechts (Kirchensteuer, Staatsleistungen) zeigen: Die Staatspraxis weicht mit Billigung des überwiegenden Teils der Rechtslehre und der Rechtsprechung zugunsten der Religionsgemeinschaften, vor allem der Kirchen, vom Wortlaut und m. E. vom Sinn der Verfassungsbestimmungen ab,

- indem der staatliche Einzug der Kirchensteuern entgegen Art. 137 Abs. 6 WRV zugelassen wird und die Bürgerinnen und Bürger dabei – doppelter Verfassungsverstoß – entgegen Art. 136 Abs. 3 WRV zur Offenbarung ihrer religiösen Überzeugung gezwungen werden,

---

73 Ebenso *Czermak* DÖV 2004, 115. Damit sind die historischen Staatsleistungen obsolet geworden.

74 Text: *Müller-Heidelberg u. a.* Grundrechte-Report 2012, 73 ff.; auch unter http://www.humanistische-union.de/nc/themen/srw/finanzen/finanzen_detail/browse/1/back/kirche-finanzen/article/entwurf-eines-gesetz-ueber-die-grundsaetze-zur-abloesung-der-staatsleistungen-an-die-kirchen/. vgl. auch *Haupt* Vorgänge 189 (2010), 86–94.

75 *Ehlers* in Sachs, GG, 8. A. 2018, Art. 140 GG/Art. 138 WRV Rn. 5.

- indem entgegen dem Verfassungsbefehl des Art. 138 Abs. 1 WRV die historisch begründeten Staatsleistungen nicht abgelöst, sondern in wachsendem Umfang seit 100 Jahren weitergezahlt worden sind und werden.

Das sind zwei Beispiele für das, was eingangs die „komfortablen Vorzugsbedingungen" der Religionsgemeinschaften, namentlich der Kirchen, genannt wurde.

Eine schlicht am Wortlaut der Verfassung orientierte Praxis, die auch mit dem Geist der Verfassung übereinstimmen würde, entspräche genau dem, was ich unter Trennung von Staat und Kirche verstehe: eine Trennung nach Maßgabe der Verfassung. Das kann aber doch nichts Schlimmes sein, um auf die Ausgangsfrage zurückzukommen.

Staatliches Kirchensteuerrecht an die Rechtswirklichkeit anpassen

Jacqueline Neumann / Carsten Frerk

I. Einleitung

Der Kirchensteuereinzug durch den Staat[1] widerspricht im Grundsatz dem Verfassungsauftrag zur Trennung von Staat und Religion. Daher tritt das Institut für Weltanschauungsrecht (ifw) für eine Abschaffung des staatlichen Kirchensteuereinzugs ein. Zusätzlich zur Missachtung des Verfassungsauftrages verstößt das geltende Kirchensteuerrecht aber auch noch gegen andere Gebote des demokratischen Rechtsstaats. Anhand einer aktuellen Auswertung empirischer Daten der Forschungsgruppe Weltanschauungen in Deutschland (fowid) zum Verhältnis der Anzahl der Taufen zur Anzahl der Firmungen[2] sowie der Anzahl der Taufen zur Anzahl der Konfirmationen[3] lässt sich nachweisen, dass die staatlichen Vorgaben zur Festlegung der Kirchensteuerpflicht veraltet sind und an der heutigen Rechtswirklichkeit vorbeigehen.[4] Es besteht Handlungsbedarf: nicht *gegen* die Kirchen und ihre Mitgliederorganisation, sondern *für* die Einhaltung der Rechtsordnung durch den Staat im Rahmen der religiös-weltanschaulichen Gleichberechtigung.[5] Im Ergebnis lassen sich vier Reformoptionen skizzieren.

---

1 Siehe allgemein zur Kirchensteuer *Czermak/Hilgendorf*, Religions- und Weltanschauungsrecht, 2. A. 2018, S. 143–151; *Czermak*, Religion und Weltanschauung in Gesellschaft und Recht – Ein Lexikon für Praxis und Wissenschaft, https://weltanschauungsrecht.de/kirchensteuer; *Birk/Ehlers*, Aktuelle Rechtsfragen der Kirchensteuer, 2012; *Frerk*, Violettbuch Kirchenfinanzen, 2010; *Hammer*, Rechtsfragen der Kirchensteuer, 2002; *Czermak* KJ 2006, 418–429; *Weber* NVwZ 2002, 1443–1455 sowie den Beitrag von *Haupt*, Kirchensteuer und Historische Staatsleistungen im Konflikt mit dem Grundgesetz, in diesem Band.

2 https://fowid.de/meldung/wer-ist-kirchenmitglied.

3 https://fowid.de/meldung/ekd-taufe-und-konfirmation.

4 Alle Links in diesem Aufsatz wurden am 1.3.2019 überprüft.

5 Ebenso die Quintessenz von *Czermak* DÖV 2004, 116 bezogen auf die Umsetzung des Verfassungsauftrages zur Ablösung der Staatsleistungen.

II. Grundlegender Wandel der Rechtswirklichkeit

Aus der im Herbst 2017 von der Forschungsgruppe Weltanschauungen in Deutschland (fowid) vorgelegten Datenauswertung zur Anzahl der Taufen, Erstkommunionen und Firmungen in Deutschland geht hervor, dass vor Jahrzehnten noch fast alle der getauften Kinder an der Firmung teilnahmen. Heutzutage gehen jedoch beispielsweise im Erzbistum Köln nur rund 50 Prozent der Kinder, die im Säuglings- oder Kleinkindalter einem Taufvorgang unterzogen wurden, auch zur Firmung.

Die Zahlen für das Erzbistum Köln sind zwar einerseits doppelt so hoch wie im gesamten Bundesgebiet (26 Prozent der katholischen Täuflinge gehen nicht zur Firmung), folgen aber andererseits dem generellen Trend[6], dass die Anteile der Nicht-Firmungen über die Jahre ansteigen.

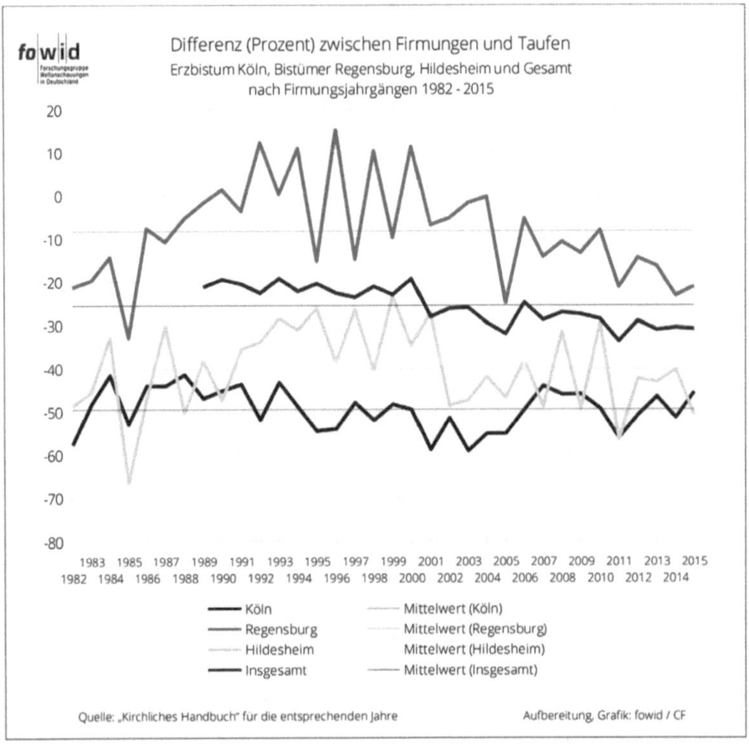

6 https://fowid.de/meldung/wer-ist-kirchenmitglied.

Tabelle 1: Erzbistum Köln – Taufen (ab 1965) – Erstkommunion (ab 1974) – Firmungen (ab 1979)

		Erstkommunion				Firmung			
Jahr	Taufen*)	Jahr	Erstkommunion 9 Jahre später	Differenz zu Taufen	5 in % von 2	Jahr	Firmungen 14 Jahre später	Differenz zu Taufen	9 in % von 2
1	2	3	4	5	6	7	8	9	10
1965	45.214	1974	.			1979	23.343	-21.871	-48,4
1966	45.229	1975	.			1980	21.401	-23.828	-52,7
1967	43.285	1976	.			1981	25.889	-17.396	-40,2
1968	40.389	1977	37.257	-3.132	-7,8	1982	17.114	-23.275	-57,6
1969	37.110	1978	36.145	-965	-2,6	1983	19.194	-17.916	-48,3
1970	31.145	1979	30.431	-714	-2,3	1984	18.184	-12.961	-41,6
1971	28.841	1980	28.252	-589	-2,0	1985	13.589	-15.252	-52,9
1972	25.599	1981	25.249	-350	-1,4	1986	14.344	-11.255	-44,0
1973	22.307	1982	22.286	-21	-0,1	1987	12.483	-9.824	-44,0
1974	21.221	1983	20.458	-763	-3,6	1988	12.437	-8.784	-41,4
1975	20.523	1984	20.475	-48	-0,2	1989	10.891	-9.632	-46,9
1976	20.598	1985	19.590	-1.008	-4,9	1990	11.316	-9.282	-45,1
1977	20.779	1986	20.289	-490	-2,4	1991	11.715	-9.064	-43,6
1978	20.585	1987	20.027	-558	-2,7	1992	9.899	-10.686	-51,9
1979	20.229	1988	19.648	-581	-2,9	1993	11.498	-8.731	-43,2
1980	21.021	1989	20.923	-98	-0,5	1994	10.742	-10.279	-48,9
1981	21.540	1990	21.620	80	0,4	1995	9.790	-11.750	-54,5
1982	21.868	1991	22.464	596	2,7	1996	10.063	-11.805	-54,0
1983	21.358	1992	22.822	1.464	6,9	1997	11.120	-10.238	-47,9
1984	21.089	1993	22.587	1.498	7,1	1998	10.119	-10.970	-52,0
1985	21.036	1994	22.653	1.617	7,7	1999	10.883	-10.153	-48,3
1986	22.007	1995	22.758	751	3,4	2000	11.121	-10.886	-49,5
1987	22.779	1996	23.633	854	3,7	2001	9.382	-13.397	-58,8
1988	23.764	1997	23.929	165	0,7	2002	11.514	-12.250	-51,5
1989	24.337	1998	23.920	-417	-1,7	2003	9.961	-14.376	-59,1
1990	24.915	1999	24.108	-807	-3,2	2004	11.192	-13.723	-55,1
1991	24.777	2000	24.650	-127	-0,5	2005	11.123	-13.654	-55,1
1992	23.625	2001	23.617	-8	-0,0	2006	11.938	-11.687	-49,5
1993	23.075	2002	23.192	117	0,5	2007	12.081	-10.994	-47,6
1994	21.846	2003	21.887	41	0,2	2008	9.607	-12.239	-56,0
1995	21.218	2004	21.034	-184	-0,9	2009	11.482	-9.736	-45,9
1996	20.698	2005	20.864	166	0,8	2010	10.500	-10.198	-49,3
1997	21.239	2006	21.828	589	2,8	2011	9.331	-11.908	-56,1
1998	19.929	2007	20.472	543	2,7	2012	9.800	-10.129	-50,8
1999	19.647	2008	19.545	-102	-0,5	2013	10.517	-9.130	-46,5
2000	18.535	2009	18.625	90	0,5	2014	9.012	-9.523	-51,4
2001	18.135	2010	18.526	391	2,2	2015	9.882	-8.253	-45,5
Summen	*787.764*		*785.764*	*-2.000*	*-0,2*		*393.824*	*-393.940*	*-50,0*
2002	17.624	2011	17.015	-609	-3,5				
2003	17.061	2012	16.801	-260	-1,5				
2004	16.784	2013	16.023	-761	-4,5				
2005	16.232	2014	15.074	-358	-2,2				
2006	15.558	2015	14.864	-694	-4,5				
Jahr	Taufen	Jahr	Erstkommunion 9 Jahre später	Differenz zu Taufen		Jahr	Firmungen 14 Jahre später	Differenz zu Taufen	

Quellen: Deutsche Bischofskonferenz: Kirchliches Handbuch für die entsprechenden Jahre, sowie „Daten und Fakten". Eigene Berechnungen

Tabelle 2: EKD-Evangelische, Taufen und Konfirmationen, Jahrgangskohorten (14 Jahre versetzt)

Jahr	Kindertaufen	Konfirmierte B*)	Jahr	Konfirmierte vs. Kindertäuflinge	Prozent Nicht-Konfirmanden
1997	255.646	223.570	2011	-32.076	-12,5
1998	247.444	211.418	2012	-36.026	-14,6
1999	240.747	204.394	2013	-36.353	-15,1
2000	230.286	196.608	2014	-33.678	-14,6
2001	223.664	182.909	2015	-40.755	-18,2
2002	213.318	172.049	2016	-41.269	-19,3

*) Alle Konfirmierten minus diejenigen, die kurz vor der Konfirmation getauft wurden.

Quelle: EKD „Statistik zu den Äußerungen des kirchlichen Lebens" jeweilige Jahre plus eigene Berechnungen (fowid/CF)

Ein ähnliches Bild zeichnet sich hinsichtlich des Verhältnisses der Anzahl der Taufen zur Anzahl der Konfirmationen ab, welche fowid im Februar 2019 ausgewertet hat. Die Datenanalyse zeigt, dass im Zeitraum von 1997 bis 2002 der Anteil der Nicht-Konfirmierten von 12,5 auf 19,3 Prozent anstieg.

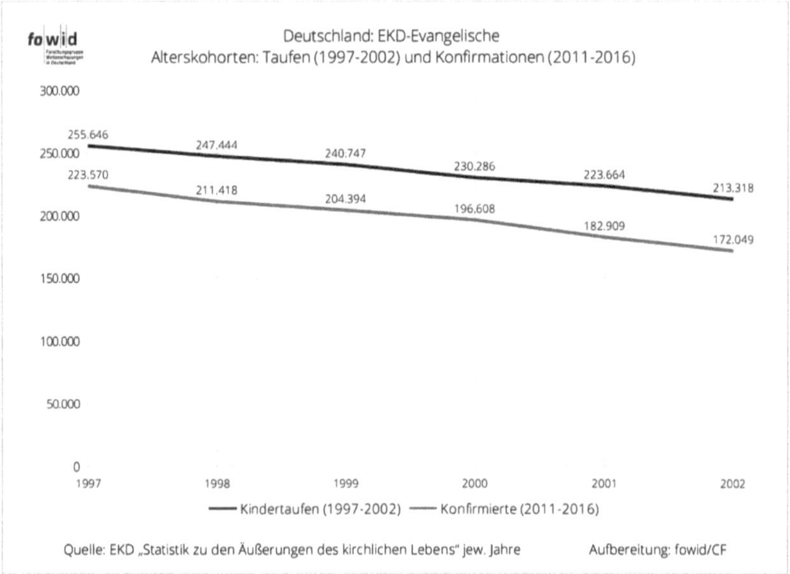

Am Rande sei erwähnt, dass sich eine vergleichbare Entwicklung auch im Nachbarland Österreich belegen lässt. Die fowid-Analyse „Österreich: Kirchenstatistik, Katholische Kirche, 1991-2018"[7] vom Februar 2019 verdeutlicht, dass zwar die Zahl der Täuflinge eines Jahrgangs ziemlich genau auch der Zahl der Erstkommunionen acht / neun Jahr später entspricht. Hingegen gibt es bei den Zahlen der Firmungen eine durchschnittliche Differenz von -13,6 Prozent, mit einer Spannweite von 11,2 bis 18,8 Prozent.

7 https://fowid.de/meldung/oesterreich-kirchenstatistik-katholische-kirche-1991-2018.

Tabelle 3: Österreich, Katholiken: Taufen, Erstkommunionen, Firmungen*) 1991 ff.							
1	2	3	4	5	6	7	8
Jahr	Täuflinge	haben im Jahr	Erstkommunion	Prozent der Täuflinge	und im Jahr	Firmungen	Prozent der Täuflinge
1991	77.976	1999	76.041	-2,5	2004	63.341	-18,8
1992	77.039	2000	75.744	-1,7	2005	66.009	-14,3
1993	75.730	2001	73.834	-2,5	2006	65.355	-13,7
1994	73.876	2002	71.739	-2,9	2007	63.352	-14,2
1995	70.406	2003	67.966	-3,5	2008	61.959	-12,0
1996	67.750	2004	66.860	-1,3	2009	59.431	-12,3
1997	66.119	2005	66.308	0,3	2010	58.162	-12,0
1998	62.431	2006	61.877	-0,9	2011	54.458	-12,8
1999	59.413	2007	59.251	-0,3	2012	52.765	-11,2
2000	57.409	2008	57.383	0,0	2013	49.921	-13,0
2001	56.153	2009	55.033	-2,0	2014	48.876	-13,0
2002	54.534	2010	54.175	-0,7	2015	47.146	-13,5
2003	54.492	2011	53.268	-2,2	2016	47.675	-12,5
2004	53.924	2012	52.968	-1,8	2017	44.839	-16,8
2005	53.066	2013	52.610	-0,9	-	*Ø*	*-13,6*
2006	52.370	2014	51.138	-2,4	-	-	-
2007	51.142	2015	50.183	-1,9	-	-	-
2008	50.506	2016	49.423	-2,1	-	-	-
2009	49.892	2017	48.734	-2,3	-	-	-
2010	48.781	-	*Ø*	*-1,7*	-	-	-
2011	49.275	-	-	-	-	-	-
2012	48.645	-	-	-	-	-	-
2013	48.098	-	-	-	-	-	-
2014	48.852	-	-	-	-	-	-
2015	48.587	-	-	-	-	-	-
2016	49.018	-	-	-	-	-	-
2017	48.990	-	-	-	-	-	-
*) Dargestellt sind die zeitversetzten Zahlen der Täuflinge, die acht Jahre später zur Erstkommunion gehen und rund14 Jahre später zur Firmung.							
Quelle: Kirchliche Statistik der Diözesen Österreichs, jeweiliges Jahr und eigene Berechnungen (fowid/CF)							

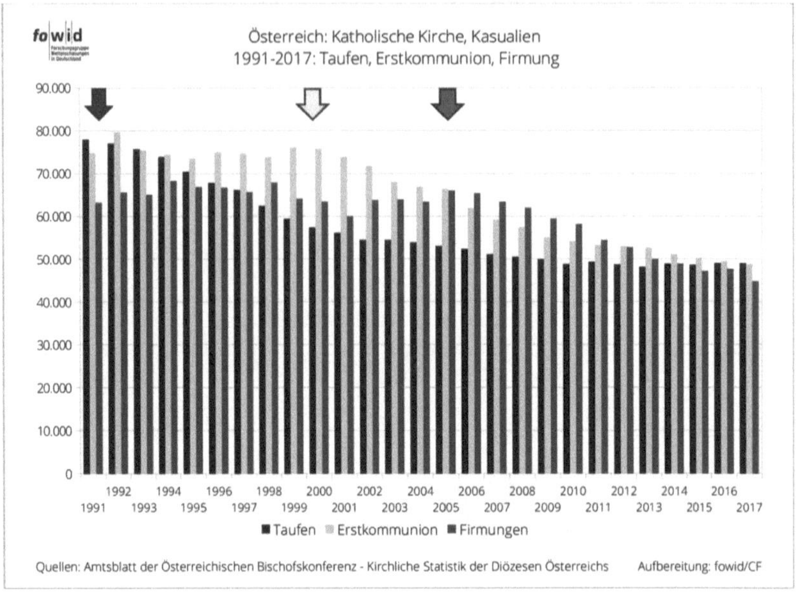

Vorstehende Befunde fügen sich in eine Situation der Religionsferne ein, bei der 2018 in einer von der Stiftung für Zukunftsfragen durchgeführten Befragung[8] zu Werten und Wichtigkeiten nur ein Drittel der Befragten (36 Prozent) äußerte, dass Religion für sie / ihn persönlich wichtig und wertvoll sei. Damit rangiert die Religion auf dem 15. Platz von 15 vorgegebenen Werten.

Da es sich bei der hier in Rede stehenden Thematik vor allem um die Entscheidung von Jugendlichen bzw. jungen Erwachsenen handelt, ob sie sich firmen lassen und ihre Kirchenmitgliedschaft bestätigen oder nicht, zeigt ein Blick auf die Einstellungen von jungen Erwachsenen, ob sich diese Thematik verstärken wird.

8 https://fowid.de/meldung/werte-und-wichtigkeiten-deutschland-2018.

Das sozialwissenschaftliche Institut der Evangelischen Kirche Deutschlands (EKD) hat in einer Untersuchung 2018 zu „Lebens- und Glaubenswelten junger Menschen heute“[9] die unter 19 bis 27-Jährigen nach der Selbsteinstufung „religiös“ bzw. „nicht religiös“ gefragt. Ergebnis: 58 Prozent der evangelischen jungen Erwachsenen verstehen sich ebenso wie 51 Prozent der jungen erwachsenen Katholiken als „nicht religiös“.

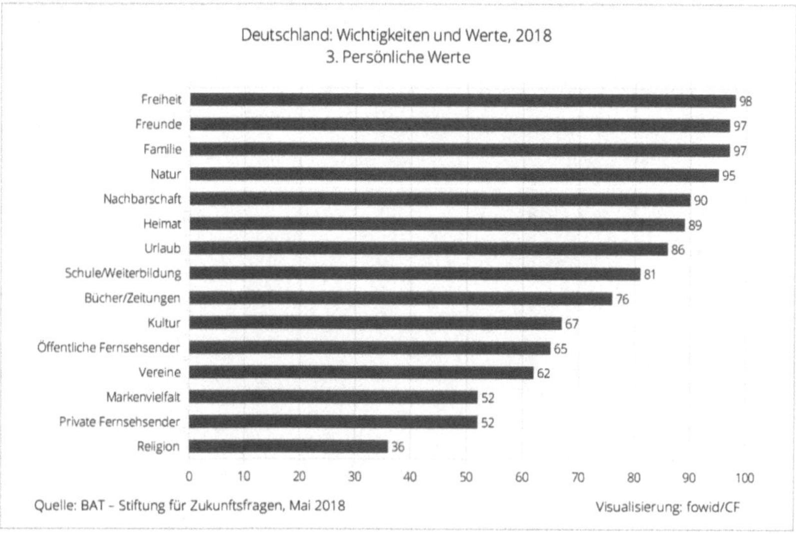

Dem entspricht eine fowid-Auswertung der Allgemeinen Bevölkerungsumfrage (ALLBUS) für die Jahre 2002 und 2012 hinsichtlich der Zustimmung zu der Aussage „Meine Weltanschauung folgt keiner religiösen Lehre“[10]. Bei den römischen Katholiken steigt innerhalb dieser zehn Jahre die Zustimmung zu dieser Aussage von 29 auf 35 Prozent. Bei der Gruppe der jungen Erwachsenen (18-29 Jahre) steigt, unabhängig von der Religionszugehörigkeit, die Zustimmung zu dieser Aussage von 54 auf 63 Prozent.

9 https://fowid.de/meldung/lebens-und-glaubenswelten-junger-erwachsener-deutschland.

10 https://fowid.de/meldung/weltanschauung-und-religioese-lehre.

Tabelle 4: „Meine Weltanschauung folgt keiner religiösen Lehre" – nach Merkmalsverteilungen, 2002 und 2012 (in Prozent)

Frage: Religiöse Überzeugungen haben für Menschen unterschiedliche Bedeutungen. Wie ist das bei Ihnen? Ich werde Ihnen nun einige Aussagen vorlesen. Bitte geben Sie an, inwieweit diese auf Sie zutreffen oder nicht zutreffen. (Int.: Vorgaben bitte vorlesen!) „Meine Weltanschauung folgt keiner religiösen Lehre."
Trifft voll und ganz zu, Trifft eher zu, Trifft eher nicht zu, Trifft überhaupt nicht zu

Merkmal	Jahr	*n=*	Trifft voll zu	Trifft eher zu	**Summe Zustimmung**	Trifft eher nicht zu	Trifft gar nicht zu	**Summe Ablehnung**
Alle Befragten	2002	*2.793*	29,3	20,3	**49,6**	24,7	25,7	**50,4**
	2012	*3.417*	39,0	17,8	**56,8**	21,4	21,9	**43,2**
Nach Geschlecht								
Frauen	2002	*1.413*	26,4	16,2	**42,6**	26,8	30,6	**57,4**
	2012	*1.720*	39,0	17,8	**51,8**	23,0	25,2	**48,2**
Männer	2002	*1.380*	32,2	24,4	**56,6**	22,7	20,7	**43,4**
	2012	*1.697*	43,5	18,4	**61,9**	19,7	18,4	**38,1**
Nach Religionszugehörigkeit								
EKD-Evangelisch	2002	*1.018*	23,3	24,4	**47,7**	30,0	22,4	**52,4**
	2012	*1.081*	25,8	21,4	**47,2**	27,3	25,5	**52,8**
Römisch-Katholisch	2002	*923*	11,7	17,7	**29,4**	30,9	39,8	**71,7**
	2012	*945*	15,0	20,0	**35,0**	33,6	31,4	**65,0**
Keine Religionsgemeinschaft	2002	*674*	67,8	19,1	**86,9**	9,2	3,9	**13,1**
	2012	*1.164*	75,7	14,5	**90,2**	6,3	3,5	**9,8**
Nach Parteipräferenz								
CDU/CSU	2002	*641*	20,9	17,2	**38,1**	25,1	36,8	**61,9**
	2012	*783*	24,8	16,3	**41,1**	25,3	33,6	**58,9**
SPD	2002	*802*	31,9	21,8	**53,7**	28,7	17,6	**46,3**
	2012	*685*	38,7	19,3	**58,0**	22,9	19,1	**42,0**
FDP	2002	*155*	20,6	21,3	**41,9**	28,	29,7	**58,1**
	2012	*130*	36,9	16,9	**53,8**	23,1	23,1	**46,2**
Bündnis90/Grüne	2002	*192*	37,0	21,4	**58,4**	20,8	20,8	**41,6**
	2012	*137*	34,6	20,5	**55,1**	22,2	22,7	**44,9**
PDS/DIE LINKE	2002	*74*	74,3	10,8	**85,1**	9,5	5,4	**14,9**
	2012	*158*	60,8	19,0	**79,8**	15,1	5,1	**20,2**
Altersgruppen								
18 – 29 Jahre	2002	*492*	31,1	22,8	**53,9**	26,2	19,9	**46,1**
	2012	*588*	41,8	21,0	**62,8**	21,6	15,6	**37,2**
30 – 44 Jahre	2002	*883*	33,0	21,3	**54,3**	25,3	20,5	**45,8**
	2012	*726*	39,5	18,6	**58,1**	22,2	19,7	**41,9**
45 – 59 Jahre	2002	*671*	30,3	22,2	**52,5**	24,8	22,7	**47,5**
	2012	*1.020*	40,6	18,6	**59,2**	20,4	20,4	**40,8**
60 – 74 Jahre	2002	*582*	23,0	16,2	**39,2**	23,7	37,1	**60,8**
	2012	*780*	36,7	16,5	**53,2**	20,1	26,7	**46,8**
75 Jahre und älter	2002	*162*	21,0	14,8	**35,8**	20,4	43,8	**64,2**
	2012	*297*	33,7	10,3	**44,0**	24,4	31,6	**56,0**

Quelle: GESIS-ALLBUS Umfragen 2002 und 2012 Auswertung, Aufbereitung: fowid / CF

III. Relevanz der empirischen fowid-Daten für das Kirchensteuerrecht

Was folgt daraus? Wenn es in früheren Jahrzehnten der Bundesrepublik aus Sicht des Gesetzgebers vor statistischem Hintergrund zumindest prinzipiell vertretbar erscheinen konnte, von einem automatischen Fortbestand der Kirchenmitgliedschaft nach der Säuglingstaufe oder der Taufe von Kleinkindern auszugehen und hinsichtlich des Kircheneintritts formal allein auf die Taufe und hinsichtlich des Austritts allein auf eine förmliche Austrittserklärung vor einer staatlichen Stelle abzustellen, so geht diese Sicht des Gesetzgebers heutzutage bei rund der Hälfte aller Fälle im Erzbistum Köln an der Realität vorbei. Denn nur die Hälfte der Personen, die dem Taufvorgang unterzogen worden sind, verfolgen den Weg der Kirchenmitgliedschaft in einem Alter, in dem sie religionsmündig sind, von sich aus noch weiter. Damit entsprechen die derzeit gültigen Regelungen zum Kircheneintritt und -austritt und der damit verbundenen staatlichen Kirchensteuerpflicht nicht mehr der Rechtswirklichkeit. Nun ist es ein Prinzip des demokratischen Rechtsstaats, bestehende Gesetze im Falle eines Wandels der Rechtswirklichkeit anzupassen. Sowohl in der rechtswissenschaftlichen Literatur als auch in der Rechtsprechung besteht Einigkeit, dass ein zum Zeitpunkt des Erlasses verfassungsmäßiges Gesetz wegen der Änderung der tatsächlichen Verhältnisse nachträglich verfassungswidrig werden kann. Nach der Rechtsprechung des Bundesverfassungsgerichts ist der Gesetzgeber überdies verpflichtet, ein Gesetz nach seinem Erlass ständig zu beobachten und es ggf. entsprechend seinen in der Praxis gewonnen besseren Einsichten nachzubessern oder zu korrigieren.[11] Die Notwendigkeit einer Anpassung des Kirchensteuerrechts an die Rechtswirklichkeit sei nachfolgend im Einzelnen erläutert.

IV. Kirchenmitgliedschaft und Kirchensteuer

Bei der Kirchensteuer handelt es sich um eine Mitgliedsteuer. Die Kirchensteuerpflichtigkeit resultiert aus der innerkirchlichen Mitgliedschaft (gültige Taufe) *und* den Kirchensteuergesetzen. Da das Besteuerungsrecht den Kirchen vom Staat verliehen ist (Art. 137 Abs. 6 WRV), handelt es sich beim Kirchensteuerrecht um eine gemeinsame Angelegenheit von Staat und Religionsgemeinschaften.[12] Mithin ist zwischen der Mitgliedschaft / Kirchensteuerpflicht nach religionsinternem Recht auf Grund des Selbst-

---

11 Zum Vorstehenden BVerfGE 16, 147, 188; 88, 203, 310; 95, 267, 314; *Mayer*, Die Nachbesserungspflicht des Gesetzgebers, 1996; *Steinberg* Der Staat 1987, 169, zit. bei *Choi*, Die Pflicht des Gesetzgebers zur Beseitigung von Gesetzesmängeln, 2002, S. 17, 71, passim.

12 BVerfGE 19, 206, 216 ff.; *Droege* in Birk/Ehlers, Aktuelle Rechtsfragen der Kirchensteuer, 2012, S. 26.

verwaltungsrechts (Art. 137 Abs. 3 S. 1 WRV) und der Mitgliedschaft / Kirchensteuerpflicht aus der Sicht des Staates nach staatlichem Recht zu unterscheiden.[13]

1. *Internes Mitgliedschaftsrecht*[14]

Nach dem katholischen Kirchenrecht gilt neben der Taufe unter anderem auch die Firmung als konstitutiver Akt der Mitgliedschaft. Die Taufe ist lediglich der Beginn der „Initiation". Das Kirchenrecht im Codex Iuris Canonici 1983 (CIC) 842 § 2 lautet hierzu: „Die Sakramente der Taufe, der Firmung und der heiligsten Eucharistie sind so eng miteinander verbunden, dass sie zur vollen christlichen Initiation erforderlich sind". Die Firmung wird dabei als weiteres unabdingbares „Sakrament der Initiation" bezeichnet. Darunter wird die Zustimmung zu den religiösen Normen und die Aufnahme in die religiöse Gruppe verstanden. Im Umkehrschluss heißt das: ohne Firmung keine Zustimmung und Aufnahme in die religiöse Gruppe der katholischen Kirche.

Auf evangelischer Seite ist die Kirchenzugehörigkeit kirchenrechtlich nicht ganz so eindeutig ausgeprägt wie bei den Katholiken, da in den evangelischen Denominationen nur die Taufe als Sakrament anerkannt wird und man dadurch die „unauslöschliche Verbindung zu Gott" erhält. Aber bereits die Bezeichnung „confirmare" macht deutlich, dass die Konfirmation auf eine Bestätigung der Taufe zielt und auch die EKD erkennt an, dass die Täuflinge erst mit der Konfirmation vollwertige Mitglieder der Kirchengemeinde werden: „So wie der Täufling als Säugling in die Gemeinde aufgenommen wurde, bedeutet die Konfirmation dessen Aufnahme als mündiges Gemeindemitglied."[15] Mithin lässt sich sagen, dass die Taufe (auf Veranlassung der Eltern) nur gleichsam die erste Hälfte für eine Kirchenmitgliedschaft darstellt und die Konfirmation, der das 14-Jährige, kirchenrechtlich erwachsen gewordene Kind, als Jugendlicher selber zustimmt, die zweite Hälfte ist, die eine Kirchenmitgliedschaft zustande bringt. So-

---

13 *Czermak/Hilgendorf*, Religions- und Weltanschauungsrecht, 2. A. 2018, S. 138.

14 Generell zum katholischen und evangelischen Taufverständnis: *Backhaus u.a.* in: Kasper, Lexikon für Theologie und Kirche, Bd. 9, 3. A. 2000, Sp. 1282–1295; *Will-Armstrong/Riedel-Spangenberger* in v. Campenhausen u.a., Lexikon für Kirchen- und Staatskirchenrecht, Bd. 3, 2004, S. 656–661; *Müller* in Gräb/Weyel, Handbuch Praktische Theologie, 2007, S. 698–710.

15 https://www.evangelisch.de/inhalte/113486/04-04-2013/konfirmation-selber-ja-sagen-zum-glauben.

fern man einen solchen Ansatz tatsächlich zugrunde legt und konsequent bliebe, wäre ohne Konfirmation eine Kirchenmitgliedschaft nach evangelischer Auffassung nicht zustande gekommen.

Einen Kirchenaustritt kennen innerkirchlich weder die katholische[16] noch die evangelische[17] Kirche.

2. *Staatliches Recht*

a) Kircheneintritt: Aktuelle Rechtslage

Die staatlich geregelte Kirchensteuerpflicht knüpft an die innerkirchlichen Regelungen zur Kirchenmitgliedschaft an. Die Kirchensteuergesetze der 16 Bundesländer sind – bei manchen Unterschieden im Detail – in grundlegenden Punkten einheitlich. So gilt grundsätzlich, dass alle Getauften unabhängig vom Lebensalter kirchensteuerpflichtig sind (wegen Verweisung der Gesetze auf das innerkirchliche Mitgliedschaftsrecht), sofern sie nicht gegenüber dem Staat den „Kirchenaustritt" erklärt haben (vgl. z. B. § 3 KirchStG NRW). Bei der Taufe vertreten i. d. R. beide sorgeberechtigten Eltern das Kind kraft ihres Elternrechts (Art. 6 Abs. 2 GG, § 1 S. 1 RelKErzG). Nach derzeitiger landesgesetzlicher Regelung begründet allein die Taufe die Mitgliedschaft in der vom Staat anerkannten Körperschaft und somit auch der Kirchensteuergemeinschaft (Art. 137 Abs. 5, 6 WRV).

b) „Kirchenaustritt": Aktuelle Rechtslage

Anknüpfend an den Beginn der staatlich geregelten Kirchenmitgliedschaft und -steuerpflicht mit der Taufe von Säuglingen und Kleinkindern gehen die bestehenden landesgesetzlichen Regelungen von einem automatischen Fortbestand auf Lebenszeit aus. Der Austritt aus einer Kirche oder aus einer sonstigen Religions- oder Weltanschauungsgemeinschaft öffentlichen Rechts mit Wirkung für den staatlichen Bereich ist nach den Kir-

---

16 Vgl. CIC 205. Dass die Aussage, die katholische Kirche kenne keinen Austritt, ergänzungsbedürftig ist, ist den Autoren bewusst. Aus Platzgründen kann hierauf jedoch nicht näher eingegangen werden. *Czermak* spricht insofern von einer gestuften Mitgliedschaft: https://weltanschauungsrecht.de/Kirchenmitgliedschaft.

17 Vgl. § 10 Nr. 3 Kirchenmitgliedschaftsgesetz EKD 1976, der jedoch nur die Beendigung der rechtlichen Mitgliedschaft nach staatlichem Recht regelt. Eine Beendigung der geistlichen Mitgliedschaft ist nicht möglich.

chenaustrittsgesetzen der Länder lediglich durch Erklärung bei der zuständigen Behörde möglich, i. d. R. dem Amtsgericht oder dem Standesamt, in dessen Bezirk der Erklärende seinen Wohnsitz hat.

Eine solche Erklärung nennen die Landesgesetze und viele Ämter fälschlich „Kirchenaustritt", obwohl es sich nur um eine an den Staat gerichtete Abstandserklärung handelt. Der staatlich geregelte Kirchenaustritt führt keine Wirkungen – insbesondere keine Beendigung der Kirchenmitgliedschaft – im innerkirchlichen Bereich herbei, sondern nur im Bereich des staatlichen Rechts.[18] Hauptfolge der staatlichen Abstandserklärung ist das Erlöschen der Kirchensteuerpflicht.[19]

3. *Diskrepanz zwischen innerkirchlichem und staatlichem Recht*

Man fragt sich, ob die Betrachtung bezüglich des Kircheneintritts eine Diskrepanz zwischen innerkirchlichem und staatlichem Recht offenbart.[20] Denn hinsichtlich des innerkirchlichen Rechts hatten wir festgestellt: Ohne Firmung wohl keine Zustimmung zu den religiösen Normen und zur Aufnahme in die religiöse Gemeinschaft der katholischen Kirche. Legte man einen solchen Ansatz tatsächlich zugrunde und bliebe konsequent, entfiele im Falle der Nicht-Firmung dann aber auch die lebenslange Kirchensteuerpflichtigkeit. Gleiches würde im Falle einer Nichtteilnahme an der Konfirmation gelten. Dies zu Ende gedacht, entsprächen die staatlichen Regelungen zur Begründung und zum Fortbestand der Kirchensteu-

---

18 BVerfGE 30, 415, 426.

19 Zum Vorstehenden: *Renck* BayVBl. 2004, 132; *Czermak/Hilgendorf*, Religions- und Weltanschauungsrecht, 2. A. 2018, S. 140–143.

20 *Czermak/Hilgendorf*, Religions- und Weltanschauungsrecht, 2. A. 2018, S. 138 f. weisen zutreffend darauf hin, dass auch die Annahme einer Kirchenmitgliedschaft im Sinne des staatlichen Kirchensteuerrechts allein aufgrund des Hinweises, dass jemand katholisch getauft sei, äußerst problematisch ist. Denn bei der katholischen Kirche ist der Nachweis einer gültigen Taufe keineswegs eindeutig. Ihre Inhalte sind in 30 Canones des CIC 1983 geregelt und zu den problematischen Fallkonstellationen existiert eine umfangreiche Spezialliteratur. Bei angenommener Todesgefahr ist es sogar zulässig, dass ein Kind nichtkatholischer Eltern gegen den Willen beider Elternteile katholisch getauft wird. Eine solche Regelung kann staatlicherseits sicherlich nicht als Anknüpfungspunkt für eine Kirchensteuerpflicht anerkannt werden. Zu Recht fordern die Autoren deshalb, dass der Staat bei der Registrierung der Taufe im Minimum prüfen müsste, ob alle Personensorgeberechtigten der Taufe zugestimmt haben und versichert wird, dass keine Zweifel an der Gültigkeit der Taufe bestehen.

erpflicht nicht nur nicht der Rechtswirklichkeit, sondern auch nicht dem innerkirchlichen Recht – was den Reformbedarf unterstreicht.

Die Diskrepanz zwischen dem innerkirchlichen und dem staatlichen Recht hinsichtlich des Kirchenaustritts lässt sich mit der Bindung der Kirchen an Art. 4 Abs. 1 und 2 GG erklären. Daraus ergibt sich sowohl das Recht, sich der Kirchensteuerpflicht durch Austritt zu entziehen, als auch die Erforderlichkeit, dem Willen des Kirchenmitgliedes bzw. Steuerpflichtigen hinreichend Rechnung zu tragen, weshalb die Kirchen in kirchensteuerlicher Hinsicht einen Austritt zu akzeptieren haben.[21] Die derzeitigen staatlichen Austrittsregelungen tragen jedoch dem Willen und dem Selbstbestimmungsrecht des Kirchenmitglieds nicht hinreichend Rechnung, wenn sie seine Nichtteilnahme an der Firmung oder der Konfirmation ignorieren.

V. Gesetz zur Religionsmündigkeit und Entscheidungen der Religionsmündigen beachten

Anders als bei der Taufe von Säuglingen und Kleinkindern kommt es bei der Firmung / Konfirmation, die meist im Alter zwischen 14 und 16 Jahren stattfindet, in besonderem Maße auf die Entscheidung der Jugendlichen selbst an. Auch auf Bundesebene geht der Gesetzgeber von einer Religionsmündigkeit in diesem Alter aus. Gemäß dem Gesetz über die religiöse Kindererziehung (RelKErzG) kann Jeder mit Vollendung des 14. Lebensjahres über die Zugehörigkeit zu einer Religionsgemeinschaft selbst entscheiden (§ 5 S. 1 RelKErzG). Warum aber insofern staatlicherseits einzig die Abgabe einer förmlichen Austrittserklärung vor dem Amtsgericht oder dem Standesamt anerkannt wird, erschließt sich nicht.

Es steht die von Weltanschauungsrechtsexperten wie *Gerhard Czermak*[22] geäußerte Vermutung im Raum, dass es der Sinn der landesrechtlichen Anknüpfung an die Kindertaufe sei, Menschen ohne persönlichen Willen auch staatlich zum (steuerpflichtigen) Kirchenmitglied zu machen, damit sie später die so übernommene Tradition leichter beibehalten. Dies ist umso eher der Fall, wenn man ihnen auch nach Eintritt der Religionsmündigkeit keine eigene Entscheidung abverlangt. Es ist allgemein bekannt, dass die meisten Menschen auch auf anderen Gebieten aktive Entscheidungen scheuen, wenn es nicht sein muss. Einem solchen naheliegenden gesetzge-

---

21 *Gehm* NVwZ 2007, 56, 57; *Morlok* in Dreier, GG, 3. A. 2018, Art. 137 Rn. 124.
22 https://weltanschauungsrecht.de/Kirchenmitgliedschaft.

berischen Motiv, so *Czermak* zutreffend, scheint die Ansicht zugrunde zu liegen, dass Religion besonders gut integriert. Das ist aber aus vielerlei Gründen speziell auch in Deutschland nicht der Fall. Ein solches Motiv wäre überdies auch wegen Verstoßes gegen das Neutralitätsgebot verfassungswidrig.

Bezeichnenderweise ist nach der derzeitigen kirchenfreundlichen Rechtsprechung die Schwelle für die Bejahung eines Kircheneintritts weitaus niedriger als die Schwelle für die Annahme eines Kirchenaustritts. Hinsichtlich des Kircheneintritts entschied das Bundesverfassungsgericht[23]:

> *„Abzustellen ist dafür auf den nach dem objektivierten Empfängerhorizont erkennbar gewordenen Willen des Betroffenen. Die Eingliederung in eine Religionsgemeinschaft setzt den wirksam bekundeten positiven Willen des Betroffenen voraus. Eine Eingliederung ist im staatsrechtlichen Bereich dann anerkennungsfähig, wenn sie durch eine positive - wenn auch möglicherweise nur konkludente - Erklärung des Betroffenen legitimiert ist […]. Eine darüber hinausgehende förmliche Beitrittserklärung ist nicht erforderlich […]. Das Bundesverfassungsgericht hat in […] verschiedenen Verhaltensweisen ein Bekenntnis zur betroffenen Religionsgemeinschaft gesehen. Der Wille, einer Religionsgemeinschaft angehören zu wollen, kann in vielfältiger Weise, nicht nur gegenüber der Religionsgemeinschaft selbst, zum Ausdruck gebracht werden."*

Auch der Wiedereintritt eines Kirchenmitglieds – sofern keine weiteren innerkirchlichen Voraussetzungen vorgesehen sind – ist durch konkludente Wiederaufnahme möglich.[24] So kann ein solches schlüssiges Verhalten z. B. in der kirchlichen Trauung oder der Trauung nach jüdischem Ritus gesehen werden, der Anmeldung von Kindern in kirchlichen Einrichtungen, der Angabe der Religionszugehörigkeit in der Steuererklärung oder der widerspruchslosen Zahlung der Kirchensteuer.[25]

Im Gegensatz dazu gilt für den Kirchenaustritt laut Bundesverfassungsgericht[26],

23 BVerfG 17.12.2014 – 2 BvR 278/11, NVwZ 2015, 517; vgl. auch BFH 24.5.1999 – I R 124/97, BFHE 188, 245.

24 VG Hannover 9.3.1998 – 7A 1132/97, KirchE 36, 88; VG Oldenburg 18.2.1986 – 4 A 250/84, NJW 1986, 1303.

25 OVG Lüneburg 26.9.1989 – 13 L 56/89, KirchE 27, 265; VG Hannover 24.9.1975 – VII A 99/74, DVBl. 1976, 911; FG München 10.12.1996 – 13 K 3508/96, EFG 1997, 1042; FG Hamburg, 13.5.2008 – 3 K 35/08.

26 BVerfG 2.7.2008 – 1 BvR 3006/07, NJW 2008, 2978.

„[..] dass die Wirksamkeit eines Kirchenaustritts mit Wirkung für das staatliche Recht an ein förmliches Verfahren gebunden werden kann [...]: Das Verlangen nach einer förmlichen Austrittserklärung rechtfertigt sich demnach durch das Bedürfnis nach eindeutigen und nachprüfbaren Tatbeständen als Grundlage der Rechts- und Pflichtenstellung des Betroffenen, soweit sie in den weltlichen Rechtsbereich hineinwirkt.“

Wenn tatsächliche Umstände und konkludente Verhaltensweisen zulasten eines Betroffenen hinsichtlich der Heranziehung zur Kirchensteuer berücksichtigt werden, müssten tatsächliche Umstände und konkludente Verhaltensweisen allerdings auch zugunsten eines Betroffenen berücksichtigt werden. Anderenfalls läge ein Verstoß gegen das verfassungsrechtlich verbürgte Verbot der Ungleichbehandlung von wesentlich gleichen Sachverhalten vor. Warum das Bundesverfassungsgericht für den Eintritt kein formalisiertes Verfahren fordert, aber für den Austritt ausschließlich ein solches anerkennt, hat es – soweit ersichtlich – bisher nicht erläutert.

Mit Blick auf die Grundrechte der negativen Weltanschauungsfreiheit und negativen Vereinigungsfreiheit im weltanschauungsrechtlichen Bereich (Art. 4 Abs. 1, 2 GG) sowie auf den objektiven Grundsatz der staatlichen Neutralität muss die Regelung des § 5 S. 1 RelKErzG verfassungskonform dahingehend verstanden werden, dass der Staat eine Mitgliedschaftsregelung, welche auch nach der Vollendung des vierzehnten Lebensjahres ausschließlich auf der Zurechnung einer Entscheidung der Sorgeberechtigten basiert, nicht anerkennen darf. Vielmehr bedarf es nach der Vollendung des vierzehnten Lebensjahres und dem Eintritt der Religionsmündigkeit einer bewussten Entscheidung des Betroffenen für die Mitgliedschaft. Der Kernpunkt der Firmung / Konfirmation besteht in dieser bewussten Entscheidung für die Kirche, einer Bejahung und Bekräftigung der Zugehörigkeit. Aus der Entscheidung des Religionsmündigen im Alter von 14-16 Jahren, nicht an der Firmung / Konfirmation teilzunehmen, ist die freie Entscheidung gegen die Kirchenmitgliedschaft eindeutig zu erkennen.

Es läge daher für den Gesetzgeber nahe, bei vorangegangener Kindertaufe die spätere Fortdauer der Zugehörigkeit zur Kirchensteuergemeinschaft a) von einer entsprechenden positiven schriftlichen Erklärung des religionsmündigen Minderjährigen oder volljährig Gewordenen abhängig zu machen[27] oder aber b) die negative Entscheidung gegen eine Firmung / Konfirmation als konkludente Austrittserklärung anzuerkennen. Schließ-

27 Ebenso *Czermak* https://weltanschauungsrecht.de/Kirchenmitgliedschaft.

lich lässt die Entscheidung gegen die Firmung / Konfirmation den Rückschluss zu, dass der Betreffende seine Zugehörigkeit zu der entsprechenden Religionsgemeinschaft beenden möchte.

Nur so kann der von fowid empirisch dargestellten Diskrepanz zwischen der Anzahl der Taufen und der Firmungen bzw. Konfirmationen Rechnung getragen werden. Auf diesem Wege ließe sich eine Anpassung der bestehenden kirchensteuerrechtlichen Mitgliedschaftsregelungen an den Wandel der Verhältnisse erzielen.

Der Staat verletzt die Schutzverantwortung für seine Bürger, wenn er Personen zur Besteuerung heranzieht, die für sich selbst keine Steuerpflicht eingegangen sind und die im religionsmündigen Alter eindeutig zu erkennen geben, an dieser für sie durch ihre Eltern eingegangenen Pflicht auch nicht festgehalten werden zu wollen.

VI. Aktuelles Beispiel aus der ifw-Prozesshilfe

Anhand eines Falles aus der ifw-Prozesshilfe „Der Fall Frau X gegen die Evangelische Kirche Berlin-Brandenburg“[28] lässt sich veranschaulichen, welch absurde juristische Sachverhalte in der heutigen Rechtswirklichkeit entstehen, wenn die staatliche Kirchensteuerpflichtigkeit allein auf die Taufe eines Kleinkindes abstellt, von einem automatischen Fortbestand der Kirchenmitgliedschaft auf Lebenszeit ausgeht und die tatsächlichen Entwicklungen im Leben des Betroffenen, wie z. B. das Desinteresse an oder die Entscheidung gegen eine Firmung / Konfirmation unberücksichtigt lasst.

Frau X ist im Jahr 1953 in X geboren und aufgewachsen. Ihre Eltern tauften sie kurz nach ihrer Geburt in der Evangelischen Kirchengemeinde in X. Knapp drei Jahre später, 1956, trat zunächst der Vater und 1958 auch die Mutter offiziell aus der Kirche aus. Die Eltern der Klägerin sind bereits verstorben. Ein Austritt der Klägerin, welche zum fraglichen Zeitpunkt im Kleinkindalter war, ist nicht explizit in den Unterlagen der Kirchengemeinde X vermerkt. Von ihrer Geburt im Jahr 1953 bis zum Jahr 2012 – und damit knapp 60 Jahre lang – hatte die Klägerin in ihrer gesamten Lebensführung keinerlei Kenntnis von einer Mitgliedschaft in einer Kirche und keinerlei Beziehungen zur Kirche. Insbesondere hat sie nicht an den

28 Aktuelle Entwicklungen in dem Fall werden auf der Webseite des ifw in der Rubrik Rechtsfälle dokumentiert: https://weltanschauungsrecht.de/meldung/untergang-kirchensteuerpflichtigkeit-untergang-ddr.

kirchlichen Riten teilgenommen. Sie hat während ihrer Schulzeit weder den Religionsunterricht besucht, noch an irgendwelchen (Schul-)Gottesdiensten teilgenommen und wurde auch nicht konfirmiert. Die Klägerin hat das Jugendweihe-Gelöbnis abgelegt, standesamtlich geheiratet und ihre Kinder nicht getauft. Dementsprechend wurde sie auch weder bis zum Jahr 1990 in der DDR noch danach in der BRD zur Kirchensteuer herangezogen.

Bis zum Jahr 2011 galt sie als konfessionslos, sowohl auf der staatlichen Seite beim Einwohnermeldeamt, als auch auf der kirchlichen Seite im Gemeindemitgliederverzeichnis. Aus für die Klägerin unerfindlichen Gründen übersandte die Kirchensteuerstelle beim Finanzamt X ihr im Jahr 2011 plötzlich einen Fragebogen zur Feststellung der Zugehörigkeit zu einer öffentlich-rechtlichen Religionsgemeinschaft[29]. Dabei berief sich die Kirchensteuerstelle auf die §§ 88, 90 AO und zitierte diese Normen auch. Nach § 88 Abs. 1 AO ermittelt die „Finanzbehörde" den Sachverhalt von Amts wegen. Aufgrund dieser Formulierung und aufgrund der Tatsache, dass die Kirchensteuerstelle unter derselben Adresse firmiert wie das Finanzamt, ging die Klägerin davon aus, dass es sich um ein staatliches Auskunftsersuchen, das erzwingbar ist, handele und beantwortete dieses. Sie gab dabei an, nicht getauft worden zu sein, da sie sich an eine Taufe nicht erinnern konnte. Außerdem gab sie, wie auf dem Fragebogen vorgesehen, die Namen ihrer Eltern und ihren Geburtsort an. Daraufhin wandte sich die Kirchensteuerstelle im Jahr 2012 dann an die Evangelische Kirche in X und ersuchte um Prüfung der Kirchenmitgliedschaft und ggf. um Übersendung einer Taufbescheinigung. Hierzu wurden der Kirche in X die personenbezogenen Daten der Klägerin und ihrer Eltern übermittelt. Anschließend teilte die Kirchensteuerstelle der Klägerin sodann erstmalig seit dem Jahr 1953 mit, dass man aufgrund entsprechender Nachforschungen festgestellt habe, dass die Klägerin getauft worden und damit Mitglied der Evangelischen Kirche sei. Dementsprechend wurde ihr rückwirkend auch Kirchenlohnsteuer abgezogen, so dass sie sich schließlich gezwungen sah, im Jahr 2014 (erneut nach dem Austritt ihrer Erziehungsberechtigten in den 1950er-Jahren) gegen eine Gebühr beim Amtsgericht ihren Austritt aus der Evangelischen Kirche zu erklären.

Im Jahr 2015 reichte Frau X Klage gegen den Bescheid des Finanzamtes über evangelische Kirchensteuer beim Verwaltungsgericht ein. Das Verfahren hat sich jüngst zum dritten Mal gejährt, ohne dass ein mündlicher Ver-

---

29 Ein Muster des Fragebogens ist abrufbar unter https://weltanschauungsrecht.de/sites/default/files/download/fragebogen_beispiel_0.pdf.

handlungstermin angesetzt worden oder eine Entscheidung absehbar ist.[30] All dies bestätigt einmal mehr den rechtspolitischen Handlungsbedarf.

Am Rande sei angemerkt, dass in diesem Verfahren noch weitere grundlegende weltanschauungsrechtliche Fragen thematisiert werden, namentlich: a) die Vereinbarkeit des Vorgehens der Kirche mit europäischen und nationalen Datenschutzregelungen und ein etwaiges Beweisverwertungsverbot, b) die Vereinbarkeit der in Berlin gängigen Praxis der Ansiedlung der Kirchensteuerstellen in den Finanzämtern mit dem verfassungsrechtlichen Trennungsgebot, c) die Klassifizierung der Übersendung des Fragebogens in der praktizierten Form als Amtsanmaßung, d) die Frage des Untergangs der von der Kirche behaupteten Kirchensteuerpflichtigkeit mit dem Untergang der DDR sowie e) die Frage, ob der Körperschaftsstatus der beiden Großkirchen nach 1990 neu begründet werden musste.

VII. Vier konkrete Reformoptionen

Das System der staatlichen Kirchensteuerverwaltung ist insgesamt nicht mit dem Neutralitätsgebot und dem Trennungsgebot des Art. 137 Abs. 1 WRV vereinbar, aber solange es besteht, ist im Minimum das staatliche Kirchensteuerrecht (Kirchensteuergesetze und Kirchenaustrittsgesetze der Länder) an die Rechtswirklichkeit anzupassen. Wie kann Abhilfe geschaffen werden? Es lassen sich mindestens die folgenden vier Optionen skizzieren. Alle vier Optionen berücksichtigen dabei die (aus hiesiger Sicht kritikwürdigen) Vorgaben aus der Rechtsprechung des Bundesverfassungsgerichts. Danach rechtfertigt sich das Verlangen nach einer förmlichen Austrittserklärung im Rahmen des im Kirchenaustrittsgesetz normierten Verfahrens durch das verfassungsrechtlich geschützte Bedürfnis nach eindeutigen und nachprüfbaren Tatbeständen als Grundlage der Rechts- und Pflichtenstellung des Betroffenen, soweit sie in den weltlichen Rechtsbereich hineinwirkt, sowie durch die Möglichkeit geordneter Verwaltung der Kirchensteuern.[31]

30 Stand: März 2019. Eine Verzögerungsrüge nach § 198 Abs. 3 GVG ist bereits erhoben worden.

31 Vgl. nur BVerfG 2.7.2008 – 1 BvR 3006/07, Rn. 26, NJW 2008, 2978.

Option 1: Kirchensteuerpflicht durch Taufe von Säuglingen und Kleinkindern als aufschiebend bedingter Vertrag

Wie das Beispiel von Frau X im Einzelfall und die fowid-Analyse bundesweit zeigt, ist die Tatsache ernst zu nehmen, dass aus Sicht der Betroffenen selbst heutzutage keineswegs zwangsläufig eine Kontinuität von der Taufe zur Firmung oder zur Konfirmation oder zu einer sonstigen Form tatsächlicher Kirchenmitgliedschaft mehr besteht. Daher streiten gute Gründe für eine gesetzliche Nachbesserung, indem die Kirchenmitgliedschaft durch den Kleinkindertaufvorgang im staatlichen Recht als ein bedingtes Rechtsgeschäft erfasst wird.

Als Bedingung bezeichnet man im Zivilrecht eine durch Parteiwille in ein Geschäft eingefügte Bestimmung, welche die Rechtswirkungen des Geschäfts (hier: Kirchenmitgliedschaft durch Kleinkindertaufvorgang) von einem ungewissen zukünftigen Ereignis (hier: Firmung / Konfirmation) abhängig macht.

Die Möglichkeit, Rechtsgeschäften Bedingungen beizufügen, eröffnet den Gestaltungsspielraum, zukünftige Veränderungen in das Regelungsgefüge des Rechtsgeschäfts einzubeziehen und flexibel darauf zu reagieren. Bei der aufschiebenden Bedingung wird die Rechtsfolge eines Rechtsgeschäfts bis zum Eintritt eines bestimmten Ereignisses aufgeschoben.[32]

Ein allgemein bekanntes Beispiel ist der Eigentumsvorbehalt, der oftmals in Allgemeinen Geschäftsbedingungen (AGBs) enthalten ist. Die Übereignung der Kaufsache wird dabei durch die Kaufpreiszahlung aufschiebend bedingt. Erst wenn der Käufer den Kaufpreis vollständig an den Verkäufer bezahlt hat, wird er Eigentümer des Kaufgegenstandes. Bis zu diesem Zeitpunkt behält der Verkäufer das Eigentum. Durch diese aufschiebende Bedingung entsteht ein Anwartschaftsrecht des Käufers an der Kaufsache. Im Falle des Kleinkindertaufvorgangs bestünde somit ein Anwartschaftsrecht der Kirche an der lebenslangen Kirchensteuerpflichtigkeit des Getauften – sofern mit der Firmung / Konfirmation das „Geschäft" zustande kommt. Dieser Vorbehalt entspräche auch den kircheneigenen „AGBs", dem oben zitierten Codex Iuris Canonici (CIC) 842 § 2, mit dem Dreiklang von Taufe / Erstkommunion / Firmung.

Folglich kann bezogen auf die Kirchenmitgliedschaft argumentiert werden, dass die Wirksamkeit des durch den Taufvertrag begründeten Kircheneintritts und die daraus resultierende Kirchensteuerpflichtigkeit unter

32 Zum Vorstehenden: *Armgardt* in Herberger/Martinek/Rüßmann u.a., jurisPK-BGB, 8. A. 2017, § 158 Rn. 1, 2.

der aufschiebenden Bedingung stehen, dass der religionsmündige Jugendliche mit der Teilnahme an der Firmung / Konfirmation seinen Glauben und seine Zugehörigkeit zur religiösen Gemeinschaft der Kirche bekräftigt. Gelingt diese von den Eltern und den Verantwortlichen der Kirche mit der Taufe bezweckte Erziehung im und zum christlichen Glauben nicht, ist der Vertrag unwirksam.

Die Frage eines (förmlichen) Kirchenaustritts wäre dann insgesamt obsolet. Bei ausgebliebener Firmung / Konfirmation wären als verfahrensrechtliche Folge die Kirchenmitgliedschaft und die personenbezogenen Daten von der Kirche zu löschen. In Beachtung und Gewährleistung der Weltanschauungsfreiheit, als positive wie als negative Weltanschauungsfreiheit seiner Bürger, wäre demnach der Staat gehalten, diese Rechtssicherheit und den Schutz vor Vereinnahmung für seine Bürger zu gewährleisten.

Option 2: Genehmigung der Kirchensteuerpflicht durch Taufe von Säuglingen und Kleinkindern im Alter der Religionsmündigkeit

Die Klassifizierung des Kleinkindertaufvorgangs und des damit einhergehenden Kircheneintritts mit der Folge der Kirchensteuerpflichtigkeit als genehmigungspflichtigen Vertrag ist angesichts der aufgezeigten Rechtswirklichkeit naheliegend. Ebenso wie beispielsweise der Erbe vor dem Eintritt des Erbfalles als Nichtberechtigter verfügt, verfügen die Eltern bei der Taufe als Nichtberechtigte über die Glaubenszugehörigkeit ihres zu diesem Zeitpunkt noch nicht religionsmündigen Kindes. Diese Verfügung ist schwebend unwirksam. Sobald das Kind religionsmündig ist, kann es die Verfügung jedoch genehmigen, oder auch nicht genehmigen. Eine konkludente Nichtgenehmigung wäre beispielsweise in der Nichtteilnahme des Betroffenen an der Firmung / Konfirmation zu sehen.

Option 3: Formlose und gebührenfreie Kündigungsmöglichkeit der Kirchenmitgliedschaft

Unzureichend gewürdigt wird bei der Bewertung der Kirchensteuerpflicht auch die Anerkennung eines Kündigungsrechts wegen Wegfalls der Geschäftsgrundlage nach § 313 Abs. 3 S. 1, 2 BGB. Eine solche Kündigung ist im Falle einer schwerwiegenden Veränderung der Umstände nach Vertragsschluss möglich. Die schwerwiegende Veränderung muss dabei von solcher Art sein, dass die Parteien den Vertrag nicht geschlossen hätten, wenn sie diese vorausgesehen hätten.[33] Die Norm bezweckt einen Schutz vor nachträglichen bzw. erst nachträglich hervortretenden Beeinträchtigungen einer Vertragspartei.[34] Vorliegend wäre der benachteiligte Vertragspartner der kirchensteuerpflichtige, im Kleinkindalter getaufte Religionsmündige, welcher sich von der Kirche und dem Glauben – entgegen der Erwartungen der Vertragsparteien bei der Vornahme der Taufe – durch seine Nichtteilnahme an der Firmung / Konfirmation abwendet. Ein Festhalten an der Kirchenzugehörigkeit ist dem Betroffenen in diesem Fall mit Blick auf Art. 4 Abs. 1, 2 GG nicht zumutbar. Die Kündigungsoption wäre für den Betroffenen auch vorteilhafter als die derzeit einzig und allein bestehende „Austrittsmöglichkeit" nach den Kirchenaustrittsgesetzen. Im Gegensatz zu den derzeit in den Kirchenaustrittsgesetzen vorgesehenen Förmlichkeiten beim „Austritt" (Erklärung bei dem Amtsgericht, in dessen Bezirk der Erklärende seinen Wohnsitz hat; schriftlich als Einzelerklärung in öffentlich beglaubigter Form oder mündlich zur Niederschrift des Urkundsbeamten, vgl. z. B. §§ 1, 3 Abs. 5 KiAustrG NRW), wäre eine Kündigung formlos möglich. Die Kündigung könnte letztlich sogar auch konkludent durch Nichtteilnahme des Betroffenen an der Firmung / Konfirmation erfolgen. Darüber hinaus wäre eine Kündigung im Gegensatz zu einem „Austritt" insbesondere auch gebührenfrei möglich. Auch der durch die Taufe nach staatlichem Recht begründete Kircheneintritt erfolgt schließlich gebührenfrei.

Der Gesetzgeber arbeitet in anderen Bereichen (z. B. bei Verbraucherverträgen, die im Internet abgeschlossen werden) durchaus aktiv daran, per Gesetz zu verhindern, dass Firmen ihren Kunden bei der Vertragskündigung höhere Hürden auferlegen als bei Vertragsabschluss (vgl. Gesetzesänderung vom Oktober 2016 zur Einführung der Möglichkeit einer Kündigung von online abgeschlossenen Verträgen per E-Mail durch Anpassung des § 309 Nr. 13 BGB). Wenn der Gesetzgeber – aus gutem Grund – beim Verbraucherschutzrecht darauf achtet, dass sich Kunden unter anderem genau so leicht von einem Vertrag wieder lösen können, wie sie ihn geschlossen haben, sollte der Staat im Bereich des Weltanschauungsrechts nicht hinter seinen eigenen hier aufgestellten Prinzipien hinterherhinken. Im

33 *Pfeiffer* in Herberger/Martinek/Rüßmann u.a., jurisPK-BGB, 8. A. 2017, § 313 Rn. 32.

34 *Pfeiffer* in Herberger/Martinek/Rüßmann u.a., jurisPK-BGB, 8. A. 2017, § 313 Rn. 19.

Gegenteil: Die Prinzipien des Verbraucherschutzes müssten bei dem Eintritt und Austritt in eine Kirche mit lebenslanger Steuerpflicht sogar noch stärker als bei einem Vertrag mit einem Handyanbieter oder Fitnessstudio beachtet werden. Denn selbst bei einem im Internet geschlossenen Kaufvertrag ist eine viel deutlichere Willensbekundung hinsichtlich der Zahlungsbereitschaft für das Produkt nachweisbar als sie bei der Taufe eines unmündigen Säuglings oder Kleinkindes gegeben ist. Zudem stehen bei der Kirchensteuerpflicht ungleich höhere Summen in Rede als bei einem Handy- oder Fitnessstudiovertrag.

Option 4: Kirchensteuerpflicht nur für Religionsmündige

Gerhard Czermak[35] hat bereits an anderer Stelle zur Kirchenmitgliedschaft ausgeführt, dass die Bundesländer den Beginn der Kirchensteuerpflicht aus grundrechtlicher Sicht klarer regeln könnten. Wenn die Bundesländer den Beginn der Kirchensteuerpflicht nicht nur an eine Taufe und eine freiwillige persönliche bzw. elterliche Erklärung knüpfen, sondern auch an die Vollendung des 14. Lebensjahres. Dies gilt umso mehr vor dem Hintergrund, dass nahezu 100 Prozent der Kirchensteuer als Kirchenlohn- und Kircheneinkommensteuer erhoben werden (vgl. zu möglichen Kirchensteuerarten z. B. § 4 Abs. 1 KirchStG NRW). Denn mit Blick auf das zulässige Arbeitsalter und die zulässigen Arbeitszeiten für Kinder und Jugendliche hat die Kirchensteuerpflichtigkeit in etwa erst Relevanz ab dem vollendeten 14. Lebensjahr, was der Altersstufe von Jugendlichen für die Firmung / Konfirmation entspricht. Die Rechtslage wäre nach *Czermak* damit eindeutig geklärt. Doch nicht nur das. Sie entspräche darüber hinaus auch der von fowid nachgewiesenen Rechtswirklichkeit in der Bundesrepublik Deutschland, welche heute nicht mehr dieselbe ist wie in der Adenauerzeit.

35 *Czermak* KJ 2006, 425.

Das besondere Kirchgeld oder die Wiederbelebung der Haushaltsbesteuerung

Volker Korndörfer / Jacqueline Neumann

Das Bundesverfassungsgericht (BVerfG) hat 1965 den damaligen Halbteilungsgrundsatz zur kirchlichen Besteuerung bei glaubensverschiedener Ehe verboten, weil er die Einkommen beider Ehegatten besteuerte und so gegen den Grundsatz der Individualbesteuerung verstieß. Das BVerfG hat dabei das besondere Kirchgeld für die Alleinverdienerehe ermöglicht. Kirchen, Behörden und Gerichte haben dieses entgegen der Rechtsprechung des BVerfG auf die Doppelverdienerehe ausgeweitet und somit wiederum beide Einkommen herangezogen. Dieser Beitrag gibt einen Überblick über die Rechtslage und ihre Verwerfungen.

I. Einführung

Das besondere Kirchgeld ist eine spezielle Kirchensteuer für Kirchenmitglieder, deren Ehepartner[1] keiner Kirche angehört (sog. glaubensverschiedene Ehe[2]). Während bei konfessionsgleicher oder konfessionsverschiedener Ehe beide Ehegatten kirchensteuerpflichtig sind, ist dies hier nur der kirchenangehörige Ehegatte. Wenn dieser kein eigenes Einkommen hat, geht die Kirche leer aus, weil sie dann keine Kircheneinkommensteuer (KiESt) erheben kann.

Für diesen Fall hat das BVerfG den Kirchen 1965[3] einen Weg aufgezeigt, wie sie indirekt auf „das Einkommen des anderen Ehegatten" zugreifen können[4]. Danach darf der „Lebensführungsaufwand" des kirchenangehörigen Ehegatten einer glaubensverschiedenen Ehe kirchlich besteuert wer-

---

1 Eingetragene Lebenspartnerschaften sind bei der Kirchensteuer der Ehe gleichgestellt.

2 Die Kirchensteuergesetze definieren die „glaubensverschiedene Ehe" zumeist damit, dass einer der Ehegatten keiner steuererhebenden Religionsgemeinschaft angehört.

3 BVerfG 14.12.1965 – 1 BvR 606/60, BVerfGE 19, 268.

4 So das BVerwG 18.2.1977 – VII C 48.73, Ziff. II 4 c, BVerwGE 52,104.

den, wenn dieser – bei einem hohen Einkommen seines konfessionsfreien Ehepartners – ansonsten „mangels eigenen Einkommens kirchensteuerfrei“ bliebe. Denkmodell war die damalige „Hausfrauenehe“[5]. Dieser „Lebensführungsaufwand“ wird „hilfsweise“ am „gemeinsam zu versteuernden Einkommen der Ehegatten“ bemessen und sodann mit dem Staffeltarif der sog. Kirchgeldtabelle[6] besteuert[7].

Mit der Begründung, dass der Lebensführungsaufwand ja am „gemeinsam zu versteuernden Einkommen der Ehegatten“ bemessen werden dürfe, wurde das besondere Kirchgeld von Kirchen, Behörden und Gerichten entgegen dem BVerfG auch auf Doppelverdienerehen, also auf Kirchenmitglieder mit eigenem Einkommen, ausgedehnt[8]. Betroffen vom besonderen Kirchgeld sind in Deutschland mindestens eine Million glaubensverschiedene Ehen[9], davon etwa die Hälfte Doppelverdienerehen[10].

Legitimiert wird dieses Vorgehen von Kirchen[11] und Gerichten[12] z. B. mit der Vorstellung, dass die Ehe eine Gemeinschaft des Erwerbs und Verbrauchs bilde, die sich auch auf die Kirchensteuer erstrecke. Üblich ist auch die Behauptung, dass das besondere Kirchgeld nur bei „keinem oder geringem“ Einkommen des Kirchenmitglieds erhoben werde[13]. Eine Kirche begründet das besondere Kirchgeld gegenüber ihren Mitgliedern und in Gerichtsverfahren mit dessen „Mindestkirchensteuercharakter“[14].

---

5 In einzelnen Urteilen ist vom „Manneseinkommen“ die Rede.

6 Grundlage für die Berechnung ist die bundeseinheitliche Kirchgeldtabelle, welche z. B. hier abrufbar ist: https://www.ekiba.de/html/content/besonderes_kirchgeld.html.

7 In diesem Artikel wurden alle Links Anfang März 2019 nachgeprüft.

8 So v. a. die Rechtsprechung des BFH; Näheres nachstehend.

9 https://kirchgeld-klage.info.

10 https://kirchgeld-klage.info/zur-rechtslage/rechtlage-bei-bkg-texte/#II%201.3.

11 Z. B. https://www.ekiba.de/html/content/besonderes_kirchgeld.html; *Hammer*, Rechtsfragen der Kirchensteuer, 2002, S. 331, 332; ELKB: https://www.kirche-und-geld.de/downloads/ELKB-Erklaerung-des-Besonderen-Kirchgeldes-2014.pdf; EKD: „Die Ehe wird dabei kirchlicherseits verstanden als Lebens- und Wirtschaftsgemeinschaft, ...“ http://www.steuer-forum-kirche.de/faq-kigeld.htm.

12 Z. B. FG Thüringen 21.3.2009 – 2 K 648/08 (judicalis), Ziff. II 2 b; FG BaWü 26.5.2000 – 9 K 131/00, Ziff. 2 d; FG Köln 11.5.2005 – 6619/02 (www.justiz.nrw.de); FG Köln 8.6.2005 – 11 K 3248/02 (openjur.de), Rn. 30; VG Cottbus 26.1.2014 – 1 K 805/14 (juris), Rn. 40.

13 Z. B. https://www.ekiba.de/html/content/besonderes_kirchgeld.html, https://www.ekd.de/ekd_de/ds_doc/kirchensteuer_petersen.pdf S. 11; BFH 13.2.2019 – I B 27/18 u. I B 28/18 (uv) S. 3 u. 6.

14 Evang. Kirche im Rheinland (EKIR), https://www.ekir.de/www/downloads/besonderes-kirchgeld-berechnungsbeispiel-2018.pdf. Dies trägt die EKIR auch bei Gericht vor, z. B. FG Düsseldorf 1 K 1970/16 Ki; FG Köln 11 K 1389/03. Der Be-

In der Praxis führt diese Besteuerung z. B. dazu, dass eine Muslima, die als Unternehmerin ein sechsstelliges Jahreseinkommen hat, mittelbar Kirchensteuer zahlen muss, weil ihr Ehemann Mitglied der evangelischen Kirche ist und „nur“ ein hohes fünfstelliges Einkommen erzielt[15].

Die Rechtslage ist komplex bis verworren: Bestimmungen von ca. 35 Kirchen bzw. Bistümern überlappen sich mit 16 KiStG, die Bundesgerichte widersprechen sich selbst und untereinander, die unteren Gerichte berufen sich darauf, durchweg im Sinne der Kirchen. Allein zur Doppelverdienerehe gibt es ca. 60 – teils widersprüchliche – Entscheidungen[16], darunter über 30 höchstrichterliche. In der juristischen Fachliteratur finden sich hingegen beinahe keine Beiträge zu dieser speziellen Problematik[17]. Folglich erscheint es angezeigt, dass die Eckpunkte der Rechtslage und der Rechtsprechung zum besonderen Kirchgeld von kirchenunabhängigen Autoren dargestellt werden[18].

II. Aktuelle Entwicklungen

Bis 2017 wurde das besondere Kirchgeld von allen evangelischen Landeskirchen, etwa der Hälfte der katholischen Bistümer sowie einer Reihe kleinerer Religionsgemeinschaften erhoben.

---

griff „Mindestkirchensteuercharakter“ ist in KiStO und KiStB der EKIR nicht auffindbar, ebenso wenig in den staatlichen Genehmigungen der Kirchensteuerbeschlüsse.

15 Der geschilderte Fall wird vom ifw betreut und ist derzeit beim Bundesfinanzhof anhängig (Stand: 1.3.2019). Für weiterführende Erläuterungen siehe https://weltanschauungsrecht.de/meldung/warum-muslima-kirchensteuer-zahlt.

16 https://kirchgeld-klage.info/3-urteile/3-zur-rechtsprechung-zum-besonderen-kirchgeld/. Hinzu kommt eine Anzahl unveröffentlichter Entscheidungen.

17 Die Fachliteratur ist sehr begrenzt und wird von kirchlichen Autoren wie *Jens Petersen*, Kirchensteuer kompakt, 2017 (Steuerreferent der EKD) oder *Felix Hammer*, Rechtsfragen der Kirchensteuer, 2002 (Diözesanjustitiar der Diözese Rottenburg-Stuttgart), dominiert. Nicht selten besteht bei Autoren keine Kenntnis darüber, dass das besondere Kirchgeld auch in der Fallkonstellation der Doppelverdienerehe erhoben wird, s. bspw. *Lang* in Birk/Ehlers, Aktuelle Rechtsfragen der Kirchensteuer, 2012, S. 169, 170; *Kapischke* LKV 2003, 411, 412. Oder aber die Problematik der Doppelverdienerehe wird überhaupt nicht thematisiert, s. bspw. *Schoppe*, Die Kirchensteuer versus Trennung von Staat und Kirche, 2008.
Für eine detaillierte Auswertung vgl. https://kirchgeld-klage.info/zur-rechtslage/2-5-kommunikation-des-besonderen-kirchgeldes/#II%205.4.9.

18 Detaillierte Darstellungen finden sich bei https://kirchgeld-klage.info/zur-rechtslage/2-5-kommunikation-des-besonderen-kirchgeldes/#II%205.8

Am 4.12.2017 hat das Bistum Trier – von der Öffentlichkeit weitgehend unbemerkt – für das Steuerjahr 2018 die Abschaffung des besonderen Kirchgeldes beschlossen, ohne diese Entscheidung öffentlich darzulegen oder zu begründen[19]. Auf Nachfrage des ifw verwies das Bistum in einer E-Mail am 8.3.2019 auf zahlreiche Beschwerden, welche mit der Androhung bzw. Ankündigung des Austritts verbunden gewesen waren sowie auf den Grundsatz der Individualbesteuerung.

Am 29.11.2018 hat die Evangelisch-Lutherische Landeskirche in Bayern (ELKB) als erste evang. Landeskirche in Deutschland das besondere Kirchgeld mit dem Steuerjahr 2018 abgeschafft[20]. Positiv betroffen von dieser Entscheidung sind bayernweit rund 30.000 der insgesamt 2,4 Millionen Kirchenmitglieder (sowie ihre nicht-evangelischen Ehegatten). Die Landeskirche verliert damit nach Medienberichten[21] rund 13 Mio. Euro jährlich bzw. 1,3 % an Steuereinnahmen[22].

Der Beschluss der Synode der ELKB erging mit großer Mehrheit und ohne Gegenstimmen. Bereits seit dem Jahr 2014 hatte es entsprechende Überlegungen gegeben und aus den Begründungen auf der Synode klingt an, dass öffentlicher und juristischer Druck zu diesem Schritt beigetragen haben[23]. Der Anteil der Kirchenaustritte von Kirchgeldpflichtigen sei überproportional zu sonstigen Kirchenaustritten und man müsse, so Oberkirchenrat Hans-Peter Hübner, damit rechnen, „dass sich die Haltung der Gerichte einmal ändere“[24]. Mit anderen Worten: Die bayerische Landeskirche wollte durch ihren Schritt wohl vermeiden, dass ein Gericht ihr verfassungswidriges Handeln bescheinigt.

Juristisch lässt die folgende Begründung der ELKB aufhorchen: Das besondere Kirchgeld sei abgeschafft worden, weil es den *in Bayern* geltenden

19 Vgl. nur den Hinweis auf die Nicht-Erhebung ab 2018: https://www.bistum-trier.de/kirchensteuer.

20 Siehe z. B. https://www.sonntagsblatt.de/artikel/landessynode-bayern/kirche/bayerische-landeskirche-schafft-besonderes-kirchgeld-ab; https://www.sueddeutsche.de/bayern/geplante-kirchgeld-abschaffung-landeskirche-entgehen-millionen-euro-1.4227553; https://www.ovb-heimatzeitungen.de/bayern/2018/11/29/landeskirche-besonderes-kirchgeld-ist-geschichte.ovb.

21 https://www.mittelbayerische.de/bayern-nachrichten/synode-schafft-sonderteil-der-kirchensteuer-ab-21705-art1723948.html.

22 https://www.kirche-und-geld.de/haushalt-2019-beschlossen.php.

23 ELKB-Synode 27.11.2018: Wortlaut im Video https://www.youtube.com/watch?v=hi519MVNKI8 Minute 0:54:45 bis 1:22:35 (inkl. Diskussion).

24 https://www.ekd.de/bayerische-landeskirche-schafft--besonderes-kirchgeld-ab-41059.htm.

Grundsatz der Individualbesteuerung durchbrochen habe[25]. Der Grundsatz der Individualbesteuerung gilt aber nicht nur in Bayern, sondern bundesweit. Doch womöglich wollte die ELKB die Entscheidungen der anderen Kirchen nicht offen präjudizieren? Nach der Entscheidung der ELKB stellt sich jedenfalls die Frage, wie die anderen Kirchen mit diesem Thema umgehen.

III. Die Rechtsfigur des besonderen Kirchgeldes

Der Kern der Rechtsfigur des besonderen Kirchgeldes lautet: *Wenn* der kirchenangehörige Ehegatte einer glaubensverschiedenen Ehe „mangels eigenen Einkommens kirchensteuerfrei bliebe“, *dann* darf sein Lebensführungsaufwand kirchlich besteuert werden[26].

1. Verfassungsrechtliche Grundlagen

Das BVerfG hat in seinem jüngsten Beschluss 2 BvR 591/06 zum besonderen Kirchgeld im Jahr 2010 ausgeführt, in welchen seiner Entscheidungen die für die Heranziehung zur Kirchensteuer und zum besonderen Kirchgeld „maßgeblichen verfassungsrechtlichen Fragen“ geklärt sind[27]. Das BVerfG verweist hier „insb.“ auf sein Grundsatzurteil 1 BvR 606/60 aus dem Jahr 1965, das danach in seiner Gesamtheit für die kirchliche Besteuerung bei glaubensverschiedener Ehe verfassungsrechtlich maßgeblich ist[28].

---

25 https://www.kirche-und-geld.de/besonderes-kirchgeld-abgeschafft.php; lt. Impressum ist für diese Internetpräsenz der Evang.-Luth. Kirche in Bayern deren Landesbischof verantwortlich.

26 BVerfG 14.12.1965 – 1 BvR 606/60, Ziff. C II 2, BVerfGE 19, 268.

27 BVerfG 28.10.2010 – 2 BvR 591/06, NJW 2011, 365. Das BVerfG nennt hier folgende Verfahren: BVerfGE 19, 268 = 1 BvR 606/60 (glaubensverschiedene Ehe); 19, 206 = 1 BvR 413/60 (Kirchenbausteuer); 19, 226 = 1 BvL 31/62 (Kirchenlohnsteuer); 19, 253 = 1 BvR 571/60 (Besteuerungsrecht der Kirchen); 20, 40 = 1 BvR 16/66 (getrennte Veranlagung); 30, 415 = 1 BvR 744/67 (Mitgliedschaft); 73, 388 = 2 BvL 7/84 (Ermächtigung des Landesgesetzgebers).

28 Dies ergibt sich aus dem Wortlaut, der Aufzählung der Entscheidungen und daraus, dass auf das Obiter dictum an anderer Stelle in der Entscheidung noch einmal separat verwiesen wird („BVerfGE 19, 268 <282>“). Dies widerlegt Behauptungen, dass das Urteil 1 BvR 606/60 das besondere Kirchgeld gar nicht betreffe.

2. *Kirchliche Besteuerung bei glaubensverschiedener Ehe*

Kernaussagen des BVerfG zum Steuerverhältnis und zum zu besteuernden Einkommen sind:

Das kirchliche Steuerverhältnis ist seinem Wesen nach ein individuelles. Die Ehe kann nicht zum Anknüpfungspunkt für die Kirchensteuerpflicht gemacht werden[29]. Die Kirche darf nur ihre Mitglieder besteuern[30].

Wenn die Kirche das Einkommen als Maßstab der Steuer wählt, „muß" es das Einkommen des kirchenangehörigen Ehegatten sein. Die Ehe begründet über die Unterhaltsgemeinschaft hinaus keine enge Wirtschaftsgemeinschaft. Das Einkommen des kirchenfremden Ehegatten darf nicht zur kirchlichen Besteuerung herangezogen werden, auch nicht durch Zusammenrechnen. Dem Einkommen des kirchensteuerpflichtigen Ehegatten darf nicht das Einkommen seines nicht der Kirche angehörenden Ehepartners hinzugerechnet werden, das wäre „systemwidrig". Die Anknüpfung der Kirchensteuer an das Familieneinkommen würde zu einer Art Haushaltsbesteuerung führen, es gilt aber die Individualbesteuerung[31]. Ansonsten sind Rechte aus Art. 2 Abs. 1 GG verletzt[32]. Dies sind tragende Gründe dieses Urteils die nicht hinweggedacht werden können, ohne dass das Entscheidungsergebnis entfiele[33].

Beim einkommenslosen kirchenangehörigen Ehegatten geht die Kirche somit leer aus. In einem „freundlichen, aber unnötigen"[34] Obiter dictum hat das BVerfG für diese komplementäre Situation dann jedoch erwogen, dass dessen „Lebensführungsaufwand" kirchlich besteuert werden könne, sofern dieser Ehegatte ansonsten „mangels eigenen Einkommens kirchensteuerfrei" bliebe[35]. Das BVerfG hat damit eine optionale Rechtsnorm formuliert, die im Falle des Tatbestandes „einkommenslos" die Rechtsfolge „Besteuerung des Lebensführungsaufwandes" ermöglicht. Deren Kann-Bestimmungen sind den Muss-Bestimmungen der o. a. tragenden Gründe nachgeordnet.

Im jüngsten Beschluss des BVerfG zum Kirchgeld aus 2010 wird dieses Obiter dictum unter die verfassungsrechtlichen Klärungen subsumiert, so

---

29 BVerfG 14.12.1965 - 1 BvL 31/62, Ziff. C I 2c, BVerfGE 19, 226.
30 BVerfG 14.12.1965 – 1 BvR 606/60, Ziff. C I 1, C I 2, BVerfGE 19, 268.
31 BVerfG 14.12.1965 – 1 BvR 606/60, Ziff. C I 1, C I 2a, C I 2d, BVerfGE 19, 268.
32 BVerfG 14.12.1965 – 1 BvL 31/62, Ziff. C I 2, BVerfGE 19, 226; BVerfG 14.12.1965 – 1 BvR 606/60, Ziff. C, C I 2a, C II 1, BVerfGE 19, 268.
33 BVerfG 18.1.2006 – 2 BvR 2194/99, Ziff. C I 2b), NJW 2006, 1191, 1192.
34 *Czermak* KJ 2006, 418, 427.
35 BVerfG 14.12.1965 – 1 BvR 606/60, Ziff. C II 2, BVerfGE 19, 268.

dass es anders als sonst nicht disponibel ist. Auch der Wortlaut des Obiter dictums ist eindeutig und die Wortlautgrenze bildet bekanntermaßen ja die Grenze der Auslegbarkeit. Zudem entstehen andernfalls sofort Widersprüche zu den o. a. tragenden Gründen dieses Urteils.

In der Entscheidung von 1965 hatte das Gericht den Halbteilungsgrundsatz des deutschen Kirchensteuerrechts, nach dem in glaubensverschiedenen Ehen die Kirchensteuer des einer steuerberechtigten Religionsgemeinschaft angehörenden Ehegatten nach der Hälfte der zusammengerechneten Einkommensteuer beider Ehegatten erhoben wird, für verfassungswidrig erklärt. Haushaltsbesteuerung im Kirchensteuerrecht ade!

Mit seinem Obiter dictum hat das BVerfG allerdings den Grundstein dafür gelegt, dass ökonomisch betrachtet der für verfassungswidrig erklärte Halbteilungsgrundsatz durch die Hintertür wieder eingeführt wurde.[36]

3. *Nicht vergleichbare Sachverhalte*

Das BVerfG hat in seinen Entscheidungen zur kirchlichen Besteuerung bei glaubensverschiedener Ehe wegen des Grundsatzes der Individualbesteuerung zwei völlig getrennte und konträre Tatbestände unterschieden: Ein eigenes Einkommen oder keines ziehen jeweils unterschiedliche Rechtsfolgen aus unterschiedlichen Normen nach sich.

Danach sind bei der kirchlichen Besteuerung die Sachverhalte der Allein– vs. Doppelverdienerehe laut BVerfG nicht vergleichbar oder strikt getrennt, wie es der Bundesfinanzhof (BFH) formuliert hat: „Die Rechtslage ist eindeutig. […] Den Ausführungen des BVerfG liegt damit erkennbar die Grundannahme einer strikten Trennung zwischen der Kircheneinkommensteuer als Annexsteuer und dem besonderen Kirchgeld als eigenständige Steuer zugrunde."[37]

IV. *Systematik der Rechtsgrundlagen*

Trotz dieser einfachen Rechtsfigur sind die Rechtsgrundlagen für das besondere Kirchgeld komplex bis verworren. Dies ergibt sich v. a. daraus, dass

---

36 Ebenso *Schoppe*, Die Kirchensteuer versus Trennung von Staat und Kirche, 2008, S. 41.

37 BFH 8.10.2013 – I B 109/12, Ziff. II a und b; ebenso BFH 26.2.2014 – I S 24/13, Rn. 7 u. 8.

die Länder die schlichte Rechtsfigur des BVerfG – wohl auf Wunsch der Kirchen – anders umgesetzt haben, als das BVerfG dies vorgegeben hatte. Diese Vorgaben des BVerfG werden ergänzt durch Richterrecht des Bundesverwaltungsgerichts (BVerwG) zur Bemessung der Steuer, auf dem dann weitere Bestimmungen beruhen. Doch der Reihe nach – zunächst zur Kaskade der Rechtsgrundlagen.

1. *Landesrechtliche Grundlagen*

Die nähere Ausgestaltung des besonderen Kirchgeldes obliegt nach Art. 140 GG i. V. m. Art. 137 Abs. 8 WRV den Ländern.

Die Länder haben v. a. um das Jahr 2000 entsprechende Bestimmungen in ihre Kirchensteuergesetze (KiStG) eingefügt. Die Kirchen befürchteten Steuerausfälle aufgrund der Absenkung des Einkommensteuertarifs im Jahre 2000 / 2001.[38] Dabei haben die Länder aber durchweg den Tatbestand aus dem Obiter dictum „mangels eigenen Einkommens kirchensteuerfrei" nicht in ihre Bestimmungen aufgenommen. Sie lassen damit zu, dass das besondere Kirchgeld auch bei einem eigenen Einkommen des kirchenangehörigen Ehegatten erhoben wird[39].

Damit haben die Landesgesetzgeber ihre Bindung an die tragenden Gründe einschlägiger Entscheidungen des BVerfG entgegen § 31 Abs. 1 BVerfGG nicht beachtet. Ebenfalls nicht beachtet haben sie die Verfassung, an die sie bei der Ausgestaltung des besonderen Kirchgeldes gebunden sind.

Die KiStG beinhalten i. W. Ermächtigungsnormen für die Kirchen, welche Steuern sie unter welchen Rahmenbedingungen aufgrund eigener Steuerordnungen (KiStO) erheben dürfen.[40] Dies führt in der Praxis dazu, dass sich die KiStG der 16 Bundesländer und die KiStO von ca. 35 Landes-

---

38 Z. B. Landtag von Baden-Württemberg, Drs. 12/1702, S. 1; Bayr. Landtag, Drs. 14/78, S. 5534; Niedersächs. Landtag, Drs. 14/2831, S. 4. Die Formulierungen in den Begründungen sind streckenweise sehr ähnlich („verfassungsrechtlich abgesichert").

39 Die Formulierungen in den KiStG lauten typischerweise: „Die Steuern können erhoben werden als ... besonderes Kirchgeld von Kirchensteuerpflichtigen, deren Ehegatte oder Lebenspartner nicht kirchensteuerpflichtig ist."

40 Die Bestimmungen in den KiStG lauten etwa so: „Kirchen und andere Religionsgemeinschaften, die Körperschaften des öffentlichen Rechts sind, können nach Maßgabe dieses Gesetzes Steuern auf Grund eigener Steuerordnungen erheben."

kirchen bzw. Bistümern überlagern, deren Gebiete sich z. T. auf mehrere Bundesländer erstrecken.

2. *Kirchliche Grundlagen*

Die KiStO beinhalten zur KiESt und zum besonderen Kirchgeld i. W. Wiederholungen der Bestimmungen der KiStG, also zumeist nur Ermächtigungsnormen. Das Nähere wird meist in jährlichen Kirchensteuerbeschlüssen (KiStB) geregelt. Erst diese beinhalten konkrete Eingriffsnormen 1) zum Steuertarif, für das besondere Kirchgeld also die bundesweit gleichlautende Kirchgeldtabelle, sowie 2) meistens eine Vergleichsberechnung für die Heranziehung zur jeweiligen Kirchensteuer.

Die KiStO und KiStB bedürfen der staatlichen Genehmigung[41]. Die staatliche Bekanntmachung der genehmigten KiStB im Bundessteuerblatt ist die operative Grundlage für die Erhebung der Kirchensteuern.

3. *Eingriffsnormen beim besonderen Kirchgeld*

Unabhängig von der Rangordnung der Rechtsquellen sind beim besonderen Kirchgeld zwei Eingriffsnormen materiell entscheidend: Die *Heranziehung* der Person zu der Steuer und die *Bemessung* der Steuer. Diese Unterscheidung trifft auch das BVerfG in seiner Entscheidung aus 2010: Die Heranziehung zur Kirchensteuer sei durch das BVerfG verfassungsrechtlich geklärt, die Bemessung durch die Rechtsprechung der Fachgerichte[42].

a) Heranziehung zur Steuer – Vergleichsberechnung

Nach dem Grundsatzurteil des BVerfG von 1965 ist die Heranziehung des kirchenangehörigen Ehegatten zur Kirchensteuer bei glaubensverschiedener Ehe wie folgt geklärt: Bei einem eigenen Einkommen „muß“ die Kirche genau dieses besteuern, d. h. Kircheneinkommensteuer erheben; ohne

41 Die Genehmigung erfolgt in der Regel durch das Finanzministerium des Bundeslandes, siehe z. B.: § 2 KiStG BaWü; § 7 KiStG Hessen; § 1 Abs. 2 und § 4 Abs. 1 KiStG HH.

42 BVerfG 28.10.2010 – 2 BvR 591/06, Rn. 5, NJW 2011, 365.

ein eigenes Einkommen *darf* sie den Lebensführungsaufwand besteuern, also das besondere Kirchgeld festsetzen.

Aus den staatlichen und kirchlichen Bestimmungen auf Landesebene ergibt sich aber anderes. Die KiStG und KiStO sind insoweit unbestimmt, als dass sie bei einer glaubensverschiedenen Ehe und einer Zusammenveranlagung zur Einkommensteuer sowohl die KiESt auf das eigene Einkommen des Kirchenmitglieds zulassen als auch das besondere Kirchgeld als Besteuerung des Lebensführungsaufwands[43].

Diese Unbestimmtheit, zu welcher der beiden Steuern der kirchenangehörige Ehegatte denn nun im konkreten Fall heranzuziehen sei, wird nur mit der Vergleichsberechnung gelöst: Erhoben wird diejenige Steuer, die im jeweiligen Einzelfall den höheren Betrag aufweist[44].

Das besondere Kirchgeld wird folglich auch beim Mehrfachen des Durchschnittseinkommens erhoben. Wenn das Kirchenmitglied zu versteuernde Einkünfte von z. B. 100.000 Euro hat und sein kirchenfremder Ehegatte solche von 200.000 Euro, beträgt die zu erhebende Kircheneinkommensteuer (bei 8 %) ca. 2.701 Euro. Aus der Kirchgeldtabelle ergibt sich bei einem gemeinsam zu versteuernden Einkommen von 300.000 Euro ein jährliches Kirchgeld i. H. v. 3.600 Euro. Dieses wird in dem skizzierten Fall nach der Vergleichsberechnung erhoben, allein weil es höher ist als die an sich zu erhebende Kircheneinkommensteuer. Die Mehrzahlung beträgt ca. 899 Euro.

Damit ist die Vergleichsberechnung nach Landesrecht die allein entscheidende Eingriffsnorm für die Heranziehung zur Kirchensteuer bei glaubensverschiedener Ehe. Die Bestimmungen zur Vergleichsberechnung finden sich in weitgehend gleichlautenden Formulierungen in unterschiedlichen Normen: in KiStG[45], in KiStO[46], in KiStB[47] oder in staatlichen Verordnungen[48].

Die Vergleichsberechnung hebelt mit dem Vergleich zweier Zahlenwerte die o. g. Vorgaben des BVerfG aus. Sie wird von den Akteuren gern ver-

---

43 Z. B. § 5 Abs. 1 i. V. m. § 19 Abs. 4 KiStG BaWü.

44 Eine typische Formulierung lautet: „Es ist eine Vergleichsberechnung zwischen der Kirchensteuer vom Einkommen und dem Kirchgeld in glaubensverschiedener Ehe durchzuführen, wobei der höhere Betrag festgelegt wird." (Ev. Landeskirche Baden).

45 Z. B. § 3 Abs. 4 KiStG Schleswig-Holstein.

46 Z. B. § 9 Abs. 3 S. 1 KiStO Ev.-Luth. Kirche in Norddeutschland.

47 Der Normalfall ist, dass die Vergleichsberechnung im Kirchensteuerbeschluss für das betreffende Steuerjahr steht, der aber sehr unterschiedlich bezeichnet sein kann.

48 Z. B. NRW: Erlass des FinMin vom 8.8.2001 – S 2440 - 1/18 - V B 2.

schwiegen. Kein Gericht hat diese Vergleichsberechnung je daraufhin geprüft, ob sie der Verfassung gemäß ist oder dies gar bestätigt, auch dann nicht, wenn die Kläger explizit staatlichen Rechtsschutz[49] gegen die kirchlichen Bestimmungen begehrt haben[50].

Eine verfassungskonforme Auslegung der Bestimmungen zur Vergleichsberechnung erscheint nicht möglich: Die Auswahl einer von zwei Steuern mit unterschiedlicher verfassungsrechtlicher Grundlage, Bemessungsgrundlage und Steuertarif allein nach der Betragshöhe stellt keinen sachgerechten Besteuerungsgrund dar[51]. Die Kirchen sind beim Ausfüllen der landesrechtlichen Bestimmungen an die Verfassung gebunden[52], dürfen also die zusätzlichen Spielräume, die ihnen die landesrechtlichen Bestimmungen einräumen, gar nicht nutzen. Weder der Landesgesetzgeber noch die Kirchen haben eine Normverwerfungskompetenz gegenüber dem BVerfG.

b) Bemessung der Steuer – Hilfsmaßstab gemeinsam zu versteuerndes Einkommen

Die Kirchgeldtabellen in den KiStB nennen das „gemeinsam zu versteuernde Einkommen der Ehegatten" als Bemessungsgrundlage für das besondere Kirchgeld, ohne eine Einschränkung der Einkommenskonstellation.

Die originäre Rechtsgrundlage für die Bemessung des Lebensführungsaufwandes am gemeinsam zu versteuernden Einkommen der Ehegatten ist das Urteil des BVerwG VII C 48.73 aus dem Jahr 1977[53]. Die diesbezügliche Rechtsprechung des BFH und des BVerfG besteht i. W. aus Nachweisketten, die alle letztlich auf dieses Urteil des BVerwG zurückführen[54].

Das BVerwG hat in VII C 48.73 im Falle einer Alleinverdienerehe über die Kirchgeldtabelle der Evangelischen Kirche von Kurhessen-Waldeck ent-

49 Vgl. BVerfG 19.08.2002 – 2 BvR 443/01, Ziffer B 2 b aa 4, passim, DÖV 2003, 159.

50 Z. B. FG Nürnberg 8.11.2018 – 6 K 1148/18 (nv). Der Fall ist den Autoren bekannt.

51 Ein Besteuerungsmaßstab muss dem „Wesen der Steuer" entsprechen, damit er als sachgerecht gelten kann: BVerfG 10.5.1962 – 1 BvL 31/58, BVerfGE 14, 76. Das „Wesen" der kirchlichen Besteuerung bei glaubensverschiedener Ehe ist durch das 1965er-Grundsatzurteil des BVerfG geklärt.

52 BVerfG 19.8.2002 – 2 BvR 443/01, Ziff. B 2 b aa., NVwZ 2002, 1496.

53 BVerwG 18.2.1977 – VII C 48.73, Rn. 29 ff., NJW 1977, 1304.

54 BFH 19.10.2005 – I R 76/04, Ziff. II 3 b bb. Nur der Verweis auf BVerwG VII C 48.73 betrifft den Lebensführungsaufwand. BVerfG 2 BvR 591/06 beruft sich zur Bemessung allein auf BFH I R 76/04.

schieden. Die heutigen Tabellen sind nach deren Muster aufgebaut: Bemessungsgrundlage ist das „gemeinsame Einkommen“[55], auf das ein Staffeltarif angewandt wird[56].

Das BVerwG hat sich dazu sehr differenziert mit der Frage befasst, wie der „Lebensführungsaufwand“[57] steuerlich bemessen werden könne[58]. Das Gericht kam dabei zu dem Schluss, dass die dortige Kirchgeldtabelle mit dem „Hilfsmaßstab“ „gemeinsam zu versteuerndes Einkommen“ eine geeignete und hinreichend praktikable Methode sei. „Berücksichtigt werden muß dabei [...] auch“, dass diese Besteuerung vom BVerfG nur für den Fall „mangels eigenen Einkommens kirchensteuerfrei“ ermöglicht worden war[59].

Damit hat das BVerwG die Bemessung des Lebensführungsaufwandes am gemeinsam zu versteuernden Einkommen allein für den einkommenslosen kirchenangehörigen Ehegatten gebilligt, und zusätzlich wegen des Obiter dictums „(BVerfGE 19, 268 [282])“ explizit auf genau diesen Fall beschränkt. Folglich ist der Heranziehungsgrund „einkommenslos“ aus diesem Obiter dictum auch für die Anwendbarkeit des Hilfsmaßstabes „gemeinsam zu versteuerndes Einkommen“ maßgebend. „Diese Funktion des gemeinsamen Einkommens als bloßer Hilfsmaßstab läßt sich auch nicht in Frage stellen“[60].

Damit kann das „gemeinsam zu versteuernde Einkommen“ weder Heranziehungsgrund sein noch die Steuer begründen[61]. Die Kirchen haben diese Einschränkungen in ihren KiStB und deren Kirchgeldtabellen übergangen. Ihre Bestimmungen entsprechen nicht den (richter-)rechtlichen Vorgaben, auf denen sie beruhen.

55 Die Bezeichnungen variieren bei den div. Kirchen. Heute wird meist das „gemeinsam zu versteuernde Einkommen“ nach § 2 Abs. 5 EStG genannt. Diese Vorschrift verweist auf § 32 EStG, der damals herangezogen wurde.

56 BVerwG 18.2.1977 – VII C 48.73, Ziff. II 2, NJW 1977, 1304.

57 „Was Lebensführungsaufwand in dem hier interessierenden Sinne ist, ist nirgendwo festgelegt.“ Hess. VGH 3.5.1973 – V OE 29/72, Ziffer 1 d.

58 BVerwG 18.2.1977 – VII C 48.73, Ziff. II 4, NJW 1977, 1304.

59 BVerwG 18.2.1977 – VII C 48.73, Ziff. II 4 c (am Ende des Abschnitts), NJW 1977, 1304.

60 BVerwG 18.2.1977 – VII C 48.73, Ziff. II 4b, NJW 1977, 1304.

61 Vgl. BVerfG 14.12.1965 – 1 BvR 606/60, Ziff. C I 2a, BVerfGE 19, 268.

4. Materielle Wirkung der Eingriffsnormen

Wenn das Einkommen des konfessionslosen Ehepartners mehr als ca. 150 % von dem seines kirchenangehörigen Ehegatten beträgt, ist das besondere Kirchgeld tarifbedingt höher als die KiESt auf das eigene Einkommen des Kirchenmitglieds[62]. Nach der o. g. Vergleichsberechnung wird dann das besondere Kirchgeld auf das gemeinsame Einkommen der Ehegatten festgesetzt, und nicht die niedrigere KiESt auf das Einkommen des Kirchenmitglieds.

In diesen Fällen besteuert die Kirche materiell das Haushaltseinkommen, weil dem Einkommen des Kirchenmitglieds das seines nicht kirchensteuerpflichtigen Ehegatten hinzugerechnet[63] und kirchlich besteuert wird[64]. Dies durchbricht den Grundsatz der Individualbesteuerung, der laut BVerfG auch für die kirchliche Besteuerung gilt[65]. Auch nach den KiStG ist immer nur das Kirchenmitglied steuerpflichtig, nicht die Ehe.

Die „hilfsweise Bemessung am gemeinsam zu versteuernden Einkommen" kann diese Besteuerung nicht rechtfertigen. Dieser „Hilfsmaßstab"[66] ist, wie gezeigt, nur für die Alleinverdienerehe rechtlich begründet. Eine Methode kann keine Steuer begründen. Steuern müssen formell *und* materiell der Verfassung gemäß sein[67].

5. Fazit zu den Rechtsgrundlagen

Die staatlichen und kirchlichen Bestimmungen auf Landesebene bewirken somit, dass bei einem eigenen Einkommen des Kirchenmitglieds all das geschieht, was das BVerfG 1965 beim Verbot des Halbteilungsgrundsatzes untersagt hat:

---

62 S. dazu die Tabellen in https://kirchgeld-klage.info/4-handlungsmoglichkeiten/2-verfahren-beim-finanzamt/#IV%202.1.2.

63 Das gemeinsam zu versteuernde Einkommen der Ehegatten nach § 2 Abs. 5 EStG wird bei Zusammenveranlagung dadurch ermittelt, dass die Einkünfte, die die Ehegatten erzielt haben, zusammengerechnet und den Ehegatten gemeinsam zugerechnet werden (§ 26 b EStG).

64 Ebenso *Schoppe*, Die Kirchensteuer versus Trennung von Staat und Kirche, 2008, S. 46.

65 BVerfG 14.12.1965 – 1 BvL 31/62, Ziff. C I 2d, BVerfGE 19, 226.

66 BVerwG 18.2.1977 – VII C 48.73, Ziff. II 4 b, BVerwGE 52, 104.

67 BVerfG 14.12.1965 – 1 BvR 413/60, Ziff. C I 1, BVerfGE 19, 206.

- Anstelle des eigenen Einkommens des Kirchenmitglieds wird sein Lebensführungsaufwand besteuert.
- Dem Einkommen des Kirchenmitglieds wird das seines nicht kirchensteuerpflichtigen Ehegatten hinzugerechnet und somit das Haushaltseinkommen besteuert.
- Der Lebensführungsaufwand wird besteuert, obwohl dies verfassungsrechtlich nur für den Fall „mangels eigenen Einkommens kirchensteuerfrei" ermöglicht worden war.

Es werden damit so ziemlich alle tragenden Gründe des Urteils 1 BvR 606/60 missachtet, die 1965 zum Verbot des damaligen Halbteilungsgrundsatzes wegen Verletzung der Rechte der Klägerin aus Art. 2 Abs. 1 GG geführt hatten.

Damit liegt beim besonderen Kirchgeld bei Doppelverdienerehe die gleiche Verletzung von Rechten des kirchenangehörigen Ehegatten aus Art. 2 Abs. 1 GG vor wie beim damaligen Halbteilungsgrundsatz. Auf die evtl. unterschiedliche Höhe von Prozentsätzen oder Beträgen kommt es nicht an, weil das BVerfG 1965 unabhängig von Zahlenwerten entschieden hat. Es kommt nur darauf an, wessen Einkommen für die kirchliche Besteuerung herangezogen wird. Die ELKB hat ja als Grund für die Abschaffung ihres besonderen Kirchgeldes genannt, dass es den Grundsatz der Individualbesteuerung durchbreche.

Des Weiteren dürfte eine Normenkollision i. S. des Art. 31 GG vorliegen, weil die Bestimmungen auf Landesebene im gleichen Sachverhalt zu anderen Ergebnissen führen können als die einschlägige verfassungsrechtliche Klärung durch das BVerfG. Dies betrifft auch das untergesetzliche Recht, insbesondere die staatlichen Bekanntmachungen über die Genehmigung der Kirchensteuerbeschlüsse.

Eine verfassungskonforme Auslegung der KiStG und KiStO wäre (außer bei der Vergleichsberechnung) möglich, wird aber von den Gerichten nicht vorgenommen.

V. Rechtsprechung zum besonderen Kirchgeld

Angesichts solch undurchsichtiger Rechtsgrundlagen für das besondere Kirchgeld verwundern juristische Auseinandersetzungen nicht. Aber das Durcheinander setzt sich fort: Die Bundesgerichte widersprechen sich selbst und untereinander.

1. *Argumentationsmuster*

Die Rechtsprechung zum besonderen Kirchgeld beruht in hohem Maße auf begrifflichen Ungenauigkeiten, dem Verschweigen wichtiger Rechtsfiguren und unzutreffenden Nachweisen. Auf wundersame Weise verschwindet regelmäßig die Vorgabe des BVerfG „mangels eigenen Einkommens kirchensteuerfrei" – fast wie beim Hütchenspiel.

Die *Heranziehung* zum besonderen Kirchgeld wird auch bei einem eigenen Einkommen des Kirchenmitglieds damit begründet, dass der Lebensführungsaufwand ja am gemeinsam zu versteuernden Einkommen *bemessen* werden dürfe. Der Schwanz wedelt mit dem Hund[68]. Das gemeinsam zu versteuernde Einkommen ist nur ein Hilfsmaßstab und kann als Methode nicht die Steuer begründen[69].

Überdies wird der eigentliche Heranziehungsgrund, die Vergleichsberechnung, in praktisch allen Entscheidungen nicht erwähnt. Damit liegt nach ständiger Rechtsprechung des BFH durchweg ein qualifizierter Rechtsanwendungsfehler vor, weil eine entscheidungserhebliche Rechtsnorm übersehen wurde[70].

2. *BVerfG*

Das BVerfG hat in seinem Beschluss aus 2010[71] dargelegt, dass „insb." in seinem 1965er Urteil die im Wesentlichen maßgeblichen verfassungsrechtlichen Fragen der Heranziehung glaubensverschiedener Ehepaare zur Kirchensteuer sowie zum besonderen Kirchgeld geklärt sind, „insbesondere" auch im Obiter dictum in „BVerfGE 19, 268 [282]". Mit anderen Worten: Im Falle der Alleinverdienerehe kann von dem einkommenslosen kirchenangehörigen Ehegatten ein besonderes Kirchgeld erhoben werden. Soweit, so klar.

Der 2010er-Beschluss ist jedoch in sich widersprüchlich, da mit ihm alle *sechs* Verfassungsbeschwerden mit dem Hinweis auf die bereits erfolgte ver-

68 Eine Steuer muss inhaltlich an ihrem Belastungsgrund ausgerichtet sein: BVerfG 4.2.2009 – 1 BvL 8/05, Ziff. C II 1 b. Verfassungsrechtlich ergibt sich der Belastungsgrund aus 1 BvR 606/60 mit „mangels eigenen Einkommens kirchensteuerfrei". Darauf beruft sich auch das BVerwG in VII C 48.73, Ziff. II 4 c. Ebenso BFH 8.10.2013 – I B 109/12, Ziff. II b; BFH 19.10.2005 – I R 76/04, Ziff. II 3 b aa.

69 Vgl. BVerfG 14.12.1965 – 1 BvR 606/60, Ziff. C I 2a, BVerfGE 19, 268.

70 BFH 11.3.2011 – V B 45/10, BFH/NV 2011, 999; BFH 21.2.2013 – X B 110/11.

71 BVerfG 28.10.2010 – 2 BvR 591/06, NJW 2011, 365.

fassungsrechtliche Klärung nicht zur Entscheidung angenommen wurden. Drei der sechs Verfassungsbeschwerden betrafen jedoch die Fallkonstellation der Doppelverdienerehe. Die verfassungsrechtlichen Fragen hinsichtlich der Erhebung des besonderen Kirchgeldes sind aber nur für die Alleinverdienerehe positiv geklärt. Im Falle der Doppelverdienerehe ist eine Erhebung des besonderen Kirchgeldes nach der in 2 BvR 591/06 angeführten Rechtsprechung des BVerfG gerade nicht zulässig.

Noch verwirrender wird es, wenn das BVerfG dann zur Begründung weiter ausführt, dass der Lebensführungsaufwand ja gemäß BFH I R 76/04 am gemeinsam zu versteuernden Einkommen bemessen werden dürfe. Dieses BFH-Urteil aus dem Jahr 2005 bezieht sich auf die Alleinverdienerehe und besagt rein gar nichts zur Doppelverdienerehe[72] und beruht hier allein auf BVerwG VII C 48.73, wo genau dieses ausgeschlossen wird. Auch die Vergleichsberechnung, den nach den kirchlichen Rechtsnormen eigentlichen Besteuerungsgrund, hat das BVerfG gänzlich übersehen. Es ist davon auszugehen, dass dem BVerfG die unterschiedlichen Fallkonstellationen der zu entscheidenden Ausgangsfälle nicht bewusst waren.

3. BFH

Der BFH hat seine Rechtsprechung zum besonderen Kirchgeld bei Doppelverdienerehen von der des BVerfG abgekoppelt[73]. Sie beruht allein auf der Übertragung seines eigenen Grundsatzurteils I R 76/04 aus dem Jahr 2005 zur Alleinverdienerehe auf die Doppelverdienerehe[74]. Die darauf aufbauenden Entscheidungen sind z. T. nahezu wortgleich, beinhalten kaum eigenständige Erwägungen und bestehen im Wesentlichen aus Verweisen auf die jeweils vorangegangenen Entscheidungen[75].

Aus welchen Gründen der BFH die Nicht-Vergleichbarkeit der Sachverhalte ausblendet und seine Rechtsprechung zur Alleinverdienerehe auf die

72 Das Urteil entscheidet über die Klage und darf nicht darüber hinausgehen (§§ 95, 96 FGO).

73 In der Kette seiner Entscheidungen bezieht sich der BFH nur einmal auf das BVerfG, nämlich in I B 64/11. Er weist zur Bemessung des Lebensführungsaufwandes auf BVerfG 2 BvR 591/06 hin. Dieser Beschluss verweist zu dieser Frage auf BFH I R 76/04, so dass der Kreis geschlossen ist.

74 BFH 21.12.2005 – I R 44/05, I R 64/05 und I R 62/05 berufen sich auf BFH 19.10.2005 – I R 76/04. BFH 15.2.2008 – I R 43/06 beruft sich auf die vorgenannten Entscheidungen. BFH 29.1.2010 – I B 98/09 beruft sich wiederum darauf. BFH 12.10.2011 – I B 64/11 benennt BFH 29.1.2010 – I B 98/09.

75 Näheres hier: https://kirchgeld-klage.info/3-urteile/3bfh-beschlusse-i-b-4306-co/.

Doppelverdienerehe überträgt, erschließt sich nicht. Dies insbesondere deshalb, weil die Vergleichbarkeit der Sachverhalte grundsätzlich auch für ihn relevant ist. So verweist er bspw. in seinem Beschluss I B 43/06 aus dem Jahr 2006 zur Doppelverdienerehe darauf, dass er in „vergleichbaren Konstellationen" entsprechend geurteilt habe[76]. Da alle Entscheidungen des BFH zum besonderen Kirchgeld bei Doppelverdienerehe auf sein Urteil I R 76/04 zur Alleinverdienerehe zurückgehen, erklärt der BFH damit implizit selbst, dass alle diese Entscheidungen auf einem nicht vergleichbaren Sachverhalt beruhen.

Doch es gibt noch weitere Ungereimtheiten in seiner Rechtsprechung. In der ersten Entscheidung zum besonderen Kirchgeld bei Doppelverdienerehen I R 44/05[77] aus dem Jahr 2005 beruft er sich in Ziff. II 1 a und b auf die – eingangs dargestellten – Kann-Bestimmungen des KiStG NRW und die einschlägige KiStO zum besonderen Kirchgeld[78]. Die parallele Kann-Bestimmung zur KiESt erwähnt er nicht[79]. Eine Begründung ist nicht ersichtlich. Auf dieser unbegründeten Auswahl einer von zwei möglichen Rechtsnormen beruhen dann die weiteren Darlegungen, auch in den Folgeentscheidungen I R 64/05 usw.

Ferner begründet der BFH die Heranziehung zum besonderen Kirchgeld allein damit, dass der Lebensführungsaufwand nach seinem Grundsatzurteil I R 76/04 am gemeinsam zu versteuernden Einkommen bemessen werden dürfe. Die entsprechende Begründung in I R 76/04 ist dort jedoch an den Fall des einkommenslosen Kirchenmitglieds geknüpft[80] und wird allein mit BVerwG VII C 48.73 gerechtfertigt[81]. Vom BVerwG wurde

---

76 BFH 20.12.2006 – I B 43/06, letzter Satz.

77 BFH 21.12.2005 – I R 44/05.

78 § 4 Abs. 1 Nr. 5 KiStG NRW bzw. § 6 Abs. 1 Nr. 5 KiStO NRW.

79 § 4 Abs. 1 Nr. 1a KiStG NRW bzw. § 6 Abs. 1 Nr. 1a KiStO NRW.

80 BFH 19.10.2005 – I R 76/04, Ziff. II 3 b aa: „Der für die Bemessung des besonderen Kirchgelds herangezogene Besteuerungsmaßstab geht seinerseits wiederum auf die genannte Entscheidung des BVerfG aus dem Jahre 1965 zurück." Der BFH zitiert anschließend den Tatbestand „mangels eigenen Einkommens kirchensteuerfrei".

81 BFH 19.10.2005 – I R 76/04, Rn. 30. Der BFH nennt hier sechs Entscheidungen, von denen aber fünf nichts zur Bemessung des Lebensführungsaufwandes beinhalten: BVerfG 19.08.2002 – 2 BvR 443/01; BVerwG 11.11.1988 – 8 C 10.87; BFH 15.03.1995 – I R 85/94; BFH 14.12.1983 – I R 170/81; BFH 27.09.1996 – I B 23/96. Letzteres hat der BFH mit Urteil vom 8.4.1997 – I R 68/96 de facto widerrufen, weil darin der Halbteilungsgrundsatz bei der Kirchensteuer mit dem bei der Einkommensteuer verwechselt worden war.

diese Methode aber explizit auf das einkommenslose Kirchenmitglied beschränkt.

In keiner seiner Entscheidungen erwähnt der BFH die Vergleichsberechnung, geschweige denn wird deren Rechtmäßigkeit überprüft, obwohl die Vergleichsberechnung nach den einschlägigen Rechtsnormen der eigentliche Grund zur Heranziehung zum besonderen Kirchgeld bei Doppelverdienerehen ist.

Im Jahr 2013 hat der BFH in seinem Beschluss I B 109/12 mit Verweis auf die Rechtsprechung des BVerfG aus den Jahren 1965 bis 2010 festgestellt: Die Rechtslage ist eindeutig, besonderes Kirchgeld darf nur im Falle eines einkommenslosen Kirchenmitglieds erhoben werden. Daran ändere die in den einschlägigen Rechtsnormen vorgesehene Vergleichsberechnung nichts[82]. Der Gesetzgeber habe sich bei der Bemessungsgrundlage für glaubensverschiedene Ehen für das Individualisierungsprinzip entschieden. Diese Feststellung findet sich im Maßstabsteil des Beschlusses I B 109/12, ist also unabhängig von dem dort streitigen Sachverhalt[83].

Doch die Freude über diese Klarstellung und die damit verbundene Hoffnung auf eine stringente BFH-Rechtsprechung zum besonderen Kirchgeld währte nur kurz. In späteren Entscheidungen erklärte der BFH sodann erneut die Heranziehung zum besonderen Kirchgeld auch bei Doppelverdienerehen für rechtmäßig. Auf den Widerspruch zu seiner Entscheidung aus 2013 ging er dabei – trotz entsprechenden Klägervortrags – nicht ein[84].

---

82 BFH 26.02.2014 – I S 24/13 (lexetius.com), Rn. 7 und 8.

83 BFH 8.10.2013 – I B 109/12. Gegenstand des Verfahrens war die Frage, ob ein Anspruch auf Abzug eines sog. negativen Kirchgeldes besteht, welches die KiESt reduziert und am Lebensführungsaufwand des nicht der Kirche angehörigen Ehegatten bemessen wird. Der BFH hat dies verneint.

84 So geschehen insbesondere in BFH 15.5.2018 – I B 103/17 (nv). Der Kläger hatte sich explizit auf I B 109/12 bezogen. Der BFH stützt sich auf die erwähnte Kette seiner vorherigen Entscheidungen (die der Kläger angegriffen hatte), geht aber nicht auf I B 109/12 ein.

4. EGMR

Anders als v. a. von Kirchen[85] und Gerichten[86] behauptet, hat der EGMR in seinem Urteil vom 6.4.2017 zum besonderen Kirchgeld nicht über das besondere Kirchgeld als solches entschieden oder dieses gar bestätigt[87], sondern lediglich die Aufrechnung der Kirchensteuerschuld der Ehefrau gegen den Lohnsteuererstattungsanspruch ihres konfessionslosen Ehemannes als eine Verletzung dessen negativer Religionsfreiheit gewertet[88]. Im Rahmen der Abwägung des Rechts auf negative Religionsfreiheit des Beschwerdeführers mit dem öffentlichen Interesse an einer effizienten Erhebung der Kirchensteuern und angesichts der vergleichsweise geringfügigen Beeinträchtigung hielt der Gerichtshof den Eingriff im Ergebnis jedoch für gerechtfertigt[89].

Zum besonderen Kirchgeld selbst hat der EGMR dargelegt, dass dieses rechtlich auf der Voraussetzung „einkommenslos" („no income")[90] beruht, was sich auch aus dem einschlägigen Kirchensteuergesetz ergebe.

---

85 Deutsche Bischofskonferenz: https://dbk.de/nc/presse/aktuelles/meldung/europaeischer-gerichtshof-fuer-menschenrechte-egmr-zum-besonderen-kirchgeld-bzw-zur-berechnung-der/detail/ EKD: https://www.ekd.de/news_2017_04_06_05_europaeischer_gerichtshof_klage_kirchensteuer.htm

86 FG Nürnberg 8.11.2018 – 6 K1148/18, S. 6.

87 EGMR 6.4.2017 – 10138/11, NJW 2018, 3295. Vier der fünf Klagen wurden nicht zugelassen (Rn. 118, 121, 134 des Urteils). Der EGMR beschreibt im Abschnitt „Background to the cases" (Rn. 8 bis 15) so gut es geht den bundesrechtlichen Hintergrund für das besondere Kirchgeld; es erfolgt aber keinerlei Beurteilung nach einem Maßstab der EMRK. Die Vergleichsberechnung wird trotz Klägervorbringen nicht erwähnt. Näheres in https://kirchgeld-klage.info/3-urteile/7-egmr-v-6-4-2017-zu-kirchensteuern/#III%207.3

88 EGMR 6.4.2017 – 10138/11, NJW 2018, 3295, Rn. 83. Dies entspricht der deutschen Rechtslage. § 226 AO i. V. m. § 387 BGB. So auch FG Stuttgart 12.3.2004 – 9 K 43/01 (juris.de), Rn. 44 f..

89 EGMR 6.4.2017 – 10138/11, NJW 2018, 3295, Rn. 95, 99, 101; vgl. hierzu auch *Neumann*, Konventionsgemäß, aber verfassungswidrig, LTO vom 15.4.2017 sowie die ausf. Besprechung auf https://kirchgeld-klage.info/3-urteile/7-egmr-v-6-4-2017-zu-kirchensteuern.

90 EGMR 6.4.2017 – 10138/11, NJW 2018, 3295, Rn. 12, 55, 57; in Rn. 55 zu § 5 Abs. 1 Nr. 5 KiStG Baden-Württemberg.

5. *Erstinstanzliche Rechtsprechung*

Aus Platzgründen können wir hier nicht auf die erstinstanzliche Rechtsprechung zum besonderen Kirchgeld eingehen. Wir verweisen dazu auf die Besprechungen auf Kirchgeld-Klage.info[91].

Der folgende, leicht redigierte Bericht eines Klägers[92] mag zur Illustration der häufigen Fehlentscheidungen der Gerichte dienen:

Eingangs hat der Vorsitzende anhand des EGMR-Urteils und diverser FG-Urteile fünf Minuten lang ausgeführt, weshalb es das besondere Kirchgeld zu Recht gibt und dann den Kläger gefragt, weshalb er überhaupt geklagt habe. Der Kläger hat sich direkt auf das Grundsatzurteil des BVerfG aus dem Jahr 1965 und die Bestätigung dieses Urteils durch den BFH in 2013, wonach das besondere Kirchgeld nur vom einkommenslosen kirchenangehörigen Ehegatten erhoben werden darf, bezogen.

Daraufhin haben die drei Richter erst einmal in dem vor ihnen stehenden PC das Urteil gesucht. Der Anwalt gab den Hinweis, wo das Urteil in der Klageschrift steht. Der Kläger hatte den Eindruck, dass die Richter die Klageschrift nicht gelesen hatten. Nach ca. 3 Minuten hat der Vorsitzende die ersten beiden Absätze zitiert, nur um dann auszuführen, dass man „anders wählen müsste, wenn man das besondere Kirchgeld abschaffen möchte". Soweit der Bericht.

Im Ergebnis hat das Finanzgericht die Klage abgewiesen und sich dabei auf die Einspruchsentscheidung der Gegenseite berufen. „Ergänzend" bezog sich das Gericht v. a. auf BFH I R 76/04 und I B 43/06, wonach das besondere Kirchgeld auch bei eigenem Einkommen zulässig sei, weil der Lebensführungsaufwand ja am gemeinsam zu versteuernden Einkommen bemessen werden dürfe. Dass da der Schwanz mit dem Hund wedelt, hatten wir bereits erwähnt.

VI. *Weitere Entwicklung des besonderen Kirchgeldes*

Mit dem besonderen Kirchgeld bei Doppelverdienerehe besteuern die Kirchen das zusammengerechnete Einkommen des kirchenangehörigen sowie des konfessionsfreien Ehegatten. Dies durchbricht den Grundsatz der Indi-

91 https://kirchgeld-klage.info/3-urteile/6-erstinstanzliche-urteile.

92 Der Fall ist den Autoren bekannt und wurde zur Veröffentlichung vom Kläger und seinem Anwalt autorisiert.

vidualbesteuerung sowie das Besteuerungsverbot gegenüber Nicht-Mitgliedern.

Daran ändern die – ohnehin unzutreffenden – Darstellungen der Gerichte zur Zulässigkeit der Bemessung des Lebensführungsaufwandes am gemeinsam zu versteuernden Einkommen der Ehegatten nichts.

Angesichts uneindeutiger Bestimmungen, der willkürlichen Vergleichsberechnung und der widersprüchlichen und fehlerhaften Rechtsprechung ist eine verfassungsrechtliche Klärung durch das Bundesverfassungsgericht erforderlich. Insbesondere müssen die Unklarheiten, die die Rechtsprechung des BFH und der Beschluss des BVerfG 2 BvR 591/06 aus 2010 erzeugt haben, bereinigt werden. Dann wird zu bewerten sein, ob das BVerfG sich konsequent am Grundrecht der negativen Religionsfreiheit und am Grundsatz der Individualbesteuerung orientiert oder aber den Kirchen doch ein Sonderrecht auf Haushaltsbesteuerung zubilligt, das es ihnen 1965 abgesprochen hatte.

Die kirchgelderhebenden Religionsgemeinschaften sind angesichts der eindeutigen Rechtslage, ihrer zunehmenden Transparenz und der Wirkung des besonderen Kirchgelds auf ihre Mitglieder deutschlandweit gut beraten, denselben Schritt wie jüngst die evangelische Kirche in Bayern oder die katholische Kirche in Trier zu gehen und das besondere Kirchgeld abzuschaffen.

Über die lange Geschichte der Grundrechtsverletzungen durch das kirchliche Arbeitsrecht – Ein Plädoyer für rechtspolitische Reformen

Ingrid Matthäus-Maier

A. Einleitung

Etwa 1,3 Millionen Beschäftigte von Kirchen, Diakonie und Caritas sind Beschäftigte minderen Rechts. Sie unterliegen dem sog. „Dritten Weg", dem kirchlichen Arbeitsrecht: Betriebsverfassungsgesetz, Tarifverträge, Streikrecht gelten für sie nicht. Sie müssen in der Regel der Konfession des Arbeitgebers bzw. einer christlichen Kirche angehören und können bei Kirchenaustritt sofort gekündigt werden (was bisher auch in aller Regel geschieht). Im katholischen Bereich verlieren sie bei Homosexualität, Ehebruch und Wiederverheiratung nach Scheidung sofort ihren Arbeitsplatz. Dies bedeutet, dass beim zweitgrößten deutschen Arbeitgeber die anerkannten Grund- und Menschenrechte wie Art. 4 GG und Art. 3 GG nicht gelten.

Dieser Skandal blieb jahrelang weitgehend verborgen, da sich die Betroffenen aus Angst vor dem Verlust des Arbeitsplatzes nicht öffentlich beschwert haben. Außerdem wird das Ausmaß des Problems unterschätzt, weil es immer wieder zu Vergleichen kommt, wenn in besonders skandalösen Fällen die Kirche den öffentlichen Aufschrei scheut und das Problem ohne gerichtliche Auseinandersetzung finanziell regelt. Das ändert sich langsam. Diejenigen, die als Betroffene den Rechtsweg beschreiten, sind aber immer wieder über mehr als ein Jahrzehnt mit langwierigen, nervenaufreibenden und finanziell belastenden Prozessen beschäftigt. Die zu Anschauungszwecken dargestellten folgenden Verfahren zeigen, dass die Kirchen ohne Rücksicht auf schwere menschliche Belastungen ihr vermeintliches Recht verfolgen. Es zeigt sich auch hier: Freiwillig haben die Kirchen noch nie auf etwas verzichtet. Wo das mangelnde Ethos liegt, mag die Leserschaft selbst entscheiden: Bei Menschen, die sich scheiden lassen und wieder heiraten und in der neuen Ehe Kinder haben, an denen das juristische Gewürge ja auch nicht spurlos vorüber geht, oder bei einer rücksichtslosen Kirche, die mit ihrer Macht- und Finanzstärke solche Verfahren über Jahre durchhalten kann.

B. Einzelfälle von Grundrechtsverletzungen

I. Fall „Schüth" Essen

So entschied am 23.9.2010 der Europäische Gerichtshof für Menschenrechte in Straßburg den Fall „Schüth gegen Deutschland"[1]. Dem Organisten Schüth wurde nach 14 Jahren guter Arbeit in seiner katholischen Gemeinde in Essen wegen Ehebruchs gekündigt. Er bekam erst nach 15 Jahren Klagen durch sieben Instanzen Recht. Der EGMR entschied, deutsche Gerichte hätten die Kündigung zu Unrecht nicht beanstandet. Dadurch werde das Recht des Klägers auf Achtung des Privat- und Familienlebens nach Art. 8 Abs. 1 EMRK verletzt. Im Juni 2012 hat der EGMR zudem entschieden, dass der Organist 40.000 Euro Entschädigung erhält.[2] Besondere Skurrilität: da es ja der deutsche Staat war, der durch die staatlichen deutschen Gerichte dem Kläger Unrecht getan hat, zahlt der deutsche Staat die Entschädigung, nicht etwa die Kirche! So zahlen auch die etwa 37 Prozent konfessionsfreien Menschen[3] mit ihren Steuergeldern die Entschädigungen, die die Kirche durch ihr rechtswidriges Verhalten erst provoziert hat.

II. Fall „Chefarzt" Düsseldorf

Der Chefarzt an einem katholischen Krankenhaus in Düsseldorf heiratete als Geschiedener erneut standesamtlich und wurde wegen Verstoßes gegen die katholische Morallehre entlassen. Denn nach dieser ist die Ehe ein unauflösliches religiöses Sakrament.[4] Nachdem er am 30.7.2009 seine Kündigungsschutzklage beim Arbeitsgericht Düsseldorf gewonnen hat, befindet er sich nach ebenfalls zusprechenden Urteilen des Landesarbeitsgerichts Düsseldorf (1.7.2010) und des Bundesarbeitsgerichts (8.9.2011) in einer weiteren Instanzenschleife: aufgrund einer Verfassungsklage seines kirchlichen Krankenhauses gegen die obsiegenden Urteile der Arbeitsgerichtsbar-

---

1 EGMR 23.9.2010 – 1620/03, EuGRZ 2010, 560 ff.

2 EGMR 28.06.2012 – 1620/03, NZA 2013, 1423.

3 https://fowid.de/meldung/religionszugehoerigkeiten-deutschland-2017, abgerufen am 7.3.2019.

4 Nach katholischem Kirchenrecht ist eine Wiederverheiratung nur dann statthaft, wenn die erste Ehe vor einem Kirchengericht annulliert worden ist. Zu diesem „intransparenten" und „höchst demütigenden" Verfahren sowie zu einer umfassenden Analyse des EuGH-Urteils s. *Kreß* MedR 2019, 25 ff. und *Müller-Heidelberg*, EuGH sorgt für Zeitenwende im kirchlichen Arbeitsrecht, in diesem Band.

keit wurde das Urteil des BAG vom Bundesverfassungsgericht mit Entscheidung vom 22.10.2014 aufgehoben und die Sache an das BAG zurückverwiesen[5]. Das BAG ersuchte nunmehr im Rahmen eines Vorlageverfahrens den Europäischen Gerichtshof in Luxemburg um Auslegung der sog. Gleichbehandlungsrichtlinie vom 27.9.2000 (RL 2000/78/EG)[6] und Anwendung auf den vorliegenden Fall. Mit Urteil vom 11.9.2018 entschied der EuGH, dass angesichts der Tätigkeit des Arztes in der Verwaltung und als Chef der Abteilung Innere Medizin die Anerkennung des katholischen Eheverständnisses nicht wesentliche Voraussetzung seiner beruflichen Tätigkeit sei. Die Kündigung wegen fehlender Loyalität zur katholischen Kirche und ihrem Eheverständnis sei als verbotene Diskriminierung nach Art. 21 Abs. 1 der Charta der Grundrechte der Europäischen Union[7] zu werten.[8] Am 20.2.2019 hat das BAG gemäß dem Urteil des EuGH entschieden, dass die Kündigung unwirksam ist.[9] Die Kirche behält sich allerdings eine Verfassungsbeschwerde vor. Solange bleibt für den Arzt, der mit der Heirat lediglich sein Grundrecht nach Art. 6 GG wahrnahm, die Unsicherheit bestehen – nach ohnehin schon 10 Jahren Prozessdauer!

III. Fall „Kindergärtnerin" Königswinter

Manchmal reicht öffentliche Empörung. In Königswinter wurde im Herbst 2011 eine beliebte Kindergartenleiterin von der katholischen Kirche wegen Verstoßes gegen die katholische Morallehre durch Ehebruch entlassen, als sie sich nach 20 Jahren Ehe trennte und zu ihrem Freund zog. Der Kindergärtnerin wurde angeboten, entweder in eine andere Stadt zu ziehen, wo ihre „Verfehlung" nicht bekannt sei, oder ein Ehenichtigkeitsverfahren beim Vatikan anzustrengen. Dann könne die Ehe aus „trifti-

---

5 BVerfG 22.10.2014 – 2 BvR 661/12, BVerfGE 137, 273.

6 Richtlinie 2000/78/EG des Rates vom 27.11.2000 zur Festlegung eines allgemeinen Rahmens für die Verwirklichung der Gleichbehandlung in Beschäftigung und Beruf, ABl. Nr. L 303 vom 2.12.2000, S. 16–22.

7 Art. 21 Abs 1 lautet: „Diskriminierungen insbesondere wegen des Geschlechts, der Rasse, der Hautfarbe, der ethnischen oder sozialen Herkunft, der genetischen Merkmale, der Sprache, der Religion oder der Weltanschauung, der politischen oder sonstigen Anschauung, der Zugehörigkeit zu einer nationalen Minderheit, des Vermögens, der Geburt, einer Behinderung, des Alters oder der sexuellen Ausrichtung sind verboten."

8 EuGH 11.9.2018 – C-68/17, NJW 2018, 3086.

9 BAG 20.2.2019 – 2 AZR 746/14, Presseerklärung Nr. 10/19. Die schriftlichen Urteilsgründe lagen zum Zeitpunkt der Erstellung des Beitrages noch nicht vor.

gen" Gründen (z. B. Nichtvollzug der Ehe, arglistige Täuschung über Krankheiten oder Homosexualität) als von Anfang an nichtig erklärt werden. Die Zumutung, ihrer Ehe nachträglich einen solchen wahrheitswidrigen Anstrich zu geben, wies die Betroffene empört zurück. Da beharrte die Kirche auf der Kündigung zum 30.6.2012. In der Bevölkerung war die Solidarität mit der Kindergärtnerin enorm. Schließlich entstand ein Sturm der Entrüstung als bekannt wurde, dass die Kommune den Kindergarten zu 100 Prozent finanziert und die katholische Kirche diesen „katholischen" Kindergarten mit 0 Euro unterstützt. Für 0 Prozent Finanzierung gab es 100 Prozent Oberhoheit über das Privatleben der Beschäftigten! Selbst im katholischen Rheinland führte das zu einem solchen Aufruhr, dass die Stadt am Ende der Kirche den Trägervertrag für den Kindergarten kündigte. Die Kindergärtnerin konnte mit einem anderen Träger weiterarbeiten.[10]

IV. Fall „Verweigerung gynäkologischer Untersuchung in katholischen Krankenhäusern" in Köln

Zu einer ähnlichen Empörung kam es, als bekannt wurde, dass sich 2013 die Ärztinnen an zwei katholischen Krankenhäusern in Köln weigerten, eine vergewaltigte Frau gynäkologisch zu untersuchen, weil damit ein Beratungsgespräch über eine mögliche Schwangerschaft und deren Abbruch sowie das Verschreiben der Pille danach verbunden gewesen wäre. Ärzte, die sich dieser Regelung widersetzten, müssten mit einer fristlosen Kündigung rechnen. Zwar fühlte sich Kardinal Meisner nach zwei Tagen aufgrund der angekündigten Kirchenaustrittswelle bemüßigt, sich zu entschuldigen. Vom kirchlichen Klinikträger wurde die Schuld jedoch auf die die Behandlung ablehnenden Ärztinnen geschoben. Diese hätten das im November 2012 neu erlassene Regelwerk „Ethische Stellungnahme zur Notfallkontrazeption bei Patientinnen, die vermutlich Opfer eines Sexualdelikts geworden sind"[11], „missverstanden". Nach der unterlassenen Untersuchung der vergewaltigten Frau ist das der zweite Skandal: Ärztinnen werden durch das missverständliche kirchliche Regelwerk erst in die unmögliche Situation gebracht, aus Angst um ihren Job die Untersuchung einer vergewaltigten Frau abzulehnen. Ein CDU-Abgeordneter drohte daraufhin

10 Vgl. die mediale Berichterstattung, z. B. http://www.spiegel.de/karriere/katholische-kirche-kuendigt-kindergaertnerin-kommune-kuendigt-kirche-a-823317.html, abgerufen am 16.1.2019.

11 www.cellitinnenhaeuser.de/fileadmin/user_upload/Stiftung/PDSs__Aktuelles/StellungnahmeNFK.pdf, abgerufen am 16.1.2019.

sogar, dass, wenn das Praxis sei, man im Zweifel diesen – in Gänze vom Staat und den Beitragszahlern finanzierten – kirchlichen Krankenhäusern die gynäkologischen Abteilungen entziehen müsse.

V. Fall „Egenberger" Berlin

Eine konfessionslose Sozialpädagogin bewarb sich auf eine Referentenstelle beim Evangelischen Werk für Diakonie und Entwicklung. Obwohl die ausgeschriebene Stelle nichts mit religiösen oder kirchlichen Inhalten zu tun hatte – es ging um die Anfertigung eines Berichts zur Antirassismus-Konvention – wurde die Bewerberin von der Diakonie wegen mangelnder Kirchenmitgliedschaft abgelehnt. Die Bewerberin klagte, gewann am 18.12.2013 beim Arbeitsgericht Berlin, verlor aber am 28.5.2014 beim Landesarbeitsgericht Berlin-Brandenburg. Das nun angerufene Bundesarbeitsgericht ersuchte am 17.3.2016 den Europäischen Gerichtshof in Luxemburg um Beurteilung des Falles anhand der europäischen Gleichbehandlungsrichtlinie. Mit Urteil vom 17.4.2018 stellte der EuGH klar, dass die Kirchen nicht das Recht haben, für jede Stelle in ihrem Bereich unabhängig von der Nähe der Stelle zur Verkündigung eine Mitgliedschaft in der Kirche zu verlangen. Dies wäre ein Verstoß gegen Art 21 Abs. 1 der Charta der Grundrechte der Europäischen Union.[12] Dem ist das Bundesarbeitsgericht mit Urteil vom 25.10.2018 gefolgt und hat Frau Egenberger eine Entschädigung i. H. v. 3.915,46 Euro aufgrund einer Benachteiligung nach § 9 Abs. 1 Alt. 1 Allgemeines Gleichbehandlungsgesetz (AGG)[13] zugesprochen. Die Diakonie hat hiergegen am 19.3.2019 Verfassungsbeschwerde eingelegt.

VI. Fall „lesbische Mutter" in Neu-Ulm

Im Jahr 2012 wurde einer lesbischen Mutter in Neu-Ulm wegen ihrer sexuellen Orientierung vom katholischen Kindergarten gekündigt.[14] Obwohl die Frau in einer staatlich anerkannten Lebenspartnerschaft lebte und

12 EuGH 17.4.2018 – C-414/16, NJW 2018, 1869.

13 Allgemeines Gleichbehandlungsgesetz vom 14.8.2006, BGBl. I S. 1897.

14 Vgl. die öffentliche Berichterstattung https://www.augsburger-allgemeine.de/neu-ulm/Kirche-darf-lesbischer-Mutter-nicht-waehrend-Elternzeit-kuendigen-id20645081.html, abgerufen am 16.1.2019.

schwanger war, kündigte ihr die Kirche sogar noch in der Elternzeit. Die Kirche verlor vor dem Verwaltungsgericht Augsburg. Leider ist es nicht zu einer von so vielen erhofften höchstrichterlichen Entscheidung gekommen, da vor der nächsten Instanz ein Vergleich mit einer Abfindung geschlossen wurde. Diesen Weg wählt die Kirche gerne in einem Rechtsstreit, wenn sie fürchtet, in der nächsten Instanz zu verlieren. Auch dieser Frau hatte die Kirche im Vorfeld angetragen, sie solle in eine andere Stadt ziehen, wo ihr „schlimmes Fehlverhalten“ nicht bekannt sei. Ferner bot sie ihr an, dass wenn sie sich außerdem zu einer Scheidung von ihrer Lebenspartnerin entschließen und das Kind allein aufziehen würde, sie weiterhin bei der Katholischen Kirche tätig bleiben könne. Die Betroffene lehnte diese Zumutung empört ab.

Homosexuelle werden in der katholischen Kirche auf der Stelle entlassen, wenn bekannt wird, dass der Betroffene nicht nur im Geiste, sondern auch real homosexuell ist. In Köln, eine der Hochburgen für Schwule und Lesben, wird Medizinstudenten geraten, eine Stelle als Arzt im Krankenhaus lieber in einer säkulareren Gegend als in Köln („im Schatten des Domes“) in einem nichtkatholischen Krankenhaus zu suchen. Denn entweder wird ihre sexuelle Orientierung dort bekannt, dann folgt die Kündigung. Oder aber sie werden erpressbar, wenn andere davon erfahren.

Dass gerade bei der Frage der Homosexualität die katholische Kirche unnachgiebig ist, zeigen auch mehrere Fälle aus dem Jahr 2018. Ein katholisches Gymnasium in Borken zieht trotz erheblicher Proteste von Eltern, Schülern und Lehrern auf Druck der Kirche einen schon unterschriftsreifen Anstellungsvertrag mit einem allseits beliebten Referendar zurück, da er angekündigt hatte, seinen Lebensgefährten heiraten zu wollen.[15] Dem bekannten Rektor der Jesuitenhochschule Sankt Georgen in Frankfurt am Main, Ansgar Wucherpfennig, wurde das „*nihil obstat*“ zur weiteren Leitung der Schule vom Vatikan im Herbst 2018 erst erteilt, nachdem dieser seine kritischen Äußerungen zum Umgang der katholische Kirche mit Homosexuellen entschärft hatte und ein Sturm der Entrüstung die Kirche zum Einlenken gezwungen hatte.[16]

---

15 Vgl. die mediale Berichterstattung https://www.wn.de/Muensterland/3484399-Katholisches-Gymnasium-in-Borken-Orden-will-schwulen-Lehrer-nicht, abgerufen am 7.3.2019.

16 Vgl. die mediale Berichterstattung https://www.zeit.de/gesellschaft/zeitgeschehen/2018-11/vatikan-ansgar-wucherpfennig-rektor-jesuitenhochschule-frankfurt, abgerufen am 7.3.2019.

C. Innerkirchliche Regelungen

Selbstverständlich ist ein Kirchenaustritt bei beiden Kirchen ein sofortiger Kündigungsgrund. Umgekehrt bekommen Andersgläubige oder aber auch Konfessionsfreie gar nicht erst die Möglichkeit, in solchen Institutionen zu arbeiten. Über 1,3 Millionen Arbeitsplätze sind Juden, Muslimen, Agnostikern und Atheisten von vornherein verschlossen. Man las in den Zeitungsanzeigen: Arzt, Pfleger, Physiotherapeut, Laborassistent, Berater in Drittmittelfinanzierung, Gartenpersonal, Küchenpersonal gesucht. Voraussetzung ist jeweils ausdrücklich die Mitgliedschaft in der evangelischen oder katholischen Kirche. Das geht bis zur Skurrilität: Das bischöfliche Ordinariat Eichstätt suchte noch vor wenigen Jahren für die Jugendstelle Weißenburg für 1,5 (!) Stunden wöchentlich eine Reinigungskraft. In der entsprechenden Ausschreibung hieß es: „Wir erwarten zudem die Zugehörigkeit zur katholischen Kirche sowie die Identifikation mit ihren Zielsetzungen."

Solche eher an eine Parodie erinnernden Stellenausschreibungen findet man heute nicht mehr. Überhaupt hat das Verlangen nach einer Kirchenmitgliedschaft und dem Einhalten der kirchlichen Morallehre in den Stellenanzeigen abgenommen. Die Kirchen reagieren offensichtlich auf das allgemeine Unverständnis in der Bevölkerung, auf den steigenden Fachkräftemangel, der nur durch säkulares oder muslimisches Personal abgedeckt werden kann und auf das deutsche Allgemeine Gleichbehandlungsgesetz. Während meiner langjährigen Tätigkeit als Sprecherin der Kampagne „Gegen religiöse Diskriminierung am Arbeitsplatz" (GerDiA) habe ich aber zahlreiche Menschen kennengelernt, die darüber geklagt haben, dass die Mitgliedschaft in der Kirche spätestens im Bewerbungsgespräch verlangt wird, manchmal (vor allem in den Neuen Ländern) verbunden mit einer Fristsetzung derart: „In spätestens 2 Jahren müssen Sie aber beigetreten sein." Die Diplompolitologin Corinna Gekeler beschreibt in ihrer Untersuchung „Loyal dienen - Diskriminierendes Arbeitsrecht bei Caritas, Diakonie und Co"[17] zahlreiche Fälle einschlägiger Diskriminierung.

Es ist kein Geheimnis, dass die Zunahme der Erwachsenentaufe genau mit dieser Notwendigkeit zusammenhängt, die Stelle in einer kirchlichen Einrichtung zu bekommen. Eigentlich müsste dies ehrlicherweise „Zwangskonfessionalisierung" heißen. Es bleibt zu hoffen, dass die Ent-

---

17 *Gekeler*, Loyal dienen. Diskriminierendes Arbeitsrecht bei Caritas, Diakonie und Co., 2013.

scheidung des Bundesarbeitsgerichts vom 25.10.2018[18] aufgrund der vorherigen Entscheidung des EuGH im Fall Egenberger auch vom BVerfG anerkannt wird und dazu führt, dass die Kirchen sich bei der Einstellung von Nichtkirchenmitgliedern endlich an Recht und Gesetz halten und der Druck auf Konfessionsfreie, vor einer Anstellung der Kirche beizutreten, nachlässt.

Geregelt wurde dies bisher in der „Grundordnung des kirchlichen Dienstes im Rahmen kirchlicher Arbeitsverhältnisse" aus dem Jahr 2008[19] und in der „Richtlinie des Rates der Evangelischen Kirche in Deutschland über die Anforderungen der privatrechtlichen beruflichen Mitarbeit in der Evangelischen Kirche in Deutschland und des Diakonischen Werkes" (Evangelische Loyalitätsrichtlinie) aus dem Jahr 2005[20]. Danach hätten die Arbeitnehmer einen „Sendungsauftrag", wie es die katholische Kirche nennt, bzw. einen „Verkündigungsauftrag", wie es die evangelische Kirche nennt. Und zwar ausdrücklich alle Beschäftigten, unabhängig davon, in welchem Bereich und wo sie in der Hierarchie angesiedelt sind.

Am 27.4.2015 hat sich die katholische Kirche eine neue Grundordnung gegeben[21]. Es bleibt dabei, dass alle in der Kirche und ihren Einrichtungen Tätigen bei ihrer Arbeit ohne Rücksicht auf ihre arbeitsrechtliche Stellung dazu beitragen, den Sendungsauftrag der Kirche zu erfüllen. Art. 4 Abs. 1 rekurriert auch weiterhin auf die Religionszugehörigkeit und nicht auf die Verkündigungsnähe der in Rede stehenden Tätigkeit. Selbst katholische Kirchenrechtler kommentierten die Änderungen mit dem Hinweis, dass alles „beim Alten" geblieben sei.[22]

Auch die EKD hat sich am 9.12.2016 eine neue Richtlinie gegeben[23]. Auch hier heißt es in § 2 Abs. 1 S. 1 und 2: „Der Dienst der Kirche ist durch den Auftrag bestimmt, das Evangelium in Wort und Tat zu bezeugen. Alle Frauen und Männer, die in Anstellungsverhältnissen in Kirche und Diakonie tätig sind, tragen dazu bei, dass dieser Auftrag erfüllt werden

18 BAG 25.10.2018 – 8 AZR 501/14, Presseerklärung Nr. 53/18. Die schriftlichen Urteilsgründe lagen zum Zeitpunkt der Erstellung des Beitrages noch nicht vor.

19 Sekretariat der Deutschen Bischofskonferenz, Grundordnung des kirchlichen Dienstes im Rahmen kirchlicher Arbeitsverhältnisse, 22.9.1993, 11. A. 2008.

20 Richtlinie des Rates der Evangelischen Kirche in Deutschland über die Anforderungen der privatrechtlichen beruflichen Mitarbeit in der Evangelischen Kirche in Deutschland und des Diakonischen Werkes, 1.7.2005.

21 https://www.dbk.de/fileadmin/redaktion/diverse_downloads/VDD/Grundordnung_GO-30-04-2015_final.pdf, abgerufen am 15.1.2019.

22 Zitiert bei *Kreß* MedR 2019, 25, 27. Mit Blick auf die Judikatur des EuGH sieht auch *Schneedorf* NJW 2019, 177, 181 Handlungsbedarf.

23 https://www.kirchenrecht-ekd.de/document/3144, abgerufen am 15.1.2019.

kann". Abgehoben wird auf die Dienstgemeinschaft – was verwundert, da dieser aus der NS-Zeit stammende Begriff auch innerhalb der evangelischen Kirche sehr umstritten ist. Mit diesem Begriff bewegt sich die EKD eher rückwärts als vorwärts. Auch die neuen Regelungen gehen davon aus, dass Mitarbeiterinnen grundsätzlich Kirchenmitglieder sein müssen. Als Anpassung an die Praxis dürfen in einem engen Rahmen nun auch Mitarbeiterinnen eingestellt werden, die keiner Kirche angehören. Ein Kirchenaustritt führt aber nach wie vor zur Kündigung. Loyalitätspflichten gibt es in beiden Regelungen, wobei diese im katholischen Bereich (und nur dort) bis weit in die persönliche Lebensführung hineinreichen. Zu den Verstößen dort gehören nach wie vor der kirchenrechtlich unzulässige Abschluss einer Zivilehe und das Eingehen einer eingetragenen Lebenspartnerschaft. An diesem geradezu verbiesterten Verurteilen der Homosexualität durch die katholische Kirche, sogar wenn sie in den gesetzlich vorgesehenen Strukturen geschieht, wird deutlich, warum der Vatikan die Europäische Menschenrechtskonvention (als einziger europäischer Staat neben Weißrussland) nicht unterzeichnet hat und auch nicht unterzeichnen kann. Die Diskriminierung von Homosexuellen und natürlich auch von Frauen in der katholischen Kirche ist nämlich ein schwerer Verstoß gegen die Menschenrechtskonvention.

Das einzig Neue an der neuen katholischen Grundordnung ist, dass bei einem Loyalitätsverstoß die Möglichkeit einer Weiterbeschäftigung von der Abwägung des Einzelfalles abhängt. Es besteht im Übrigen keine Rechtssicherheit, da keiner weiß, wie die Abwägung ausfällt. Aber immerhin hat sich die katholische Kirche diese Abwägungspflicht als Lehre aus der Entscheidung des Bundesverfassungsgerichts im Chefarzturteil zu Herzen genommen.

Wie bereits erwähnt, führt jedoch ein Kirchenaustritt weiterhin zur Entlassung. Mir sind zahlreiche Fälle bekannt, wo altgediente Krankenschwestern, Ärzte, Pfleger und Betreuer gerne aus der Kirche austreten würden, es aber aus Angst vor der Entlassung oder dem Verlust der Betriebsrente seit Jahren nicht wagen, zumal wegen des Eintrags der Konfessionszugehörigkeit auf der Lohnsteuerkarte (sowohl der klassischen aus Papier als auch der im elektronischen ELStAM-Verfahren) die Kirche von dem Austritt erfährt. Dies war das Verhängnis in dem berüchtigten Buchhalterfall. Der Buchhalter trat aus der Kirche aus, versah aber weiter seine Arbeit zu aller Zufriedenheit. Erst später merkte die Kirche anhand der Lohnsteuerkarte, dass er ausgetreten war und entließ ihn umgehend. Übrigens hatten schon lange vor diesem Fall Kirchenmitglieder versucht, beim Bundesverfassungsgericht durchzusetzen, dass die Kirchenzugehörigkeit nicht mehr auf der Lohnsteuerkarte vermerkt wird. Sie beriefen sich auf Art. 136 Abs. 3

S. 1 WRV i. V. m. Art. 140 GG, wo es unmissverständlich heißt: „Niemand ist verpflichtet, seine religiöse Überzeugung zu offenbaren." Trotz des klaren Wortlauts entschied das Bundesverfassungsgericht am 23.10.1978[24], dass dies aus Zweckmäßigkeitsgründen erlaubt sei. Eine Grundrechtsverletzung sei „noch nicht" anzunehmen. Ein Beschluss, der in der rechtswissenschaftlichen Kommentierung heftig umstritten ist.[25] Bis zum Jahr 1934 enthielt die Lohnsteuerkarte auch keinen entsprechenden Vermerk. Dieser wurde erst durch die Nationalsozialisten in unmittelbarem Zusammenhang mit dem Reichskonkordat eingeführt. Ausweislich des Reichssteuerblatts vom Herbst 1933 war ab dem 1.1.1934 ein entsprechender Vermerk auf der Lohnsteuerkarte zuzulassen.[26]

Beide Regelungen, die neue Grundordnung und die neue Richtlinie zeigen, dass sich die Kirchen leider nur millimeterweise bewegen und bestätigen die Erfahrung aus vielen Jahren: freiwillig und ohne Druck geben die beiden Kirchen kein Privileg auf.

D. Sogenanntes „Selbstbestimmungsrecht" der Kirchen

Die Kirchen berufen sich auf Art. 137 Abs. 3 S. 1 WRV, auf den in Art. 140 GG verwiesen wird: *„Jede Religionsgesellschaft ordnet und verwaltet ihre Angelegenheiten selbstständig innerhalb der Schranken des für alle geltenden Gesetzes."* Dieses Recht wird von den Kirchen und leider auch vom Bundesverfassungsgericht[27] – soweit ersichtlich – seit 1965 als „Selbstbestimmungsrecht" bezeichnet. In dem genannten Artikel steht aber „ordnen und verwalten", von „selbstbestimmen" steht dort nichts. In dem für das kirchliche Arbeitsrecht grundlegenden „Buchhalter-Fall"[28] aus dem Jahr 1985 spricht das Gericht interessanterweise zu Beginn der Begründetheitsprüfung selbst von einer „Selbstordnungs- und Selbstverwaltungsgarantie", um dann wenig später „ordnen" und „verwalten" zu definieren als „das Recht der Kirchen, alle eigenen Angelegenheiten gemäß den spezifischen kirchlichen Ordnungsgesichtspunkten, d. h. auf der Grundlage des kirchlichen Selbstverständnisses, rechtlich gestalten zu können." Die von den Richtern hier vorgenommene Umdeutung und Überdehnung des „Selbstordnungs- und

24 BVerfG 23.10.1978 – 1 BvR 439/75, BVerfGE 49, 375.

25 Siehe näher *Czermak*: https://weltanschauungsrecht.de/1-BvR-439-75, abgerufen am 11.3.2019.

26 Runderlass des Finanzministeriums v. 4.9.1933, Reichssteuerblatt S. 898.

27 BVerfG 17.2.1965 – 1 BvR 732/64, BVerfGE 18, 385.

28 BVerfG 4.6.1985 – 2 BvR 1703, 1718/83, 856/84, BVerfGE 70, 138.

Selbstverwaltungsrechts" in ein kirchliches „Selbstbestimmungsrecht" durchzieht dann das ganze Urteil und prägt die überaus kirchenfreundliche Rechtsprechung des Bundesverfassungsgerichts bis heute.

Auch die Einschränkung im Verfassungstext des Art. 137 Abs. 3 S. 1 WRV „ordnen und verwalten selbständig *innerhalb der Schranken des für alle geltenden Gesetzes*", hat das Bundesverfassungsgericht nicht von seiner überdehnten Erweiterung in Richtung „Selbstbestimmungsrecht" abgehalten. Zu diesen „für alle geltenden Gesetzen" gehören ja z. B. ebenso die Grundrechte der Religionsfreiheit und der Versammlungsfreiheit (Streikrecht), die zu berücksichtigen wären. Das ficht das Verfassungsgericht auch nicht an. Im Gegenteil: so fordert das Gericht im weiteren Text des „Buchhalter-Urteils" ausdrücklich, dass die Arbeitsgerichte bei Zweifelsfällen über die wesentlichen Grundsätze der Glaubens- und Sittenlehre diese durch entsprechende gerichtliche Rückfragen bei den zuständigen Kirchenbehörden aufzuklären haben. Wie weit diese Aufklärungsnotwendigkeit geht, zeigt sich spätestens bei der Chefarztentscheidung[29], die sich seitenweise liest wie ein katholischer Katechismus.

Dies war offensichtlich 1919 in Weimar nicht gemeint. Das ergibt sich auch aus der im gleichen Artikel schnörkellosen Formulierung in Abs. 1 des Art. 137: „Es besteht keine Staatskirche". Es war klar: die Kirche ordnet und verwaltet, was zu ihrem Kompetenzbereich gehört. Was aber zu dem Kompetenzbereich gehört, entscheidet selbstverständlich der Staat. Durch die Umdeutung der „Selbstverwaltung" in eine „Selbstbestimmung" entscheiden die Kirchen nicht nur, was in ihrem Kompetenzbereich geschieht, sondern auch, wo die Grenzen des kirchlichen Bereichs verlaufen. Wir nennen das die Kompetenz-Kompetenz, was die Kirchen hier beanspruchen und was ihnen vom Bundesverfassungsgericht weitgehend zugestanden wird. Dies ist weder mit dem Wortlaut des Grundgesetzes noch mit unserem Rechtssystem vereinbar. Im Staat des Grundgesetzes kann es keinen rechtsfreien Raum in diesem Sinne geben.[30]

---

29 EuGH 11.9.2018 – C-68/17, NJW 2018, 3086.

30 Dem entsprechend hat sich *Bernhard Schlink* in seinem Aufsatz „Die Angelegenheiten der Religionsgesellschaften", JZ 2013, 2009–2019, erhellend mit dem verbreiteten „usurpatorischen Verständnis" der eigenen Angelegenheiten der Religionsgesellschaften befasst. Eindringlich hatte schon *Joachim Wieland* in „Die Angelegenheiten der Religionsgesellschaften", Der Staat 1986, 321–350 dargetan, wie fragwürdig es ist, den karitativen kirchlichen Einrichtungen ein besonderes religiöses Selbstbestimmungsrecht zuzuerkennen. Wieland hat allerdings gleichzeitig die bei Art. 137 Abs. 1 S. 1 WRV anerkannte Güterabwägungslehre abgelehnt, weil er den Schutzbereich eng versteht. Jüngst hat sich auch der Theologe *Kreß* MedR 2019, 25, 28 unter Bezugnahme auf die historische Entwicklung kritisch

Bereits im Jahr 1980 hatte der Verfassungsrichter *Joachim Rottmann* diese Ausdehnung des Selbstverwaltungsrechts in einem dissenting vote zum „St.-Marien-Fall“[31] heftig kritisiert. *Rottmann* wirft der Senatsmehrheit vor, sie habe gemeinsame Angelegenheiten zu eigenen der Religionsgesellschaften erklärt, in die nur ganz ausnahmsweise eingegriffen werden dürfe. Gegenstand der Verfassungsbeschwerde war die Frage, ob durch Vorschriften des Krankenhausgesetzes des Landes Nordrhein-Westfalen verfassungswidrig in die Rechte konfessioneller Krankenhausträger eingegriffen wird. Das NRW-Krankenhausgesetz von 1975 zielte u. a. auf die wirtschaftliche Sicherung der Krankenhäuser. Der Landesgesetzgeber, der auch das kirchliche St.-Marien-Hospital voll finanzierte, schrieb generell aus fachlichen und wirtschaftlichen Gründen für Krankenhäuser bestimmte religionsneutrale Organisationsstrukturen vor. Sie betrafen auch die Betriebsleitung, die Organisation des ärztlichen Dienstes und die Beteiligung der ärztlichen Mitarbeiter. Die Verfassungsbeschwerde richtete sich gegen die gesetzlichen Vorschriften und wurde von je einem evangelischen und katholischen Träger erhoben. Ihr wurde stattgegeben. In den sehr umfangreichen Leitsätzen führt das Bundesverfassungsgericht dann u. a. aus, dass der Wechselwirkung zwischen den eigenen Angelegenheiten der Kirchen und gesetzlichen Einschränkungen im Rahmen des Art. 137 Abs. 3 S. 1 WRV nicht nur durch Güterabwägung Rechnung zu tragen, sondern dem in Art. 4 GG wurzelnden Einverständnis der Kirchen „ein besonderes Gewicht beizumessen“ sei.[32]

Rottmann schreibt hierzu:

> *„In […] Angelegenheiten, in denen sich staatliche Zuständigkeiten mit überkommenen Tätigkeitsbereichen der Religionsgesellschaften überschneiden, können weder die Religionsgesellschaften noch der Staat unbegrenzte Regelungsgewalt beanspruchen. Wie insbesondere die gemeinsame Erfüllung sozialpolitischer und gesundheitspolitischer Aufgaben zeigt, geht es dabei nicht nur um Erhaltung der Unabhängigkeit der Religionsgesellschaften als selb-*

---

zur Überdehnung des Selbstverwaltungsrechts zu einem „Obergrundrecht“ geäußert. Siehe auch die grundsätzlichen Ausführungen zum Selbstverwaltungsrecht von *Czermak*, Grundfragen des sogenannten Selbstbestimmungsrechts der Religionsgemeinschaften. Eine kritische Skizze, in diesem Band. Zusammenfassend zum Selbstverwaltungsrecht und Arbeitsrecht im kirchlichen Bereich *Czermak/Hilgendorf*, Religions- und Weltanschauungsrecht, 2. A. 2018, S. 107–112 und 227–234.

31 BVerfG 25.3.1980 – 2 BvR 208/76, BVerfGE 53, 366.

32 S. die Analyse von *Czermak*: https://weltanschauungsrecht.de/2-BvR-208-76, abgerufen am 8.3.2019.

> *ständiger Partner dieser Zusammenarbeit, sondern auch und vor allem um die Grundrechte und Grundbedürfnisse der Menschen, die auf die Erfüllung jener Aufgaben angewiesen sind. […] Die Bestimmung [der] Schranke[n] [des Selbstverwaltungsrechts der Kirchen] hat die Verfassung in der Weise vorgezeichnet, daß sie den Religionsgesellschaften die Ordnung und Verwaltung ihrer eigenen Angelegenheiten ‚innerhalb der Schranken des für alle geltenden Gesetzes' gestattet. Damit ist nicht nur eine formale Begrenzung der staatlichen Gesetzgebung festgelegt, sondern auch ein materieller Bereich spezifischer Religiosität abgegrenzt, in den der staatliche Gesetzgeber nicht ohne Verfassungsverstoß eingreifen darf. Nichts anderes meint das Bundesverfassungsgericht, wenn es zu den ‚für alle geltenden Gesetzen' nur solche Gesetze rechnet, die für jede Religionsgesellschaft dieselbe Bedeutung haben wie für den Jedermann, sie insbesondere nicht ‚in ihrer Besonderheit als Kirche' härter treffen […]. Diesen materiellen Bereich der ‚Besonderheit als Kirche' - und nur diesen - muß der Staat unter dem Gesichtspunkt des Art. 140 GG i. V. m. Art. 137 Abs. 3 WRV auch bei Regelungen gemeinsamer Angelegenheiten von Staat und Religionsgesellschaften unangetastet lassen. Dagegen ist er nicht gehindert, für diese gemeinsamen Angelegenheiten religionsneutrale Vorschriften zu erlassen, die die für alle geltenden staatsbürgerlichen Pflichten in den betroffenen Sachbereichen konkretisieren. Die Religionsgesellschaften haben diese Vorschriften - ihre Verfassungsmäßigkeit im übrigen vorausgesetzt - nach der Wertordnung der Verfassung ebenso uneingeschränkt als verbindlich hinzunehmen wie alle anderen der Hoheitsgewalt des Staates unterstehenden Personen, auch wenn dadurch ihr Einfluß in den gemeinsamen Angelegenheiten beschränkt wird […].“*

Und weiter heißt es im Sondervotum:

> *„Bei der Verfassungsbeschwerde geht es in Wahrheit gar nicht um das verfassungsmäßige Recht der Selbstorganisation der Kirchen, sondern um die Erhaltung eines bisher rechtsfreien Raumes undurchsichtiger Entscheidungsprozesse und Organisationsprozesse einzelner religiöser Vereine um seiner selbst willen.“*

Die Anmaßung der Kirchen zeigte sich im Übrigen auch bei der strafrechtlichen Behandlung des Missbrauchs von Kindern und Jugendlichen durch Kirchenvertreter. Über Jahre hat die katholische Kirche darauf bestanden, dass sie dies nur innerkirchlich regeln wolle und weigerte sich, die Akten mit Namen von Tätern und Opfern der Staatsanwaltschaft zu übergeben. Zwar haben einige Staatsanwaltschaften schon begonnen, Ermittlungen zu erheben. Bewegung ist aber erst entstanden, als sechs renommierte Rechtsprofessoren mit Unterstützung des Instituts für Weltanschauungsrecht (ifw) fundierte Strafanzeigen bei den betroffenen Staatsanwaltschaften erhoben haben.

Die arbeitsrechtliche Situation hat sich zugunsten der Kirchen und zulasten der Mitarbeiterschaft noch verschärft, nachdem der Bundestag das Allgemeine Gleichbehandlungsgesetz mit Wirkung zum 18.8.2006 zur Umsetzung der EU-Gleichbehandlungsrichtlinie verabschiedet hat. In § 9 Abs. 1 AGG taucht das Wort „Selbstbestimmungsrecht“ unter der Überschrift „Zulässige unterschiedliche Behandlung wegen der Religion oder Weltanschauung“ auf. Dass mit diesem Wort die Fehlinterpretation des Art. 137 Abs. 3 S. 1 WRV i. V. m. Art. 140 GG (meines Wissens zum ersten Mal) in einem deutschen Gesetzestext auftaucht, ist ein grandioses Meisterstück der Kirchenlobby. Die in § 9 AGG ermöglichte unterschiedliche Behandlung wegen der Religion bei der Beschäftigung in Religionsgesellschaften rief denn auch die EU-Kommission auf den Plan. Sie setzte mit Schreiben vom 31.1.2008 gegen die Bundesrepublik Deutschland ein Vertragsverletzungsverfahren wegen des Verstoßes des § 9 AGG gegen die zugrundeliegende EU-Richtlinie in Gang. In dem Schreiben der EU-Kommission heißt es: „Dies ist nicht vom Wortlaut der EU-Richtlinie gedeckt. Es würde dazu führen, dass eine Religionsgemeinschaft eine bestimmte berufliche Anforderung allein aufgrund ihres Selbstbestimmungsrechts festlegen könnte, ohne dass diese bestimmte Anforderung in Bezug auf die konkrete Tätigkeit auch einer Verhältnismäßigkeitsprüfung unterworfen wäre. Diese Art der Umsetzung entspricht nicht den Vorgaben der Richtlinie.“ Als ich später nichts mehr von dem Verfahren hörte, habe ich mich an die deutsche Vertretung in Brüssel gewandt und nach dem Fortgang des Verfahrens erkundigt. Antwort: das von Frau Matthäus Maier angesprochene Vertragsverletzungsverfahren ist von der Kommission am 28.10.2010 eingestellt worden. Nach einer erneuten Beschreibung des Vorwurfs der Kommission zu § 9 AGG endet der Text: „Im Ergebnis hatte man sich darauf geeinigt, dass dieser Punkt durch eine richtlinienkonforme Auslegung des AGG zu lösen sei“.

Was lehrt uns das? Zum ersten, dass § 9 AGG nicht richtlinienkonform ist. Sonst müsste er nicht richtlinienkonform ausgelegt werden. Zum zweiten, dass die Hoffnung, die Bundesregierung würde durch das Bundesjustizministerium auf eine richtlinienkonforme Auslegung achten, enttäuscht wurde.

E. Betriebsverfassungsgesetz, Streikrecht

Die Betriebsverfassung ist in Deutschland die grundlegende Ordnung der Zusammenarbeit der Arbeitgeber und der von den Arbeitnehmern gewählten betrieblichen Interessenvertretung. Rechtliche Grundlage ist das Betriebsverfassungsgesetz (BetrVG). Nach § 118 Abs. 2 des BetrVG gilt das Gesetz nicht für Religionsgemeinschaften und ihre karitativen und erzieherischen Einrichtungen. Die Kirchen behaupten, diese Nichtgeltung des Betriebsverfassungsgesetzes sei wegen Art. 137 Abs. 3 WRV verfassungsrechtlich geboten. Denn die Geltung des Betriebsverfassungsgesetzes in kirchlichen Einrichtungen würde gegen Art. 137 Abs. 3 WRV verstoßen. Diese Behauptung ist nun besonders leicht zu widerlegen. In Weimar gab es unter der Geltung des Art. 137 Abs. 3 WRV gleichzeitig ein Betriebsrätegesetz[33], das dem heutigen Betriebsverfassungsgesetz äußerst ähnlich war. Das heißt, wenn damals das Betriebsrätegesetz mit Art. 137 Abs. 3 WRV vereinbar war, dann ist selbstverständlich auch das heutige Betriebsverfassungsgesetz mit dem auch heute genauso geltenden Art. 137 Abs. 3 WRV vereinbar.

Die Nichtgeltung des Betriebsverfassungsgesetzes wurde für die Religionsgesellschaften nämlich erst von der Adenauer-Regierung 1952 gegen heftigen Widerstand der SPD durch Schaffung des § 118 Abs. 2 BetrVG eingeführt. Die SPD argumentierte damals (zu Recht!), dass durch diesen neuen Abs. 2 in den konfessionellen Krankenhäusern mit einem Schlag für tausende Bedienstete die Rechte nach dem Betriebsverfassungsgesetz wegfallen würden. In der Bundestagsdebatte am 17.7.1952 warnte der MdB Dr. Preller davor, dass allein in Essen in 12 Waisenhäusern, Altersheimen und Krankenhäusern 745 Mitarbeiter mit rein weltlichen Funktionen den Schutz z. B. durch einen Betriebsrat verlieren würden.[34] So ist es dann auch geschehen. Und so geschieht es auch heute noch, wenn z. B. ein kommunales Krankenhaus in ein kirchliches Krankenhaus umgewandelt wird. Es gibt immer wieder Fälle, in denen bei einer solchen Umwandlung mit einem Schlag für zig oder auch hunderte Beschäftigte der Schutz des Betriebsverfassungsgesetzes wegfällt.

Die historische Betrachtung zeigt, dass man diesen Zustand mit einem einfachen Bundesgesetz wieder ändern kann, indem man Abs. 2 des § 118 BetrVG streicht. Dann würde Abs. 1 des § 118 BetrVG gelten, in dem der

---

33 Betriebsrätegesetz vom 4.2.1920, https://www.1000dokumente.de/pdf/dok_0133_brg_de.pdf, abgerufen am 8.3.2019.

34 Protokoll Deutscher Bundestag, 17.7.1952, 225. Sitzung, S. 10086.

sog. Tendenzschutz allgemein für konfessionelle, karitative und erzieherische Unternehmen geregelt ist. Damit wäre klar, dass für die Kirchen und Religionsgemeinschaften derselbe Tendenzschutz gelten würde, wie er z. B. für die anderen großen Sozialeinrichtungen wie die Arbeiterwohlfahrt, das Deutsche Rote Kreuz oder den Paritätischen Wohlfahrtsverband gilt. Das Betriebsverfassungsgesetz würde gelten, aber mit Einschränkungen für die sog. „Tendenzträger", von denen zu Recht eine besondere Loyalitätspflicht verlangt werden kann. Dies würde sich dann bei den Kirchen natürlich nicht auf die 1,3 Millionen Beschäftigten beziehen, sondern nur auf die Personen, die nahe am Verkündigungsauftrag sind wie Priester, Pfarrer, Diakone, Geschäftsführer u. ä. Das sind vielleicht 100.000 bis 200.000 dieser 1,3 Millionen. Für die Millionen unterhalb dieser Hierarchie würde das Betriebsverfassungsgesetz uneingeschränkt gelten. Warum ein kirchliches Krankenhaus anders behandelt wird und die dortigen Arbeitnehmerinnen weniger Rechte haben als in einem AWO-Krankenhaus kann bis heute niemand überzeugend erklären. Das ist und bleibt zutiefst ungerecht.

Beide Kirchen lehnen auch das Streikrecht bis heute für ihre Unternehmen entschieden ab. In einem Rechtsstreit zur Frage der Zulässigkeit des Ausschlusses des Streikrechts argumentierte die Diakonie kurioserweise sogar mit dem Ausspruch: „Gott bestreikt man nicht". Dankenswerterweise hat das Landesarbeitsgericht Hamm[35] in seiner Entscheidung vom 13.1.2011 bemerkt, dass die Diakoniebeschäftigten nicht gegen Gott gestreikt haben, sondern gegen die Diakonie. Am 20.11.2012 hat das Bundesarbeitsgericht[36] in dritter Instanz sodann ein wichtiges Urteil zum Streikrecht in kirchlichen Einrichtungen gefällt.[37] Formal war die Gewerkschaft Verdi, die für das Streikrecht eintrat, die Gewinnerin des Prozesses. Inhalt lich entschied das Gericht aber im Wesentlichen zugunsten der Kirchen, weshalb man auch von einem „vergifteten Urteil" sprach. Das BAG betonte, dass dem kirchlichen Selbstbestimmungsrecht kein absoluter Vorrang zukomme und hielt dem Selbstbestimmungsrecht die Koalitionsfreiheit des Art. 9 Abs. 3 GG entgegen. Zwischen beiden Positionen müsse eine Güterabwägung nach dem Grundsatz der praktischen Konkordanz vorgenommen werden. Der Leitsatz des Urteils lautet:

> *„Verfügt eine Religionsgesellschaft über ein am Leitbild der Dienstgemeinschaft ausgerichtetes Arbeitsrechtsregelungsverfahren, bei dem die Dienstnehmerseite und die Dienstgeberseite in einer paritätisch besetzten Kommission*

---

35 LAG Hamm 13.1.2011 – 8 Sa 788/10, NZA-RR 2011, 185.

36 BAG 20.11.2012 – 1 AZR 179/11, NJW 2013, 36.

37 Vgl. auch die zutreffende Analyse des Urteils von *Kreß* MedR 2013, 680 ff.

die Arbeitsbedingungen der Beschäftigten gemeinsam aushandeln und einen Konflikt durch den neutralen Vorsitzenden einer Schlichtungskommission lösen (sog. Dritter Weg), dürfen Gewerkschaften nicht zu einem Streik aufrufen. Das gilt jedoch nur, soweit Gewerkschaften in dieses Verfahren organisatorisch eingebunden sind und das Verhandlungsergebnis für die Dienstgeberseite als Mindestarbeitsbedingung verbindlich ist.“

Sowohl Verdi als auch der Marburger Bund legten Verfassungsbeschwerde gegen das BAG-Urteil ein, welche aber erfolglos bleiben musste, da sie in dem Prozess vor dem BAG obsiegt hatten. Dementsprechend wies das BVerfG die Verfassungsbeschwerde mangels Beschwer auch als unzulässig zurück.[38] Verdi betonte mir gegenüber, dass sich der Weg nach Karlsruhe trotzdem gelohnt habe, weil nicht nur die Kammer, sondern der gesamte Zweite Senat das Streikrecht erneut bekräftigt habe.[39] Bei Trägern anderer Sozialeinrichtungen wie dem Roten Kreuz oder der Arbeiterwohlfahrt sind Streiks statthaft, wenn durch Notvereinbarungen die Versorgung der Nutzer gewährleistet ist. Warum dies bei den Kirchen nicht möglich sein soll, ist (insbesondere unter Gleichheitsgesichtspunkten) nicht nachvollziehbar.

F. Caritaslegende

Jahrelang ist es den Kirchen gelungen, in der Bevölkerung den Eindruck zu erwecken, zumindest aber zuzulassen, dass das kirchliche Arbeitsrecht nur die Kehrseite ihrer enormen finanziellen Leistungen im Sozialbereich sei. Dabei geht nur ein geringer – bei ca. 5 Prozent liegender Teil der Kirchensteuereinnahmen – in den sozialen Bereich.[40] Deshalb hat sich dafür das Wort „Caritas-Legende“ eingebürgert. Beim Kindergarten in Königswinter waren es 0 Prozent, bei anderen Kindergärten sind es in der Regel höchstens 6 bis 7 Prozent mit abnehmender Tendenz im Laufe der Jahre. Wenn dann außerdem noch im nordrhein-westfälischen Kinderbildungs-

---

38 BVerfG 15.7.2015 – 2 BvR 2292/13, BVerfGE 140, 42. In dem Beschluss werden auch die Neuerungen dargestellt, welche im Anschluss an das Urteil des BAG in den beiden Kirchen eingeführt wurden. In der römisch-katholischen Kirche ist nunmehr lt. Art. 6 Abs. 3 der Grundordnung 2015 bspw. die Mitwirkung der Gewerkschaften in den arbeitsrechtlichen Kommissionen vorgesehen.

39 Nach *Kreß* MedR 2019, 25, 31 bedürfen das Streikverbot und die Blockade von Tarifverhandlungen einer kritischen Überprüfung angesichts der jüngsten Entscheidungen des EuGH zum kirchlichen Arbeitsrecht.

40 https://hpd.de/node/8966, abgerufen am 9.3.2019.

gesetz[41] geregelt ist, dass bei einem kirchlichen Kindergarten der Landeszuschuss 88 Prozent beträgt, bei einem Kindergarten in kommunaler Trägerschaft dagegen nur 79 Prozent, darf man sich nicht wundern, warum es so wenige konfessionsfreie kommunale Kindergärten gibt. Der Hinweis, man könne ja mit anderen einen Kindergarten in Elterninitiative gründen – dann gebe es 96 Prozent Zuschuss –, ist zwar zutreffend, hilft aber nur den Eltern weiter, deren Kind gerade erst geboren ist. Denn bei einer solchen Elterninitiative braucht es mindestens 2 Jahre bis sie steht.

Bei den Krankenhäusern ist es auch nicht anders: sie bekommen die Investitionen, wenn sie im Krankenhausbedarfsplan des Landes aufgeführt sind, jedenfalls ganz überwiegend vom Land bezahlt. Die Betriebskosten werden von den Sozialversicherungen und den Patienten getragen. Und bei den Pflegeheimen ist es ganz genauso.[42]

G. Ausblick

Die Praxis der Kirchen und die Rechtsprechung des Bundesverfassungsgerichts haben zu der Existenz eines arbeitsrechtlichen Sonderstatus geführt, der im heutigen EU-Europa ohnegleichen ist. Als ich im Juni 2013 im Europäischen Parlament zusammen mit Corinna Gekeler und Vera Muth auf der „Platform for Secularism in Politics" als Sprecherin von GerDiA (Gegen religiöse Diskriminierung am Arbeitsplatz) zusammen mit dem Marburger Bund den „Dritten Weg" in Deutschland beschrieb, war man fassungslos. Man hielt das im 21. Jahrhundert nicht für möglich! Dies sei ein eindeutiger Verstoß gegen die EU-Gleichbehandlungsrichtlinie. Irgendwann würde der Europäische Gerichtshof diese Grundrechtsverletzungen sicher stoppen. Dass er das 5 Jahre später immerhin in 2 Entscheidungen gemacht hat, ist erfreulich.

Nach dem 2. Weltkrieg waren ungefähr 95 Prozent der Menschen christlich. Meiner Meinung nach waren schon damals solche Grundrechtsverstöße unakzeptabel. Heute aber erst recht. Von 82,7 Millionen Einwohnern sind aktuell 30,5 Millionen nicht in einer Kirche, 23,3 Millionen sind katholisch, 21,5 Millionen evangelisch und 4,2 Millionen muslimisch.[43] Das

41 § 20 Abs. 1 Gesetz zur frühen Förderung und Bildung von Kindern v. 30.10.2007.

42 Für eine umfassende Übersicht mit zahlreichen Nachweisen siehe die immer noch aktuellen Standardwerke von *Carsten Frerk*, Violettbuch Kirchenfinanzen, 2010 und Caritas und Diakonie in Deutschland, 2005.

43 https://fowid.de/meldung/religionszugehoerigkeiten-deutschland-2017, abgerufen am 9.3.2019.

heißt: bildeten die Konfessionsfreien eine eigene Konfession, wäre diese die größte. Fast 40 Prozent der Bevölkerung sind konfessionsfrei, in praktisch allen großen Städten wie Berlin, Düsseldorf, Frankfurt, Hamburg, Köln und München sind nicht einmal mehr die Hälfte der Einwohner Mitglied einer Kirche. Und der Anteil derer, die religiös sind, ist noch einmal deutlich geringer. Da könnte man meinen, warten wir doch weiter ab. Das erledigt sich sowieso irgendwann von selbst. Das werden dann auch die beiden Kirchen verstehen. Gegen ein solches Abwarten sprechen zwei Gründe: Zum einen die Erfahrung, dass die Kirchen nie freiwillig auf etwas verzichtet haben. Sie ermuntern jetzt schon die Muslime, doch ebensolche sozialen Institutionen zu etablieren, in denen dann ein muslimisches Arbeitsrecht gilt, in der Hoffnung, dass dann ein solcher Dreier-Schulter-Schluss eine bessere Bastion gegen Reformen darstellt.

Zum anderen geht es um menschliche Schicksale. Es gibt Regionen in Deutschland, z. B. Berlin, da gibt es ausreichend säkulare soziale Einrichtungen. Es gibt aber auch noch ganze Landstriche in Deutschland wie u. a. Baden-Württemberg, Bayern, Nordrhein-Westfalen oder Rheinland-Pfalz, in denen die Menschen keine Alternativen haben, in denen sie täglich mit einem kirchlichen Arbeitsrecht konfrontiert werden, das sie in ihren Grundrechten verletzt, unter dem sie leiden, in dem sie ihre sexuelle Identität verheimlichen müssen, das ihnen verbietet, nach einer Ehescheidung den neuen Partner zu heiraten – auch wenn schon Kinder da sind. Die es sich nicht leisten können, ihre Grundrechte und ihre Menschenrechte durch etliche Gerichtsinstanzen zu erstreiten. Wo es kirchliche Monopole gibt bei den Krankenhäusern, Kindergärten und Altenheimen. Wo nach meinen Recherchen z. B. in Köln über 50 Prozent der Kindergärten kirchlich sind[44] und über 70 Prozent der Krankenhäuser.

Und dies gilt auch für die Nutzer der Einrichtungen: wer über Jahre keinen Kindergartenplatz in einer kommunalen Einrichtung findet, wer kilometerweite Entfernungen in Kauf nehmen muss, wenn er schließlich einen gefunden hat, wer miterlebt, dass die Kollegin am Arbeitsplatz – obwohl konfessionsfrei – der Kirche beitritt, um wenigstens einen solchen (eigentlich nicht gewollten kirchlichen Platz) für das Kind zu ergattern, wer sieht, dass er den kirchlichen Platz als Konfessionsfreier ganz erheblich

44 Die evangelische und die katholische Kirche sind Träger von etwa 50 Prozent aller Kindertagesstätten in Deutschland (29 Prozent katholisch, 21 Prozent evangelisch), https://www.kirchenfinanzen.de/diakonie/finanzierung/kindertagesstaetten.html, abgerufen am 9.3.2019.

über seine Steuergelder mitfinanziert, für den ist „Abwarten" keine Lösung.

Art. 137 Abs. 1 WRV i. V. m. Art. 140 GG lautet: „Es besteht keine Staatskirche". Das Bundesverfassungsgericht hatte 1965 diesen Satz dahingehend ausgelegt, dass das Grundgesetz dem „Staat als Heimstatt aller Staatsbürger ohne Ansehen der Person weltanschaulich-religiöse Neutralität auf[erlegt]. Es verwehrt die Einführung staatskirchlicher Rechtsformen und untersagt auch die Privilegierung bestimmter Bekenntnisse."[45]

Auch in den Kirchen gibt es zahlreiche Mitstreiter, die das kirchliche Arbeitsrecht heftig kritisieren und ihre Kirchen auffordern, diesen Anachronismus abzubauen. Irgendwann wird auch die Politik lernen, dass sie tätig werden muss. Heute heißt es immer: das müssen die Kirchen selbst in Ordnung bringen. Das tun sie aber nicht. Im Gegenteil: sie haben die Situation noch verschlimmert – wie die Entwicklung der letzten 40 Jahre kirchliches Arbeitsrecht zeigt. Der Gesetzgeber muss endlich handeln.

45 BVerfG 14.12.1965 – 1 BvR 413/60, BVerfGE 19, 206.

EuGH sorgt für Zeitenwende im kirchlichen Arbeitsrecht

Till Müller-Heidelberg

A. Überblick

Beim kirchlichen Arbeitsrecht handelt es sich nicht etwa um ein Nischenproblem, von dem lediglich z. B. die Hauswirtschafterin des Pfarrers betroffen wäre. Vielmehr sind die Kirchen mit ihren 1,3 Mio. Beschäftigten der zweitgrößte Arbeitgeber nach dem Staat selbst. Denn zu den kirchlichen Arbeitgebern gehören insbesondere auch die Caritas und die Diakonie mit ihren Krankenhäusern, Altenheimen, Sozialen Diensten, kirchlichen Schulen, Kindergärten, Jugendhilfeeinrichtungen usw.

Nach Art. 140 Grundgesetz (GG) gelten die Bestimmungen der Art. 136 ff. der Weimarer Reichsverfassung (WRV) weiter und damit auch Art. 137 über die Religionsgesellschaften. In Art. 137 Abs. 3 heißt es: „Jede Religionsgesellschaft ordnet und verwaltet ihre Angelegenheiten selbständig innerhalb der Schranken des für alle geltenden Gesetzes."

Obwohl etwa das Kündigungsschutzgesetz zweifellos ein allgemeines Gesetz ist und dasselbe insbesondere für die Grundrechte gilt, haben Rechtsprechung und Lehre unter Berufung darauf, dass die Religionsgesellschaften ihre Angelegenheiten selbständig regeln, ein eigenständiges kirchliches Arbeitsrecht geschaffen, welches die Kirchen aus dem Bereich des Betriebsverfassungsrechts herausnimmt, in ihrem Bereich entgegen Art. 9 Grundgesetz von einem Streikverbot ausgeht und Gewerkschaften weitgehend ausschließt, und den kirchlichen Arbeitgebern weitgehende besondere Kündigungsrechte zugesteht etwa bei Kirchenaustritt eines Arbeitnehmers oder bei Wiederverheiratung eines Geschiedenen, bei gleichgeschlechtlicher Eheschließung, bei Eintreten für den gesetzlich erlaubten Schwangerschaftsabbruch. Ebenso wird der Zugang zu Arbeitsverhältnissen für Nichtmitglieder der Kirchen trotz des Diskriminierungsverbots in Art. 3 Grundgesetz und im allgemeinen Gleichbehandlungsgesetz eingeschränkt.

Immer wieder haben die Arbeitsgerichte, einschließlich des Bundesarbeitsgerichts, versucht, das allgemeine Gesetz des Kündigungsschutzrechts zur Anwendung zu bringen, da doch den Religionsgesellschaften die selbständige Verwaltung ihrer Angelegenheiten nur in deren Schranken garantiert ist. Das Bundesverfassungsgericht hat sie aber ebenso regelmäßig daran gehindert, indem es betont hat, dass „die Arbeitsgerichte die vorgegebenen kirchlichen Maßstäbe für die Bewertung vertraglicher Loyalitätspflichten zugrunde zu legen haben, soweit die Verfassung das Recht anerkennt, hierüber selbst zu befinden".[1] Es bleibe „grundsätzlich den verfassten Kirchen überlassen, verbindlich zu bestimmen, was die Glaubwürdigkeit der Kirche und der Einrichtung, in der die Mitarbeiter beschäftigt sind, erfordert, welches die zu beachtenden Grundsätze der katholischen Glaubens- und Sittenlehre sind und welche Loyalitätsverstöße aus kirchenspezifischen Gründen als schwerwiegend anzusehen sind. Auch die Entscheidung darüber, ob und wie innerhalb der im kirchlichen Dienst tätigen Mitarbeiter eine Abstufung der Loyalitätsanforderungen eingreifen soll, ist grundsätzlich eine dem kirchlichen Selbstbestimmungsrecht unterliegende Angelegenheit", so das BAG dem Bundesverfassungsgericht folgend.[2],[3]

B. Paukenschläge aus Luxemburg

Dieses besondere kirchliche Arbeitsrecht dürfte nunmehr ein Ende gefunden haben. „Ein deutscher Sonderweg endet vor dem EuGH", schreibt der Arbeitsrechtsprofessor Abbo Junker in der Neuen Juristischen Wochenschrift.[4] Mit drei Urteilen im Jahre 2018 setzt der EuGH diesem Sonderweg ein Ende, indem er ausdrücklich bestimmt, dass eben nicht die Kirchen selbst festlegen können, welche Loyalitätsverpflichtungen sie ihren Arbeitnehmern auferlegen wollen, sondern dass dies durch die staatlichen Gerichte unter den Gesichtspunkten der Diskriminierung und der Verhältnismäßigkeit überprüfbar sein muss.

I. Kirchliche Einstellungspolitik

Das Evangelische Werk für Diakonie und Entwicklung hatte eine befristete Referentenstelle ausgeschrieben für die Erstellung eines Parallelberichts

1 Grundlegend BVerfG 4.6.1985 – 2 BvR 1703/83 Amtlicher Leitsatz Ziff. 3, BVerfGE 70, 138.

2 BAG 25.4.2013 – 2 AZR 579/12 Rn. 21, NJW 2014, 104.

3 Vgl. umfassend *Müller-Heidelberg* Vorgänge, Zeitschrift für Bürgerrechte und Gesellschaftspolitik 203 (3/2013), 75 ff.

4 *Junker* NJW 2018, 1850.

zum Internationalen Übereinkommen der Vereinten Nationen zur Beseitigung von rassistischer Diskriminierung. Die Mitgliedschaft in einer evangelischen Kirche wurde lt. Stellenausschreibung vorausgesetzt. Frau Egenberger, die keiner Konfession angehört, bewarb sich erfolglos auf die ausgeschriebene Stelle und verlangte, als sie nicht zu einem Vorstellungsgespräch eingeladen wurde, eine Entschädigung nach § 15 Allgemeines Gleichbehandlungsgesetz (AGG) wegen verbotener Diskriminierung aus religiösen Gründen. Der kirchliche Arbeitgeber berief sich auf § 9 des AGG, wonach eine unterschiedliche Behandlung wegen der Religion oder Weltanschauung zulässig ist, „wenn eine bestimmte Religion oder Weltanschauung unter Beachtung des Selbstverständnisses … im Hinblick auf ihr Selbstbestimmungsrecht oder nach Art der Tätigkeit eine gerechtfertigte berufliche Anforderung darstellt". Diese Regelung nimmt Bezug auf Art. 4 Abs. 2 der europäischen Antidiskriminierungsrichtlinie 2000/78/EG, wonach eine Kirche oder Weltanschauungsgemeinschaft an ihre Mitarbeiterinnen und Mitarbeiter „eine mit der Religion oder Weltanschauung zusammenhängende Anforderung aufstellen kann, wenn die Religion oder Weltanschauung nach der Art der fraglichen Tätigkeit oder den Umständen ihrer Ausübung eine wesentliche, rechtmäßige und gerechtfertigte berufliche Anforderung angesichts des Ethos der Organisation darstellt".

Auf Vorlage des Bundesarbeitsgerichts[5] erfolgte durch den EuGH am 17.4.2018 der erste Paukenschlag.[6] Zwar können Religions- und Weltanschauungsgemeinschaften ohne Verstoß gegen das Diskriminierungsverbot aus religiösen Gründen ausgehend von ihren religiösen oder ethischen Grundsätzen besondere Anforderungen an die Stellenbesetzung bzw. ihre Mitarbeiterinnen und Mitarbeiter stellen, wenn diese Anforderung wesentlich, rechtmäßig und gerechtfertigt ist nach der Art der fraglichen Tätigkeit oder den Umständen ihrer Ausübung. Entgegen der Auffassung des Bundesverfassungsgerichts und ihr folgend der deutschen Arbeitsrechtsprechung darf dies aber nicht in der alleinigen Bestimmung der Religions- oder Weltanschauungsgemeinschaft liegen, sondern ob diese Voraussetzungen der Richtlinie und ebenso des AGG gegeben sind, muss Gegenstand einer wirksamen gerichtlichen Kontrolle sein. „Zwar müssen die Mitgliedstaaten und ihre Behörden, insbesondere ihre Gerichte … davon Abstand nehmen, die Legitimität des Ethos der betreffenden Kirche oder Organisa-

5 BAG 17.3.2016 – 8 AZR 501/14 (A), BAGE 154, 285.

6 EuGH 17.4.2018 – C-414/16, ECLI:EU:C:2018:257, Rn. 61–63, NJW 2018, 1869; dazu *Stein* Vorgänge, Zeitschrift für Bürgerrechte und Gesellschaftspolitik, 224 (4/2018), 111.

tion als solchen zu beurteilen; gleichwohl haben sie darüber zu wachen, dass das Recht der Arbeitnehmer, u. a. wegen der Religion oder der Weltanschauung keine Diskriminierung zu erfahren, nicht verletzt wird ... Die Rechtmäßigkeit einer Ungleichbehandlung wegen der Religion oder der Weltanschauung nach Maßgabe dieser Vorschrift hängt also vom objektiv überprüfbaren Vorliegen eines direkten Zusammenhangs zwischen der vom Arbeitgeber aufgestellten beruflichen Anforderung und der fraglichen Tätigkeit ab. Ein solcher Zusammenhang kann sich entweder aus der Art dieser Tätigkeit ergeben – z. B., wenn sie mit ... einem Beitrag zu deren Verkündigungsauftrag verbunden ist – oder aus den Umständen ihrer Ausübung, z. B. der Notwendigkeit, für eine glaubwürdige Vertretung der Kirche oder Organisation nach außen zu sorgen".

Damit stellt sich der EuGH auf die Seite der Kritiker der bisherigen herrschenden Meinung, dass eine Differenzierung nötig ist. Natürlich darf von Jemandem, der den Verkündigungsauftrag der Religionsgemeinschaft wahrzunehmen hat oder diese in herausragender Weise nach außen repräsentiert, verlangt werden, dass er im Einklang mit den Grundsätzen seiner Religionsgemeinschaft lebt, nicht aber von Mitarbeitern, die in der kirchlichen Organisation dieselben Aufgaben wahrnehmen wie auch in irgendeinem Privatunternehmen.

Und der EuGH setzt in Randziffer 73 seines Urteils noch eins drauf, da das BAG ihm die ständige höchstrichterliche deutsche Rechtsprechung geschildert hatte: Da das Verbot jeder Art von Diskriminierung wegen der Religion oder Weltanschauung als allgemeiner Grundsatz des Unionsrechts zwingenden Charakter hat, „darf ein nationales Gericht nicht davon ausgehen, dass es eine nationale Vorschrift nicht im Einklang mit dem Unionsrecht auslegen könne, nur weil sie in ständiger Rechtsprechung in einem nicht mit dem Unionsrecht vereinbaren Sinne ausgelegt worden ist" – mit anderen Worten und im Klartext: Die deutschen Arbeitsgerichte haben die bisherige höchstrichterliche Rechtsprechung mit Anerkennung besonderer Kündigungsgründe der Kirchen oder Einstellungsvoraussetzungen allein nach ihrem eigenen Selbstverständnis nicht mehr anzuwenden.

II. Bindung der Kirchen an das Datenschutzrecht

In einem drei Monate späteren Urteil[7], welches sich mit einem Fall aus Finnland im Bereich des Datenschutzes befasst und in welchem der EuGH eine Praxis der Datenerhebung und -speicherung der Zeugen Jehovas den Regelungen des europäischen Datenschutzrechts unterwirft, stellt der EuGH in Randziffer 74 fest: „Diese Feststellung wird nicht durch den Grundsatz der organisatorischen Autonomie der Religionsgemeinschaften in Frage gestellt, der sich aus Art. 17 AEUV ergibt. Die für Jedermann geltende Pflicht, die Vorschriften des Unionsrechts über den Schutz personenbezogener Daten einzuhalten, kann nämlich nicht als Eingriff in die organisatorische Autonomie der Religionsgemeinschaften angesehen werden". Man darf diese Aussage wohl auch als Äußerung des EuGH gegen die Argumentation des Bundesverfassungsgerichts aus Art. 137 Abs. 3 Weimarer Reichsverfassung verstehen, dass jede Religionsgesellschaft ihre Angelegenheiten selbständig regelt – und damit allein nach eigenem Selbstverständnis sich allgemeingültigen gesetzlichen Regelungen entziehen könnte.

III. Kirchliche Kündigungspolitik

Der dritte – nun schon erwartete – Paukenschlag erfolgte mit Urteil des EuGH zur Chefarztkündigung.[8]

Prof. Dr. B. war seit 2000 Chefarzt „Innere Medizin" im katholischen Krankenhaus der Caritas in Düsseldorf, welches in der Form einer GmbH betrieben wurde. Nachdem er von seiner ersten Frau geschieden worden war, ging er eine neue Ehe vor dem Standesamt ein und wurde daraufhin vom Krankenhaus im Jahre 2009 gekündigt, da eine Ehe nach katholischem kanonischem Recht unauflöslich ist und nach der Grundordnung des kirchlichen Dienstes im Erzbistum Köln nach Art. 5 für eine Kündigung aus kirchenspezifischen Gründen insbesondere folgende Loyalitätsverstöße als schwerwiegend anzusehen sind „… Abschluss einer nach dem Glaubensverständnis und der Rechtsordnung der Kirche ungültigen Ehe".

Arbeitsgericht, Landesarbeitsgericht und Bundesarbeitsgericht hatten unter Abwägung des Selbstregelungsrechts der Kirchen nach Art. 137

7 EuGH 10.7.2018 – C-25/17, ECLI:EU:C:2018:551, ZD 2018, 469; NJW 2019, 285.

8 EuGH 11.9.2018 – C-68/17, ECLI:EU:C:2018:696, NJW 2018, 3086; dazu *Greiner* NZA 2018, 1289; *Heinig* Verfassungsblog, 11.9.2018.

WRV und den Grundrechten des Chefarztes aus Art. 3, 4, 6 und 12 GG der Kündigungsschutzklage des Chefarztes stattgegeben und das Krankenhaus zur Weiterbeschäftigung verpflichtet. Das Bundesverfassungsgericht hatte diese Urteile wegen des Selbstbestimmungsrechts der Kirche aufgehoben und den Rechtsstreit an das Bundesarbeitsgericht zurückverwiesen.[9] Dieses wollte sich aber wohl nicht weiter in arbeitsrechtlichen Fragen vom Bundesverfassungsgericht gängeln lassen und „löckte wider den Stachel". Es legte den Fall dem EuGH vor, ob denn diese deutsche Rechtsprechung mit dem europäischen Antidiskriminierungsrecht vereinbar sei.

Mit seinem Urteil vom 11.9.2018 verwies der EuGH – nun nicht mehr überraschend – auf die bereits entschiedene Sache Egenberger und betonte, dass „die Rechtmäßigkeit einer Ungleichbehandlung wegen der Religion oder der Weltanschauung … vom objektiv überprüfbaren Vorliegen eines direkten Zusammenhangs zwischen der vom Arbeitgeber aufgestellten beruflichen Anforderung und der fraglichen Tätigkeit"[10] abhängt. Und diese Abhängigkeit kann sich entweder aus der Art der Tätigkeit – Verkündigungsauftrag – oder aus den Umständen ihrer Ausübung – Vertretung der Kirche nach außen – ergeben. Auch müssen diese Anforderungen wesentlich gleich, notwendig, rechtmäßig und gerechtfertigt erscheinen – und sie sind vollumfänglich gerichtlich zu überprüfen und nicht in das Selbstverständnis der religiösen Gemeinschaft gestellt.

Die endgültige Beurteilung des Falles hat der EuGH zwar natürlich dem nationalen Gericht überlassen, aber in seinem Urteil deutlich gemacht, dass die von der Grundordnung des Kölner Bistums an den Chefarzt gestellte Anforderung, nicht eine neue Ehe einzugehen, weder mit der Art seiner Tätigkeit noch mit den Umständen ihrer Ausübung gerechtfertigt werden kann. Der Generalanwalt Melchior Wathelet hatte in seinen Schlussanträgen am 1.6.2018 dies sogar noch als „offenkundig" bezeichnet.[11]

C. *Konsequenzen des Bundesarbeitsgerichts*

Das Bundesarbeitsgericht hat mittlerweile die Konsequenzen aus den Entscheidungen des EuGH gezogen.

9 BVerfG 22.10.2014 – 2 BvR 661/12, NZA 2014, 1387.

10 EuGH 11.9.2018 – C-68/17, ECLI:EU:C:2018:696 Rn. 50, NJW 2018, 1869.

11 Schlussanträge des Generalanwalts Wathelet vom 31.05.2018 – C-68/17, ECLI:EU:C:2018:363 Rn. 66.

Mit Urteil vom 25.10.2018 hat es Frau Egenberger eine Entschädigung von 3.915,46 EUR zugesprochen wegen religiös begründeter Benachteiligung. Es hat – dem EuGH folgend – eine Rechtfertigung der Benachteiligung nach § 9 Abs. 1 Alt. 1 AGG – Selbstverständnis der Religionsgemeinschaft – für unanwendbar erklärt und eine Rechtfertigung nach § 9 Abs. 1 Alt. 2 AGG – Art der Tätigkeit – selbständig überprüft und für nicht gegeben erklärt.[12]

Und ebenso hat das Bundesarbeitsgericht im Fall des Chefarztes die Kündigung wegen Neuverheiratung am 20.2.2019 für unwirksam erklärt, da für dessen ärztliche Tätigkeit es keine wesentliche, rechtmäßige und gerechtfertigte berufliche Anforderung war, nach Scheidung nicht neu zu heiraten.[13]

D. Würdigung

Mit diesen Entscheidungen dürften die kirchenspezifischen Kündigungsgründe sich in Zukunft auf einen kleinen Kreis kirchlicher Arbeitnehmer beschränken, nämlich solche, die unmittelbar einen Verkündigungsauftrag haben oder die als Leiter von kirchlichen Organisationen diese herausragend nach außen repräsentieren. Diese umstürzende Bedeutung für das deutsche kirchliche Arbeitsrecht war offenbar dem EuGH bewusst. Denn alle drei Urteile hat er – ganz ungewöhnlich in Vorlagefragen nationaler Gerichte – in voller Besetzung der Großen Kammer mit 15 Richtern getroffen. Auch haben diese Urteile in kurzer Zeit geradezu zu einer Flut von Aufsätzen und Kommentaren im deutschen Arbeitsrecht geführt.[14]

Die erwartbare Kritik an den Entscheidungen des EuGH greift zu kurz, wenn sie meint, im kirchlichen Arbeitsrecht würden „implizit theologische Fragen verhandelt, die zu beantworten der säkulare Staat sich nicht anmaßen darf"[15], und mit seinen Entscheidungen habe der EuGH Art. 17 AEUV missachtet, wonach die Union den Status der Religions- und Weltanschauungsgemeinschaften respektiere, wie er sich nach den einzelstaatli-

12 Die ev. Kirche hat inzwischen gegen das BAG-Urteil Verfassungsbeschwerde in Karlsruhe eingelegt.

13 BAG 25.10.2018 – 8 AZR 501/14 und BAG 20.2.2019 – 2 AZR 746/14; bisher (Februar 2019) liegen lediglich die Presseerklärungen Nr. 53/18 und 10/19 vor, noch nicht die schriftlichen Urteile.

14 U. a. *Reichold/Beer* NZA 2018, 681; *Kainer* NZA 2018, 894; *Schneedorf* NJW 2019, 177.

15 *Heinig* Verfassungsblog, 11.9.2018.

chen Rechtsvorschriften ergebe[16]. Dabei wird übersehen, dass zum Primärrecht der Union nicht nur Art. 17 AEUV gehört, sondern ebenso Art. 21 der Grundrechtecharta, der jede Diskriminierung aus religiösen oder weltanschaulichen Gründen verbietet, und Art. 47 Grundrechtecharta, wonach jede Person das Recht auf einen wirksamen gerichtlichen Rechtsbehelf hat. Alle genannten Bestimmungen sind als Bestandteil des Primärrechts der Union gleichrangig zu berücksichtigen. Überdies enthält der Wortlaut des Art. 17 AEUV keinerlei Anhaltspunkte für die Annahme eines Vorrangs nationalstaatlicher Besonderheiten vor den Grundrechten und Grundsätzen der Europäischen Union.[17]

Die entscheidende Abweichung von der bisherigen deutschen Rechtsprechung zum kirchlichen Arbeitsrecht, insbesondere des Bundesverfassungsgerichts, liegt in zweierlei: Das Bundesverfassungsgericht hat aus Art. 137 Abs. 3 WRV lediglich zur Kenntnis genommen, dass jede Religionsgesellschaft ihre Angelegenheiten selbständig ordnet und verwaltet (vergleichbar Art. 17 AEUV), und hat „vergessen“, dass sie dies lediglich „innerhalb der Schranken des für alle geltenden Gesetzes“ (vergleichbar Art. 21 Grundrechtecharta) darf. Und zweitens – und dies hat der EuGH zu Recht besonders deutlich herausgearbeitet – stehen die Kirchen auch nach dem Grundgesetz und der Weimarer Reichsverfassung nicht außerhalb des Rechts; dann kann ihnen aber auch nicht unkontrolliert zur alleinigen Entscheidung überlassen bleiben, welche Anforderungen sie im Arbeitsrecht an ihre Mitarbeiter stellen, sondern die Einhaltung der Schranken der allgemeinen Gesetze muss von staatlichen Gerichten überprüfbar bleiben. Und hierauf legt der EuGH zu Recht mit dem Hinweis auf Art. 47 Grundrechtecharta den Schwerpunkt seiner Begründung, dass nämlich wegen des Rechtsanspruchs eines jeden Bürgers auf einen wirksamen Rechtsbehelf staatliche Gerichte die Rechtmäßigkeit einer Ungleichbehandlung wegen der Religion oder Weltanschauung überprüfen können müssen.

Theoretisch hatte zwar schon das Bundesverfassungsgericht in seiner grundlegenden Entscheidung vom 4.6.1985 wenigstens einen weiten Rahmen für die Grenze des kirchlichen Selbstverständnisses gesetzt insofern, als in jedem Fall die Beachtung der Grundprinzipien der Rechtsordnung gewährleistet bleiben müsse, nämlich das Willkürverbot, das Sittenwidrig-

16 *Greiner* NZA 2018, 1289.

17 Darauf weist *Hoeren* ZD 2018, 469, 472 in seiner Besprechung der Zeugen Jehovas-Entscheidung zutreffend hin.

keitsverbot und der *ordre public*.[18] An diese von ihm selbst gesetzten Grenzen für das Selbstbestimmungsrecht der Kirchen hat sich das Bundesverfassungsgericht jedoch sodann nicht gehalten.

Bereits mit Urteil vom 4.5.1971 hatte das Bundesverfassungsgericht erklärt, dass Art. 6 Abs. 1 GG, wonach Ehe und Familie unter dem besonderen Schutz der staatlichen Ordnung stehen, „eine wertentscheidende Grundsatznorm für das gesamte Ehe- und Familienrecht ist (Randziffer 29 des Urteils) und die Nichtanerkennung des deutschen Scheidungsurteils durch das spanische Recht nicht hingenommen werden kann". In Randziffer 67 dieser Entscheidung wies das Bundesverfassungsgericht ausdrücklich auf die rechtliche Lösungsmöglichkeit hin, dass die angebliche Unauflöslichkeit der Ehe (sei es nach spanischem Familienrecht, sei es nach katholischem Selbstverständnis) als Verstoß gegen den *ordre public* des deutschen Rechts anzusehen und somit nicht zu berücksichtigen sei.[19] Auch der Bundesgerichtshof hat es für einen Verstoß gegen den *ordre public* erklärt, wenn eine in Deutschland gerichtlich erfolgte Scheidung von einem anderen Recht (im damaligen Fall spanisches Recht) wegen des Grundsatzes der Unauflöslichkeit der Ehe nicht anerkannt und daher eine neue Eheschließung verweigert wird.[20] Hätte das Bundesverfassungsgericht sich an seine eigenen Erkenntnisse gehalten, wäre es also nie zu dem Chefarzturteil gekommen!

In anderem Zusammenhang hatte das Bundesverfassungsgericht durchaus den Kirchen bei der selbständigen Ordnung und Verwaltung ihrer Angelegenheiten Grenzen gesetzt, nur ausgerechnet im Arbeitsrecht, wo es um den Schutz des strukturell schwächeren Arbeitnehmers geht, wollte das Bundesverfassungsgericht nahezu jegliche Überprüfung des Handelns der Kirchen ausschließen. Im Jahre 1977 hatten sich fünf norddeutsche evangelisch-lutherische Kirchen zur Nordelbischen evangelisch-lutherischen Kirche zusammengeschlossen (NEK), die das Gebiet von Hamburg und Schleswig-Holstein abdeckte. Und da in Hamburg vorher ein Kirchensteuersatz von 8 % galt, in Schleswig-Holstein von 9 %, sah das Kirchensteuergesetz der NEK weiterhin unterschiedliche Kirchensteuersätze vor. Ein Protestant aus Schleswig-Holstein sah nicht ein, dass er 9 % Kirchensteuer zahlen musste, während seine Brüder und Schwestern in Hamburg nur 8 % zahlten. Die Kirche rechtfertigte dies damit, dass die Bürger in

18 BVerfG 4.6.1985 – 2 BvR 1703/83, BVerfGE 70, 138; BAG 25.4.2013 – 2 AZR 579/12 Rn. 21.

19 BVerfG 4.5.1971 – 1 BvR 636/68, BVerfGE 31, 58.

20 BGH 27.11.1996 – XII ZR 126/95, FamRZ 1997, 542.

Hamburg ein höheres Einkommen hätten, weshalb eine Kirchensteuer von 8 % ausreiche – eine bemerkenswerte Argumentation für eine Institution, die sich den Schutz der Schwachen und Armen zum Ziel gesetzt hat. Wer viel verdient, soll wenig zahlen, wer wenig verdient, darf aus seinem mageren Lohn einen höheren Anteil an die Kirche abführen![21] Obwohl die Festsetzung von Kirchensteuersätzen nun sicherlich zu den eigenen Angelegenheiten der Kirche gehört, die sie selbständig regeln darf, machte das Bundesverfassungsgericht in seiner Entscheidung vom 19.8.2002 das nicht mit.[22] Auch die Festlegung der Kirchensteuer ist verfassungsrechtlich nur möglich innerhalb der Schranken des für Alle geltenden Gesetzes und damit der Grundrechte. Dass die weniger Verdienenden höhere Steuern zahlen sollten, verstieß gegen den in Art. 3 Abs. 1 GG niedergelegten Grundsatz der Besteuerung nach der wirtschaftlichen Leistungsfähigkeit der Steuerpflichtigen. Das Kirchensteuergesetz wurde für verfassungswidrig erklärt.

Insoweit führt also die Rechtsprechung des EuGH – Ironie des Rechts – lediglich die Rechtsprechung des Bundesverfassungsgerichts konsequent fort und entspricht auch deutschem Verfassungsrecht nach Grundgesetz und Weimarer Reichsverfassung, dass die Religionsgemeinschaften ihre Angelegenheiten zwar selbständig ordnen und verwalten dürfen, aber eben nur „innerhalb der Schranken des für alle geltenden Gesetzes".

Auch eine weitere Kritik, dass europäisches Recht doch nicht gegen die deutsche Verfassung verstoßen dürfe und somit nicht gegen die nach der Rechtsprechung des Bundesverfassungsgerichts fast schrankenlose Gestaltungsfreiheit der Kirchen in ihrem Arbeitsrecht, geht fehl. Schon seit dem Urteil des EuGH vom 15.7.1964 in Sachen Costa ./. ENEL steht fest, dass Europarecht dem nationalstaatlichen Recht einschließlich dem nationalstaatlichen Verfassungsrecht vorgeht.[23] Dieser Vorrang des Gemeinschaftsrechts wird auch vom Bundesverfassungsgericht anerkannt. Es behält sich lediglich eine eigene Prüfungskompetenz vor für den Fall, dass der EuGH bzw. die EU die Kompetenzen überschreitet, die ihr durch den Beitritt der Bundesrepublik Deutschland zur Europäischen Union übertragen worden sind. Darauf, dass der EuGH Vorschriften des AEUV und der Grundrechte-

---

21 Vgl. *Müller-Heidelberg* Grundrechte-Report 2003, 190.

22 BVerfG 19.8.2002 – 2 BvR 443/01, DÖV 2003, 159.

23 EuGH 15.7.1964 – RS 6-64, Slg. 10, 1251, NJW 1964, 2371. Es sollte nicht vergessen werden, dass der Vorrang des Gemeinschaftsrechts ausgerechnet durch den damals wohl bedeutendsten Europarechtler, den Hamburger Staatsrechtsprofessor Hans Peter Ipsen, allein durch die Kraft der logischen Argumentation begründet wurde, später durch seinen Schüler Grabitz in dessen Habilitation grundlegend herausgearbeitet wurde.

charta auslegt und anwendet, kann aber sicherlich nicht der Vorwurf gestützt werden, er habe seine Kompetenzen überschritten.

Es bleibt dabei: Das kirchliche Sonderarbeitsrecht hat im Jahre 2018 einen Zeitenwandel erlebt und ist zurückgestutzt worden auf die Grenzen, die Grundgesetz, AEUV und Grundrechtecharta setzen.[24]

---

24 Am 22. Januar 2019 hat der EuGH (22.1.2019 – C-193/17, NZA 2019, 297) deutlich gemacht, dass seine drei Paukenschläge in 2018 keine Eintagsfliegen waren, sondern er konsequent seine Rechtsprechung fortzusetzen gedenkt, religiöse Diskriminierungen im Arbeitsrecht zu beseitigen: Das österreichische Arbeitsruhegesetz regelt in § 7 Abs. 2 ARG die nationalen Feiertage wie den 1. und 6. Januar, Ostern, Pfingsten, Weihnachten, den Nationalfeiertag am 26.10. und weitere Feiertage und bestimmt darüber hinaus in Abs. 3: „Für Angehörige der evangelischen Kirchen AB und HB, der Altkatholischen Kirche und der Evangelischmethodistischen Kirche ist auch der Karfreitag ein Feiertag." An Feiertagen behalten die Arbeitnehmer ihren Anspruch auf Arbeitsentgelt; arbeiten sie an einem Feiertag, erhalten sie ein Zusatzentgelt. Herr Markus Achatzi, der keiner der erwähnten Kirchen angehört, arbeitete am Karfreitag und erhielt kein Zusatzentgelt, da dieser Tag für ihn ja kein Feiertag war. Der EuGH hat dies, wieder mit der Großen Kammer, als eine Diskriminierung aus religiösen Gründen gewertet, die nicht zu rechtfertigen ist und nicht nur gegen die Antidiskriminierungsrichtlinie 2000/78/EG verstößt, sondern auch gegen das Verbot jeder Diskriminierung wegen der Religion oder der Weltanschauung nach Art. 21 der Grundrechte-Charta, auf die sich jeder Unionsbürger direkt berufen kann. Herr Achatzi hat folglich auch einen Rechtsanspruch auf das zusätzliche Feiertagsentgelt und das entgegenstehende österreichische Recht haben die nationalen Gerichte unangewendet zu lassen.

Stellungnahme für die öffentliche Anhörung im Rechtsausschuss des Deutschen Bundestages am 18.2.2019 zu dem Thema „Entwurf eines Gesetzes zur Verbesserung der Information über einen Schwangerschaftsabbruch“

Reinhard Merkel

I.

Der in § 219a StGB neu einzufügende Absatz 4 in der Fassung des vorliegenden Regierungsentwurfs enthält eine unselbständige und lediglich negative Regelung: Er beschränkt die personale Reichweite der Strafdrohung in Absatz 1, indem er *„Ärzte, Krankenhäuser oder Einrichtungen“* im Hinblick auf die tatbestandlichen Handlungsmerkmale *„anbieten“*, *„ankündigen“* und *„Erklärungen solchen Inhalts bekannt geben“* von der Strafdrohung ausnimmt.[1] Hält man (wie der Verfasser dieser Zeilen) die schiere Begrenzung der Strafbarkeit nach Absatz 1 für ohne weiteres zulässig, dann hängt die normative Beurteilung des vorgelegten Entwurfs allein von der Frage ab, ob er die Mängel des weiterhin geltenden Absatzes 1 hinreichend beseitigt oder aber fortbestehen lässt. Auf diese Frage konzentrieren sich die folgenden Überlegungen.

Festzuhalten ist zunächst, dass § 219a Abs. 1 in erster Linie nicht deshalb reformbedürftig ist, weil er die Informationsmöglichkeiten schwangerer Frauen ungebührlich beschränkt (wiewohl er auch das tut), sondern weil er Strafdrohungen normiert, die jenseits des verfassungsrechtlich Zulässigen liegen. Soweit der vorgesehene neue Absatz 4 solche Strafdrohungen fortbestehen lässt bzw. ließe, bliebe er im Wortsinne ungenügend. Dass er andere Strafdrohungen zurücknähme, vermöchte an diesem Mangel nichts zu ändern.

Zu den damit angesprochenen prinzipiellen Fehlern des § 219a Abs. 1 habe ich mich in einer Stellungnahme zur Sitzung des Rechtsausschusses vom 27. Juni 2018 geäußert. Soweit meine damaligen Argumente für die Beurteilung des gegenwärtigen Entwurfs im oben skizzierten Sinn bedeut-

---

1 Die Variante des „Anpreisens“ von Abbruchsmitteln oder -verfahren bleibt als typischerweise „grob anstößige“ Form des Werbens weiterhin im Regelfall verboten.

sam bleiben, erlaube ich mir, sie hier knapp (und in Teilen wörtlich) zu rekapitulieren.

II.

Korrekte, im sachlichen Ton gehaltene Hinweise von Ärzten oder Ärztinnen, man offeriere schwangeren Frauen die Möglichkeit eines Abbruchs im Rahmen des geltenden Rechts („*anbieten*" bzw. „*ankündigen*" i.S.d. § 219a Abs. 1), sind auch dann, wenn sie „*öffentlich, in einer Versammlung oder durch Verbreiten von Schriften*" sowie eines „*Vermögensvorteils* [nämlich der gesetzlichen Gebühr] *wegen*" erfolgen, kein legitimer Gegenstand einer Strafdrohung.

1. Das gilt unter den Maßgaben des Schutzguts „Leben des Ungeborenen" zunächst offensichtlich für rechtmäßige Abbrüche. Denn wenn dieses Schutzgut bei einem Schwangerschaftsabbruch, der dem sachlichen Hinweis i.S.d. § 219a möglicherweise nachfolgt, von Gesetzes wegen hinter die geschützten Belange der Schwangeren zurücktritt, dann kann die bloße „Förderung" eines solchen rechtmäßigen Tuns weit in dessen Vorfeld nicht ihrerseits das Unrecht einer Gefährdung jenes Rechtsguts sein. Mit Strafe bedroht werden darf sie dann erst recht nicht.

Zudem: Sachliche Grundlage der Rechtfertigung eines Abbruchs nach den Absätzen 2 und 3 des § 218a (Gefahr für Leben oder Gesundheit der Schwangeren; Sexualstraftat als Grund der Schwangerschaft), ist die Unzumutbarkeit einer Fortsetzung der Schwangerschaft in einer Notstandslage für die Schwangere.[2] Es ist aber ersichtlich so unangemessen wie unverhältnismäßig, sachliche Hinweise auf den rechtmäßigen Ausweg aus einer vom Gesetz als unzumutbar anerkannten Notlage mit Strafe zu bedrohen. Die Möglichkeit der Schwangeren, sich ggf. auch anderweitig zu informieren, ist dafür ohne Belang. Es geht nicht um die Frage, ob Schwangere einschlägige Informationen erhalten können, sondern darum, ob eine *Strafdrohung* zur Verhinderung korrekter Hinweise auf rechtmäßige Hilfe in einer unzumutbaren Notstandslage verfassungsgemäß sein kann. Die Antwort lautet: nein.

2. Das unter 1. Dargelegte gilt ohne Einschränkung auch für die sachliche Information („ankündigen") bzw. das sachliche Angebot („anbieten") eines *tatbestandslosen* Schwangerschaftsabbruchs nach § 218a Abs. 1. Das

2 Vgl. Wortlaut des § 218a Abs. 2: wenn „die Gefahr nicht auf eine andere, für sie [die Schwangere] zumutbare Weise abgewendet werden kann"; im übrigen h.M.

hat auch das BVerfG betont: „Wenn die Rechtsordnung Wege zur Durchführung von Schwangerschaftsabbrüchen durch Ärzte eröffnet, muss es dem Arzt auch ohne negative Folgen für ihn möglich sein, darauf hinzuweisen, dass Patientinnen seine Dienste in Anspruch nehmen können."[3] Der prinzipielle und allgemeine Charakter dieses Hinweises auch jenseits des damaligen Verfahrens (zu einem zivilgerichtlichen Unterlassungsurteil) ist offensichtlich.

Vor dem Hintergrund dieses vom BVerfG mit Nachdruck hervorgehobenen Prinzips („muss ... erlaubt sein"), ist es nicht zweifelhaft, dass § 219a Abs. 1 in demjenigen Teil seines Tatbestands, der auch den sachlichen Hinweis eines Arztes erfasst, „dass Patientinnen seine Dienste [nach § 218a Abs. 1] in Anspruch nehmen können", vor dem Grundgesetz keinen Bestand haben kann.

3. Daran ändert sich auch im Hinblick auf die zweite Schutzaufgabe des § 219a nichts, deren Sinn es ist, eine moralische Verwahrlosung des „Klimas" der öffentlichen Kommunikation über Schwangerschaftsabbrüche zu verhindern. Das ist ein fraglos legitimes Anliegen, und ebenso legitim ist daher das entsprechende rechtliche Verbot.[4] Es betrifft freilich so gut wie ausschließlich den tatbestandlichen Handlungsmodus des „Anpreisens" von Abbruchsmitteln oder -verfahren in „grob anstößiger Weise". Die korrekte und sachliche Information über rechtmäßiges oder tatbestandsloses Handeln trägt selbstverständlich nichts zu einer solchen Verwahrlosung bei. Vielmehr hat sie den genau gegenteiligen Effekt einer moralischen Versachlichung des einschlägigen öffentlichen Diskurses. Der oben zitierte Satz des BVerfG beglaubigt die Offensichtlichkeit dieses Befundes ohne weiteres. Schwerlich könnte das Gericht davon sprechen, Ärzten *müsse* die sachliche Information über gesetzestreues Berufshandeln erlaubt sein, wollte es zugleich akzeptieren, dass ihnen eben diese Information bei Strafe verboten werden darf, sobald man nur den Blick vom (gewichtigeren!) Schutzgut „ungeborenes Leben" zu dem (weniger gewichtigen) des „moralischen Klimas" wende.

---

3 BVerfG, Beschl. vom 24.05.2006, 1 BVR 1060/02 und 1139/03, S. 9 Rn. 36 = ZfL 4/2006, 135, 138.

4 Als Strategie zur Verhinderung grober öffentlicher Ärgernisse wäre es allerdings weitaus angemessener im OWi-Recht aufgehoben als in einem Tatbestand des StGB (dazu meine oben erwähnte Stellungnahme für die Sitzung vom 27. Juni 2018 im Rechtsausschuss).

III.

Vor dem Hintergrund dieser Überlegungen mutet es befremdlich an, dass in der rechtspolitischen Diskussion das Problem des § 219a StGB offenbar allein unter dem Gesichtspunkt wahrgenommen und erörtert wird, ob sich Frauen hinreichend informieren können – und nicht unter dem offensichtlich vorrangigen, was der Staat legitimerweise mit Strafe bedrohen darf. Der vorliegende Entwurf leistet dieser irreführenden Sichtweise schon mit seiner Überschrift Vorschub. Sie legt die unrichtige Auffassung nahe, es gehe nicht primär um die rechtsstaatlich gebotene Bereinigung einer (jedenfalls möglicherweise) illegitimen Strafdrohung, sondern ausschließlich um die Erleichterung der öffentlichen Verfügbarkeit bestimmter Informationen.

1. Dieser Verschiebung des Problems ins straf- wie verfassungsrechtlich nachgerade Belanglose ist nachdrücklich zu widersprechen. Sie fördert die Fehlvorstellung (und unterliegt ihr ersichtlich selbst), jenseits einer gedachten Linie hinreichender Information für Schwangere dürfe alles in § 219a erfasste Handeln auch künftig ohne weiteres mit Strafe bedroht werden. Das führt zu groben rechtsstaatlichen Ungereimtheiten des Tatbestands, die bei genauerem Hinsehen auf der Hand liegen. Um das an dem vorgelegten Entwurf zu demonstrieren: Sagt die Ärztin auf ihrer Website: „Ich führe gesetzesgemäße Schwangerschaftsabbrüche durch. In welchen Formen, das können Sie unter dem folgenden Link [z.B. der Bundesärztekammer] sehen", dann wäre das künftig nicht nur vollkommen rechtmäßig, sondern – da es einem ausdrücklich propagierten Gesetzeszweck dient – naturgemäß lobenswert. Sagt sie dagegen: „Ich führe gesetzesgemäße Schwangerschaftsabbrüche durch. In welchen Formen, das können Sie unter dem folgenden Link sehen. Dort werden Sie auch die von mir bevorzugte Methode X finden", dann soll sie weiterhin strafbar sein, also kriminelles Unrecht begangen haben.

Das ist vor dem Hintergrund des verfassungsgebotenen Ultima-ratio-Prinzip staatlichen Strafens nicht akzeptabel. Das Aussprechen (bzw. -schreiben) einer Information, auf die rechtmäßig, ja im Sinne eines Gesetzeszwecks geradezu löblich, verwiesen werden darf, fügt diesem Verweis nichts hinzu, was unter irgendeinem denkbaren Gesichtspunkt auch nur entfernt als kriminelles Unrecht in Frage käme. Wer vor lesekundigen Adressaten rechtmäßig auf etwas deuten darf, auf dem „X" steht, darf selbstverständlich auch dazu sagen, dass dort „X" steht. Dieses Aussprechen „X" als kriminell zu markieren, während das Hinweisen auf X als rechtmäßig, ja als förderlich für einen Gesetzeszweck behandelt wird, ist verfassungsrechtlich nicht legitimierbar.

2. Daran ändert sich nichts durch den Umstand, dass alle Handlungsmerkmale eines Straftatbestands begriffliche Grenzen haben, *jenseits* deren Fälle als strafbar erfasst werden, die den unmittelbar *diesseits* der Grenze liegenden (also noch straflosen) äußerlich wie normativ ganz ähnlich sein mögen. Denn bei solchen gerade noch straflosen Verhaltensweisen nahe an der Grenze zum eindeutig verbotenen Tun geht es regelmäßig um Handlungen, die als kriminalitätsnah schon ihrerseits unerwünscht, nicht selten auch zivil- oder verwaltungsrechtlich unerlaubt sind, deren Bestrafung aber ein rechtsstaatlich striktes Ultima-ratio-Prinzip (gerade) noch nicht gestattet.

Solche Fälle haben mit den in § 219a Abs. 1 erfassten, die der vorliegende Entwurf nun aus der Strafdrohung ausnehmen soll, nichts zu tun. Diese Herausnahme aus dem Tatbestand ist nicht etwa das Ergebnis einer großzügigen Nachsichtigkeit des Gesetzgebers gegenüber einem sozial an sich unerwünschten, missbilligenswerten und kriminalitätsnahen Verhalten. Sie entspricht vielmehr, wie oben unter Verweis auf die Rspr. des BVerfG noch einmal dargelegt, einem verfassungsrechtlichen Gebot. Sie entspricht aber darüber hinaus, und der bereits im Titel des Entwurfs benannte ausdrückliche Gesetzeszweck stellt das klar, vollständig dem Sinn der Regelung des neuen Absatzes 4. Ein solches den Zweck eines Gesetzes förderndes Verhalten ist alles andere als kriminalitätsnah; es ist nachgerade das Gegenteil. Dass aber dann ein Verhalten, das jenem gesetzesförmigen nicht das Mindeste an fassbarem Unrecht hinzufügt, weiterhin als kriminell behandelt werden soll, ist und bleibt unvereinbar mit rechtsstaatlichen Grundprinzipien.

IV. Empfehlung

Die rechtsstaatlich gebotene Bereinigung des § 219a Abs. 1 könnte unschwer durch das einfache Streichen des Merkmals „seines Vermögensvorteils wegen“ erfolgen. Übrig und strafbedroht blieben dann allein „grob anstößige Weisen“ der öffentlichen Kommunikation über Schwangerschaftsabbrüche. Sie sind in jeder Form verbotswürdig, selbst wenn sie rechtmäßige oder tatbestandslose Abbrüche zum Gegenstand haben.[5] Auch der Modus des „Anpreisens“ fällt, richtig verstanden, eo ipso unter

5 Dass dieses Verbot besser in einem Tatbestand des OWi-Rechts als im Strafrecht aufgehoben wäre, steht auf einem anderen Blatt; s. dazu oben den Hinweis in Anm. 4.

dieses Merkmal des grob Anstößigen. Das Gleiche gilt für jedes Anbieten oder Ankündigen strafbarer Abbrüche, selbst wenn es in der äußeren Form „sachlich“ erscheinen sollte. Dagegen sind alle sachlichen, unanstößigen und rechtlich zutreffenden Hinweise, die Absatz 1 derzeit ebenfalls erfasst, keine legitime Verbotsmaterie. Da sie der vorliegende Entwurf im dargelegten Maß strafbedroht lassen will, kann der damit nur unzulänglich korrigierte § 219a Abs. 1 vor der Verfassung weiterhin keinen Bestand haben.

Stellungnahme zum Referentenentwurf des Bundesministeriums der Justiz und für Verbraucherschutz (BMJV) für ein Gesetz zur Verbesserung der Information über einen Schwangerschaftsabbruch vom 28.1.2019

Jacqueline Neumann / Michael Schmidt-Salomon

I. Zusammenfassung

Das Institut für Weltanschauungsrecht (ifw) spricht sich gegen den Referentenentwurf des Bundesministeriums der Justiz und für Verbraucherschutz (BMJV) für ein Gesetz zur Verbesserung der Information über einen Schwangerschaftsabbruch vom 28.1.2019 (Az. 4040/1-0-25 432/2018) aus. Die im Gesetzesentwurf vorgesehenen Änderungen des § 219a Strafgesetzbuch (StGB) und des Schwangerschaftskonfliktberatungsgesetzes (SchKG) sind aus folgenden Gründen unzureichend und daher abzulehnen:

1. Die vom BMJV benannten Ziele, erstens betroffenen Frauen den Zugang zu Informationen über Schwangerschaftsabbrüche zu erleichtern und zweitens Rechtssicherheit für Ärzte[1] zu schaffen, die bereit sind, Schwangerschaftsabbrüche durchzuführen, werden nicht oder unzulänglich erreicht.
2. Dem Kernproblem für die betroffenen Frauen, insbesondere der gesetzeswidrigen Unterversorgung mit der medizinischen Dienstleistung des Schwangerschaftsabbruchs, wird nicht abgeholfen.
3. Die derzeitige verfassungswidrige Vorfeldkriminalisierung von Schwangerschaftsabbrüchen wird nicht beendet.
4. Die Verfassungswidrigkeit des § 219a StGB aufgrund der fehlenden weltanschaulichen Neutralität des zugrundeliegenden Schutzkonzeptes wird nicht überwunden.
5. Das Anbieten oder Ankündigen tatbestandsmäßiger und rechtswidriger Schwangerschaftsabbrüche, das anpreisende Werben für (rechtmäßige wie rechtswidrige) Schwangerschaftsabbrüche sowie grob anstößi-

1 Erfasst ist sowohl die weibliche als auch die männliche Form. Aus Gründen der besseren Lesbarkeit wird im Text stets nur die männliche Form verwandt.

ge Formen des Anbietens oder Ankündigens können über das Recht der Ordnungswidrigkeiten hinreichend adressiert werden.

Vor diesem Hintergrund empfiehlt das Institut für Weltanschauungsrecht (ifw) eine grundlegende Reform der Gesetzgebung zum Schwangerschaftsabbruch und im Rahmen dessen eine Streichung des § 219a StGB.

II. Im Einzelnen

1. Die vom BMJV benannten Ziele werden nicht erreicht

Das Bundesministerium der Justiz und für Verbraucherschutz benennt als Ziele des am 28.1.2019 vorgelegten Entwurfs für ein Gesetz zur Verbesserung der Information über einen Schwangerschaftsabbruch: erstens, den betroffenen Frauen den Zugang zu Informationen über Schwangerschaftsabbrüche zu erleichtern, und zweitens, Rechtssicherheit für Ärzte zu schaffen, die bereit sind, Schwangerschaftsabbrüche durchzuführen (Referentenentwurf S. 1). Hierzu soll in § 219a StGB eine neuer Ausnahmetatbestand eingeführt werden und soll das Schwangerschaftskonfliktberatungsgesetz (SchKG) geändert werden. Der geplante Ausnahmetatbestand in § 219a StGB schafft für Ärzte und Krankenhäuser die Möglichkeit, selbst öffentlich darüber zu informieren, dass sie Schwangerschaftsabbrüche unter den Voraussetzungen des § 218a Abs. 1 bis 3 StGB durchführen, sowie die Möglichkeit, weitergehende Informationen über Schwangerschaftsabbrüche durch Hinweis auf bestimmte ausdrücklich benannte Quellen öffentlich zugänglich zu machen. Die Neuregelung passt sich nach Auffassung des BMJV in das bestehende gesetzgeberische Schutzkonzept für das ungeborene Leben ein (Referentenentwurf S. 6 f.).

Jedoch wird der Gesetzesentwurf wahrscheinlich weder den Informationszugang noch die Rechtssicherheit hinreichend verbessern. Denn über den Ärzten schwebt weiterhin das Damoklesschwert des Strafrechts. Dies dürfte nicht wenige Mediziner auch zukünftig dazu veranlassen, keinerlei Informationen zu dieser Dienstleistung zu veröffentlichen. Der Schwangerschaftsabbruch soll weiterhin als rechtswidrig gelten und es bleibt trotz der vorgeschlagenen Neuregelung bei einer Kriminalisierung der Ärzte[2].[3]

---

2 https://hpd.de/artikel/unsaegliche-unrechtsparagraf-219a-dem-jahr-1933-muss-endlich-abgeschafft-werden-16430.

3 Alle Links in diesem Artikel wurden erneut geprüft am 31.1.2019.

Wie in der Vergangenheit werden die massiven Verleumdungen und Strafanzeigen der sog. christlichen „Lebensschützer" in der Praxis auch weiterhin dazu führen, dass eine Vielzahl von Ärzten und Kliniken entweder überhaupt keine Schwangerschaftsabbrüche mehr durchführen[4] oder aber dies zumindest nicht öffentlich bekannt machen. Eine von der Bundesärztekammer erstellte und im Internet veröffentlichte Liste mit Ärzten und Kliniken, die Schwangerschaftsabbrüche durchführen, verbessert das Auffinden entsprechender Anbieter dieser Dienstleistung für Betroffene aber nur dann, wenn sie auch entsprechend befüllt ist. Ärzte und Krankenhäuser werden jedoch nur in der Liste aufgeführt, wenn sie der Bundesärztekammer mitgeteilt haben, dass sie Schwangerschaftsabbrüche durchführen (Referentenentwurf S. 7). Der Vorschlag mag gut gemeint sein, für die Praxis überzeugt er jedoch nicht. Er wird die bestehende Situation nicht verbessern.

Wenig nachvollziehbar ist überdies die Annahme im Referentenentwurf, dass es sich bei den im neuen Abs. 4 Nr. 1 zu § 219a StGB genannten staatlichen oder staatlich beauftragten Stellen um „neutrale Stellen" handelt, welche den Betroffenen „neutrale" Informationen zur Verfügung stellen (Referentenentwurf S. 1). Als Beratungsstellen kommen neben staatlichen und kommunalen Behörden auch kirchliche und freie Träger in Betracht (§ 8 S. 3 SchKG). Davon, dass Beratungsstellen „neutrale" Informationen zur Verfügung stellen, kann jedoch nicht die Rede sein. Nach § 219 Abs. 1 S. 2 StGB hat sich die Beratung in der Schwangerschaftskonfliktberatungsstelle von dem Bemühen leiten zu lassen, die Frau zur Fortsetzung der Schwangerschaft zu ermutigen. Zwar bezeichnet § 5 Abs. 1 SchKG die nach § 219 StGB notwendige Beratung als „ergebnisoffen". Es wurde aber bereits früher zutreffend darauf hingewiesen, dass aufgrund der Tatsache, dass die Entscheidung über den Abbruch nicht bei der Beratungsstelle, sondern der schwangeren Frau liegt, es selbstverständlich sei, dass diese „ergebnisoffen" geführt werde. Das bedeute jedoch keinesfalls, dass sie auch „zieloffen" zu sein habe, zumal das Bundesverfassungsgericht in seinem 2. Fristenregelungsurteil vom 28. Mai 1993[5] betonte, dass die Beratung nicht „ergebnis- *und* zieloffen" sein dürfte, sondern „auf den Schutz des ungeborenen Lebens hin orientiert sein" müsse.[6]

---

4 https://www.zeit.de/gesellschaft/zeitgeschehen/2018-08/schwangerschaftsabbrueche-statistisches-bundesamt-arztpraxen-kliniken.

5 BVerfG 28.5.1993 – 2 BvF 2/90 u.a., BVerfGE 88, 203.

6 Zum Vorstehenden *Fischer*, StGB, 65. A. 2018, § 219 Rn. 3.

Nach alledem sind die geplanten Änderungen mithin nicht geeignet, das Ziel der Gewährleistung von Rechtssicherheit für Ärzte sowie eine Verbesserung des Zugangs zu „neutralen" Informationen über Schwangerschaftsabbrüche zu erreichen.

2. *Kernproblem: Unterversorgung mit der medizinischen Dienstleistung*

Kern des Problems ist nicht nur der defizitäre Informationszugang für betroffene Frauen, sondern insbesondere auch die Unterversorgung mit ambulanten und stationären Angeboten der medizinischen Dienstleistung des Schwangerschaftsabbruchs. Hierzu enthält der Referentenentwurf keine Lösung. Nur die Streichung des § 219a StGB kann die Kriminalisierung und Stigmatisierung der Ärzte beenden, welche (mit-)ursächlich für das Kernproblem der Unterversorgung ist.

Nicht nur im ländlichen Raum müssen betroffene Frauen zumeist weite Wege auf sich nehmen. Nach Angaben des Statistischen Bundesamtes ist die Anzahl der Praxen und Krankenhäuser, die Schwangerschaftsabbrüche anbieten, laut Medienberichten[7] innerhalb von 15 Jahren um 40 Prozent zurückgegangen. Der Europäische Gerichtshof für Menschenrechte hat in einem Urteil vom 30. November 2012 in der Sache P./S. gegen Polen[8] bezogen auf die Durchführung von Schwangerschaftsabbrüchen jedoch betont:

> *„For the Court, States are obliged to organise their health service system in such a way as to ensure that the effective exercise of freedom of conscience by health professionals in a professional context does not prevent patients from obtaining access to services to which they are entitled under the applicable legislation"*

Demnach muss der Staat einen Regelungsrahmen bereitstellen, welcher es Individuen ermöglicht, ihre Rechte auch tatsächlich wahrzunehmen und durchzusetzen. Das Selbstbestimmungsrecht über den Abbruch einer Schwangerschaft darf nicht nur eine theoretische Option darstellen. Andernfalls verletzt der Staat seine Schutzpflicht aus Art. 8 Abs. 1 der Europäischen Menschenrechtskonvention. Diese Fragen nach dem staatlichen Regelungsrahmen stellen sich auch in Deutschland.

---

7 https://www.zeit.de/gesellschaft/zeitgeschehen/2018-08/schwangerschaftsabbrueche-statistisches-bundesamt-arztpraxen-kliniken.

8 EGMR 30.11.2012 – 57375/08 Rn. 106.

Lediglich am Rande sei angemerkt, dass der Referentenentwurf die Problematik, dass Deutschland mit der bestehenden Regelung der §§ 218 ff. StGB auch gegen seine internationalen Verpflichtungen verstößt, ebenfalls vollkommen unberücksichtigt lässt[9]. So hat der UN-Ausschuss für die Frauenrechtskonvention im März 2017[10] in seinen abschließenden Bemerkungen zum Staatenbericht Deutschlands gefordert, dass Deutschland „den Zugang zu sicherem Schwangerschaftsabbruch sicherstellt, ohne der Frau eine verpflichtende Beratung und eine dreitägige Wartezeit aufzuerlegen, welche von der WHO für medizinisch nicht erforderlich erklärt wurde, und gewährleistet, dass solche Eingriffe von der Krankenkasse übernommen werden" (Ziff. 38).

3. *Verfassungswidrige Vorfeldkriminalisierung*

§ 219a Abs. 1 StGB differenziert in seiner jetzigen und in der geplanten Fassung nicht zwischen rechtmäßigen (bzw. tatbestandslosen) und rechtswidrigen Abbrüchen.[11] Erfasst werden daher auch Verhaltensweisen im Vorfeld rechtlich erlaubten Handelns. Versteht man die Norm folglich als „Vorfeldkriminalisierung", liegt die Verfassungswidrigkeit nach Reinhard Merkel auf der Hand: „Wenn eine Handlung X und deshalb auch jederlei Teilnahme an ihr rechtmäßig ist, dann kann die bloße vorbereitende Förderung beider, genau genommen nur die Förderung der bloßen Möglichkeit zu beiden, nicht ihrerseits rechtswidrig und strafbar sein".[12] Auch Eric Hilgendorf betont, dass eine „Kriminalisierung des Vorfelds einer rechtmäßigen Haupttat" als „sachwidrig" und nicht verfassungskonform zu qualifizieren sei.[13]

Schutzzweck des § 219a StGB ist es, das ungeborene Leben zu schützen und zu verhindern, dass der rechtmäßige Schwangerschaftsabbruch als kommerzialisierbare Dienstleistung dargestellt und von der Allgemeinheit

---

9 Prägnant hierzu *Lembke*, Auf nach Holland, LTO vom 23.11.2017.

10 https://www.frauenrat.de/wp-content/uploads/2017/07/Abschlie%C3%9Fende-Bemerkungen-dt.pdf.

11 *Gropp* in MüKo, StGB, 3. A. 2017, § 219a Rn. 1f.

12 *Merkel* in Kindhäuser/Neumann/Paeffgen, StGB, 5. A. 2017, § 219a Rn. 2; ausf. *Merkel*, Stellungnahme öffentliche Anhörung zu § 219a StGB am 27. Juni 2018 im Ausschuss des Deutschen Bundestages für Recht und Verbraucherschutz, abrufbar unter https://weltanschauungsrecht.de/sites/default/files/download/merkel-stellungnahme-219a_stgb_0.pdf.

13 *Hilgendorf* in Arzt/Weber/Heinrich/Hilgendorf, Strafrecht BT, 3. A. 2015, § 5 Rn. 40.

als normales Verhalten eingeschätzt wird.[14] Doch wenn die Kommerzialisierung der Haupttat, nämlich deren Bezahlung, fraglos erlaubte und (zivil-)rechtlich garantierte Normalität ist, dann können kommerziell orientierte öffentliche Hinweise darauf und Informationen über die Art und Weise der Durchführung kein strafwürdiges Unrecht sein.[15]

Die vorstehende Problematik der verfassungswidrigen Vorfeldkriminalisierung wird durch die Neuregelung nicht aufgelöst. Gleiches gilt für den unverhältnismäßigen Eingriff in Art. 12 Abs. 1 GG. Ärzten wäre es weiterhin verboten, jegliche Information über das medizinische Angebot des Schwangerschaftsabbruchs öffentlich zur Verfügung zu stellen. Die Art und Weise, wie beispielsweise die Ärztin Kristina Hänel ihren Patientinnen auf ihrer Webseite[16] Informationen zum Schwangerschaftsabbruch zur Verfügung stellt, wäre auch nach Inkrafttreten des Gesetzes höchstwahrscheinlich strafbar.[17] Denn der im Referentenentwurf avisierte Ausnahmetatbestand erlaubt Ärzten lediglich die Information über die Tatsache, dass sie Schwangerschaftsabbrüche durchführen. Weiterhin verwehrt ist ihnen die zur Verfügungstellung allgemeiner Informationen über Schwangerschaftsabbrüche. Ebenfalls strafbewehrt ist die Veröffentlichung von Informationen über die verfügbaren und in ihrer Praxis angewandten Methoden sowie eine Aufklärung über Risiken des Abbruchs (Referentenentwurf S. 1, 4). Nach dem neuen Abs. 4 Nr. 1 zu § 219a StGB dürfen inhaltliche Hinweise zur medizinischen Dienstleistung des Schwangerschaftsabbruchs nur dergestalt erfolgen, dass auf Informationen einer zuständigen Bundes- oder Landesbehörde, einer Beratungsstelle nach dem Schwangerschaftskonfliktgesetz oder einer Ärztekammer hingewiesen wird.

Zudem erlaubt die Neuregelung des Abs. 4 Nr. 1 ihrem Wortlaut nach nur den Hinweis auf die eigene Vornahme von Schwangerschaftsabbrüchen, nicht hingegen den Hinweis auf fremde Dienste. Hat sich ein Arzt mithin dazu entschlossen, selbst die medizinische Dienstleistung eines Schwangerschaftsabbruchs nicht durchzuführen, kennt jedoch einen Kollegen, der diese Dienstleistung anbietet, dürfte er seine Patientinnen nicht öffentlich darüber informieren.

---

14 Bericht, BT-Drs. 7/1981, 17; *Eschelbach* in BeckOK StGB, 42. Ed., § 219a Rn. 1.

15 Vgl. *Merkel* in Kindhäuser/Neumann/Paeffgen, StGB, 5. A. 2017, § 219a Rn. 2, 3.

16 http://www.kristinahaenel.de/page_abbruch.php.

17 Ähnlich *Will*, Pressemitteilung der Humanistischen Union zum Referentenentwurf vom 30.01.2019.

4. Verstoß gegen das Gebot der weltanschaulichen Neutralität des Staates

Die Neuregelung passt sich in das bestehende gesetzgeberische Schutzkonzept für das ungeborene Leben ein. Das § 219a StGB zugrundeliegende Schutzkonzept entspricht jedoch nicht dem Verfassungsgebot der weltanschaulichen Neutralität des Staates. Der § 219a StGB ist Teil einer moralisierenden, auf die Durchsetzung einer religiös-weltanschaulich bestimmten Sittlichkeit bezogenen Strafnorm. Damit überschreitet der Staat seine Kompetenzen.[18]

Beim Neutralitätsgebot handelt es sich um ein objektives Verfassungsgebot und nicht um ein bloßes Prinzip im Sinne einer allgemeinen Richtschnur, von der nach politischen Zweckmäßigkeitsgesichtspunkten abgewichen werden könnte. Es betrifft zudem die gesamte öffentliche Gewalt in Bund und Ländern. Folglich haben es alle staatlichen Einrichtungen stets einzuhalten, ohne dass man sich grundrechtlich darauf berufen müsste. Obwohl im Grundgesetz nicht wörtlich erwähnt, ist es doch aus der Verfassung ableitbar (Art. 4 Abs. 1, Art. 3 Abs. 3 Satz 1, Art. 33 Abs. 3 GG sowie Art. 136 Abs. 1 und 4 und Art. 137 Abs. 1 WRV i. V. m. Art. 140 GG). Laut Bundesverfassungsgericht besteht ein Identifikations-, Privilegierungs- und Diskriminierungsverbot: die Einführung staatskirchlicher Rechtsformen, die Privilegierung bestimmter Bekenntnisse und die Ausgrenzung von Nicht- oder Andersgläubigen sind untersagt.[19]

Nach der herrschenden Meinung und der Rechtsprechung des Bundesverfassungsgerichts[20] sind die gravierenden Eingriffe in die Grundrechte von Ärzten und ungewollt schwangeren Frauen dadurch gerechtfertigt, dass bereits der Embryo Menschenwürde besäße und Träger von Grundrechten sei.

An dieser Stelle stellt sich die Frage, womit sich die herrschende Meinung, dass bereits der Embryo Menschenwürde besitze, eigentlich begründen lässt. Der Verweis auf Artikel 1 GG gibt dies nicht her. Im Gegenteil. Denn die „unantastbare Würde" des Menschen wird hier mit den „unverletzlichen und unveräußerlichen Menschenrechten" in Verbindung gebracht. In Artikel 1 der Menschenrechtserklärung steht aber klar und deutlich, dass alle Menschen mit gleicher Würde und gleichen Rechten gebo-

18 Vgl. allg. hierzu *Huster*, Die ethische Neutralität des Staates, 2. A. 2017, S. XXXIII f.

19 Vgl. hierzu *Czermak/Hilgendorf*, Religions- und Weltanschauungsrecht, 2. A. 2018, § 10.

20 Grundlegend BVerfG 25.2.1975 – 1 BvF 1/74 u.a., BVerfGE 39, 1 ff. und BVerfG 28.5.1993 – 2 BvF 2/90 u.a., BVerfGE 88, 203.

ren sind – aus gutem Grund heißt es dort nicht, dass sie mit gleicher Würde und gleichen Rechten gezeugt oder empfangen wurden.

Sucht man nach der eigentlichen Quelle für die deutsche Gesetzgebung zum Schwangerschaftsabbruch, so landet man nicht bei der UN-Menschenrechtserklärung, sondern bei einem der größten Verächter der Menschenrechtsidee, nämlich Papst Pius IX. Dieser hatte 1869 das Konzept der „Simultanbeseelung" (Beseelung im Moment der Befruchtung der Eizelle) zur unhinterfragbaren Glaubens-Wahrheit gemacht. Zuvor waren Katholiken oft von dem alternativen Konzept der „Sukzessivbeseelung" ausgegangen, welches besagt, dass sich die „Seele" in den ersten drei Schwangerschaftsmonaten erst entwickelt, was Abbrüche bis zu diesem Zeitpunkt erlaubte.

Theologisch begründet war die Entscheidung des Papstes durch das 15 Jahre zuvor erlassene „Dogma der unbefleckten Empfängnis Mariens", wonach nicht nur der „Heiland", sondern schon dessen Mutter „erbsündenrein" empfangen wurde. Da Maria für Pius IX. niemals „seelenlos" gewesen sein konnte, erklärte er 1869 zu Ehren der „Heiligen Jungfrau" die „Simultanbeseelung" zur verbindlichen „Glaubens-Wahrheit".

Indem der deutsche Gesetzgeber das katholische Glaubensdogma der „Simultanbeseelung" (wenn auch in leicht abgeschwächter Form) zur allgemein gültigen Norm erhebt (nämlich in den §§ 218-219a StGB, die den Schwangerschaftsabbruch regeln), verstößt er in empfindlicher Weise gegen das Verfassungsgebot der weltanschaulichen Neutralität. Er privilegiert Menschen, die mit den Vorgaben der katholischen Amtskirche übereinstimmen (zweifellos nur eine kleine Teilmenge der Kirchenmitglieder) und diskriminiert all jene, die diese Überzeugungen nicht teilen – nicht nur die vielen Menschen, die religiöse Konzepte per se ablehnen, sondern beispielsweise auch gläubige Juden (für die das menschliche Leben erst mit der Geburt beginnt[21]) oder Muslime (für die der Fötus erst ab dem 120. Tag der Schwangerschaft beseelt ist[22]).

5. Recht der Ordnungswidrigkeiten

§ 219a StGB gehört gestrichen. Das Anbieten oder Ankündigen tatbestandsmäßiger und rechtswidriger Schwangerschaftsabbrüche, das anpreisende Werben für (rechtmäßige wie rechtswidrige) Schwangerschaftsab-

21 http://www.bpb.de/gesellschaft/umwelt/bioethik/197720/bioethik-und-judentum.
22 http://www.bpb.de/gesellschaft/umwelt/bioethik/33736/bioethik-im-islam.

brüche sowie grob anstößige Formen des Anbietens oder Ankündigens können mit dem Recht der Ordnungswidrigkeiten hinreichend adressiert werden.[23] Eine entsprechende Regelung müsste eingebettet werden in die nachfolgend skizzierte grundlegende Reform der Gesetzgebung zum Schwangerschaftsabbruch.

III. Grundlegende Reform der Gesetzgebung zum Schwangerschaftsabbruch

Wie müsste eine Gesetzgebung aussehen, die den grundlegenden Anforderungen an eine rationale, evidenzbasierte, weltanschaulich neutrale Begründung genügt? Zunächst einmal müsste sie die empirischen Fakten zur Kenntnis nehmen, die für die ethische und juristische Bewertung des Schwangerschaftsabbruchs relevant sind. Interessant sind dabei u.a. die folgenden beiden Punkte:

1. Erwiesenermaßen geht etwa die Hälfte der befruchteten Eizellen spontan wieder ab, was nur in knapp 20 Prozent der Fälle überhaupt bemerkt wird. Angesichts dieser Häufigkeit des natürlichen Aborts ist es nicht nachvollziehbar, dass der Gesetzgeber die Folgen des künstlichen Aborts, also des Schwangerschaftsabbruchs, derart dramatisiert, dass er den betroffenen Frauen eine „zumutbare Opfergrenze" (§ 219 StGB) abverlangt.
2. Embryonen verfügen nachweislich nicht über personale Eigenschaften (etwa Ich-Bewusstsein), sie sind nicht einmal leidensfähig, haben daher auch keinerlei Interessen, die in einem Konflikt ethisch oder gar juristisch berücksichtigt werden könnten. Erst mit der 20. Schwangerschaftswoche beginnt die Entwicklung der Großhirnrinde, so dass wir es ab einer bestimmten Entwicklungsstufe des Fötus (nicht des Embryos!) mit einem empfindungsfähigen Lebewesen zu tun haben, dessen „Interessen" in einer Güterabwägung beachtet werden können.

Daraus ist zu folgern: Der Gesetzgeber kann zwar mit rationalen, evidenzbasierten, weltanschaulich neutralen Gründen verfügen, dass Spätabtreibungen nur in Ausnahmefällen zulässig sind, um entwickelten Föten Leid zu ersparen. Derartige Gründe liegen aber nicht vor, wenn der Staat be-

---

23 Vgl. *Merkel*, Stellungnahme öffentliche Anhörung zu § 219a StGB am 27. Juni 2018 im Ausschuss des Deutschen Bundestages für Recht und Verbraucherschutz, abrufbar unter https://weltanschauungsrecht.de/sites/default/files/download/merkel-stellungnahme-219a_stgb_0.pdf.

wusstseins- und empfindungsunfähigen Embryonen „ein eigenes Recht auf Leben“ einräumt und dieses vermeintliche „Recht“ gegen die Selbstbestimmungsrechte der Frauen ausspielt. Vor diesem Hintergrund lassen sich die aktuell geltenden Bestimmungen zum Schwangerschaftsabbruch als verfassungswidrig qualifizieren – auch wenn das Bundesverfassungsgericht in früheren Jahrzehnten (Entscheide in den 1970er und 1990er) diesen Verfassungsbruch nicht als solchen erkennen konnte bzw. wollte.

Die Regelungen zum Schwangerschaftsabbruch sind nach Auffassung der Verfasser mithin dergestalt zu reformieren, dass Ärztinnen wie Kristina Hänel nicht weiterhin untersagt werden kann, seriös über den Schwangerschaftsabbruch zu informieren, dass ungewollt schwangere Frauen nicht weiterhin Zwangsberatungen über sich ergehen lassen müssen und dass der Schwangerschaftsabbruch nicht mehr als „prinzipiell rechtswidrig“ eingestuft wird.

Kinderbeschneidung und politische Verantwortung[1]

Ralf Eschelbach / Matthias Franz / Jörg Scheinfeld

I. Einleitung[2]

Sollen Eltern ihrem Kind die gesunde Vorhaut vom Genital abschneiden lassen dürfen? Die Antwort der allermeisten lautet: "Nein, das sollen Eltern nicht dürfen. Die Klitorisvorhaut am Genital eines Mädchens hat eine physiologisch sinnvolle Schutzfunktion, und vor allem stellt das Abtrennen der Klitorisvorhaut eine schmerzhafte und nicht zu rechtfertigende Körperverletzung dar, denn der Beschneidungsakt dringt in den höchstpersönlichen Intimbereich des Kindes, der auch für Eltern unverfügbar ist, weshalb sie mit der Veranlassung des Eingriffs keine elterliche Sorge ausüben, sondern allein ihre faktische Macht, die sie über das Kind haben, schändlich missbrauchen."

So sehen die Dinge fast alle, wenn es um die Mädchenbeschneidung geht, und zwar auch für leichte und kaum invasive Varianten. Lediglich ein paar Juristen meinen nolens volens, die derzeitige Gesetzeslage dränge mit ihrer Erlaubnis der Knabenbeschneidung dahin, auch die Klitorisvorhautbeschneidung zu gestatten; denn wenn der Eingriff am Jungen erlaubt sei, dann dürften gleich schwere oder leichtere Eingriffe am Mädchen nicht verboten werden. Das stimmt zwar für sich genommen, geht aber in die falsche, von den Grundrechten der Kinder versperrte Richtung.

Das Kölner Landgericht hat das vor fünf Jahren klar gesehen und den umgekehrten Weg beschritten, indem es eine in operativer Hinsicht kunst-

---

1 Der vorliegende Beitrag wurde von den Autoren auf Anfrage der Giordano-Bruno-Stiftung verfasst und erschien erstmals am 7.5.2017 zum 5. Jahrestag des „Kölner-Beschneidungs-Urteils“ auf der Webseite der Stiftung unter dem Titel „Das Parlament hat die Pflicht, das Beschneidungsgesetz abzuschaffen“. Die Herausgeber danken den Verfassern und der Giordano-Bruno-Stiftung für das Recht, den Beitrag hier erneut abzudrucken.

2 Der Beitrag verzichtet als Internet-Veröffentlichung auf Nachweise (siehe dafür die Beiträge in *Franz*, Die Beschneidung von Jungen – Ein trauriges Vermächtnis, 2014 sowie auf http://www.pro-kinderrechte.ch/de/medizin/medizinische-fakten-zur-beschneidung/ und https://www.beschneidung-von-jungen.de/home/maennliche-beschneidung.html).

gerechte, aber medizinisch nicht indizierte Knabenbeschneidung zum Körperverletzungsunrecht erklärt hat. Dieses Urteil war richtig, wichtig und überfällig. Auch der Intimbereich von Jungen ist unverfügbar!

II. Die Sicht der Betroffenen

Die Übergriffigkeit des Beschneidungsaktes erkennt man recht leicht, wenn man denn nur, was ethisch wie rechtlich geboten ist, die Perspektive der betroffenen Kinder einnimmt. Der Beschneidungsakt ist mitnichten der harmlose Eingriff, wozu ihn manche Apologeten erklären. Das zeigt schon der Kölner Fall: Obwohl der Junge kunstgerecht operiert wurde, waren eine intensivmedizinische stationäre Behandlung und mehrere Nachoperationen nötig. Solche Fälle kommen im Klinikalltag (auch im deutschen) immer wieder vor – eine amerikanische Studie nennt 400 Fälle nötiger Nachoperationen bei 9.000 Beschneidungen. Schon mit Blick auf dieses Risiko fragt sich, aus der Perspektive des Jungen, warum er es eingehen müssen sollte.

Die Beschneidung kann zudem zahlreiche andere Komplikationen zur Folge haben. Nach der Stanford School of Medicine reichen die Folgen von lokalen Blutungen über Infektionen bis hin zu schwersten Beeinträchtigungen – etwa Verkrümmungen des Gliedes, Nekrotisierung mit der Notwendigkeit der Amputation oder gar dem Tod.

Aus der Perspektive des Kindes gibt es vor allem keine religiösen Gründe, sich beschneiden zu lassen und diese Risiken einzugehen. Es gibt weder im Islam noch im Judentum eine religiöse Pflicht des Kindes, sich beschneiden zu lassen. Entgegen oberflächlicher Betrachtungen ist der Beschneidungsakt auch im Judentum kein konstituierender Akt – Jude ist, wer von einer jüdischen Mutter abstammt. Es gibt im Judentum zwar die Pflicht des Vaters, den Sohn zu beschneiden oder beschneiden zu lassen. Aber für die Erfüllung der Vaterpflicht sein Genital herzuhalten, das ist nichts, was aus der Perspektive des Jungen plausibel ist. Der (acht Tage alte) Junge hat kein zuschreibbares Interesse an der Vollziehung des riskanten und verletzenden Aktes. Kein Kind kommt mit dem Wunsch zur Welt, beschnitten zu werden.

Medizinische Gründe dafür, einem Jungen die gesunde Vorhaut abzuschneiden, gibt es ebenfalls nicht. Das hatte im Kölner Prozess der Sachverständige dargelegt, und auch der deutsche Gesetzgeber hat solche Gründe nicht gesehen. Für Drittweltländer empfiehlt zwar die WHO, Männer zu beschneiden, um so die Übertragung sexueller Krankheiten einzudämmen. Diese (ihrerseits umstrittene) Empfehlung gilt aber weder für Kinder noch für hochzivilisierte Gesellschaften wie die deutsche. Doch selbst wenn Beschnittene beim ungeschützten Geschlechtsverkehr ein leicht geringeres Ansteckungsrisiko haben sollten, so geht es gleichwohl nicht an, dem unreifen Jungen den Eingriff aufzuzwingen – der Junge hat, wenn er reif genug ist, selber darüber zu entscheiden, ob er sich den Eingriff zumutet. Die Beschneidung aber raubt ihm nicht nur einen wichtigen Körperteil, sondern zugleich die Möglichkeit, sich später viel wirksamer mit einem Kondom zu schützen. Denn wie zahlreiche beschnittene Männer, die beide Zustände kennen, berichten, spüren sie beim Gebrauch eines Kondoms kaum noch etwas und vermeiden die schützende Verwendung. Das Abschneiden der Vorhaut vereitelt also gerade einen effektiven Gesundheitsschutz.

Aus entwicklungspsychologischer Sicht enthält die Beschneidung eine Botschaft der Gewalt. Sie bewirkt bei vielen Jungen starke und bleibende Ängste um ihre Männlichkeit und als Absicherungsreaktion dagegen einen hochkränkbaren männlichen Ehrbegriff. Dies gilt speziell dann, wenn – wie häufig im islamischen Kulturkreis – die rituelle Beschneidung im Vorschulalter vorgenommen wird. In dieser Entwicklungsphase sind Jungen ganz besonders ängstlich, wenn es um ihr Glied geht. Die Angst vor Kastration stellt vielleicht die stärkste Angst dar, die Jungen und Männer überhaupt empfinden können. Wird mit ihr gedroht, tun sie, was man später von ihnen verlangt. Sie werden so bei der Entwicklung einer eigenständigen Persönlichkeit behindert und tradierender Teil der Gewalt, der sie selbst ausgesetzt waren. Die Festigung der persönlichen sexuellen Identität und eine realitätsgerechte Wahrnehmungsorganisation können so bleibend beeinträchtigt werden. Seelisches Leid, Schamgefühle, sexuelle Ängste und psychosomatische Symptome können dann neben den möglichen körperlichen Schäden (etwa bleibende Beschädigung und Verkürzung des Gliedes, Vernarbungen, Sensibilitätsstörungen) spätere Folgen der Beschneidung sein.

Viele leidvoll Betroffene meldeten sich über lange Zeit aus Scham oder Loyalität nicht zu Wort. Das hat sich in den letzten Jahren geändert. Ein türkischstämmiger Mann erinnert sich unter Qualen an seine im Vorschulalter erlittene Beschneidung: »Man wird vergewaltigt und kann es nicht vergessen.« Er berichtet noch heute von Albträumen, Angstattacken und sexuellen Problemen. Von seinen ratlosen Eltern ist er enttäuscht, der Mutter gegenüber empfindet er tiefen Groll. Patienten, die an den Folgen ihrer kindheitlich erlittenen Beschneidung leiden, wollen trotz der religiös und politisch bestimmten Delegitimierung des Beschneidungsdiskurses endlich mitreden. Sie wurden bei ihrer Beschneidung nicht gefragt, sie wurden zum Beschneidungsgesetz nicht gehört. Sie sollten heute endlich Beachtung finden – wie alle Opfer genitaler Gewalt.

Nicht selten folgt der Beschneidung ein Vertrauensbruch in der Elternbeziehung, und als kindlicher Bewältigungsversuch dieser tief verunsichernden Erfahrung bleibt allein eine Identifikation mit dem (väterlichen) Aggressor und eine hieraus erwachsende patriarchalische Loyalität. Diese stabilisiert die Wiederholung des Rituals in der nächsten Generation, da dann auf Kosten der eigenen Kinder die selbst durch die eigenen Eltern erlittene Beschneidung verklärt werden kann. So kann es zu einer replikativen Verinnerlichung schneidender Gewalt als Handlungsoption kommen. Und die Empathie für die Ängste und Schmerzen des eigenen Kindes bleibt auf der Strecke, damit man nicht an die eigenen erinnert wird. Handeln im Tätermodus erspart – wie so oft – das Erinnern im Opfermodus. Wenn wir aber neue Männer haben wollen, müssten die alten aufhören, die jungen zu misshandeln.

Ein Betrachten und Auflisten möglicher physischer und psychischer Folgeschäden ist für die ethische und rechtliche Bewertung des Beschneidungsaktes nicht einmal nötig. Schon das mittlerweile vorhandene Wissen um die Funktion und Beschaffenheit der Vorhaut legt die Dinge klar: Die Vorhaut ist eine bedeutsame erogene Zone (!), sie ist wegen der nervalen Ausstattung der sensibelste Teil des Penis. Sie ist in Funktion und Sensibilität am ehesten vergleichbar den Fingerkuppen, den Augenlidern, den kleinen Schamlippen, dem Anus und den Lippen. Wer diese Beschaffenheit der männlichen Vorhaut nicht verdrängt, muss sich weiter bewusst machen, was ein Eintreten für die Beschneidungserlaubnis bedeutet, nämlich ein Gutheißen der These: "Eltern dürfen ohne medizinischen Grund vom Genital ihres Kindes eine erogene Zone abtrennen lassen." Wer wollte diesen Satz unterschreiben!

III. Rechte des Kindes versus Rechte der Eltern

Nun existiert der verstörende Widerspruch und die ihn fixierende Gesetzeslage, dass man, allein wenn es um Mädchen geht, von einer solchen Befugnis der Eltern – zu Recht – nichts wissen will. Eingriffe am Genital von Mädchen werden, auch wenn religiös motiviert, zumeist mit mindestens einem Jahr Freiheitsstrafe belegt.

Einer redlichen Diskussion dieser Diskrepanz öffnet sich zunächst einmal nur derjenige, der anerkennt, was unbestreitbar ist: Es gibt Genitalbeschneidungen an Mädchen, die in puncto Eingriffstiefe nicht schwerer wiegen als die Penisvorhautbeschneidung beim Jungen. Dazu zählt etwa die so genannte milde Sunna, die Beschneidung der Klitorisvorhaut. Deshalb kommt es nicht von ungefähr, dass manche Juristen etwa die in operativer Hinsicht kunstgerecht vorgenommene Klitorisvorhautbeschneidung als erlaubt betrachten. Einen solchen Eingriff bei Jungen zu gestatten und bei Mädchen zu verbieten, ist eine Diskriminierung der Jungen und eine illegitime Ungleichbehandlung.

Man stelle sich weiter nur vor, Eltern wollten in Abkehr vom tiefen Eingriff des Beschneidungsaktes lediglich ein religiöses Symbol auf die Vorhaut tätowieren oder ein Piercing anbringen lassen. Ein solches Tätowieren und Piercen ist unter Strafandrohung verboten – erlaubt sein soll aber die komplette Abtrennung der erogenen Zone Vorhaut! Wer dies als Jurist behauptet, macht sich zum Komiker einer Zunft, die ohnehin im Ruf steht, jedes Ergebnis irgendwie begründen zu können.

Wenn alle verletzenden Eingriffe in den kindlichen Körper, die keinen Heilungssinn haben, verboten sein sollen, nur der eine nicht, die Jungenbeschneidung, dann bleibt die Erlaubnis als Sonderrecht illegitim. Wer sie propagiert, legt die Axt an ein fundamentales Prinzip der Rechtsethik und an eines der Verfassung: an das Gleichbehandlungsprinzip. Denn ein rechtliches Verbot bestimmter Verhaltensweisen verliert seine Legitimität, wenn die angeordnete Beschränkung der Handlungsfreiheit nicht jeden Bürger gleichermaßen trifft.

In Wahrheit kommt man nicht daran vorbei, die Dinge wie folgt zu sehen: Das Abtrennen der erogenen Zone Vorhaut vom Penis des Kindes ist ein erheblicher Eingriff in die Körperintegrität und sogar in den Intimbereich. Der Akt erfüllt zumindest den Straftatbestand der einfachen Körperverletzung, und er verletzt mehrere Grundrechte des Kindes: das Recht auf körperliche Unversehrtheit, das Persönlichkeitsrecht des Kindes und seine Würde durch Eingriff in die sexuelle Selbstbestimmung – sowie bei religiöser Beschneidung das Recht auf negative Religionsfreiheit durch das Prägen des Körpers mit einem unauslöschlichen religiösen Identifikationsmerkmal.

Eine Legitimation für einen solch tiefen und unumkehrbaren Eingriff in den Körper gibt den Eltern weder die eigene Religionsfreiheit noch das Elternrecht zur Pflege und Erziehung des Kindes: Die präventiv-medizinische Sinnlosigkeit der Jungenbeschneidung steht der Annahme elterlicher "Pflege" entgegen; der tiefe, unumkehrbare und gewaltsame Eingriff in den genitalen Intimbereich der reifenden Persönlichkeit des Kindes verbietet die Annahme zulässiger religiöser "Erziehung" (ohnehin "erziehen" die Eltern nicht durch Operierenlassen); der Akt stellt sich deshalb dar als eine Anmaßung, die vollendete Tatsachen schafft. Dass die Jungenbeschneidung das Kindeswohl nicht gefährde, darf auch der Gesetzgeber nicht begründungslos herbeifingieren, wie er es im Erlaubnisgesetz versucht hat; dieses Gesetz ist mit den genannten Grundrechten der Jungen unvereinbar und als verfassungswidrig vom Bundesverfassungsgericht für nichtig zu erklären.

IV. Das Erlaubnisgesetz und seine Entstehung

Vor diesem Hintergrund stellt sich die Frage: Wie konnte es im Jahr 2012 überhaupt zu einer einseitig auf die Jungenbeschneidung bezogenen Erlaubnis kommen?

Aufgescheucht vom Kölner Urteil und unter dem massiven Druck von religiösen Lobbygruppen hat das Parlament seinerzeit überhastet – und uninformiert – einem Entschließungsantrag zugestimmt, der vorsah, die Jungenbeschneidung in Grenzen zu gestatten. Der sich darin ausdrückende politische Wille war eindeutig, und ein solch überaus seltener parlamentarischer Absichtsbeschluss ist gewählt worden, um Juden, Moslems und dem Ausland zu signalisieren, dass nicht ausgerechnet Deutschland das erste Land sein wird, in dem die Jungenbeschneidung strafbar ist.

Schon damals hatten zahlreiche Stimmen darauf verwiesen, dass die Kinderrechtskonvention mit Gesetzeskraft das Gegenteil fordert, nämlich "bei allen staatlichen Entscheidungen … das Wohl des Kindes maßgeblich zu berücksichtigen". Bei dem Entschließungsantrag wie bei dem Erlaubnisgesetz sind indes die Interessen der Jungen weitgehend verdrängt worden, durchgesetzt haben sich die Interessen von Erwachsenen.

Dieses Verdrängen der Kinderrechte begünstigt haben im Gesetzgebungsverfahren maßgeblich zwei Faktoren: eine die Jungenbeschneidung gutheißende Stellungnahme einer amerikanischen Ärzteorganisation sowie ein Gutachten des ärztlichen Direktors des Jüdischen Krankenhauses (*Kristof Graf*) – er hatte die Möglichkeit behauptet, Säuglinge, bei denen eine Vollnarkose stets zu gefährlich ist, unter Einsatz einer betäubenden Salbe schmerzfrei zu beschneiden. Von beidem sind die Parlamentarier seinerzeit getäuscht worden.

Die Stellungnahme der amerikanischen Ärzteorganisation ist sehr bald von Ärzteverbänden entlarvt worden als "ein parteiliches, selektiv zitierendes und ignorierendes, mit falschen Schlüssen irreführendes, kurz, wissenschaftlich haltloses Dokument berufsständischer Interessenpolitik" (*Reinhard Merkel*). Weltweit ist der Stellungnahme denn auch keine einzige Ärzteorganisation beigetreten, 19 europäische Ärzteverbände haben ihr ausdrücklich widersprochen.

Krankenhausdirektor *Graf*, der selber eine Beschneidung ohne Betäubung für verantwortungslos hält, erklärt die Wirkung der Emla-Salbe als Betäubungsmethode für ausreichend. Dass der Hersteller anmahnt, die Salbe bei Kindern "nicht auf der genitalen Haut" anzuwenden, spielt keine Rolle. Dagegen bewertet der Präsident der Deutschen Gesellschaft für Kinderchirurgie, *Bernd Tillig*, die Verwendung der Salbe in Übereinstimmung mit einem europäischen Expertengremium als "unzureichend und ethisch inakzeptabel". Eine verlässliche Schmerztherapie, wie der Gesetzgeber sie zur Voraussetzung der Beschneidung gemacht hat, gibt es nicht.

Den betroffenen Säuglingen verursacht das Loslösen der natürlicherweise mit der Eichel verklebten Vorhaut und das Abschneiden der Vorhaut furchtbare Qualen. Ohne Verstoß gegen die "Regeln der ärztlichen Kunst" ist der Eingriff kaum durchzuführen. Zwar begehen deshalb die Operateure, seien es Angelernte oder Ärzte, auch nach geltendem Recht eine Straftat. Gleichwohl hat der Gesetzgeber seinerzeit auf einer falschen Faktenbasis entschieden – die parlamentarische Geschäftsgrundlage der Erlaubnis, die Schmerzfreiheit des Eingriffs am Säugling, gab es nie.

V. Die Handlungspflicht der Parlamentarier

Der Justizminister, die Familienministerin und zahlreiche andere Politiker sind derzeit bestrebt, die Rechte von Kindern im Grundgesetz sichtbar zu machen. Unter anderem soll der oben zitierte Passus der geltenden Kinderrechtskonvention in den Grundrechtekatalog eingefügt werden: "Bei allem staatlichen Handeln, das Kinder betrifft, *ist das Wohl des Kindes maßgeblich zu berücksichtigen.*" Diese Aufwertung ist zu begrüßen.

Das Parlament hat aber natürlich schon jetzt die Pflicht, das Beschneidungsgesetz abzuschaffen – Grundrechte haben Kinder schon heute und die Parlamentarier sind Garanten für das Wirksamwerden der Kinderrechte. Die richtige Rechtslage zu finden, ist auch sehr simpel: Weil die Jungenbeschneidung mit mancher Form der Mädchenbeschneidung vergleichbar ist, muss schlicht die für Mädchen geltende Gesetzeslage auf Jungen übertragen werden. Die Beschneidung der Klitorisvorhaut verletzt das Persönlichkeitsrecht und die Würde des Mädchens, dieselben Rechte von Jungen verletzt die Jungenbeschneidung.

Die Würde der Kinder zu schützen, ist nach unserer Verfassung "Verpflichtung aller staatlichen Gewalt". Die Kölner Richter haben diese Pflicht erfüllt, die Parlamentarier müssen das nun nachholen und ein heilungssinnloses Herumschneiden an Kindergenitalien ausnahmslos für rechtswidrig erklären.

Anfangsverdacht bei Anzeige gegen Unbekannt – Überlegungen anlässlich der Studie zum klerikalen Kindesmissbrauch*

Jörg Scheinfeld / Sarah Willenbacher

A. *Einleitung*

Im Oktober 2018 erstattete eine Gruppe Strafrechtsprofessoren bei zahlreichen Staatsanwaltschaften in Deutschland Strafanzeige gegen Unbekannt wegen des Verdachts des sexuellen Missbrauchs von Kindern (§ 176 StGB) und des schweren sexuellen Missbrauchs von Kindern (§ 176a StGB).[1] Anlass der Anzeige waren die Ergebnisse der Studie „Sexueller Missbrauch an Minderjährigen durch katholische Priester, Diakone und männliche Ordensangehörige im Bereich der Deutschen Bischofskonferenz“[2], die am 25. September 2018 im Rahmen der Deutschen Bischofkonferenz vorgestellt wurde. Die Studie kam zu dem Ergebnis, dass es im Zeitraum von 1946–2014 in allen 27 untersuchten Diözesen zu Sexualstraftaten von insgesamt ca. 1670 Klerikern an Kindern und Jugendlichen gekommen war.

In der Strafanzeige führen die Strafrechtsprofessoren aus, inwiefern sich aus den Ermittlungsergebnissen ein sogenannter Anfangsverdacht ergebe hinsichtlich des sexuellen Missbrauchs von Kindern (§ 176 StGB) und des schweren sexuellen Missbrauchs von Kindern (§ 176a StGB). Dieser Ansicht folgten nur einige der Staatsanwaltschaften und leiteten Ermittlungs-

---

* Der Text ist in etwas kürzerer Fassung zuerst veröffentlicht worden in NJW 2019, 1357.

1 Die Strafanzeige richtet sich an die 27 Staatsanwaltschaften, in denen die untersuchten Diözesen ihren Sitz haben. Die vollständige Strafanzeige ist nachlesbar unter: https://weltanschauungsrecht.de/sites/default/files/download/ifw_strafanzeige_katholische_kirche.pdf (zuletzt abgerufen am 30.3.2019); siehe dazu *Putzke* NJW-aktuell 47/2018, 12, 13.

2 Die Studie wurde von der Deutschen Bischofskonferenz in Auftrag gegeben und von einem Forschungskonsortium um Prof. Dr. Harald Dreßing durchgeführt. Zu den Einzelheiten der Studie vgl. den Projektbericht, abrufbar unter https://www.dbk.de/fileadmin/redaktion/diverse_downloads/dossiers_2018/MHG-Studie-gesamt.pdf (zuletzt abgerufen am 30.3.2019); kurz MHG-Studie.

verfahren gegen Unbekannt ein.[3] Teilweise wurde auch in der öffentlichen Diskussion das Vorliegen eines Anfangsverdachts bestritten. Die niedersächsische Justizministerin Barbara Havliza erklärte gegenüber der Online Zeitschrift Legal Tribune Online: Die Missbrauchsstudie „nennt weder Namen von möglichen Tätern und Opfern noch konkrete Tatorte – also genau das nicht, was zur Einleitung eines Ermittlungsverfahrens gegen eine Person erforderlich ist."[4]

Diese unterschiedliche Behandlung gibt Anlass, den Anfangsverdacht näher zu beleuchten und zu klären, welche Mindestvoraussetzungen für die Einleitung des Ermittlungsverfahrens erfüllt sein müssen.

B. Voraussetzungen, Definition und Grenzen des Anfangsverdachts

Als Ausgangpunkt der Überlegung kann § 160 Abs. 1 StPO herangezogen werden. Danach entsteht für die Strafverfolgungsbehörde die „Pflicht zur Sachverhaltsaufklärung", wenn sie auf irgendeinem Weg „von dem Verdacht einer Straftat Kenntnis erhält"; in diesem Fall haben die Behörden, „den Sachverhalt zu erforschen". Die Kenntnis vom Verdacht einer Straftat deckt sich inhaltlich mit den entscheidenden Voraussetzungen des § 152 Abs. 2 StPO, wonach die Strafverfolgungsbehörden verpflichtet sind, Ermittlungen einzuleiten, „sofern zureichende tatsächliche Anhaltpunkte" für eine verfolgbare Straftat vorliegen. Diese Voraussetzungen, die allgemein als Anfangsverdacht bezeichnet werden, bilden die Schwelle, die überschritten sein muss, damit die Ermittlungsbehörde strafprozessuale Zwangsmaßnahmen einleiten darf.[5] Die beiden Rechtsnormen markieren somit den Ausgangpunkt für die Aufnahme staatlicher Ermittlungstätigkeit und ziehen zugleich – zum Schutz der Rechte des einzelnen Bürgers –

3 Beispielhaft sei die Staatsanwaltschaft Görlitz genannt, vgl. „Ermittlungen zu Missbrauch in der Kirche nach Anzeige", auf: welt.de, 6.12.2018, abrufbar unter https://www.welt.de/regionales/sachsen/article185112958/Ermittlungen-zu-Missbrauch-in-der-Kirche-nach-Anzeige.html (zuletzt abgerufen am 30.3.2019).

4 Missbrauchsskandal in der katholischen Kirche: Strafrechtsprofessoren erstatten Anzeige. In: Legal Tribune Online, 29.10.2018, abrufbar unter https://www.lto.de/persistent/a_id/31757/ (zuletzt abgerufen am 30.01.2019).

5 *Peters* in MüKoStPO, 1. Auflage, § 152 Rn. 34; *Kühne,* Strafprozessrecht, 9. Auflage, Rn. 321.

eine Grenze[6], vor der die Verdachtsmomente für ein staatliches, in die Rechte des Bürgers eingreifendes Handeln nicht ausreichen.[7]

I. Zureichende tatsächliche Anhaltspunkte

Bislang noch nicht vollständig geklärt ist, wann zureichende tatsächliche Anhaltspunkte als Grundlage des Anfangsverdachts vorliegen.[8] Einigkeit findet sich in der Definition: Nach allgemeiner Ansicht besteht ein Anfangsverdacht, wenn konkrete Tatsachen vorliegen, die es nach kriminalistischer Erfahrung möglich erscheinen lassen, dass eine verfolgbare Straftat begangen wurde.[9] Bloße Vermutungen und vage Anhaltspunkte genügen hingegen nicht.[10] Die Definition bietet keine trennscharfen Kriterien und ist daher ihrerseits auslegungsbedürftig.[11] Bei der Frage, ob der „Verdacht einer Straftat" und „zureichende tatsächliche Anhaltspunkte" vorliegen, handelt sich um eine retrospektive Prognoseentscheidung. Von den derzeit

---

6 Die Einleitung des Ermittlungsverfahrens kann erheblich in die Grundrechte des betroffenen Bürgers eingreifen. Durch die Beschuldigteneigenschaft erwachsen nicht nur besondere Verfahrensrechte, es drohen auch Nachteile im beruflichen und sozialen Umfeld. Die Anstellung im öffentlichen Dienst ist beispielsweise in diesem Zeitraum zumindest wesentlich erschwert. Zum Ganzen instruktiv *Eisenberg/Conen* NJW 1998, 2241, 2242 und *Schulz*, Normiertes Misstrauen, 2001, S. 546 ff.

7 BGH 29.8.1989 – 1 StR 453/89, StV 1989, 518, 518; *Eisenberg/Conen* NJW 1998, 2241, 2241; *Kempf* in Fischer/Hoven (Hrsg.), Verdacht, 2016, S. 215; anders *Haas*, Vorermittlungen und Anfangsverdacht, 2003, S. 23, der gegenüber der begrenzenden Funktion Bedenken äußert.

8 Zum Diskussionsstand vgl. *Eisenberg/Conen* NJW 1998, 2241, 2243; sowie *Lohner*, Der Tatverdacht im Ermittlungsverfahren, 1994, S. 38 ff.

9 BVerfG 23.7.1982 – 2 BvR 8/82, NStZ 1982, 430; BGH 21.4.1988 – III ZR 255/86, NJW 1989, 96, 97; *Schmitt* in Meyer-Goßner/Schmitt, StPO, 61. Auflage, § 152 Rn. 4; *Diemer* in KK-StPO, 7. Auflage, § 152 Rn. 7; *Beulke/Swoboda*, Strafprozessrecht, 14. Auflage, Rn. 31; *Roxin/Schünemann*, Strafverfahrensrecht, 29. Auflage, S. 321; *Putzke/Scheinfeld*, Strafprozessrecht, 7. Auflage, S. 10 f.; *Lohner*, Der Tatverdacht im Ermittlungsverfahren, 1994, S. 38.

10 BVerfG 15.8.2014 – 2 BvR 969/14, NJW 2014, 3085, 3087; OLG Hamburg 8.2.1984 – 1 Ws 26/84, NJW 1984, 1635, 1636; *Schmitt* in Meyer-Goßner/Schmitt, StPO, 61. Auflage, § 152 Rn. 4; *Beulke* in LR-StPO, 26. Auflage, § 152 Rn. 22; *Haas* Vorermittlungen und Anfangsverdacht, 2003, S. 13.

11 *Hoven* NStZ 2014, 361, 362.

bekannten Tatsachen wird mit Hilfe der kriminalistischen Erfahrung[12] ein Rückschluss auf eine vergangene – noch – unbekannte Straftat gezogen.[13] Bei der Bewertung der Tatsachen gilt es zu beachten, dass das Stadium vor der Eröffnung des Ermittlungsverfahrens durch eine überwiegende Unkenntnis des Sachverhalts gekennzeichnet ist.[14] Aufhellung des Sachverhalts soll das Ermittlungsverfahren erst bringen, er soll *erforscht* und *aufgeklärt* werden (§ 160 Abs. 1 StPO mit Überschrift). Die Anforderungen an den Anfangsverdacht dürfen daher nicht zu streng angesetzt werden.[15]

Angesichts der Vielfalt der möglichen Fallgestaltungen und dem (inter-)subjektiven Moment, das der notwendigen Prognoseentscheidung und damit dem Verdacht innewohnt, scheint eine allgemeine, trennscharfe und objektive Definition nicht möglich.[16] Da es sich somit um einen unbestimmten Rechtsbegriff handelt, ist den Ermittlungsbehörden ein Beurtei-

12 Der Rückgriff auf die kriminalistische Erfahrung beschreibt somit die Methode, nach welcher die Tatsachen eingeordnet und bewertet werden müssen, vgl. *Kühne,* Strafprozessrecht, 9. Auflage, Rn. 327; *Hellmann*, Anfangsverdacht und Begründungen der Beschuldigteneigenschaft in FS für Hans-Heiner Kühne, 2013, S. 239 f.

13 *Kühne*, Strafprozessrecht, 9. Auflage, Rn. 327; *Hellmann*, Anfangsverdacht und Begründungen der Beschuldigteneigenschaft in FS für Hans-Heiner Kühne, 2013, S. 239; *Peters* in MüKoStPO, 1. Auflage, § 152 Rn. 35; in diese Richtung auch *Fincke* ZStW 95 (1983), 918, 950, der von einer „fast ausschließlichen" Ausfüllung der Prognose durch die retrospektive Wahrscheinlichkeit spricht; kritisch hinsichtlich der Begrifflichkeit „retrospektive Prognose" und deren Bedeutung *Steinberg* JZ 2006, 1045 (Fn. 13, 19 und S. 1049).

14 *Kühne*, Strafprozessrecht, 9. Auflage, Rn. 316.

15 *Diemer* in KK-StPO, 7. Auflage, § 152 Rn. 7 spricht davon, dass die Anforderungen bereits „rechtlich niedrig" angesetzt sind. Die genaue Ausgestaltung der Anforderungen ist umstritten (vgl. Fn. 7). Die Forderungen sind breit gefächert. Beispielhaft seien die gewisse Wahrscheinlichkeit (*Peters* DStR 2015, 2583, 2586) und die geringe Wahrscheinlichkeit (*Schroeder/Verrel*, Strafprozessrecht, 7. Auflage, S. 64) im Hinblick auf den Tatverdacht genannt. Überwiegend soll die reine Möglichkeit ausreichen (BGH 21.4.1988 – III ZR 255/86, NJW 1989, 96, 97). Neben den berechtigten Zweifeln, die im Hinblick auf die Möglichkeit und Praktikabilität einer Quantifizierbarkeit der Wahrscheinlichkeit oder der Abgrenzbarkeit von Möglichkeit und Wahrscheinlichkeit bestehen, ist auch fraglich, ob solche Anforderungen den Anfangsverdacht objektiv zu begrenzen vermögen oder die Einordnung nicht vielmehr (inter-)subjektiv geprägt ist (vgl. zum Ganzen *Hellmann* in FS für Hans-Heiner Kühne, 2013, S. 39).

16 *Peters* in MüKoStPO, 1. Auflage, § 152 Rn. 37; *Eisenberg/Conen* NJW 1998, 2241, 2249; *Haas* Vorermittlungen und Anfangsverdacht, 2003, S. 19.

lungsspielraum bei der Bewertung der Tatsachen zuzusprechen.[17] Ein Ermessen besteht jedoch nicht.[18] Die Grenze des Beurteilungsspielraums ist überschritten, wenn die Einleitung oder die Ablehnung der Einleitung des Verfahrens objektiv willkürlich ist, also auf unvertretbaren Erwägungen beruht.[19]

II. Vorliegen einer verfolgbaren Straftat

1. Tatbezogenheit des Tatverdachts

Gemäß § 152 Abs. 2 StPO müssen zureichende Anhaltspunkte für eine „verfolgbare Straftat" vorliegen. Die Norm nimmt also Bezug auf die Straftat, nicht auf den Straftäter. Der Anfangsverdacht ist dementsprechend als tatbezogener Verdacht zu qualifizieren[20] und muss sich deswegen nicht gegen eine konkrete Person richten.[21] Dies lässt sich dem Gesetz auch sonst entnehmen: etwa § 69 Abs. 1 S. 2 StPO („Person des Beschuldigten, sofern ein solcher vorhanden ist") und § 145d Abs. 1 Nr. 1 StGB („dass eine rechtswidrige Tat begangen worden sei").[22]

---

17 BVerfG 8.11.1983 – 2 BvR 1138/83, NJW 1984, 1451, 1452; BGH 21.4.1988 – III ZR 255/86, NStZ 1988, 510, 511; *Peters* in MüKoStPO, 1. Auflage, § 152 Rn. 49 f.; *Diemer* in KK-StPO, 7. Auflage, § 152 Rn. 8; *Beulke/Swoboda*, Strafprozessrecht, 14. Auflage, Rn. 311; *Volk/Engländer*, Grundkurs StPO, 9. Auflage, S. 32; kritisch zum Beurteilungsspielraum *Kröpil* JURA 2012, 833, 834; *Schulz*, Normiertes Misstrauen, 2001, S. 623 ff.; *Kempf* in Fischer/Hoven (Hrsg.), Verdacht, 2016, S. 138; *Störmer* ZStW 108 (1996), 494, 512 ff.

18 *Schmitt* in Meyer-Goßner/Schmitt, StPO, 61. Auflage, § 152 Rn. 4; *Peters* in MüKoStPO, 1. Auflage, § 152 Rn. 49.

19 BVerfG NStZ 2004, 447; BGH 21.4.1988 – III ZR 255/86, NJW 1989, 96, 97; *Beulke* in LR-StPO, 26. Auflage, § 152 Rn. 28. Objektiv willkürlich ist die Einleitung eines Verfahrens insbesondere dann, wenn die konkreten Tatsachen nach der kriminalistischen Erfahrung gerade gegen das Vorliegen einer Straftat sprechen, vgl. *Kühne*, Strafprozessrecht, 9. Auflage, Rn. 337, der davon spricht, dass die Wahrscheinlichkeit für die Unschuld sich nicht p=1 nähern darf.

20 *Schumann*, Verhör, Vernehmung, Befragung, 2016, S. 41 f.; *Haas*, Vorermittlungen und Anfangsverdacht, 2003, S. 16 f.

21 *Schulz*, Normiertes Misstrauen, 2001, S. 530; *Beulke* in LR-StPO, 26. Auflage, § 152 Rn. 23; *Roxin/Schünemann*, Strafverfahrensrecht, 29. Auflage, S. 321; *von Hindte*, Die Verdachtsgrade im Strafverfahren, 1973, S. 8 f.

22 *Schnabl* in S/S/W-StPO, 3. Auflage, § 152 Rn. 10; *Haas*, Vorermittlungen und Anfangsverdacht, 2003, S. 16; *Lohner*, Der Tatverdacht im Ermittlungsverfahren, 1994, S. 65.

2. *Konkretisierung auf bestimmten Tatcharakter nicht erforderlich*

Die Tat, auf die sich die Ermittlungen beziehen, muss in tatsächlicher Hinsicht nur als möglicherweise begangen gelten können. Auch muss ihre genaue rechtliche Einordnung (beispielsweise fahrlässige Körperverletzung oder doch bereits versuchter Mord) für den Anfangsverdacht noch nicht feststehen.[23] Das mutmaßliche Verhalten muss nur rechtlich als Straftat eingeordnet werden können.[24] Das Ganze folgt im Umkehrschluss aus § 207 Abs. 2 Nr. 3 StPO und § 265 StPO, wonach eine Änderung des Tatcharakters selbst nach Abschluss des Ermittlungsverfahrens möglich ist – im Eröffnungsbeschluss beziehungsweise sogar noch im Hauptverfahren.[25]

3. *Fehlende Konkretisierung des Tatopfers unschädlich*

In der Regel steht einer Straftat ein Geschädigter gegenüber. Identität und Anzahl sind aber oft nicht von Beginn an ersichtlich. Auch dies hindert die Annahme eines Anfangsverdachts nicht.[26] Deutlich wird dies insbesondere bei der Ermittlung wegen Betrugstaten, wo sich häufig erst aufgrund eines einzelnen Falles Anhaltspunkte für eine Vielzahl weiterer Taten und damit weiterer potentieller Opfer ergeben (Serientat). Gänzlich klar wird das, wenn man Delikte betrachtet, die kein konkretes Opfer erfordern, etwa ein Gefährdungsdelikt wie die nächtliche Trunkenheitsfahrt auf einsamer Straße (§ 316 StGB). Ist aber ein Opfer gar keine notwendige Bedingung für das Vorliegen einer Straftat, kann es für den Anfangsverdacht nicht auf das namentliche Kennen des möglichen Opfers ankommen. Für den Anfangsverdacht einer Straftat nach den §§ 176, 176a StGB kommt es deshalb nicht auf die Kenntnis an, wer das Opfer ist, sondern darauf, dass es wahrscheinlich ein Opfer gibt. Schon dann besteht der „Verdacht einer Straftat" (§ 160 Abs. 1 StPO).

---

23 *Fincke* ZStW 95 (1983), 918, 922 ff.; *Eschelbach* in Vordermeyer/von Heintschel-Heinegg, Handbuch für den Staatsanwalt, 4. Auflage, 4. Teil A I. Rn. 4.

24 *Beukelmann* in BeckOK-StPO, 32. Edition, § 152 Rn. 7.

25 *Haas,* Vorermittlungen und Anfangsverdacht, 2003, S. 33.

26 Vgl. *Kühne,* Strafprozessrecht, 9. Auflage, Rn. 318; LG Itzehoe 9.6.1999 – 9 Qs 67/99 I – juris.

4. *Offenkundige Strafverfolgungshindernisse als Ausschlussgrund*

Im Einklang mit der Tatbezogenheit des Anfangsverdachts sind Strafverfolgungshindernisse dagegen grundsätzlich beachtlich, denn liegen sie vor, fehlt es an der Verfolgbarkeit einer Straftat.[27] Am Anfang des Ermittlungsverfahrens ist es jedoch in vielen Fällen nicht möglich, sicher zu beurteilen, ob ein solches Verfolgungshindernis tatsächlich besteht. Die bloße Möglichkeit eines Strafverfolgungshindernisses schließt den Anfangsverdacht nicht aus. Das Verfolgungshindernis ist ein Grund für das Nichtweiterverfolgen wie jeder andere Umstand, der einem Weiterverfolgen entgegensteht. So ist das Verfahren einzustellen, wenn sich die Kindlichkeit und Schuldlosigkeit des Täters erweist (§ 19 StGB). Gleiches gilt, wenn sich herausstellt, dass die Strafverfolgung aufgrund entgegenstehender Rechtskraft und damit des Grundsatzes „ne bis in idem“ nicht möglich ist. Aber bis zur Aufklärung dieser Umstände darf und muss ermittelt werden. Demgemäß schließen nur *offenkundige* Strafverfolgungshindernisse einen Anfangsverdacht aus. Stellen sie sich dagegen – wie das vielfach vorkommt – erst aufgrund von eingeleiteten Ermittlungen und damit einhergehend mit der Konkretisierung des Tatvorwurfs und des Täters oder Täterkreises heraus, können sie nicht schon den Anfangsverdacht ausschließen, sondern führen erst zu einer Einstellung des Verfahrens.[28]

5. *Kenntnis von Tatort und Tatzeit nicht erforderlich*

Unkenntnis über den (genauen) Tatort schließt den Anfangsverdacht ebenfalls nicht aus. Dies gilt nicht nur in den gängigen Fällen des Leichenfundes bei unklarem Tatort, sondern stets. Dass der Tatort unklar bleibt, steht nicht einmal einer Verurteilung entgegen, wie man ersehen kann an den gängigen Fällen der Wahlfeststellung zwischen Diebstahl (Tatort: Gewahrsamsbereich) und Hehlerei (Tatort: Ankaufort). Und auch, wenn am Anfang des Verfahrens neben dem Tatort zugleich Täter- und Opfernamen unbekannt sind, ändert sich am Vorliegen des Anfangsverdachts nichts. Ein Beispiel: Der Staatsanwaltschaft wird eine DVD zugespielt, auf der ein schwerer sexueller Missbrauch eines vermummten Kindes dokumentiert ist, begangen von einem vermummten Täter in einem unbekannten Hotel-

---

27 *Schnabl* in S/S/W-StPO, 3. Auflage, § 152 Rn. 13; *Beulke* in LR-StPO, 26. Auflage, § 152 Rn. 30.

28 *Haas*, Vorermittlungen und Anfangsverdacht, 2003, S. 36 f.

zimmer. Ob der Film eine reale Tat zeigt, ist nicht ganz klar, aber wahrscheinlich. Der DVD liegt der anonyme schriftliche Hinweis bei, dass weitere solcher Taten gefilmt worden und alle DVDs nebst Datum und Tatortangaben im Keller eines Vereinsheims versteckt seien, in dem die Täter allerdings keine Mitglieder seien. Muss die Staatsanwaltschaft ermitteln? Die Frage stellen heißt sie bejahen. Die vorläufige Unkenntnis der Staatsanwaltschaft bezogen auf Tatort, Täter- und Opfernamen steht der Annahme des Anfangsverdachts nicht im Wege. Die Staatsanwaltschaft muss einschreiten und diese Umstände sowie den Sachverhalt im Übrigen aufklären (§§ 160 Abs. 1, 152 Abs. 2 StPO).

6. *Wahrscheinliches Vorliegen eines verfolgbaren Delikts genügt*

Dass dieses Ergebnis nicht nur intuitiv einleuchtet, sondern zwingend ist, ergibt sich aus der oben genannten und anerkannten Definition des Anfangsverdachts. Auf die danach maßgebende Wahrscheinlichkeit des Vorliegens einer Straftat hat die Kenntnis der Namen des mutmaßlichen Täters und des mutmaßlichen Opfers sowie die Kenntnis des mutmaßlichen Tatortes keinen rechten Einfluss. Das Vorliegen eines schweren sexuellen Missbrauchs wird für den Beispielsfall nicht wahrscheinlicher, wenn man diese Umstände kennt. Auch ohne die Kenntnis dieser Umstände kann der Verdacht einer Straftat sich zum sicheren Wissen über das Vorliegen einer Straftat verdichten. So liegt es beispielsweise, wenn im Internet anonym kinderpornographische Schriften verbreitet werden (§ 201a Abs. 1 Nr. 2, Abs. 2 StGB).

Was das Vorliegen des Anfangsverdachts stärker beeinflussen kann, ist die Kenntnis der mutmaßlichen Tatzeit. Diese Kenntnis kann eine Verjährung und eine Unverfolgbarkeit der Tat ergeben. Indes hat sich bereits gezeigt, dass nicht schon die reine Möglichkeit des Bestehens eines Verfolgungshindernisses den Anfangsverdacht beseitigt.[29] Vielmehr müssen die Ermittlungen ein solches Verfahrenshindernis erst bestätigen, damit es zur Einstellung kommt, sodass etwa die *Möglichkeit*, dass der Täter des Beispielsfalls erst dreizehn und strafunmündig ist, oder etwa die *Möglichkeit*, dass die Tat schon abgeurteilt worden ist, nicht schon den Anfangsverdacht beseitigt. Den „Verdacht einer Straftat" im Sinn des § 160 Abs. 1 StPO kennt die Staatsanwaltschaft schon dann, wenn das Vorliegen eines verfolgbaren Delikts wahrscheinlich ist. Auf die Kenntnis von Tatort, Tatzeit, Tä-

29 Oben im Text bei B. II. 4.

ter und Opfer, denen ja zu Beginn des Strafverfahrens ohnehin jeweils das Attribut „mutmaßlich“ beizustellen wäre, kommt es nicht an.

In Anbetracht der gesetzlichen Grundlagen ist die Argumentation von Frau Havliza, mit der sie auf die Verneinung eines Anfangsverdachts zielt, durchaus unplausibel. Die von der Ministerin als „Mängel“ an der Studie beschriebenen Umstände (Tatort, Täter- und Opfernamen) müssen zu Beginn des Strafverfahrens und zur Begründung eines Anfangsverdachts gerade noch nicht vorliegen. Im Gegenteil: Ihre Anforderungen an den Anfangsverdacht widersprechen Sinn und Zweck des § 152 Abs. 2 StPO. Würde man diesem Ansatz in der täglichen Ermittlungsarbeit folgen, wäre die Einleitung von Ermittlungen bei bestimmten Tatformen, etwa im Bereich der Onlinekriminalität, in einer Vielzahl von Fällen überhaupt nicht möglich. Die Realität in der Praxis ist eine andere. Die Normen der Strafprozessordnung erlauben und gebieten diese Praxis (§§ 160 Abs. 1, 152 Abs. 2 StPO). Vor allem stünde die restriktive Sicht der Ministerin, wollten die Strafverfolgungsbehörden sie sich zu eigen machen, in krassem Widerspruch zu Ermittlungstätigkeiten, die mitunter schon bei legalem Verhalten eingeleitet werden.[30]

C. *Einordnung der Missbrauchsstudie*

Die MHG-Studie stellt fest, dass es im Zeitraum von 1946–2014 in allen 27 untersuchten Diözesen zu Sexualstraftaten von ca. 1.670 Klerikern an ca. 3.677 Kindern und Jugendlichen kam. Die Ergebnisse der Studie beruhen auf einer Sichtung von ca. 38.000 Personal- und Handakten, teils aus Geheimarchiven der 27 Diözesen. Die Unterlagen wurden nach Vorgaben der Wissenschaftler durch Beauftragte der Diözesen durchsucht und die Daten anonymisiert in die Erfassungsbögen des Forschungsprojekts eingetragen und an die Wissenschaftler übersandt.[31]

Nach der MHG-Studie waren die Opfer des sexuellen Missbrauchs der Kleriker bei über 50 % der Fälle beim ersten Missbrauch noch keine 14 Jahre alt.[32] Zudem soll es bei 15 % der Missbrauchsfälle zu einem oralen,

---

30 Das BVerfG ist der Ansicht, dass auch ein an sich legales Verhalten einen Anfangsverdacht begründen kann, sofern weitere Anhaltspunkte hinzukommen (BVerfG 15.8.2014 – 2 BvR 969/14, NJW 2014, 3085, 3087); kritisch hierzu etwa *Hoven* NStZ 2014, 361, 361 ff.

31 S. 3 der MHG-Studie.

32 S. 260 der MHG-Studie.

analen oder vaginalen Eindringen gekommen sein.[33] Rechtlich sind diese Fälle als sexueller bzw. schwerer sexueller Missbrauch von Kindern gemäß § 176 StGB und § 176a Abs. 2 StGB zu qualifizieren. An dieser Einordnung ändert der weite Missbrauchsbegriff der Studie nichts.[34] Allein maßgeblich ist, dass in der Studie auch Fälle erfasst wurden, bei denen die Schwelle der Strafbarkeit überschritten wurde. Dies ist insbesondere bei den beschriebenen Handlungen des Eindringens der Fall (§ 176a StGB). Es bleibt zu klären, ob der Forschungsbericht der MHG-Studie zureichende tatsächliche Anhaltspunkte liefert:

Die anonymisierte Untersuchung des Datenmaterials und der fehlende Zugriff auf die Originalakten sprechen nicht gegen das Vorliegen „zureichender Anhaltspunkte". Dies wäre nur der Fall, wenn ausgeschlossen wäre, dass die Sekundärquellen auf glaubhaften Angaben beruhen. Anhaltspunkte, die eine solche Annahme rechtfertigen würden, sind nicht ersichtlich. Die kriminalistische Erfahrung spricht gerade dafür, dass die Beauftragten der Diözesen den sexuellen Missbrauch und die entsprechende Dokumentation nicht bloß erfunden haben. Im Gegenteil weiß man, dass Würdenträger der Kirche umgekehrt bemüht waren, derlei Taten zu verdecken.[35] Zudem wurde bereits dargelegt, dass weder die Identität des Täters noch des Opfers, noch der Tatort für die Einleitung eines Ermittlungsverfahrens bekannt sein müssen.[36]

Der Forschungsbericht lässt das Vorliegen von Straftaten nicht lediglich möglich erscheinen. Es ist vielmehr höchstwahrscheinlich, dass es zu der Begehung von sexuellem Missbrauch an Minderjährigen nach § 176 StGB sowie deren Qualifikation nach § 176a Abs. 2 StGB durch Kleriker in den 27 Diözesen gekommen ist. Methodische Fehler bei der Erstellung der Studie und des Forschungsberichts sind auf den ersten Blick nicht ersichtlich. Die kriminalistische Erfahrung spricht daher dafür, dass die konkreten Tatsachen von den Wissenschaftlern zutreffend eingeordnet wurden.

Allerdings müssten die Straftaten noch verfolgbar sein. In Anbetracht des erheblichen Zeitraums, den die Studie beleuchtet, könnte ein Strafver-

---

33 S. 8, S. 174 der MHG-Studie.

34 Zum Missbrauchsbegriff der MHG-Studie dort auf S. 29.

35 Vgl. hierzu nur das Statement von Kardinal Marx zur Vorstellung der MHG-Studie: „Allzulange ist in der Kirche Missbrauch geleugnet, weggeschaut und vertuscht worden." (Statement abrufbar unter: https://dbk.de/fileadmin/redaktion/diverse_downloads/presse_2018/2018-150a-Herbst-VV-Pressegespraech-Statement-Kard.-Marx.pdf; zuletzt abgerufen am 30.3.2019); vgl. zudem die Ausführungen in Fn. 38.

36 Siehe die Ausführungen unter Punkt B.II.

folgungshindernis in der Verjährung der Straftaten liegen. Hiervon wird man aber jedenfalls bei einer Vielzahl von Fällen nicht ausgehen können. Denn der sexuelle Missbrauch an Kindern nach § 176 StGB verjährt gemäß § 78 Abs. 3 Nr. 3 StGB in zehn Jahren, der schwere sexuelle Missbrauch an Kindern gemäß § 78 Abs. 3 Nr. 2 StGB in 20 Jahren. Die Tür für die Ausermittlung von Fällen steht daher rückblickend jedenfalls noch bis in die ersten Jahre des neuen Jahrtausends offen, gegebenenfalls sogar noch für Jahre davor wegen abweichender Fristen für den Verjährungsbeginn (§ 78b Abs. 1 Nr. 1 StGB). Dies genügt zur Einleitung eines Ermittlungsverfahrens.[37]

Nach Einleitung des Ermittlungsverfahrens wäre auch der Zugriff der Strafverfolgungsbehörden auf das der Missbrauchsstudie zugrunde liegende – und jedenfalls zum Zeitpunkt der Durchführung der Studie wahrscheinlich noch in seiner Gesamtheit vorhandene – Material[38] zulässig. Ein Ermittlungs- und Beweisverwertungsverbot aufgrund des Zeugnisverweigerungsrechts für Geistliche nach § 53 Abs. 1 Nr. 1 StPO für Sachverhalte, die ihnen in ihrer Eigenschaft als Seelsorger anvertraut wurden oder bekannt geworden sind, besteht nicht. Denn das Schweigerecht ist auf Erkenntnisse aus der spezifischen Tätigkeit als Seelsorger begrenzt und knüpft nicht lediglich ans Innehaben des Priesteramts oder an die Mitgliedschaft in der katholischen Kirche an.[39] Der BGH führt hierzu aus, dass „eine karitative, fürsorgerische, erzieherische oder verwaltende Tätigkeit des Geistlichen" kein Zeugnisverweigerungsrecht nach § 53 Abs. 1 Nr. 1 StPO nach sich zieht.[40] Ein Schweigerecht hinsichtlich innerkirchlicher Vorgänge ohne Bezug zur seelsorgerischen Tätigkeit, wozu gerade auch kirchliche Disziplinarverfahren zählen, besteht folglich nicht. Dementsprechend können sowohl diesbezügliche Aufzeichnungen als auch Aussagen sämtlicher Kirchenmitarbeiter ausgewertet und in einem Strafverfahren verwertet werden.

---

37 Siehe die Ausführungen unter B.II.4. – die Verjährung darf nur nicht offensichtlich vorliegen.

38 Es kann nicht ausgeschlossen werden, dass nach Bekanntwerden der Forschungsergebnisse Datensätze vernichtet wurden. 13 Diözesen gaben laut der MHG-Studie an, dass die frühere Vernichtung von Akten mit Bezug zu sexuellem Missbrauch an Minderjährigen nicht ausgeschlossen werden kann, vgl. S. 40 der MHG-Studie.

39 *Percic* in MüKoStPO, 1. Auflage, § 53 Rn. 15; *Senger* in KK-StPO, 7. Auflage, § 53 Rn. 12.

40 BGH 15.11.2006 – StB 15/06, NJW 2007, 307, 308; BGH 15.4.2010 – 4 StR 650/09, NStZ 2010, 646, 647.

Die Angaben der MHG-Studie würden eine Durchsuchung der Bistümer und die Beschlagnahme der dort vorhandenen Personalakten rechtfertigen: Bei nicht tatverdächtigen Personen[41] dürfen gemäß § 103 StPO Durchsuchungen zur Beschlagnahme von Gegenständen durchgeführt werden, wenn Tatsachen vorliegen, die den Schluss zulassen, dass die gesuchte Sache sich in den zu durchsuchenden Räumen befindet.[42] Die Suche muss sich auf hinreichend individualisierte Beweismittel beziehen.[43] Die MHG-Studie gibt Aufschluss über den Inhalt der verwendeten Originalakten, bei denen es sich überwiegend um Personalakten aus den Bistümern handelt. Diese enthalten Angaben über schwere Sexualstraftaten von Klerikern gegenüber Kindern und Jugendlichen. In der Studie ist aber nicht nur der Inhalt der Originalakten wiedergegeben, es werden auch die möglichen Aufbewahrungsorte innerhalb der Bistümer genannt.[44] Insbesondere in den Geheimarchiven der Bistümer soll ein Großteil der Missbrauchsfälle dokumentiert sein.[45] Die Eignung der Akten als hinreichend individualisierte Beweismittel und deren Auffindbarkeit in den Bistümern ergibt sich daher schon aus der Studie selbst. Zudem haben einige Bistümer nach der Veröffentlichung der MHG-Studie Personalakten an die zuständigen Staatsanwaltschaften übergeben. Anhand dieser Akten konnten konkrete Verdächtigte ermittelt werden, gegen die anschließend Strafverfahren eingeleitet wurden.[46] Dies spricht ebenfalls für die Eignung der Personalakten als Beweismittel.

Mit der Beschreibung des Eindringens in den Körper der Minderjährigen ist des Weiteren die strafbare Handlung ausreichend konkretisiert. Die Studie lässt aus den vorhin genannten Gründen den Rückschluss zu, dass mit der Beschlagnahme der Personalakten dieses Verhalten belegt werden kann. Da also die Voraussetzungen des § 103 Abs. 1 StPO erfüllt sind, könnten die betreffenden Staatsanwaltschaften – anders als von der Staatsanwaltschaft Erfurt behauptet[47] – einen Durchsuchungsbeschluss mit Erfolg beantragen.

---

41 Der Personenbegriff des § 103 StPO umfasst sowohl natürliche als auch juristische Personen, sodass die Diözesen erfasst sind (*Schmitt* in Meyer-Goßner/Schmitt, StPO, 61. Auflage, § 103 Rn. 1).

42 *Bruns* in KK-StPO, 7. Auflage, § 103 Rn. 5.

43 BVerfG 28.4.2003 – 2 BvR 358/03, NJW 2003, 2669, 2670; *Hauschild* in MüKoStPO, 1. Auflage, § 103 Rn. 9.

44 Zu den Aufenthaltsorten S. 38 ff. der MHG-Studie.

45 S. 39 der MHG-Studie.

46 Vgl. etwa den Einstellungsbeschluss der Staatsanwaltschaft Hildesheim – NZS 10 UJs 38261/18.

47 Einstellungsbeschluss der Staatsanwaltschaft Erfurt – 190 UJs 109749/18.

Die Legalitätspflicht der Ermittlungsbehörden besteht nach § 152 Abs. 2 StPO nur „soweit nicht gesetzlich ein anderes bestimmt ist". Das Gesetz legt hierfür insbesondere in den §§ 153 bis 154e StPO Kriterien fest, in denen aus Opportunitätsgründen von der Verfolgung und damit der weiteren Ermittlung der Straftat abgesehen werden kann.[48] Die Missbrauchsstudie begründet einen erheblichen Anfangsverdacht in Bezug auf die Begehung schwerer Sexualdelikte, sodass die Ermittlungspflicht der Strafverfolgungsbehörden nicht aufgrund der §§ 153 ff. StPO ausscheidet. Neben den gesetzlichen Ausnahmen entfällt die Ermittlungspflicht nur, wenn die Einleitung eines Ermittlungsverfahrens gegen das Übermaßverbot verstößt.[49] Dann ist § 152 Abs. 2 StPO teleologisch zu reduzieren.[50] Dies ist der Fall, wenn eine Aufklärung des Sachverhalts und damit der Tat schon gar nicht mehr denkbar ist.[51] Da die Ermittlungsbehörden – wie bereits dargelegt – auf die Personal- und Fallakten der Bistümer zugreifen könnten, ist eine Aufklärung der Straftaten gerade nicht aussichtlos, sondern vielmehr höchst aussichtsreich.

Der Anfangsverdacht liegt daher vor, und zwar bezogen auf Sexualstraftaten in allen 27 Bistümern (§§ 176, 176a StGB).

D. *Speziell: Generalstaatsanwaltschaft Koblenz*

Auf die eingangs genannte Strafanzeige hin haben einige Staatsanwaltschaften Ermittlungsverfahren eröffnet.[52] Die Generalstaatsanwaltschaft Koblenz indes lehnt zu ermitteln ab.[53] Sie hat die in ihrem Bezirk gestellten vier Strafanzeigen (bezogen auf vier Bistümer) an sich gezogen und allesamt abschlägig beschieden.[54] Die diesbezügliche Begründung der Generalstaatsanwaltschaft Koblenz muss nach den bisherigen Ergebnissen kritisch hinterfragt werden.

---

48 *Schnabl* in S/S/W-StPO, 3. Auflage, § 152 Rn. 14.

49 *Peters* in MüKoStPO, 1. Auflage, § 152 Rn. 53; *Eisenberg/Conen* NJW 1998, 2241, 2244; *Kumkar*, Rechtsschutz gegen die Staatsanwaltschaft, 2018, S. 128 f.

50 *Eisenberg/Conen* NJW 1998, 2241, 2244.

51 *Peters* in MüKoStPO, 1. Auflage, § 152 Rn. 53; *Eisenberg/Conen* NJW 1998, 2241, 2244; *Kumkar*, Rechtsschutz gegen die Staatsanwaltschaft, 2018, S. 128 f.

52 Siehe oben in Fn. 3.

53 Ebenso die Staatsanwaltschaften Erfurt (190 UJs 109749/18) und Hildesheim (NZS 10 UJs 38261/18).

54 GStA Koblenz, Schreiben an das ifw (Institut für Weltanschauungsrecht) vom 6.2.2019.

Die Generalstaatsanwaltschaft verweist zwar zunächst noch zutreffend darauf, dass es sich bei dem Anfangsverdacht um einen „*tat*bezogenen Verdacht“ handelt. Gleichwohl führt der sachbearbeitende Oberstaatsanwalt anschließend aus: „Die Ermittlungspflicht zielt nicht auf das Aufspüren verdächtiger Personen.“[55] Diese Auffassung lässt sich nicht mit dem oben dargestellten Maßstab der „Tatbezogenheit“ des Anfangsverdachts in Einklang bringen und steht im klaren Widerspruch zur gesetzlichen Regelung.[56] Die Ermittlungspflicht des § 152 Abs. 2 StPO liefe weitgehend leer und bestünde nur für Straftaten, bei denen sich der Verdacht bereits auf einen mutmaßlichen Täter konkretisiert hat. Bei einer Vielzahl von Taten wird der Täter aber erst durch das Ermittlungsverfahren identifiziert. Die Koblenzer Sicht würde in der Praxis zu untragbaren Ergebnissen führen. Fände die Polizei beispielsweise eine Leiche am Straßenrand, deren Todesursache auf den ersten Blick auf ein Gewaltverbrechen zurückzuführen ist, bestünde nach der Auffassung der Generalstaatsanwaltschaft Koblenz offenbar keine Ermittlungspflicht nach § 152 Abs. 2 StPO, sofern am Tatort keine Spuren zu finden sind, die auf die Identität des Täters schließen lassen. Es liegt auf der Hand, dass diese Einschränkung nicht richtig sein kann.[57] Sie verstößt gegen das Legalitätsprinzip und ist geeignet, das Vertrauen in den Rechtsstaat und die Tätigkeit der Justiz zu erschüttern.

Der Sachbearbeiter führt weiter aus, dass „weder der Name von Tätern oder Opfern oder sonstigen Dritten, noch Geburtsdaten, Namen von Pfarreien, Orte, mit Ausnahme des Bistums, in dem sich die jeweilige Tat ereignet haben soll“, darin erfasst wurden, „so dass Einzelangaben über persönliche und sachliche Verhältnisse einer bestimmten oder bestimmbaren namentlichen Person nicht zugeordnet werden können“. Die an dem Forschungsvorhaben beteiligten Personen unterlägen „nach der Studie überdies der Schweigepflicht“.[58] Dabei handelt es sich letztlich um Scheinargumente. Sämtliche aufgezählten Details der Tat sind zur Begründung des Anfangsverdachts überhaupt nicht notwendig. Es kommt nur darauf an, dass konkrete Tatsachen vorliegen, die es nach kriminalistischer Erfahrung

55 GStA Koblenz, Schreiben an das ifw (Institut für Weltanschauungsrecht) vom 6.2.2019, S. 2.

56 Hierzu die Ausführungen unter B. II. 1.

57 Die GStA Koblenz räumt das auf S. 5 ihres Schreibens vom 6.2.2019 selbst ein, wenn sie für eine Durchsuchung bei den Bistümern den Tatverdacht gegen eine Person fordert, „die noch nicht namentlich bekannt zu sein braucht“ (*Peters* in MüKoStPO, 1. Auflage, § 152 Rn. 20).

58 GStA Koblenz, Schreiben an das ifw (Institut für Weltanschauungsrecht) vom 6.2.2019, S. 3.

möglich erscheinen lassen, dass eine verfolgbare Straftat begangen wurde.[59] Diese konkreten Tatsachen sind der Studie zu entnehmen.[60] Die Schweigepflicht der Wissenschaftler hindert, wenn sie denn besteht und ein Zeugnisverweigerungsrecht zu begründen vermag, eine Aufdeckung der Straftaten nicht, da die Details der Tat höchstwahrscheinlich durch eine Beschlagnahme der vor allem in den Geheimarchiven der Bistümer gelagerten Personal- und Fallakten aufgedeckt werden können.[61]

Die weitere Begründung ist ebenfalls nicht nachvollziehbar: „Nicht zuletzt verfügt die Projektstudie nach eigenen Angaben über keine verlässlichen Außenkriterien, anhand deren die Validität der jeweils erhobenen Daten nachvollzogen werden könnte."[62] Natürlich lassen sich bei der Verwendung von Sekundärquellen ohne Zugriff auf die Originalakten keine verlässlichen Außenkriterien ermitteln. Darauf kommt es aber auch gar nicht an. Entscheidend ist lediglich, ob es nach kriminalistischer Erfahrung möglich erscheint, dass der in den Sekundärquellen befindliche Inhalt mit den Originalakten übereinstimmt. Da die Originalquellen durch Beauftragte der Kirche selbst ausgewertet und in die Erfassungsbögen der Studie eingetragen wurden, ist es nicht nur möglich, sondern höchstwahrscheinlich, dass der Inhalt übereinstimmt. Dass es nicht im Interesse der Kirche liegen kann, auch noch Missbrauchsfälle zu erfinden, dürfte jedem ohne Weiteres einleuchten.[63] Ob es zu den in den Originalakten beschriebenen Straftaten tatsächlich gekommen ist, gilt es gerade in einem Strafverfahren aufzuklären. Dass der Sachbearbeiter der Generalstaatsanwaltschaft die diesbezüglichen Anforderungen an die Studie überdehnt, zeigt auch ein Vergleich mit der Beurteilung von Aussagen bei der Erstattung einer Anzeige (etwa mit dem Vorwurf der Nötigung). Für eine solche Aussage gibt es auch keine verlässlichen Außenkriterien, aus denen sich die Validität der Aussage ablesen ließe. Die Bewertung erfolgt vielmehr auf Grundlage der kriminalistischen Erfahrung und der fehleranfälligen Glaubhaftigkeitsprüfung der Aussage selbst.

Dementsprechend verfehlt ist die Schlussfolgerung: „Weder aus der Strafanzeige noch aus der Studie selbst ergeben sich somit zureichende tatsächliche Hinweise auf eine nach Tatzeit, Tatort, betroffener und handeln-

---

59 Vgl. Fn. 9.

60 Hierzu die Ausführungen unter C.

61 Siehe unter C. und in Fn. 38.

62 GStA Koblenz, Schreiben an das ifw (Institut für Weltanschauungsrecht) vom 6.2.2019, S. 4.

63 Vgl. die Ausführungen unter C.

der Person sowie Tathandlung eingrenzbare verfolgbare Straftat."[64] All dies gilt es im Rahmen eines Ermittlungsverfahrens aufzuklären.

Die Bistümer haben im Nachgang der Studie die Zusammenarbeit mit den Strafverfolgungsbehörden angekündigt. Einige haben in der Folge Personal- und Fallakten an die Staatsanwaltschaften weitergeleitet. Die so gewonnenen Beweismittel haben die konkreten Hinweise auf das Vorliegen von Straftaten durch Kirchenangehörige zum Teil verdichtet und zu Strafverfahren gegen konkrete Verdächtige geführt.[65] Diese Entwicklung spricht für die Validität der Studie und unterstreicht abermals, dass die Studienergebnisse nach kriminalistischer Erfahrung das Vorliegen von verfolgbaren Sexualdelikten nahelegen.

Sämtliche Begründungansätze der Generalsstaatsanwaltschaft Koblenz vermögen nicht zu überzeugen. Ein Anfangsverdacht liegt vor. Die gebotene Ermittlungstätigkeit mit solchen Begründungen abzulehnen, sendet ein bedenkliches Signal an den Täterkreis und schadet der präventiven Wirkung des Strafrechts: „Wenn der Staat seine Ermittlungspflicht vernachlässigt, beginnen die Normen zu erodieren".[66] Und dabei ist an die Opfer der Missbrauchstaten noch gar nicht gedacht. Sie wurden missbraucht, sie wurden von der Kirche jahrelang hintangestellt und müssen nun derlei Begründungen der zur Verfolgung verpflichteten Generalstaatsanwaltschaft lesen.

E. Fazit

Nach alldem hätte es im Nachgang der Studie nur eine richtige Entscheidung für die Staatsanwaltschaften in den Bistümern geben können: Ermittlungsverfahren einzuleiten gegen Unbekannt – damit der Missbrauch von Schutzbefohlenen und Minderjährigen sowie gegebenenfalls eine Beihilfe[67] dazu mit der vom Strafgesetzbuch vorgesehenen Sanktion geahndet werden kann. Stattdessen wurde zum Teil mit originellen Begründungen das Ermitteln verweigert und diese Chance leichtfertig vertan sowie billi-

---

64 GStA Koblenz, Schreiben an das ifw (Institut für Weltanschauungsrecht) vom 6.2.2019, S. 4.

65 Vgl. hierzu etwa den Einstellungsbeschluss der Staatsanwaltschaft Hildesheim – NZS 10 UJs 38261/18.

66 *Reinhard Merkel* https://einspruch.faz.net/einspruch-magazin/2018-12-12/wenn-der-staat-seine-ermittlungspflicht-vernachlaessigt-beginnen-die-normen-zu-erodieren/179989.html (zuletzt besucht am 30.3.2019).

67 *Bosch* in Schönke/Schröder-StGB, 30. Auflage, § 13 Rn. 52.

gend in Kauf genommen, dass Beweismittel beiseitegeschafft und vernichtet werden. Ein solcher Vorgang sucht in der Geschichte der Bundesrepublik seinesgleichen.

Verzeichnis der Autorinnen und Autoren

Gerhard Czermak, Dr. jur., geboren 1942, Verwaltungsrichter i.R., Autor des Springer-Lehrbuchs „Religions- und Weltanschauungsrecht“ (zusammen mit Eric Hilgendorf), ifw-Direktorium.

Ralf Eschelbach, Prof. Dr. jur., geboren 1958, Richter im 2. Strafsenat des Bundesgerichtshofs, Honorarprofessor an der Universität Tübingen.

Matthias Franz, Univ.-Prof. Dr. med., geboren 1955, Kommissarischer Direktor des Klinischen Instituts für Psychosomatische Medizin und Psychotherapie am Universitätsklinikum Düsseldorf, Herausgeber „Die Beschneidung von Jungen. Ein trauriges Vermächtnis“.

Carsten Frerk, Dr. rer. pol., geboren 1945, Leiter der Forschungsgruppe Weltanschauungen in Deutschland (fowid), Autor „Kirchenrepublik Deutschland. Christlicher Lobbyismus“ und „Violettbuch Kirchenfinanzen. Wie der Staat die Kirchen finanziert“, gbs-Beirat.

Michael Hassemer, Prof. Dr., geboren 1966, Professor für Zivilrecht, Wirtschaftsrecht, Geistiges Eigentum an der TU Kaiserslautern, Richter am Pfälzischen Oberlandesgericht Zweibrücken, Mitglied des Verfassungsgerichtshofs Rheinland-Pfalz, ifw-Beirat.

Johann-Albrecht Haupt, geboren 1943, Verwaltungsbeamter i.R., langjähriger Vorstand der Humanistischen Union (HU) für den Bereich Staat – Religion – Weltanschauungen, Koordinator des „Bündnis Altrechtliche Staatsleistungen abschaffen (BAStA)“, ifw-Beirat.

Rolf Dietrich Herzberg, Prof. Dr., geboren 1938, Professor em. für Strafrecht, Strafprozessrecht und Allgemeine Rechtstheorie an der Ruhr-Universität Bochum, ifw-Beirat.

Volker Korndörfer, Dr., geboren 1947, Autor des Informationsportals Kirchgeld-Klage.info zum Besonderen Kirchgeld.

Hartmut Kreß, Prof. Dr., geboren 1954, Professor für Sozialethik in der Evangelisch-Theologischen Fakultät der Universität Bonn.

Ingrid Matthäus-Maier, geboren 1945, Verwaltungsrichterin a.D., langjährige MdB, ehemalige Sprecherin der KfW, Vorsitzende des Kuratoriums der Friedrich-Ebert-Stiftung, Mitglied des WDR-Rundfunkrates, ifw-Beirätin.

Ludwig A. Minelli, geboren 1932, Rechtsanwalt und Journalist, Gründer des Vereins DIGNITAS – Menschenwürdig leben – Menschenwürdig sterben, ifw-Beirat.

Jacqueline Neumann, Dr. jur., geboren 1983, Verwaltungsjuristin, ifw-Direktorium und wissenschaftliche Koordinatorin.

Ulfrid Neumann, Prof. em. Dr. Dres. h.c., geboren 1947, Professor em. für Strafrecht, Strafprozessrecht, Rechtsphilosophie und Rechtssoziologie an der Goethe-Universität Frankfurt am Main, Mitherausgeber und -autor des Nomos-Kommentars zum Strafgesetzbuch, ifw-Beirat.

Reinhard Merkel, Prof. Dr., geboren 1950, Professor em. für Strafrecht und Rechtsphilosophie an der Universität Hamburg, Mitglied im Deutschen Ethikrat, Mitglied der Nationalen Akademie der Wissenschaften „Leopoldina“, ifw-Beirat.

Till Müller-Heidelberg, Dr. jur., geboren 1944, Rechtsanwalt, Fachanwalt für Arbeitsrecht und Fachanwalt für Steuerrecht in Bingen, langjähriger Bundesvorsitzender der Humanistischen Union (HU), ifw-Beirat.

Winfried Rath, Dr. jur., geboren 1965, Rechtsanwalt, Fachanwalt für Strafrecht in Münster, ifw-Direktorium.

Michael Schmidt-Salomon, Dr. phil., geboren 1967, Vorstandssprecher der Giordano-Bruno-Stiftung, Autor „Manifest des evolutionären Humanismus", „Hoffnung Mensch" und „Die Grenzen der Toleranz. Warum wir die offene Gesellschaft verteidigen müssen", ifw-Direktorium.

Rolf Schwanitz, Diplom-Jurist, Diplom-Ingenieur-Ökonom, geboren 1959, Staatsminister a.D. im Bundeskanzleramt und Parlamentarischer Staatssekretär a.D. im Bundesministerium für Gesundheit, ifw-Beirat.

Jörg Scheinfeld, Prof. Dr., geboren 1970, Professor für Strafrecht, Strafprozessrecht, Medizinstrafrecht, Wirtschaftsstrafrecht und Rechtsphilosophie an der Johannes-Gutenberg-Universität Mainz und an der EBS Law School Wiesbaden, ifw-Beirat.

Sarah Willenbacher, geboren 1988, wissenschaftliche Mitarbeiterin am Lehrstuhl für Strafrecht, Strafprozessrecht, Medizinstrafrecht, Wirtschaftsstrafrecht und Rechtsphilosophie an der Johannes-Gutenberg-Universität Mainz.

FSC
www.fsc.org
MIX
Papier | Fördert
gute Waldnutzung
FSC® C083411

Kolibri 360 GmbH
Ferdinand-Jühlke-Straße 7
99095 Erfurt, Deutschland
produktsicherheit@kolibri360.de